华东地区统计年鉴

1992

华东地区统计信息网络　编

中国统计出版社

合肥春雷电器商厦是安徽省暨合肥市唯一专营家用电器，五金交电的商业大厦，隶属合肥春雷家电公司。地处合肥市中心最繁华的商业群落之中，大厦装饰豪华典雅，气度不凡。商厦使用现代化的电脑管理，下设八部一场：即家电部、音响设备部、电脑部、冷冻设备部、电子元件部、装饰工程部、灯具钟表部、五金工具部。

商厦以一流的设施、一流的服务欢迎全国各大厂家、商贸企业开设窗口、联销代销。

春雷家电公司总经理：周增寿

春雷电器商厦经理：胡彬

地址：合肥市长江路157号

电话：249261 257342 254515　电挂：7191

传真：（0551）248782　邮编：230001

▲纺织生产楼

部分产品

国营安徽省蚌埠第三毛纺织厂是安徽省最大的专业生产绒线的中型企业，拥有毛纺锭5134锭，年产各类绒线1000多吨，主要产品有各式粗绒、细绒、针织绒、棒针绒线，各式马海毛、花式线、间隔彩虹线等。该厂装备精良、技术先进、测试手段完善、服务周到。

厂址：蚌埠市朝阳路70号

厂长：姚春琪　经营厂长：邱顺德

电话：46721 42101　电挂：0455

芜湖仪表厂

廠長：王滿鑫
地址：安徽省蕪湖市團結東路30號
電話：32797 31493 電掛：5851
電傳：91137 WHYBC CN
傳眞（0553）35346
郵政編碼：241001

眼睛反映人的心靈
儀表顯現汽車精神

企業精神

開拓 圖強 務實 苦幹

WY1303/01儀表配套 BJ—1041、ZQ6600等車型
Complete sets of WY 1303/01 for BJ—136, ZQ6600, etc

蕪湖儀表廠是中國汽車工業總公司的骨乾企業，定點生產汽車儀表已有30多年歷史。主導產品有各種類型的汽車儀表，其中汽車儀表總成現年生產能力20萬套；軟軸12萬根；油、氣壓報警器和眞空度報警器15萬只。產品銷往全國各省、市、自治區，主要爲一汽、濟汽、北汽、北二汽、北京吉普汽車有限公司以及天津、靑島、靑海、武漢、廣州、新疆等各主機廠配套。一九八三年同西德VDO公司正式簽訂了汽車儀表技術轉讓許可證合同，并引進關鍵工藝設備，現已消化吸收引進的先進技術，爲五十鈴、尼桑、斯太爾、切諾基和標致 504 等引進車型配套的國產化儀表已開始投放市場。同時每年生產出口電流表、油量表、裏程表等各種單表30多萬只，遠銷泰國、新加坡、馬來西亞和香港等地區。我廠是中國汽車零部件工業聯營公司集團的成員廠，參加了一汽、濟汽、BJC國產化集團。

蕪湖儀表廠是個千人以上的中型企業，1989年獲國家二級企業稱號，被蕪湖市人民政府授予《最佳企業》和《文明單位》。現有固定資產1200萬元，佔地面積7.7公頃；各類專業技術人員220人。工廠長期堅持“開拓、圖強、務實、苦乾”的企業精神和“以新佔先、以優取信、以廉取勝”的工廠方針，努力實現“質量第一、服務至上”的宗旨和目的。目前，已有5個產品獲得部優、7個產品獲得省優。

蕪湖儀表廠地處長江之濱，是去往世界著名的風景勝地黃山和我國佛教聖地九華山的必經之路。竭誠歡迎廣大用戶莅臨指導。

WY1301/01 儀表 配套TJ—6481等車型
Sets of WY1301/01 instruments for TJ—6481

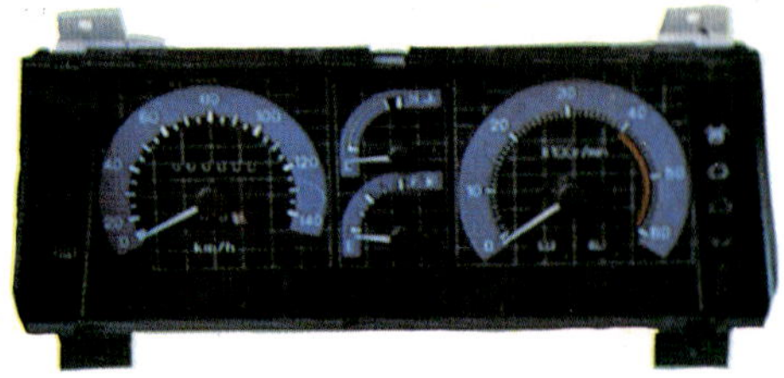

WY1302/01 型儀表配套BJ213車
Complete set of WY1302/01 for BJ 213 auto

ZB105 組合儀表配套廣州標致504 車
ZB 105 Instrument sets formed for Guangzhou Peugeot 504 car

氣勢恢宏的工廠大門
Great and magneficent factory gate

8005型儀表配套CA—141等車型
8005Complete sets formed for CA—141

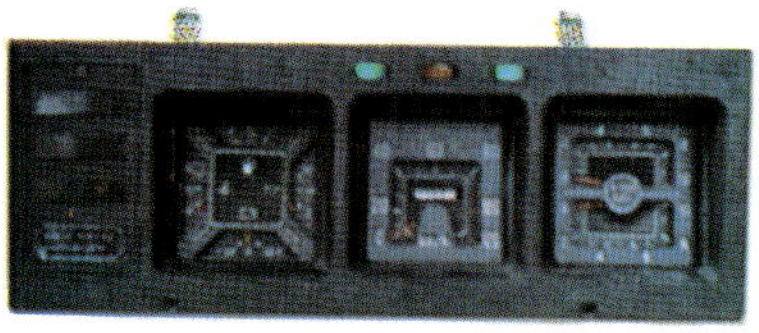

8104型儀表配套BJ122等車型
8104Complete sets of instruments formed for BJ122 Automobile

無錫中藥廠簡介

無錫中藥廠地處錫慮山麓，太湖之濱，佔地面積5.6萬平方米，是全國重點中藥廠之一。各類專業技術人員148人，其中高級工程師5人，工程師38人，專業技術人員佔全廠職工人數的19%，設中藥研究所以及省中藥測試站于本廠。具有各類劑型105種產品，其中有獨家研究、譽滿全國、九代祖傳秘方、部優的黃氏響聲丸以及消食健兒糖漿，無須傷藥，調經衝劑，更年樂片等治療藥物及抗衰老、健身強壯的保健滋補產品。黃氏響聲丸、問荊茶、靈芝蜂皇漿等產品遠銷日本、新加坡、馬來西亞、香港、臺灣等國家和地區，是一個從原料藥到製劑，從國內市場到國外市場，集科研開發生產經營、對外貿易于一體的中型企業。

法人代表：孫志劍

廠址：無錫市河埒口青山路10號

電話：667848　電掛：0075　傳眞：606475　郵編：214062

廠長：朱耀武 The Factory Director: Zhu Yaowu

安徽省聖泉啤酒廠簡介

安徽省聖泉啤酒廠，座落在當年大禹治水的故地風景秀麗的懷遠縣荆山脚下，該廠始建於1982年，是一個固定資產3000萬元，年產啤酒30000噸，創利稅1000多萬元的中型企業。

聖泉啤酒廠是安徽啤酒行業中的明星企業。該廠具有先進的設備，精湛的工藝，嚴密的管理，上乘的質量，一流的效益1987年榮獲省級先進企業稱號，1991年榮獲國家二級企業稱號12°聖泉啤酒和12°聖泉牌特製聖泉啤酒在歷次省優評比或檢評中均名列第一，在首屆中國食品博覽會上雙獲金獎。12°聖泉牌聖泉啤酒在1989和1990年輕工部啤酒質量部優評比中，連獲A級產品和部優稱號。聖泉啤酒暢銷全國十六個省市，深受消費者青睞，享有“小青島”美名。安徽省啤酒協會會長輕工業廳付廳長翟大文書贈該廠“聖泉之波香萬裏，安徽啤酒一枝花

蚌埠天兔实业公司

蚌埠天兔实业公司（原名蚌埠毛条厂）系纺织部定点生产毛条的全民中型企业。固定资产2200万元，毛条生产设备四套，年产各类毛条2400吨，年产值近亿元。现承担国家“八五”重大技术开发项目《兔毛深加工技术》的开发任务，已形成年产精梳兔毛条和精纺兔毛纱各200吨的生产能力。通过合作方式开发出六大系列精纺兔毛产品，属全国领先水平。

法人代表：李 力 克
厂 址：安徽省蚌埠市凤阳东路23号
电 话：44984
传 真：47362
电 挂：2742
邮 编：233040

安徽省重点医药企业之一
安徽省重点医药原料药生产和出口基地

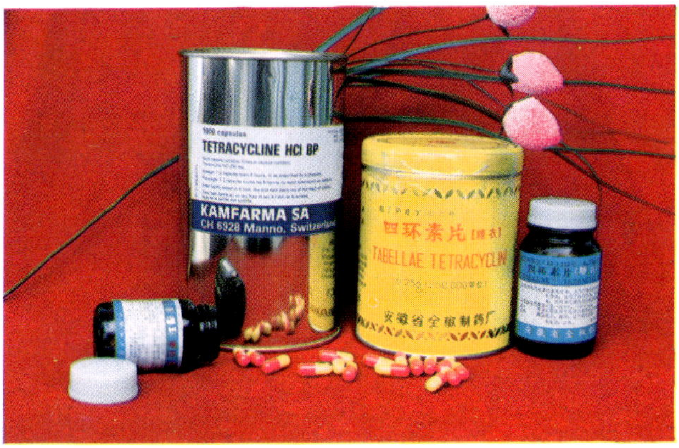

全椒制药厂（简介）

全椒制药厂始建于一九七一年，经过二十多年的发展，现已成为以生产原料药为主兼制剂加工的综合性中型医药企业，该厂现为安徽省医药行业重点骨干企业，全省重点医药原料药生产和出口基地，拥有固定资产1700余万元，职工820人，其中工程技术人员100多人。年产抗生素原料药250吨、合成原料药50吨、各种片剂、胶囊剂153种，年产能力15亿片（粒），年产值4000万元，利税 400 万元，产品远销30个省、市、区。

该厂在多年的生产和科研中，已和华北制药厂、上海第三制药厂、上海医药工业研究院、华东华工学院、上海医科大学、北京医科院、中国药科大学、南京大学、天津药物研究院、安徽省化工研究院等30多个骨干企业、大专院校和科研单位建立了技术协作关系。

“以质量求生存、以品种求发展”是该厂的经营方针。该厂复方胃友糖衣片因疗效独特而从原料药到制剂均被评为安徽省优质产品、并在1990年《中国妇女儿童用品四十年》博览会上被国家八部委授予铜奖，复方胃友胃溶薄膜片和鹅掌风药粉还在安徽省首界发明博览会上获银奖。

厂址：安徽全椒县城八一路65号
电话：82588　82840
电挂：2621
邮编：239500
长途区号：05602
厂长、党委书记：马康友

《华东地区统计年鉴 1992》编委会

编 辑 说 明

《华东地区统计年鉴——1992》收集了1991年华东地区和各省市的宏观资料，同时编入了华东七省市各地、市、县（市）独立成篇的统计资料及大中型工业企业一览表等微观资料。可为各经济研究部门和大专院校，研究长江三角洲、闽南三角洲、山东半岛开放区、皖江开发开放及沿海开放城市的经济发展提供资料。

《华东地区统计年鉴——1992》共分十四部分：综合、人口和劳动力、农业、工业、运输和邮电、固定资产投资、商业和物价、对外经济、教育科技文化卫生、人民生活、大中型工业企业一览表、各市国民经济基本情况、各地区国民经济基本情况和各县（市）国民经济基本情况。

本《年鉴》中各省市在个别指标口径、范围、计算方法上不尽一致的地方，用附注作了说明。

本《年鉴》表中的符号使用说明：

“空格”表示无该项统计指标数据；

“#”表示其中的主要项。

《华东地区统计年鉴——1992》由六省一市统计局提供数据，安徽省统计局利用微机编辑整理而成。不足之处敬请批评指正。

《华东地区统计年鉴》编委会

目　　录

五、运输、邮电

六、固定资产投资

七、商业、物价

八、对外经济

九、教育、科技、文化、卫生

一、综　　合

1-1 华东地区分省市行政区划

（1991 年）

单位：个

省市名称	省辖市	地区	县级市	县	地、市名称
全区合计	52	34	79	380	
上海市		12	—	9	
江苏省	11	—	13	51	南京市、无锡市、徐州市、常州市、苏州市、南通市、连云港市、淮阴市、盐城市、扬州市、镇江市
浙江省	9	2	15	52	杭州市、宁波市、温州市、嘉兴市、湖州市、绍兴市、金华市、衢州市、舟山市、丽水地区、台州地区
安徽省	9	7	9	63	合肥市、芜湖市、蚌埠市、淮南市、马鞍山市、淮北市、铜陵市、安庆市、黄山市、阜阳地区、宿县地区、滁县地区、六安地区、宣城地区、巢湖地区、池州地区
福建省	6	3	10	54	福州市、厦门市、莆田市、三明市、泉州市、漳州市、南平地区、宁德地区、龙岩地区
江西省	6	5	9	75	南昌市、景德镇市、萍乡市、九江市、新余市、鹰潭市、赣州地区、宜春地区、上饶地区、吉安地区、抚州地区
山东省	11	5	23	76	济南市、青岛市、淄博市、枣庄市、东营市、烟台市、潍坊市、济宁市、泰安市、威海市、日照市、惠民地区、德州地区、聊城地区、临沂地区、菏泽地区

1-2 华东地区国民经济主要指标占全国的比重

(1991年)

指标名称	单位	全国	华东地区	华东地区占全国的比重(%)
年末总人口	万人	115823.00	33610.22	29.0
年末职工人数	万人	14508.00	3931.31	27.1
#全民职工	万人	10664.00	2700.93	25.3
国内生产总值	亿元	19759.00	6445.58	32.6
国民收入	亿元	16020.00	5508.79	34.3
工农业总产值	亿元	36382.00	14093.93	38.7
农业总产值	亿元	8157.00	2661.84	32.6
工业总产值	亿元	28248.01	11432.09	40.4
轻工业产值	亿元	13800.90	6187.22	44.8
重工业产值	亿元	14447.11	5244.88	36.3
主要农产品产量				
粮食	万吨	43529.30	13104.25	30.1
棉花	万吨	567.50	237.99	41.9
油料	万吨	1638.30	587.62	35.8
甘蔗	万吨	6789.80	709.52	10.4
水果	万吨	2176.10	637.55	29.3
茶叶	万吨	54.20	26.24	48.4
蚕茧	万吨	58.40	30.18	51.6
猪肉	万吨	2452.30	698.07	28.4
水产品	万吨	1335.00	696.98	52.2
主要工业产品产量				
原煤	万吨	106242.51	14728.11	13.8
原油	万吨	13956.46	3448.19	24.7
发电量	亿千瓦时	6715.95	1981.98	29.5
原盐	万吨	2353.00	793.21	33.7
糖	万吨	631.00	47.79	7.5
罐头	万吨	192.95	83.55	43.3
卷烟	万箱	3199.00	793.14	24.7
纱	万吨	445.80	205.18	46.0
布	亿米	166.50	87.86	52.7
化学纤维	万吨	186.65	99.45	53.2
呢绒	亿米	2.83	0.88	31.1
机制纸及纸板	万吨	1258.00	473.51	37.6
硫酸	万吨	1314.00	442.08	33.6
烧碱(折100%)	万吨	350.70	146.25	41.7
水泥	万吨	24356.00	8373.34	34.3
平板玻璃	万重量箱	8596.00	1831.65	21.3
钢	万吨	7057.00	1990.98	28.2
生铁	万吨	6720.00	1617.43	24.0
成品钢材	万吨	5547.00	1606.11	28.9

1-2 续表

指标名称	单位	全国	华东地区	华东地区占全国的比重（%）
金属切削机床	万台	15.08	9.30	61.6
缝纫机	万架	734.50	523.75	71.3
照相机	万架	472.98	77.27	16.3
汽车	万辆	71.30	14.94	20.9
自行车	万辆	3626.60	1917.46	52.8
家用电冰箱	万台	475.82	218.90	46.0
电风扇	万台	5947.00	2150.66	36.1
家用洗衣机	万台	683.00	252.86	37.0
电视机	万台	2622.10	1497.71	57.1
录音机	万台	2873.70	849.06	29.5
收音机	万部	1608.60	1060.83	65.9
货物运输量	亿吨	98.96	16.59	16.7
旅客运输量	亿人次	78.78	22.11	28.0
全社会固定资产投资总额	亿元	5278.50	1745.60	33.0
#全民单位基本建设	亿元	2074.73	508.98	24.5
全民单位更新改造	亿元	996.85	313.44	31.4
全民单位其他投资	亿元	243.26	63.38	26.0
社会商品零售总额	亿元	9415.60	2959.67	31.4
外贸进出口总额	亿元	1357.00	261.85	19.3
财政收入	亿元	3582.80	711.47	19.8
财政支出	亿元	3793.90	638.29	16.8
高等学校在校学生	万人	204.40	60.11	29.4
卫生技术人员	万人	398.50	106.20	26.6
#医生	万人	178.00	47.40	26.6
医院床位数	万张	268.90	73.18	27.2
职工工资总额	亿元	3323.90	915.60	27.5
#全民单位	亿元	2594.90	675.49	26.0

注：1. 本表中价值指标按当年价格计算

2. 本表中涉及的全国数字与《中国统计年鉴》相抵触的，一律以年鉴数字为准

1—3 华东地区分省市平均每天主要社会经济活动

(1991年)

指标名称	单位	上海市	江苏省	浙江省	安徽省	福建省	江西省	山东省
一、国内生产总值	**万元**	**23499.00**	**39765.48**	**26946.00**	**16441.92**	**14997.81**	**12742.47**	**43020.27**
二、国民收入	**万元**	**19093.00**	**34225.75**	**23453.00**	**13876.44**	**12596.44**	**10704.93**	**36976.16**
三、工农业总产值	**万元**	**55365.00**	**102535.00**	**59453.00**	**29676.99**	**25084.93**	**21082.83**	**92936.99**
农业总产值	万元	2018.00	15916.00	10100.00	8692.06	7033.97	7440.64	21727.12
工业总产值	万元	53347.00	86619.00	49353.00	20984.93	18050.96	13642.19	71209.86
四、地方预算内财政收入	**万元**	**4523.00**	**3436.00**	**2985.00**	**1493.97**	**1909.59**	**1227.53**	**3916.99**
五、主要工业产品产量								
原煤	万吨		6.77	3813.00	8.45	2.35	5.82	16.59
原油	万吨		0.25					9.19
发电量	万千瓦时	8351.00	1.21	6639.00	5904.66	4157.81	3560.55	13600.00
纱	吨	966.00	1540.00	556.00	508.49	158.20	237.61	1655.33
布	万米	401.00	740.00	370.00	182.47	57.84	76.43	578.90
化学纤维	吨	728.00	1319.00	331.00	43.56	93.04	64.86	144.93
钢	万吨	2.76	0.59	2601.00	0.70	0.15	0.30	0.69
成品钢材	万吨	2.02	0.68	2538.00	0.55	0.16	0.26	0.47
六、消费品零售额	**万元**	**10467.00**	**15839.00**	**11069.00**	**6780.82**	**6328.49**	**4635.38**	**14685.64**
#食品类	万元	4461.00	8633.00	5993.00	3438.08	3706.59	2400.11	7046.09
衣着类	万元	1450.00	2804.00	1543.00	1005.21	668.73	662.82	2388.30
日用品类	万元	2605.00	1299.00	1315.00	982.74	672.36	668.59	2485.08
七、外贸进出口总额	**万美元**	**2204.00**	**1234.00**	**945.00**	**232.88**	**1187.24**	**193.30**	**1218.92**
#出口总额	万美元	1573.00	948.00	798.00	191.78	801.55	167.09	1049.05
八、人口变动								
出生人口	人	276.00	3179.00	1687.00	3310.00	1502.00	2229.00	3590.00
死亡人口	人	235.00	1212.00	745.00	947.00	417.00	750.00	1528.64
九、其他社会经济活动								
货物运输量	万吨	75.48	48.00	97.00	128.03	12.39	48.81	120.27
旅客运输量	万人次	11.05	110.00	190.00	106.56	43.99	68.97	87.40
主要港口货物吞吐量	万吨	40.22	22.55	15.00	13.05	4.68		16.70
全社会固定资产投资总额	万元	7077.00	12054.00	6872.00	3642.19	3634.25	2495.20	12049.90
竣工住宅建筑面积	平方米	13087.40	17319.73	5426.30	5192.88	7103.84	7181.10	18826.63
邮寄函件	万件	86.03	81.00	88.00	38.92	46.14	41.55	76.17
电报	万份	1.77	4.96	5.00	2.38	2.23	1.85	4.52
长途电话	万张	20.98	38.43	32.00	9.43	18.91	7.90	23.90
出版报纸	万份	482.19	309.12	207.00	102.95	121.03	106.70	217.21
出版杂志	万份	49.04	13.30	13.00	5.82	10.10	8.98	12.19

注：本表价值指标按当年价格计算。

1-4 华东地区分省市社会经济主要指标人均水平

（1991 年）

指标名称	单位	上海市	江苏省	浙江省	安徽省	福建省	江西省	山东省
一、国内生产总值	**元**	6675.00	2126.71	2309.78	1052.42	1803.00	1212.00	1840.54
二、国民收入	**元**	5423.00	1830.44	2010.31	888.21	1514.00	1018.00	1581.95
三、工农业总产值	**元**	15723.00	5499.43	5108.21	1899.58	3032.34	2005.20	3976.12
农业总产值	元	573.00	853.64	867.77	556.37	850.29	707.68	929.55
工业总产值	元	15150.00	4645.79	4240.44	1343.22	2182.05	1297.52	3046.57
四、地方预算内财政收入	**元**	1284.47	184.31	256.44	95.63	230.84	116.75	167.58
五、主要农产品产量								
粮食	公斤	192.44	446.05	384.85	306.74	294.64	423.62	459.11
棉花	公斤	1.26	8.19	1.77	4.76		2.84	15.83
油料	公斤	15.55	16.76	10.67	17.03	5.18	16.20	27.32
猪肉	公斤	17.88	22.49	20.39	15.22	22.40	29.17	19.79
水产品	公斤	22.62	17.26	35.45	5.54	44.95	8.84	23.22
六、主要工业产品产量								
原煤	公斤		363.03	32.76	540.88	283.89	553.20	709.60
原油	公斤		13.67					393.27
发电量	千瓦小时	2372.00	648.32	57.04	377.95	502.61	338.65	581.85
纱	公斤	27.40	8.26	4.78	3.25	1.91	2.26	7.08
布	米	114.00	39.69	31.85	11.68	6.99	7.27	24.77
化学纤维	公斤	20.70	7.08	2.84	0.28	1.12	0.62	0.62
钢	公斤	783.00	31.74	21.80	44.69	18.70	28.58	29.55
成品钢材	公斤	574.00	36.41	22.35	35.04	19.64	24.83	20.31
七、消费品零售额	**元**	2973.00	850.00	951.03	434.03	765.00	440.87	628.30
八、外贸进出口总额	**美元**	626.00	66.20	81.16	14.91	143.52	18.38	52.15
#出口总额	美元	447.00	50.86	68.57	12.28	96.89	15.89	44.88
九、人民生活								
全部职工年平均工资	元	3375.00	2302.00	2422.00	1959.00	2420.00	1842.21	2291.67
城镇居民年生活费收入	元	2334.00	1622.93	1950.37	1341.31	1736.20	1190.62	1565.52
城镇居民年生活费支出	元	2167.00	1528.70	1805.60	1296.93	1659.36	1110.27	1407.16
农民年纯收入	元	1880.00	920.70	1210.77	446.05	850.05	702.53	764.04
农民年生活消费支出	元	1421.00	878.00	1026.52	474.62	746.98	597.00	612.99
城乡居民储蓄存款净增额	元	591.00	213.99	219.23	77.55	206.49	111.63	146.05

注：本表价值指标按当年价格计算。

1-5 华东地区国民经济主要指标

指标名称	单位	1978年	1980年	1985年	1990年	1991年
年末总人口	万人	28192.15	28888.05	30499.84	33248.97	33610.21
社会劳动者	万人	12284.32	12842.94	15063.49	16906.11	17361.34
国内生产总值	万元	1139.97	32324.19	49101.23	79437.32	91358.87
国民收入	亿元	995.14	1263.51	2518.83	4888.19	5508.79
工农业总产值	亿元	1974.20	2522.81	5005.49	12157.24	14093.93
农业总产值	亿元	448.75	609.20	1241.19	2487.81	2661.83
种植业	亿元	347.61	444.13	783.41	1394.75	1448.54
林业	亿元	11.35	20.81	51.13	98.09	112.41
牧业	亿元	62.15	105.66	262.40	624.88	689.61
副业	亿元	14.38	19.10	77.93	159.32	155.33
渔业	亿元	13.26	19.50	66.32	210.72	255.95
主要农产品产量						
粮食	万吨	9769.93	9920.14	12595.24	13722.58	13104.25
棉花	万吨	97.27	127.92	190.01	186.11	237.99
油料	万吨	226.95	297.14	628.19	592.72	587.62
甘蔗	万吨	361.01	507.87	873.12	628.07	709.52
水果	万吨	207.67	225.41	349.65	538.13	637.55
茶叶	万吨	12.24	14.90	19.97	26.30	26.24
蚕茧	万吨	9.14	12.50	17.95	27.61	30.18
猪肉	万吨	203.85	385.75	507.81	659.16	698.07
水产品	万吨	1525.45	268.86	383.75	630.83	696.98
工业总产值	亿元	1525.45	1913.34	3764.31	9669.43	11432.09
#乡及乡以上工业产值	亿元		1807.11	3280.28	7642.33	8977.57
轻工业产值	亿元	791.58	1072.06	2048.66	5244.75	5743.97
重工业产值	亿元	733.87	841.28	1715.65	4357.17	4828.16
主要工业产品产量						
原煤	万吨	10378.20	10488.28	12716.54	14698.08	14728.11
原油	万吨	2445.79	1865.82	2758.97	3436.62	3448.19
发电量	亿千瓦时	701.55	833.18	1180.64	1895.87	1981.98
原盐	万吨	757.48	552.36	486.76	636.62	793.21
糖	万吨	38.33	51.07	65.50	45.60	47.79
罐头	万吨		19.97	70.81	73.33	83.55
卷烟	万箱	428.41	520.11	741.44	828.93	793.14
纱	万吨	105.19	127.13	156.28	219.11	205.18

1—5 续表 1

指 标 名 称	单 位	1978 年	1980 年	1985 年	1990 年	1991 年
布	亿米	49.22	59.38	66.77	93.15	87.86
化学纤维	万吨	16.50	23.63	44.29	85.47	99.45
呢 绒	万米		4667.56	10960.25	15794.42	17611.13
机制纸及纸板	万吨	136.98	169.54	285.60	431.98	473.51
硫 酸	万吨	209.83	258.16	244.47	399.06	442.08
烧 碱（折 100%）	万吨	62.95	74.98	94.23	138.81	146.25
水 泥	万吨	1691.58	2164.63	4456.18	6938.29	8373.34
平板玻璃	万重量箱	392.78	659.44	1131.77	1733.91	1831.65
钢	万吨	768.64	918.42	1151.66	1829.48	1990.97
生 铁	万吨	670.62	715.92	852.01	1465.85	1617.43
成品钢材	万吨	624.06	799.16	988.17	1385.00	1606.11
金属切削机床	万台	7.34	5.12	9.09	7.38	9.29
缝纫机	万架	264.93	371.93	564.55	515.23	523.75
照相机	万架	13.41	28.84	109.65	63.69	77.27
汽 车	万辆	3.85	5.32	7.23	10.28	14.94
自行车	万辆	426.75	601.15	1557.65	1675.85	1917.46
家用电冰箱	万台		1.39	68.02	196.19	218.90
电风扇	万台	55.83	248.41	1367.76	2048.06	2150.66
家用洗衣机	万台		6.09	360.15	248.11	252.86
电视机	万台	34.55	135.93	888.93	1415.76	1497.71
录音机	万台	4.61	32.53	608.58	915.86	849.06
收音机	万部	646.72	1755.35	1194.38	1262.95	1060.83
货物运输量	**万吨**	87092	81786.06	95896.38	136084.50	97146.74
旅客运输量	**万人次**	85120	111237.94	178940.69	189575.20	167511.09
邮电计费业务总量	**亿元**	4.04	5.41	9.39	25.58	64.81
全社会固定资产投资总额	**亿元**	143.04	232.49	790.23	1420.23	1745.60
#全民单位基本建设	亿元	95.18	125.54	249.81	436.62	508.98
全民单位更新改造	亿元	15.01	36.56	122.33	237.83	313.44
全民单位其他投资	亿元		3.24	47.08	56.77	63.38
城镇集体单位投资	亿元		28.21	70.38	64.86	87.26
社会商品零售总额	**亿元**	469.79	666.60	1318.68	2622.27	2959.67
消费品零售额	亿元	376.68	545.32	1136.96	2249.37	2547.90
居 民	亿元	337.60	493.57	1008.86	2024.12	2284.02
社会集团	亿元	39.08	51.75	119.15	225.25	263.88

1—5 续表 2

指标名称	单位	1978年	1980年	1985年	1990年	1991年
农业生产资料零售额	亿元	93.11	121.28	181.72	372.90	411.78
外贸收购总额（实际价）	亿元	46.42	187.92	273.13	923.96	976.30
外贸进出口总额	亿美元	44.05	82.13	130.74	223.82	263.35
出　口	亿美元	2.37	76.22	95.81	174.55	201.79
进　口	亿美元		5.57	35.00	49.27	63.44
利用外资（合同）金额	万美元		2172.00	171652.00	292640.00	452873.80
实际利用外资金额	万美元		918.00	53898.00	186202.00	283238.00
地方预算内财政收入	亿元	369.34	362.73	472.79	656.90	711.47
地方预算内财政支出	亿元	151.59	142.08	275.37	550.68	638.28
学校数						
高等学校	个	187	216	299	310	304
中等专业学校	个	623	724	925	1022	1023
普通中学	个	36587	32370	27408	25110	24579
小　学	个	298817	279504	247537	211258	203761
在校学生数						
高等学校	万人	25.60	36.18	50.95	60.99	60.11
中等专业学校	万人	21.18	31.45	44.69	61.96	62.46
普通中学	万人	1753.77	1472.55	1344.92	1370.29	1416.38
小　学	万人	4179.39	4160.24	3714.15	3363.86	3274.40
电影放映单位	个		24397	39792	33074	31610
艺术表演团体	个		893	810	660	657
卫生机构	个	44881	48556	54797	57866	57913
#医　院	个	14952	15364	15056	15753	15870
床位数	万张	56.42	59.91	66.83	77.64	79.20
#医　院	万张	50.57	53.87	59.66	69.43	71.01
卫生技术人员	万人	67.71	74.72	90.46	104.32	106.20
#医生数	万人	27.39	28.09	36.35	47.22	47.40
全部职工年平均工资	元	575.12	5115.05	7885.71	15133.50	16559.40
城镇居民人均年生活费收入	元		2565.20	5118.59	10575.81	11740.95
农民人均年纯收入	元		1587.16	3398.49	6301.49	7417.22
居民储蓄存款余额	亿元	67.37	129.68	488.17	2093.09	2131.95
城　镇	亿元	48.43	84.98	283.41	1475.46	1425.99
农　村	亿元	18.94	44.70	204.76	617.63	559.91

1-6 华东地区国民经济主要指标指数

（以1978年为100）

指标名称	1978年	1980年	1985年	1990年	1991年
年末总人口	100.0	102.5	108.2	117.9	119.2
社会劳动者	100.0	104.5	122.6	137.6	141.3
国内生产总值	100.0	119.4	210.7	317.9	347.5
国民收入	100.0	119.5	209.2	316.5	346.3
工农业总产值	100.0	120.2	213.2	371.1	86.1
农业总产值	100.0	111.5	169.2	224.2	233.0
种植业	100.0	107.6	150.0	187.2	176.0
林业	100.0	108.8	193.4	242.4	262.9
牧业	100.0	128.8	205.2	315.3	343.1
副业	100.0	111.5	332.9	566.3	554.9
渔业	100.0	104.0	168.8	355.8	397.6
主要农产品产量					
粮食	100.0	131.1	166.4	181.3	173.1
棉花	100.0	131.5	195.3	191.3	244.7
油料	100.0	131.0	276.9	261.2	259.0
甘蔗	100.0	140.7	241.8	174.0	196.5
水果	100.0	108.5	168.4	259.1	307.0
茶叶	100.0	121.7	163.2	214.9	214.4
蚕茧	100.0	136.8	196.4	302.1	330.2
猪肉	100.0	189.2	249.1	323.4	342.4
水产品	100.0	98.2	140.1	230.3	254.5
工业总产值	100.0	123.6	221.3	409.4	473.2
#乡及乡以上工业产值	100.0	123.5	224.2	522.3	613.5
轻工业产值	100.0	134.0	249.2	455.8	520.9
重工业产值	100.0	113.0	193.6	362.9	425.2
主要工业产品产量					
原煤	100.0	101.1	122.5	141.6	141.9
原油	100.0	94.5	139.7	174.1	174.6
发电量	100.0	118.8	168.3	270.2	282.5
原盐	100.0	72.9	64.3	84.0	104.7
糖	100.0	133.2	170.9	119.0	124.7
罐头	100.0	157.2	557.6	577.4	657.9
卷烟	100.0	121.4	173.1	193.5	185.1
纱	100.0	120.9	148.6	208.3	195.1

1—6 续表 1

指标名称	1978年	1980年	1985年	1990年	1991年
布	100.0	120.6	135.7	189.2	178.5
化学纤维	100.0	143.2	268.4	518.0	602.7
呢　绒	100.0	115.4	270.9	390.4	435.3
机制纸及纸板	100.0	123.8	208.5	315.4	345.7
硫　酸	100.0	123.1	116.5	190.3	210.8
烧　碱（折100%）	100.0	119.1	149.7	220.5	232.3
水　泥	100.0	126.6	260.7	405.9	489.8
平板玻璃	100.0	192.4	330.2	505.8	534.4
钢	100.0	119.5	149.8	238.0	259.0
生　铁	100.0	106.8	127.0	218.6	241.2
成品钢材	100.0	128.1	158.3	221.9	257.4
金属切削机床	100.0	69.8	123.8	100.5	126.6
缝纫机	100.0	140.4	213.1	194.5	197.7
照相机	100.0	215.1	817.7	474.9	576.2
汽　车	100.0	138.2	187.8	267.0	388.1
自行车	100.0	140.9	365.0	392.7	449.3
家用电冰箱	0.0	100.0	68.0	196.2	218.9
电风扇	100.0	444.9	2449.9	3668.4	3852.2
家用洗衣机	0.0	100.0	360.1	248.1	252.9
电视机	100.0	393.4	2572.9	4097.7	4334.9
录音机	100.0	705.6	13201.3	19866.8	18417.8
收音机	100.0	271.4	184.7	195.3	164.0
货物运输量	100.0	98.7	115.8	164.3	117.3
旅客运输量	100.0	135.5	217.9	230.8	204.0
邮电计费业务总量	100.0	133.9	232.4	633.2	1604.2
全社会固定资产投资总额	100.0	162.2	551.4	991.0	1218.1
#全民单位基本建设	100.0	131.9	262.5	458.7	534.8
全民单位更新改造	100.0	243.6	815.0	1584.5	2088.2
全民单位其他投资	100.0	80.2	1165.3	1405.2	1568.8
城镇集体单位投资	100.0	265.6	662.7	610.7	821.7
社会商品零售总额	100.0	141.9	280.7	558.2	630.0
消费品零售额	100.0	144.0	300.2	594.0	672.8
居　民	100.0	146.2	298.8	599.6	676.5
社会集团	100.0	132.4	304.9	576.4	675.2

1—6 续表 2

指 标 名 称	1978 年	1980 年	1985 年	1990 年	1991 年
农业生产资料零售额	100.0	130.2	195.2	400.5	442.2
外贸收购总额（计划价）	100.0	167.8	238.3	706.1	865.8
外贸进出口总额	100.0	177.0	281.7	482.3	567.4
出 口	100.0	171.5	215.6	392.7	454.0
进 口	100.0	284.2	1785.7	2513.8	3236.7
利用外资（合同）金额		100.0	171652.0	292640.0	452873.8
实际利用外资金额		100.0	53898.0	186202.0	283238.0
地方预算内财政收入	100.0	97.9	127.6	177.3	192.0
地方预算内财政支出	100.0	93.7	181.7	363.3	421.1
学校数					
高等学校	100.0	114.3	158.2	164.0	160.8
中等专业学校	100.0	117.0	149.4	165.1	165.3
普通中学	100.0	88.5	74.9	68.6	67.2
小 学	100.0	93.5	82.8	70.7	68.2
在校学生数					
高等学校	100.0	147.4	207.6	248.5	244.9
中等专业学校	100.0	148.5	211.0	292.5	294.9
普通中学	100.0	84.0	76.7	78.1	80.8
小 学	100.0	99.5	88.9	80.5	78.3
电影放映单位	100.0	119.2	194.4	161.6	154.4
艺术表演团体	100.0	134.9	122.4	99.7	99.2
卫生机构	100.0	108.2	122.1	128.9	129.0
#医 院	100.0	102.8	100.7	105.4	106.1
床位数	100.0	106.2	118.5	137.6	140.4
#医 院	100.0	106.5	118.0	137.3	140.4
卫生技术人员	100.0	110.3	133.6	154.1	156.8
#医生数	100.0	102.5	132.7	172.3	173.0
全部职工年平均工资	100.0	127.9	197.1	378.3	413.9
城镇居民人均年生活费收入	100.0	259.5	517.7	1069.7	1187.6
农民人均年纯收入	100.0	168.5	360.7	668.9	787.3
居民储蓄存款余额	100.0	192.5	724.6	3106.9	3164.5
城 镇	100.0	175.5	585.2	3046.6	2944.4
农 村	100.0	236.0	1081.1	3261.0	2956.2

1-7 上海市国民经济主要指标

指标名称	单位	1978年	1980年	1985年	1990年	1991年
年末总人口	**万人**	1098.28	1146.52	1216.69	1283.35	1287.20
社会劳动者	**万人**	696.09	726.14	763.52	766.88	774.33
国内生产总值	**万元**	27281.00	31189.00	46675.00	74467.00	85771.00
国民收入	**亿元**	245.51	282.42	409.73	617.22	696.91
工农业总产值	**亿元**	532.27	617.65	894.11	1710.91	2020.83
农业总产值	**亿元**	18.26	18.90	31.38	68.16	73.65
种植业	亿元	13.49	11.40	15.63	29.09	30.51
林业	亿元	0.06	0.06	0.21	0.37	0.39
牧业	亿元	3.67	6.27	12.25	30.25	33.38
副业	亿元	0.18	0.20	0.47	0.41	0.40
渔业	亿元	0.86	0.97	2.82	8.04	8.97
主要农产品产量						
粮食	万吨	260.88	186.85	213.83	244.36	247.34
棉花	万吨	12.10	7.62	4.88	1.22	1.62
油料	万吨	11.63	9.60	15.35	18.20	19.99
甘蔗	万吨					1.79
水果	万吨	3.45	2.52	4.06	9.42	8.69
茶叶	万吨					
蚕茧	万吨	0.01	0.01	0.01	0.03	0.06
猪肉	万吨	12.86	16.76	16.94	23.32	22.98
水产品	万吨	21.40	20.45	20.60	27.36	29.07
工业总产值	**亿元**	514.01	598.75	862.73	1642.75	1947.18
#乡及乡以上工业产值	亿元	507.69	587.29	822.55	1515.53	1796.12
轻工业产值	亿元	266.02	331.13	456.59	846.63	976.34
重工业产值	亿元	247.99	267.62	406.14	796.12	970.84
主要工业产品产量						
原煤	万吨					
原油	万吨					
发电量	亿千瓦时	199.32	206.41	256.25	284.10	304.82
原盐	万吨					
糖	万吨					
罐头	万吨	4.75	5.46	6.84	4.97	4.86
卷烟	万箱	82.50	82.30	86.30	82.00	82.00
纱	万吨	34.30	38.13	38.72	34.17	35.25

1—7 续表 1

指标名称	单位	1978年	1980年	1985年	1990年	1991年
布	亿米	14.63	16.14	14.97	14.90	14.63
化学纤维	万吨	11.59	15.15	22.49	25.74	26.59
呢绒	万米	3019.00	3042.00	3416.00	3275.00	3050.00
机制纸及纸板	万吨	27.34	29.57	41.29	46.49	47.08
硫酸	万吨	34.49	38.76	35.22	40.04	38.68
烧碱（折100%）	万吨	21.52	23.97	27.07	29.09	32.93
水泥	万吨	139.47	161.28	219.31	230.30	297.85
平板玻璃	万重量箱	111.87	132.79	160.08	503.05	483.47
钢	万吨	476.52	521.61	570.16	914.62	1006.92
生铁	万吨	149.86	171.12	215.37	526.90	664.04
成品钢材	万吨	360.08	412.63	451.18	609.59	738.08
金属切削机床	万台	1.74	1.69	1.94	1.38	1.46
缝纫机	万架	193.20	226.49	308.64	318.02	327.08
照相机	万架	10.57	20.69	53.51	20.62	18.60
汽车	万辆	1.04	1.47	1.22	2.81	4.44
自行车	万辆	318.13	376.06	619.54	760.63	764.21
家用电冰箱	万台		0.42	20.49	53.36	67.93
电风扇	万台	53.92	109.48	304.47	282.47	264.79
家用洗衣机	万台		0.81	113.85	101.29	92.26
电视机	万台	28.91	75.24	334.42	465.50	458.92
录音机	万台	4.61	24.78	227.93	209.06	103.36
收音机	万部	309.88	414.75	444.40	266.87	237.78
货物运输量	万吨	19646.00	20037.00	24243.00	26771.00	27551.00
旅客运输量	万人次	1763.00	2369.00	3434.00	3835.00	4035.00
邮电计费业务总量	亿元	0.70	0.90	1.55	4.67	12.85
全社会固定资产投资总额	亿元	27.91	45.43	118.56	227.09	258.30
#全民单位基本建设	亿元	14.46	25.73	57.05	108.54	108.90
全民单位更新改造	亿元	5.60	11.30	35.61	71.77	95.21
全民单位其他投资	亿元	3.77	3.24	3.26	3.77	3.91
城镇集体单位投资	亿元	0.24	0.57	3.40	3.91	4.20
社会商品零售总额	亿元	60.81	88.16	183.16	353.11	402.15
消费品零售额	亿元	54.10	80.43	173.39	333.86	382.06
居民	亿元	48.27	72.91	146.47	274.93	315.91
社会集团	亿元	5.83	7.52	26.92	58.93	66.15

1—7 续表 2

指标名称	单位	1978年	1980年	1985年	1990年	1991年
农业生产资料零售额	亿元	6.71	7.73	9.77	19.25	20.09
外贸收购总额（实际价）	**亿元**	49.18	83.18	101.78	262.37	254.38
外贸进出口总额	**亿美元**	30.26	45.06	51.74	74.27	80.44
出口	亿美元	28.93	42.66	33.61	53.17	57.40
进口	亿美元	1.33	2.40	18.13	21.10	23.04
利用外资（合同）金额	**万美元**			81573.00	58805.00	94320.00
实际利用外资金额	**万美元**			11523.00	77970.00	86595.00
地方预算内财政收入	**亿元**	166.84	172.05	181.59	162.74	165.09
地方预算内财政支出	**亿元**	24.28	17.39	41.89	72.23	77.42
学校数						
高等学校	个	45	49	45	50	50
中等专业学校	个	71	78	114	110	106
普通中学	个	1087	986	844	712	705
小学	个	3641	3356	3147	2630	2493
在校学生数						
高等学校	万人	5.06	7.67	10.79	12.13	11.69
中等专业学校	万人	1.55	2.81	5.92	6.17	6.01
普通中学	万人	100.26	62.71	48.23	48.31	51.24
小学	万人	87.06	85.47	84.18	110.19	111.38
电影放映单位	个	803	770	847	577	548
艺术表演团体	个	17	48	44	38	38
卫生机构	个	4823	6067	7245	7690	7554
#医院	个	388	399	405	462	463
床位数	**万张**	5.47	5.80	6.02	6.96	7.01
#医院	万张	4.68	4.94	5.32	6.21	6.31
卫生技术人员	**万人**	8.50	9.41	10.42	11.84	11.92
#医生数	万人	3.36	3.93	4.85	5.82	5.88
全部职工年平均工资	**元**	672.00	873.00	1416.00	2917.00	3375.00
城镇居民人均年生活费收入	**元**		559.80	1011.84	2050.20	2334.00
农民人均年纯收入	**元**	281.00	402.00	806.00	1665.00	1880.00
居民储蓄存款余额	**亿元**	18.18	30.20	70.09	252.16	328.22
城镇	亿元	16.92	27.64	62.79	223.05	290.41
农村	亿元	1.26	2.56	7.30	29.11	37.81

1-8 江苏省国民经济主要指标

指标名称	单位	1978年	1980年	1985年	1990年	1991年
年末总人口	**万人**	5834.33	5938.19	6213.48	6766.90	6843.70
社会劳动者	**万人**	2777.72	2821.03	3262.97	3569.13	3600.27
国内生产总值	**万元**	249.24	319.80	651.82	1314.39	1451.44
国民收入	**亿元**	209.24	270.89	578.74	1138.31	1249.24
工农业总产值	**亿元**	443.52	606.27	1325.22	3344.63	3742.53
农业总产值	**亿元**	105.87	138.45	288.55	580.53	580.93
种植业	亿元	83.96	105.08	183.66	321.21	316.17
林业	亿元	1.48	1.94	4.63	7.94	7.55
牧业	亿元	16.72	26.58	66.30	160.48	168.09
副业	亿元	1.27	0.97	18.43	41.55	38.46
渔业	亿元	2.44	3.88	15.53	49.35	50.66
主要农产品产量						
粮食	万吨	200.65	2417.95	3126.52	3264.15	3035.51
棉花	万吨	47.54	41.81	47.91	46.42	55.71
油料	万吨	37.44	38.64	108.78	112.39	114.06
甘蔗	万吨	3.01	1.09	21.03	18.00	14.75
水果	万吨	15.90	20.63	34.10	49.33	45.98
茶叶	万吨	0.46	0.53	0.92	1.41	1.32
蚕茧	万吨	2.63	3.82	7.32	12.00	13.01
猪肉	万吨		104.04	135.61	149.24	153.03
水产品	万吨	39.76	42.71	67.54	118.25	117.45
工业总产值	**亿元**	337.65	467.82	1036.67	2764.10	3161.60
#乡及乡以上工业产值	亿元	312.80	423.90	862.91	2147.88	2464.36
轻工业产值	亿元	176.94	267.97	552.23	1510.57	1682.76
重工业产值	亿元	160.71	199.85	484.44	1253.53	1478.84
主要工业产品产量						
原煤	万吨	1707.02	1690.00	2193.85	2407.79	2470.55
原油	万吨	27.40	34.00	55.81	86.00	93.00
发电量	亿千瓦时	126.42	156.32	234.48	404.47	441.20
原盐	万吨	269.07	171.73	167.10	184.54	119.76
糖	万吨	0.46	0.48	0.34		
罐头	万吨			10.16	8.42	8.52
卷烟	万箱	42.47	54.57	87.55	89.45	79.00
纱	万吨	28.33	36.71	45.85	69.46	56.20

1—8 续表 1

指标名称	单位	1978年	1980年	1985年	1990年	1991年
布	亿米	14.06	17.97	21.05	28.91	27.01
化学纤维	万吨	2.11	3.26	12.52	40.76	48.15
呢绒	万米	699.00	1083.00	4574.00	7316.00	8719.00
机制纸及纸板	万吨	21.06	28.76	50.00	74.82	80.62
硫酸	万吨	89.72	100.06	97.70	122.47	129.60
烧碱（折100%）	万吨	13.78	17.94	24.09	32.87	34.94
水泥	万吨	444.10	629.00	1116.90	1532.89	1823.18
平板玻璃	万重量箱	67.44	113.38	301.26	323.96	329.56
钢	万吨	54.51	68.17	98.97	190.18	216.03
生铁	万吨	84.03	93.72	98.59	154.35	156.22
成品钢材	万吨	60.31	104.87	145.18	203.10	247.76
金属切削机床	万台	2.46	1.13	1.85	1.59	2.12
缝纫机	万架	20.08	47.40	97.93	67.24	60.54
照相机	万架	1.68	6.36	35.76	18.17	16.28
汽车	万辆	1.51	1.96	2.45	4.63	6.40
自行车	万辆	30.66	82.33	375.08	400.21	472.73
家用电冰箱	万台		0.46	14.87	36.64	24.35
电风扇	万台			463.93	969.47	1034.02
家用洗衣机	万台		0.77	75.07	8.77	16.80
电视机	万台	3.48	35.06	276.45	496.61	510.53
录音机	万台		6.49	213.91	483.69	538.72
收音机	万部	186.82	809.00	559.77	702.29	631.82
货物运输量	**万吨**	**14626.00**	**16527.00**	**19401.00**	**17442.00**	**17456.00**
旅客运输量	**万人次**	**25624.00**	**31008.00**	**49818.00**	**39612.00**	**40201.00**
邮电计费业务总量	**亿元**	**0.93**	**1.12**	**1.97**	**4.95**	**13.16**
全社会固定资产投资总额	**亿元**	**21.75**	**34.73**	**191.93**	**356.30**	**439.98**
#全民单位基本建设	亿元	17.78	26.15	47.35	86.03	109.31
全民单位更新改造	亿元	2.92	5.50	24.73	41.53	58.92
全民单位其他投资	亿元			8.35	7.30	3.86
城镇集体单位投资	亿元	1.05	3.08	19.60	20.79	27.46
社会商品零售总额	**亿元**	**106.49**	**154.48**	**307.68**	**599.06**	**665.64**
消费品零售额	亿元	84.79	122.56	262.57	515.43	578.12
居民	亿元	76.55	111.09	233.79	464.79	515.35
社会集团	亿元	8.24	11.47	28.78	50.64	62.77

1—8 续表 2

指标名称	单位	1978年	1980年	1985年	1990年	1991年
农业生产资料零售额	亿元	21.70	31.92	45.11	83.63	87.52
外贸收购总额（实际价）	**亿元**	**19.86**	**34.55**	**53.90**	**226.40**	**270.88**
外贸进出口总额	**亿美元**	**4.27**	**9.46**	**18.54**	**36.95**	**45.05**
出口	亿美元	4.18	8.54	15.59	29.50	34.61
进口	亿美元	0.09	0.58	2.95	7.45	10.44
利用外资（合同）金额	**万美元**			**20218.00**	**39535.00**	**123746.00**
实际利用外资金额	**万美元**			**9326.00**	**43861.00**	**46175.00**
地方预算内财政收入	**亿元**	**62.29**	**63.36**	**89.00**	**134.32**	**125.43**
地方预算内财政支出	**亿元**	**28.38**	**28.95**	**50.53**	**99.09**	**110.51**
学校数						
高等学校	个	35	46	70	70	71
中等专业学校	个	93	116	163	195	194
普通中学	个	5866	4994	6255	5808	5588
小学	个	39703	38143	33988	30557	29770
在校学生数						
高等学校	万人	6.05	8.41	11.96	14.69	14.47
中等专业学校	万人	3.84	6.11	9.25	13.99	14.18
普通中学	万人	385.85	320.49	284.73	281.97	288.64
小学	万人	868.90	836.90	677.92	612.29	594.80
电影放映单位	**个**	**4295**	**4423**	**5173**	**4876**	**4649**
艺术表演团体	**个**	**143**	**157**	**147**	**137**	**137**
卫生机构	**个**	**9277**	**9943**	**11515**	**12366**	**12377**
#医院	个	2428	2457	2460	2491	2495
床位数	**万张**	**12.29**	**12.75**	**14.29**	**16.45**	**16.77**
#医院	万张	11.07	11.62	12.65	14.54	14.85
卫生技术人员	**万人**	**14.00**	**15.04**	**18.28**	**21.35**	**22.22**
#医生数	万人	5.70	6.10	7.65	9.94	10.20
全部职工年平均工资	**元**	**513.50**	**667.05**	**1134.71**	**2129.00**	**2302.00**
城镇居民人均年生活费收入	**元**	**288.00**	**433.20**	**765.76**	**1463.79**	**1622.93**
农民人均年生活费收入	**元**	**155.00**	**217.90**	**492.60**	**883.80**	**920.70**
居民储蓄存款余额	**亿元**	**12.40**	**23.72**	**99.35**	**470.86**	**617.60**
城镇	亿元	7.59	13.86	57.81	330.73	445.67
农村	亿元	4.81	9.86	41.54	140.13	171.93

1－9 浙江省国民经济主要指标

指标名称	单位	1978年	1980年	1985年	1990年	1991年
年末总人口	**万人**	3750.96	3826.58	4029.56	4234.91	4261.37
社会劳动者	**万人**	1794.96	1856.42	2318.56	2554.46	2579.36
国内生产总值	**万元**	122.54	178.45	412.07	836.81	953.54
国民收入	**亿元**	108.03	158.34	365.93	726.49	856.02
工农业总产值	**亿元**	197.82	294.28	724.67	1770.93	2170.04
农业总产值	**亿元**	65.71	92.67	174.05	336.77	368.64
种植业	亿元	48.86	60.52	92.85	163.92	180.00
林　业	亿元	1.99	3.61	8.87	14.81	17.42
牧　业	亿元	9.42	19.39	37.80	79.57	82.11
副　业	亿元	1.96	3.71	18.39	37.57	37.30
渔　业	亿元	3.48	5.44	16.14	40.90	51.81
主要农产品产量						
粮　食	万吨	1467.20	1435.50	1621.29	1586.10	1640.00
棉　花	万吨	7.26	8.29	8.13	6.42	7.53
油　料	万吨	22.06	28.86	44.19	48.35	45.56
甘　蔗	万吨		68.98	110.05	62.78	68.79
水　果	万吨	14.61	22.50	44.61	107.01	134.49
茶　叶	万吨	5.87	7.54	9.31	11.70	11.41
蚕　茧	万吨	4.69	6.50	8.46	11.80	11.94
猪　肉	万吨	41.59	69.48	75.57	84.08	86.89
水产品	万吨	82.75	81.74	104.82	139.00	151.09
工业总产值	**亿元**	132.11	201.61	550.63	1434.16	1801.40
#乡及乡以上工业产值	亿元	122.54	184.40	444.71	1073.91	1345.53
轻工业产值	亿元	79.51	125.74	343.99	935.08	1173.69
重工业产值	亿元	52.60	75.87	206.64	499.08	627.71
主要工业产品产量						
原　煤	万吨	159.29	143.09	150.62	136.99	139.17
原　油	万吨					
发电量	亿千瓦时	50.56	81.46	132.03	308.66	242.32
原　盐	万吨	64.45	36.09	51.23	53.46	56.37
糖	万吨	3.95	4.40	2.89	1.91	2.17
罐　头	万吨	3.85	6.94	23.60	19.51	25.65
卷　烟	万箱	45.21	60.54	87.51	81.88	76.43
纱	万吨	7.28	9.42	15.76	20.13	20.31

1—9 续表 1

指　标　名　称	单位	1978年	1980年	1985年	1990年	1991年
布	亿米	3.46	4.88	8.74	15.66	13.53
化学纤维	万吨	0.79	1.31	4.23	8.53	12.07
呢　绒	万米	118.84	167.50	1340.00	2700.00	3166.00
机制纸及纸板	万吨	15.85	22.12	53.46	78.52	92.48
硫　酸	万吨	20.03	26.91	27.63	28.62	37.11
烧　碱（折100%）	万吨	7.60	8.50	11.54	15.79	16.90
水　泥	万吨	180.51	228.29	799.92	1340.00	1622.00
平板玻璃	万重量箱	25.16	111.75	137.73	244.00	228.31
钢	万吨	23.96	39.35	54.10	85.90	94.94
生　铁	万吨	27.65	32.26	33.69	59.72	59.30
成品钢材	万吨	31.99	57.66	63.39	81.35	92.63
金属切削机床	万台	0.86	0.66	3.33	2.03	3.25
缝纫机	万架	16.23	26.49	68.52	64.66	80.89
照相机	万架		0.15	4.06	0.47	0.03
汽　车	万辆	0.15	0.25	0.81	0.53	0.80
自行车	万辆	5.50	13.72	169.71	197.00	254.35
家用电冰箱	万台		0.50	24.92	27.56	30.43
电风扇	万台		69.46	363.29	401.00	431.00
家用洗衣机	万台		1.02	117.20	38.91	42.29
电视机	万台	0.62	7.47	118.30	125.38	166.91
录音机	万台		0.61	36.25	138.00	123.92
收音机	万部	43.51	171.56	98.13	141.00	122.06
货物运输量	**万吨**	**8460.00**	**7282.00**	**8673.00**	**33474.00**	**35238.00**
旅客运输量	**万人次**	**20535.00**	**28349.00**	**42822.00**	**60347.00**	**69269.00**
邮电计费业务总量	**亿元**	**0.68**	**0.90**	**1.88**	**4.54**	**11.18**
全社会固定资产投资总额	**亿元**	**23.23**	**33.25**	**105.49**	**198.63**	**250.83**
#全民单位基本建设	亿元	10.07	12.60	26.35	44.03	50.83
全民单位更新改造	亿元	2.19	3.39	11.17	22.32	30.22
全民单位其他投资	亿元			1.99	3.98	5.08
城镇集体单位投资	亿元	0.80	1.16	10.01	12.41	20.00
社会商品零售总额	**亿元**	**60.20**	**92.64**	**197.82**	**408.94**	**468.78**
消费品零售额	亿元	48.86	74.87	172.27	353.75	404.01
居　民	亿元	42.19	67.91	155.58	321.89	365.01
社会集团	亿元	4.67	6.96	16.68	31.86	39.00

1—9续表2

指标名称	单位	1978年	1980年	1985年	1990年	1991年
农业生产资料零售额	亿元	13.34	17.77	25.55	55.19	64.77
外贸收购总额（实际价）	亿元	12.80	23.60	28.92	138.91	173.47
外贸进出口总额	亿美元	0.52	2.43	11.20	25.50	34.48
出口	亿美元	0.52	2.43	9.38	22.59	29.13
进口	亿美元			1.86	2.91	5.35
利用外资（合同）金额	万美元			8916.00	24792.00	38316.00
实际利用外资金额	万美元			6216.00	16235.00	17186.00
地方预算内财政收入	亿元	27.45	31.13	58.25	101.59	108.94
地方预算内财政支出	亿元	17.43	17.34	37.40	80.23	84.93
学校数						
高等学校	个	22	22	35	37	36
中等专业学校	个	73	81	119	141	141
普通中学	个	4097	3391	3235	3353	3381
小学	个	44534	41734	36541	31806	29674
在校学生数						
高等学校	万人	2.42	3.78	5.27	6.03	5.98
中等专业学校	万人	2.79	3.10	4.36	6.67	6.77
普通中学	万人	214.65	170.04	177.46	169.62	180.75
小学	万人	501.43	482.42	384.91	372.43	362.64
电影放映单位	个	4375	4218	5632	4580	4436
艺术表演团体	个	128	170	126	90	91
卫生机构	个	6939	7435	8286	8917	8983
#医院	个	3512	3554	3110	3351	3379
床位数	万张	6.18	6.94	8.02	9.71	9.93
#医院	万张	5.65	6.32	7.21	8.81	9.00
卫生技术人员	万人	8.09	9.14	11.33	13.09	13.50
#医生数	万人	3.27	3.39	4.40	5.91	6.03
全部职工年平均工资	元	544.00	701.00	1159.00	2220.00	2422.00
城镇居民人均年生活费收入	元		429.72	839.56	1769.16	1950.37
农民人均年生活费收入	元		219.21	548.60	1099.04	1210.77
居民储蓄存款余额	亿元	7.73	16.95	67.73	306.75	402.07
城镇	亿元	5.58	10.53	38.57	183.26	242.26
农村	亿元	2.15	6.42	29.16	123.49	159.81

1－10 安徽省国民经济主要指标

指标名称	单位	1978年	1980年	1985年	1990年	1991年
年末总人口	万人	4712.99	4892.78	5155.77	5660.71	5743.99
社会劳动者	万人	1873.39	2002.06	2420.57	2807.56	2877.14
国内生产总值	万元	113.38	138.72	317.22	606.54	600.13
国民收入	亿元	103.81	127.87	270.31	519.15	506.49
工农业总产值	亿元	178.18	214.28	475.51	1041.26	1083.21
农业总产值	亿元	71.07	84.63	198.24	370.93	317.26
种植业	亿元	56.83	66.19	136.81	243.74	189.29
林业	亿元	1.14	2.15	8.04	16.97	18.66
牧业	亿元	10.07	13.15	40.89	81.98	79.52
副业	亿元	2.62	2.44	8.50	17.11	17.00
渔业	亿元	0.41	0.70	4.00	11.13	12.79
主要农产品产量						
粮食	万吨	1482.60	1453.90	2167.96	2520.13	1749.15
棉花	万吨	11.49	12.20	16.67	23.60	27.15
油料	万吨	32.57	49.80	145.70	129.13	97.13
甘蔗	万吨	1.68	0.86	8.27	8.72	8.81
水果	万吨	9.14	10.02	13.94	26.99	22.87
茶叶	万吨	2.99	3.20	4.26	5.36	5.05
蚕茧	万吨	0.30	0.45	0.90	1.88	2.37
猪肉	万吨	45.50	49.43	66.90	84.81	86.77
水产品	万吨	5.28	7.28	17.31	29.10	31.61
工业总产值	亿元	107.11	129.65	277.27	670.33	765.95
＃乡及乡以上工业产值	亿元	104.14	124.50	244.01	555.03	629.49
轻工业产值	亿元	54.40	68.24	144.64	347.91	392.83
重工业产值	亿元	52.71	61.41	132.63	322.42	373.12
主要工业产品产量						
原煤	万吨	2453.24	2411.39	2905.09	3205.39	3084.29
原油	万吨					
发电量	亿千瓦时	83.36	96.34	134.88	194.21	215.52
原盐	万吨				2.77	
糖	万吨					
罐头	万吨			2.34	4.93	6.81
卷烟	万箱	83.96	104.43	180.39	216.05	207.93
纱	万吨	8.45	10.76	13.49	17.52	18.56

1—10 续表 1

指 标 名 称	单 位	1978 年	1980 年	1985 年	1990 年	1991 年
布	亿米	4.11	5.24	5.37	6.73	6.66
化学纤维	万吨		0.55	0.99	1.23	1.59
呢 绒	万米		48.06	374.50	290.42	276.46
机制纸及纸板	万吨	15.06	16.60	25.37	38.36	42.65
硫 酸	万吨	17.50	29.97	39.76	66.26	82.30
烧 碱（折 100%）	万吨	3.49	3.69	5.95	7.83	7.83
水 泥	万吨	182.89	218.76	553.36	885.63	1011.11
平板玻璃	万重量箱	29.17	55.04	71.20	157.41	155.12
钢	万吨	89.50	136.26	194.29	248.05	254.81
生 铁	万吨	196.18	213.85	242.62	285.55	296.66
成品钢材	万吨	69.96	78.97	140.47	188.30	199.81
金属切削机床	万台	0.37	0.25	0.30	0.37	0.41
缝纫机	万架	4.17	10.01	14.02	22.32	22.00
照相机	万架					
汽 车	万辆	0.31	0.27	0.82	0.28	0.53
自行车	万辆	0.62	6.58	90.19	70.52	113.18
家用电冰箱	万台			2.37	34.45	49.93
电风扇	万台	1.91	15.85	56.34	117.67	118.18
家用洗衣机	万台			13.17	34.03	40.05
电视机	万台	0.34	3.35	26.81	72.58	101.35
录音机	万台			3.04	2.77	7.73
收音机	万部	28.45	108.99	40.53	72.48	
货物运输量	**万吨**	**7520.00**	**6475.00**	**7714.00**	**8529.00**	**8236.00**
旅客运输量	**万人次**	**10248.00**	**14510.00**	**23577.00**	**23095.00**	**21683.00**
邮电计费业务总量	**亿元**		**0.53**	**0.80**	**1.78**	**4.28**
全社会固定资产投资总额	**亿元**	**13.15**	**17.30**	**80.74**	**122.98**	**132.94**
#全民单位基本建设	亿元	13.15	14.56	27.07	38.62	48.11
全民单位更新改造	亿元		2.29	12.60	23.11	25.90
全民单位其他投资	亿元			2.03	4.05	3.96
城镇集体单位投资	亿元		0.45	3.69	4.62	4.40
社会商品零售总额	**亿元**	**57.02**	**75.38**	**143.81**	**277.08**	**299.47**
消费品零售额	亿元	46.71	62.50	119.95	226.53	247.50
居 民	亿元	42.53	57.33	110.81	208.52	226.53
社会集团	亿元	4.18	5.17	9.14	18.01	20.97

1—10 续表 2

指标名称	单位	1978年	1980年	1985年	1990年	1991年
农业生产资料零售额	亿元	10.31	12.88	23.86	50.55	51.97
外贸收购总额（实际价）	亿元			13.57	36.14	31.71
外贸进出口总额	亿美元	0.11	0.40	4.30	7.37	8.50
出口	亿美元	0.11	0.40	3.07	6.54	7.00
进口	亿美元			1.23	0.83	1.50
利用外资（合同）金额	万美元			2846.00	8721.00	16797.00
实际利用外资金额	万美元			1870.00	5027.00	4442.00
地方预算内财政收入	亿元	22.48	20.28	30.16	52.89	54.53
地方预算内财政支出	亿元	18.19	16.66	33.88	59.96	84.97
学校数						
高等学校	个	21	31	38	38	36
中等专业学校	个	92	105	138	135	136
普通中学	个	3912	4420	4180	4375	4373
小学	个	52265	44987	36940	35054	34802
在校学生数						
高等学校	万人	2.94	3.76	5.67	6.34	6.20
中等专业学校	万人	2.53	4.65	5.86	8.22	7.90
普通中学	万人	288.89	247.14	212.73	218.18	223.38
小学	万人	796.16	808.03	727.85	663.22	617.33
电影放映单位	个		3878.00	6222.00	4275.00	4221.00
艺术表演团体	个		137	126	99	96
卫生机构	个	6466	6639	7113	7336	7359
#医院	个	2953	3083	3098	3128	3158.00
床位数	万张	8.08	8.69	9.53	10.78	11.13
#医院	万张	7.07	7.63	8.40	9.58	9.89
卫生技术人员	万人	9.60	10.48	12.28	13.57	13.79
#医生数	万人	4.17	3.16	4.41	6.07	5.96
全部职工年平均工资	元	555.00	684.00	950.00	1827.00	1959.00
城镇居民人均年生活费收入	元		336.64	583.79	1223.73	1341.31
农民人均年生活费收入	元	113.34	184.83	369.41	539.16	446.05
居民储蓄存款余额	亿元	3.91	8.76	38.43	161.80	206.02
城镇	亿元	2.87	5.86	23.95	116.28	150.08
农村	亿元	1.04	2.90	14.48	45.52	55.94

1－11 福建省国民经济主要指标

指标名称	单位	1978年	1980年	1985年	1990年	1991年
年末总人口	**万人**	2452.77	2517.78	2713.10	2999.82	3039.09
社会劳动者	**万人**	917.86	962.99	1152.07	1348.38	1436.50
国内生产总值	**万元**	66.37	85.91	190.80	459.48	547.42
国民收入	**亿元**	57.40	72.87	164.97	388.77	459.77
工农业总产值	**亿元**	99.47	126.94	272.18	760.18	915.60
农业总产值	**亿元**	36.33	45.49	99.05	228.69	256.74
种植业	亿元	25.80	29.19	50.14	102.50	117.74
林业	亿元	2.31	3.41	9.13	21.54	25.40
牧业	亿元	3.82	7.38	19.60	53.39	57.44
副业	亿元	2.42	1.94	9.22	15.92	15.76
渔业	亿元	1.98	3.57	10.96	35.34	40.40
主要农产品产量						
粮食	万吨	744.90	801.90	794.40	879.64	889.65
棉花	万吨					
油料	万吨	13.80	13.48	17.39	17.66	15.64
甘蔗	万吨	288.03	351.20	536.67	344.28	385.43
水果	万吨	10.10	12.66	29.41	75.78	110.53
茶叶	万吨	2.03	2.59	4.05	5.82	6.53
蚕茧	万吨				0.02	0.02
猪肉	万吨	23.90	23.66	43.48	62.86	67.64
水产品	万吨	44.76	47.13	76.06	118.64	135.71
工业总产值	**亿元**	64.18	81.18	173.13	531.49	658.86
#乡及乡以上工业产值	亿元	60.90	75.48	138.75	415.11	504.93
轻工业产值	亿元	37.52	49.32	103.68	329.72	413.28
重工业产值	亿元	26.66	31.86	69.45	201.77	245.58
主要工业产品产量						
原煤	万吨	423.05	462.99	606.53	925.37	857.19
原油	万吨					
发电量	亿千瓦时	40.69	49.47	77.20	136.65	151.76
原盐	万吨	94.67	103.65	70.80	67.21	120.23
糖	万吨	28.92	37.21	47.94	32.63	30.51
罐头	万吨	4.10	6.47	13.33	14.41	18.97
卷烟	万箱	20.37	23.12	46.27	76.41	76.93
纱	万吨	1.84	2.39	4.32	5.48	5.77

1-11 续表 1

指标名称	单位	1978年	1980年	1985年	1990年	1991年
布	亿米	1.12	1.28	1.54	2.26	2.11
化学纤维	万吨	1.19	1.35	1.65	3.13	3.39
呢绒	万米			7.00	104.00	109.67
机制纸及纸板	万吨	20.08	23.06	36.84	52.09	55.06
硫酸	万吨	8.80	12.67	12.94	24.18	25.73
烧碱（折100%）	万吨	4.32	5.66	6.41	8.70	9.77
水泥	万吨	120.45	155.30	290.69	540.04	646.87
平板玻璃	万重量箱	43.59	79.95	105.31	66.06	23.57
钢	万吨	16.16	24.16	31.75	51.66	56.47
生铁	万吨	26.57	32.03	37.99	62.60	63.66
成品钢材	万吨	13.82	20.08	26.32	56.28	59.29
金属切削机床	万台		0.20	0.01	0.13	0.15
缝纫机	万架	6.46	13.13	16.15	8.27	8.05
照相机	万架			3.00	0.73	1.59
汽车	万辆		0.10	0.07	0.07	0.18
自行车	万辆	1.05	2.76	49.14	44.07	66.85
家用电冰箱	万台			3.28	4.50	2.29
电风扇	万台			46.41	41.96	29.74
家用洗衣机	万台		0.01	4.23	0.16	
电视机	万台	0.21	3.15	59.95	135.52	135.63
录音机	万台		0.10	65.47	30.62	20.11
收音机	万部	10.48	15.69	11.58	38.56	24.31
货物运输量	**万吨**	**4218.02**	**4362.06**	**4139.38**	**4351.50**	**4523.35**
旅客运输量	**万人次**	**7928.15**	**12777.94**	**20910.69**	**16511.20**	**16054.86**
邮电计费业务总量	**亿元**	**0.33**	**0.40**	**0.89**	**3.07**	**9.51**
全社会固定资产投资总额	**亿元**	**7.27**	**12.99**	**55.15**	**108.92**	**132.65**
#全民单位基本建设	亿元	7.00	10.33	26.76	38.18	48.19
全民单位更新改造	亿元		2.27	8.49	16.57	19.98
全民单位其他投资	亿元			0.41	0.89	1.45
城镇集体单位投资	亿元		0.38	2.46	3.04	3.81
社会商品零售总额	**亿元**	**37.26**	**54.20**	**107.09**	**231.97**	**258.78**
消费品零售额	亿元	30.56	45.47	96.04	207.74	230.99
居民	亿元	27.20	41.60	88.94	197.83	219.85
社会集团	亿元	3.36	3.87	7.10	9.91	11.14

1—11 续表 2

指标名称	单位	1978年	1980年	1985年	1990年	1991年
农业生产资料零售额	亿元	6.70	8.73	11.05	24.23	27.79
外贸收购总额（实际价）	**亿元**	4.65	8.24	12.58	75.99	52.38
外贸进出口总额	**亿美元**	2.03	5.05	11.17	31.71	43.33
出口	亿美元	1.90	3.63	4.92	22.38	29.26
进口	亿美元	0.13	1.42	6.25	9.33	14.07
利用外资（合同）金额	**万美元**		2172.00	43909.00	123635.00	153663.00
实际利用外资金额	**万美元**		918.00	17711.00	37968.00	72375.00
地方预算内财政收入	**亿元**	15.13	15.33	25.08	55.63	69.70
地方预算内财政支出	**亿元**	15.14	15.05	30.64	64.56	78.13
学校数						
高等学校	个	16	16	36	36	33
中等专业学校	个	58	82	94	103	104
普通中学	个	1178	1148	1180	1362	1401
小学	个	30087	28170	26607	19472	19387
在校学生数						
高等学校	万人	2.05	3.86	4.41	5.56	5.42
中等专业学校	万人	2.63	3.84	4.34	5.89	5.94
普通中学	万人	116.70	109.41	109.92	104.85	113.13
小学	万人	370.23	376.42	372.40	337.08	342.61
电影放映单位	**个**	1982.00	2129.00	3669.00	3253.00	3116.00
艺术表演团体	**个**	101.00	107.00	104.00	91.00	89.00
卫生机构	**个**	3809.00	4191.00	4796.00	4885.00	4867.00
＃医院	个	1111.00	1130.00	1154.00	1198.00	1206.00
床位数	**万张**	5.15	5.30	5.84	6.81	6.90
＃医院	万张	4.53	4.68	5.20	6.07	6.17
卫生技术人员	**万人**	5.49	5.88	7.42	8.68	8.86
＃医生数	万人	2.21	2.01	2.70	3.57	3.64
全部职工年平均工资	**元**	567.00	703.00	1059.00	2162.00	2420.00
城镇居民人均年生活费收入	**元**	339.48	391.00	672.51	1566.61	1736.20
农民人均年生活费收入	**元**	137.54	171.75	396.45	764.41	850.05
居民储蓄存款余额	**亿元**	6.56	12.01	47.59	183.26	245.61
城镇	亿元	5.46	8.93	25.54	145.02	150.59
农村	亿元	1.10	3.08	22.05	38.24	95.02

1－12 江西省国民经济主要指标

指标名称	单位	1978年	1980年	1985年	1990年	1991年
年末总人口	**万人**	3182.82	3270.20	3460.24	3810.64	3864.64
社会劳动者	**万人**	1254.30	1356.30	1584.80	1816.50	1874.50
国内生产总值	**万元**	87.00	111.15	207.26	419.54	465.10
国民收入	**亿元**	76.60	98.95	173.00	354.03	390.73
工农业总产值	**亿元**	122.86	162.16	295.60	680.99	769.52
农业总产值	**亿元**	49.29	68.15	114.50	255.24	271.58
种植业	亿元	34.96	45.53	67.70	136.49	143.30
林业	亿元	2.56	5.12	9.18	16.01	20.80
牧业	亿元	6.26	9.46	22.78	67.34	68.72
副业	亿元	4.87	7.25	11.33	25.05	26.15
渔业	亿元	0.64	0.79	3.51	10.35	12.61
主要农产品产量						
粮食	万吨	1125.74	1240.04	1533.54	1658.20	1625.70
棉花	万吨	3.48	4.30	6.22	5.70	10.90
油料	万吨	13.49	13.76	28.88	54.89	62.17
甘蔗	万吨	68.29	85.74	197.10	194.29	229.95
水果	万吨	2.92	5.61	10.75	23.30	33.42
茶叶	万吨	0.89	1.04	1.43	1.94	1.86
蚕茧	万吨	0.01	0.02	0.06	0.26	0.56
猪肉	万吨	24.85	36.23	59.66	101.16	111.94
水产品	万吨	5.93	7.55	16.02	30.68	33.93
工业总产值	**亿元**	73.57	94.01	181.10	425.75	497.94
＃乡及乡以上工业产值	亿元	70.68	88.69	163.80	358.24	409.48
轻工业产值	亿元	32.91	45.85	77.12	156.41	174.73
重工业产值	亿元	40.66	48.16	103.98	201.83	234.75
主要工业产品产量						
原煤	万吨	1435.50	1490.31	1938.15	2027.11	2122.98
原油	万吨					
发电量	亿千瓦时	45.31	57.21	83.75	121.41	129.96
原盐	万吨	0.88	1.55	8.49	20.21	24.35
糖	万吨	4.49	7.42	13.57	10.82	14.67
罐头	万吨		1.10	2.60	3.01	3.83
卷烟	万箱	19.14	22.32	32.11	47.02	49.58
纱	万吨	4.24	6.18	7.22	8.07	8.67

1—12 续表 1

指 标 名 称	单 位	1978 年	1980 年	1985 年	1990 年	1991 年
布	亿米	2.02	3.00	2.60	3.06	2.79
化学纤维	万吨	0.42	1.33	1.30	2.00	2.37
呢 绒	万米				149.00	221.00
机制纸及纸板	万吨	9.26	12.69	22.17	25.59	26.36
硫 酸	万吨	2.68	4.00	3.81	43.59	46.93
烧 碱（折 100%）	万吨	2.32	3.07	3.74	5.88	6.12
水 泥	万吨	155.56	201.00	354.19	469.13	566.91
平板玻璃	万重量箱			11.61	36.74	31.46
钢	万吨	25.64	38.76	77.42	112.09	109.68
生 铁	万吨	35.84	31.45	57.43	89.03	84.05
成品钢材	万吨	24.50	46.65	60.98	92.32	95.27
金属切削机床	万台	0.26	0.40	0.53	0.47	0.47
缝纫机	万架	0.22	2.50	10.67		
照相机	万架	1.00	1.40	10.55	9.00	16.17
汽 车	万辆	0.10	0.15	0.71	0.97	1.44
自行车	万辆	0.30	3.39	30.65	27.74	52.33
家用电冰箱	万台		0.01	0.43	12.27	12.46
电风扇	万台		14.03	39.20	53.74	44.76
家用洗衣机	万台		0.02	0.26		
电视机	万台	0.25	2.51	31.40	43.88	48.90
录音机	万台			27.60	31.66	42.76
收音机	万部	12.58	45.18	18.53	18.84	21.09
货物运输量	**万吨**	**5402.00**	**5017.00**	**4355.00**	**4074.00**	**4138.00**
旅客运输量	**万人次**	**6590.00**	**10016.00**	**18607.00**	**16377.00**	**16265.00**
邮电计费业务总量	**亿元**	**0.39**	**0.46**	**0.68**	**2.75**	**3.50**
全社会固定资产投资总额	**亿元**	**8.13**	**18.82**	**44.03**	**70.65**	**91.08**
#全民单位基本建设	亿元	8.02	9.22	16.58	26.01	31.67
全民单位更新改造	亿元		2.92	8.53	17.52	20.64
全民单位其他投资	亿元			0.47	0.75	1.76
城镇集体单位投资	亿元	0.11	0.33	1.01	1.46	2.33
社会商品零售总额	**亿元**	**41.30**	**54.86**	**98.33**	**181.75**	**201.45**
消费品零售额	亿元	33.93	45.48	85.71	151.93	169.19
居 民	亿元	29.72	40.94	76.66	139.38	155.42
社会集团	亿元	4.21	4.54	9.05	12.55	13.77

1—12 续表 2

指标名称	单位	1978年	1980年	1985年	1990年	1991年
农业生产资料零售额	亿元	7.37	9.38	12.62	29.82	32.26
外贸收购总额（实际价）	亿元	4.31	6.48	8.32	27.01	26.69
外贸进出口总额	亿美元	0.51	1.01	3.19	6.31	7.06
出口	亿美元	0.51	0.93	2.57	5.61	6.10
进口	亿美元		0.08	0.61	0.70	0.96
利用外资（合同）金额	万美元			3196.00	12292.00	15796.00
实际利用外资金额	万美元			1021.00	5141.00	9676.00
地方预算内财政收入	亿元	12.22	12.47	21.18	40.62	44.81
地方预算内财政支出	亿元	16.27	15.99	29.73	50.76	60.37
学校数						
高等学校	个	16	17	26	30	29
中等专业学校	个	43	59	89	102	102
普通中学	个	3086	2967	2676	2801	2821
小学	个	49212	44318	39252	29894	27659
在校学生数						
高等学校	万人	2.18	3.56	4.49	5.66	5.64
中等专业学校	万人	2.89	4.08	4.94	6.17	6.15
普通中学	万人	169.20	154.86	155.53	180.06	186.26
小学	万人	513.77	529.30	572.83	450.44	430.49
电影放映单位	个	4267	3809	5231	4401	4078
艺术表演团体	个	118	118	105	86	86
卫生机构	个	5178	5373	5538	5632	5632
#医院	个	2107	2189	2206	2305	2308
床位数	万张	7.23	7.69	8.41	9.23	9.27
#医院	万张	6.52	6.97	7.52	8.26	8.32
卫生技术人员	万人	7.02	7.90	10.22	11.68	11.79
#医生数	万人	3.04	3.27	4.33	5.20	5.19
全部职工年平均工资	元	552.00	713.00	997.00	1729.00	1842.00
城镇居民人均年生活费收入	元			545.28	1094.24	1190.62
农民人均年生活费收入	元	140.70	181.24	377.31	669.90	702.53
居民储蓄存款余额	亿元	4.16	8.75	34.85	142.79	186.38
城镇	亿元	3.38	6.56	24.38	111.85	146.98
农村	亿元	0.78	2.19	10.47	30.94	39.40

1－13 山东省国民经济主要指标

指标名称	单位	1978年	1980年	1985年	1990年	1991年
年末总人口	**万人**	7160.00	7296.00	7711.00	8492.64	8570.22
社会劳动者	**万人**	2970.00	3118.00	3561.00	4043.20	4219.24
国内生产总值	**万元**	234.05	301.16	647.06	1333.56	1570.24
国民收入	**亿元**	195.51	252.17	556.15	1144.22	1349.63
工农业总产值	**亿元**	399.04	501.23	1018.20	2848.34	3392.20
农业总产值	**亿元**	102.22	160.91	335.42	647.49	793.03
种植业	亿元	83.71	126.22	236.62	397.80	471.53
林业	亿元	1.81	4.52	11.07	20.45	22.19
牧业	亿元	12.19	23.43	62.78	151.87	200.35
副业	亿元	1.06	2.59	11.59	21.71	20.26
渔业	亿元	3.45	4.15	13.36	55.61	78.71
主要农产品产量						
粮食	万吨	2288.00	2384.00	3137.70	3570.00	3916.90
棉花	万吨	15.40	53.70	106.20	102.75	135.08
油料	万吨	95.90	143.00	267.90	212.10	233.07
甘蔗	万吨					
水果	万吨	151.55	151.47	212.78	246.30	281.57
茶叶	万吨				0.07	0.07
蚕茧	万吨	1.50	1.70	1.20	1.62	2.22
猪肉	万吨	55.15	86.15	109.65	153.69	168.82
水产品	万吨	74.00	62.00	81.40	167.80	198.12
工业总产值	**亿元**	296.82	340.32	682.78	2200.85	2599.16
＃乡及乡以上工业产值	亿元	284.55	322.85	603.55	1576.63	1827.66
轻工业产值	亿元	144.28	183.81	370.41	1118.43	930.34
重工业产值	亿元	152.54	156.51	312.37	1082.42	897.32
主要工业产品产量						
原煤	万吨	4200.10	4290.50	4922.30	5995.43	6053.93
原油	万吨	1947.00	1831.82	2703.16	3350.62	3355.19
发电量	亿千瓦时	155.86	185.97	262.05	446.37	496.40
原盐	万吨	328.41	239.34	189.14	308.43	472.50
糖	万吨	0.51	1.56	0.76	0.24	0.44
罐头	万吨			11.94	18.08	14.91
卷烟	万箱	134.76	172.83	221.31	236.12	221.27
纱	万吨	20.75	23.54	30.92	64.28	60.42

1—13 续表 1

指标名称	单位	1978 年	1980 年	1985 年	1990 年	1991 年
布	亿米	9.82	10.87	12.50	21.63	21.13
化学纤维	万吨	0.40	0.68	1.11	4.08	5.29
呢绒	万米	208.58	327.00	1248.75	1960.00	2069.00
机制纸及纸板	万吨	28.33	36.74	56.47	116.11	129.26
硫酸	万吨	36.53	45.79	27.41	73.90	81.73
烧碱（折 100%）	万吨	9.92	12.15	15.43	38.65	37.76
水泥	万吨	486.60	571.00	1121.81	1940.30	2405.42
平板玻璃	万重量箱	65.55	166.53	344.58	402.69	580.16
钢	万吨	82.35	90.11	124.97	226.98	252.12
生铁	万吨	150.49	141.49	166.32	287.70	293.50
成品钢材	万吨	63.40	78.30	100.65	154.06	173.27
金属切削机床	万台	1.65	0.79	1.13	1.41	1.43
缝纫机	万架	24.57	45.91	48.62	34.72	25.19
照相机	万架	0.16	0.24	2.77	14.70	24.60
汽车	万辆	0.74	1.12	1.15	0.99	1.15
自行车	万辆	70.49	116.31	223.34	175.68	193.81
家用电冰箱	万台			1.66	27.41	31.51
电风扇	万台		39.59	94.12	181.75	228.17
家用洗衣机	万台		3.46	36.37	64.95	61.46
电视机	万台	0.74	9.15	41.60	76.29	75.47
录音机	万台		0.55	34.38	20.06	12.46
收音机	万部	55.00	190.18	21.44	22.91	23.77
货物运输量	**万吨**	22964.00	22086.00	27371.00	41443.00	4.39
旅客运输量	**万人次**	9431.00	12208.00	19772.00	29798.00	3.23
邮电计费业务总量	**亿元**	1.01	1.10	1.62	3.82	10.33
全社会固定资产投资总额	**亿元**	41.87	69.97	194.33	335.66	439.82
#全民单位基本建设	亿元	24.70	26.95	48.65	95.21	111.97
全民单位更新改造	亿元	4.30	8.89	21.20	45.01	62.57
全民单位其他投资	亿元	0.27		30.57	36.03	43.36
城镇集体单位投资	**亿元**	8.42	22.24	30.21	18.63	25.06
社会商品零售总额	**亿元**	106.71	146.88	280.79	570.36	663.40
消费品零售额	亿元	79.73	114.01	227.03	460.13	536.03
居民	亿元	71.14	101.79	196.61	416.78	485.95
社会集团	亿元	8.59	12.22	21.48	43.35	50.08

1—13 续表 2

指　标　名　称	单　位	1978 年	1980 年	1985 年	1990 年	1991 年
农业生产资料零售额	亿元	26.98	32.87	53.76	110.23	127.38
外贸收购总额（实际价）	**亿元**	19.50	31.87	54.06	157.14	166.79
外贸进出口总额	**亿美元**	8.71	18.72	30.60	41.71	44.49
出　口	亿美元	8.30	17.63	26.67	34.76	38.29
进　口	亿美元	0.41	1.09	3.97	6.95	8.08
利用外资（合同）金额	**万美元**			10994.00	24860.00	10235.80
实际利用外资金额	**万美元**			6231.00		46789.00
地方预算内财政收入	**亿元**	64.13	48.11	67.53	109.11	142.97
地方预算内财政支出	**亿元**	31.90	30.70	51.30	123.85	141.95
学校数						
高等学校	个	34	35	49	49	49
中等专业学校	个	189	203	208	236	240
普通中学	个	17361	14464	9038	6699	6310
小　学	个	79375	78796	71062	61845	59976
在校学生数						
高等学校	万人	3.84	5.14	8.36	10.58	10.71
中等专业学校	万人	4.95	6.86	10.02	14.85	15.51
普通中学	万人	478.22	407.90	356.32	367.30	372.98
小　学	万人	1041.84	1041.70	894.06	818.21	815.15
电影放映单位	**个**	4748	5170	13018	11112	10562
艺术表演团体	**个**	155	156	158	119	120
卫生机构	**个**	8389	8908	10304	11040	11141
＃医　院	个	2453	2552	2623	2818	2861
床位数	**万张**	12.02	12.74	14.72	17.70	18.19
＃医　院	万张	11.05	11.71	13.36	15.96	16.47
卫生技术人员	**万人**	15.01	16.87	20.51	24.11	24.12
＃医生数	万人	5.65	6.23	8.01	10.71	10.50
全部职工年平均工资	**元**	597.00	774.00	1170.00	2149.50	2239.40
城镇居民人均年生活费收入	**元**	361.18	414.84	699.85	1408.08	1565.52
农民人均年生活费收入	**元**	114.56	210.23	408.12	680.18	1407.12
居民储蓄存款余额	**亿元**	14.43	29.29	130.13	575.47	146.05
城　镇	亿元	6.63	11.60	50.37	365.27	
农　村	亿元	7.80	17.69	79.76	210.20	

1-14 华东地区分省（市）国民收入

（1991年）

单位：亿元

指标名称	上海市	江苏省	浙江省	安徽省	福建省	江西省	山东省
国民收入生产额	**696.91**	**1249.24**	**856.02**	**506.49**	**459.77**	**390.73**	**1349.63**
工　业	500.59	712.63	442.24	241.50	191.95	139.32	646.53
农　业	34.52	337.20	240.42	186.29	169.69	185.52	519.63
建筑业	36.20	68.28	55.25	33.97	30.62	19.25	77.63
运输邮电业	42.16	48.91	31.83	17.51	22.73	17.21	37.62
商业饮食业	83.44	82.22	86.28	27.22	44.78	29.43	68.22
国民收入使用额	**572.64**	**1180.39**	**782.83**	**510.73**	**463.26**	**400.27**	**1287.44**
消费额	336.98	692.21	493.94	361.50	323.21	292.04	767.68
积累额	235.66	488.18	288.89	149.23	140.05	108.23	519.76
积累率（%）	41.2	41.4	36.9	29.2	30.2	27.0	40.4

1-15 华东地区分省（市）国内生产总值

（1991年）

单位：亿元

指标名称	上海市	江苏省	浙江省	安徽省	福建省	江西省	山东省
国内生产总值	**857.71**	**1451.44**	**983.54**	**600.13**	**547.42**	**465.10**	**1570.24**
第一产业	33.36	345.14	245.18	190.48	170.79	183.27	521.85
第二产业	551.34	795.16	492.65	280.28	217.74	154.77	745.90
第三产业	273.01	311.14	245.71	129.37	158.89	127.06	302.49
比　重（%）	**100.0**	**100.0**	**100.0**	**100.0**	**100.0**	**100.0**	**100.0**
第一产业	3.9	23.8	24.9	31.7	31.2	39.4	33.2
第二产业	64.3	54.8	50.1	46.7	39.8	33.3	47.5
第三产业	31.8	21.4	25.0	21.6	29.0	27.3	19.3

1-16 华东地区分省（市）地方预算内财政收支情况

（1991年）

单位：亿元

指标名称	上海市	江苏省	浙江省	安徽省	福建省	江西省	山东省
一、地方预算内财政收入	165.09	125.43	108.94	54.53	69.70	44.81	142.97
#工商税收	159.66	121.01	96.48	45.44	51.11	36.30	109.11
企业收入	21.71	−7.88	1.95	−3.38	−0.01	0.32	−0.80
国营企业所得税	25.41	7.74	10.80	3.30	5.65	4.08	8.98
国营企业上交利润	0.73	1.28	0.55	0.43	1.67	1.02	2.01
二、地方预算内财政支出	77.42	110.51	84.93	84.97	78.13	60.37	141.95
#基本建设拨款	12.77	6.91	4.22	3.96	7.52	2.98	7.39
企业挖潜更新改造资金	7.95	2.86	5.06	4.84	3.12	3.58	1.29
文教科学卫生事业费	20.63	32.83	23.69	18.86	19.51	14.84	37.80
支援农业生产支出	4.38	6.19	5.50	3.51	3.62	3.57	6.09
城市维护费	4.04	6.78	5.58	3.18	2.71	2.27	8.02
行政管理费	2.71	13.30	8.56	7.01	6.94	5.75	12.11

1-17 华东地区分省（市）保险业务情况

（1991年）

指标名称	单位	上海市	江苏省	浙江省	安徽省	福建省	江西省	山东省
一、国内业务								
承保额	亿元	3903.58	2978.72	1924.00	1107.00	979.89	800.00	2795.00
保费	万元	77205.00	130209.60	65475.00	70900.00	67017.20	25586.00	97282.00
已决赔款	万元	35847.00	143726.90	35022.00	76000.00	27281.00	15109.00	49327.00
二、国外业务								
保费	万美元	6325.00	2287.90	1925.00	375.00	1958.70	333.00	3122.00
已决赔款	万美元	1623.00	706.70	472.00	106.00	808.00	77.00	997.00

二、人口和劳动力

2-1 华东地区分省（市）年末户数、人口数和人口密度

(1991年)

指标名称	单位	上海市	江苏省	浙江省	安徽省	福建省	江西省	山东省
一、总户数	**万户**	425.84	1859.70	1276.80	1481.34	693.45	874.88	2261.50
市　镇	万户	259.19	469.23	838.80	552.30	423.27		1515.20
乡　村	万户	166.65	1390.47	438.00	929.04	270.18		746.30
二、总人口	**万人**	1287.20	6843.70	4261.37	5743.99	3039.09	3864.64	8570.22
按性别分								
男	万人	649.03	3451.96	2206.65	2976.93	1567.82	1997.83	4370.44
女	万人	638.17	3391.74	2054.72	2767.06	1471.27	1866.81	4199.78
按城乡分								
市　镇	万人	786.18	1587.74	2733.10	2007.75	1801.42	1493.19	5583.37
乡　村	万人	501.02	5255.96	1528.27	3736.24	1237.67	2371.45	2986.85
按农业、非农业分								
农业人口	万人	417.32	5392.84	3555.37	4868.15	2528.93	3141.82	6920.18
非农业人口	万人	869.88	1450.86	706.00	875.84	510.16	722.82	1650.04
三、平均每户人口数	**人**	3.00	3.68	3.34	3.88	4.38		3.79
市　镇	人	3.00	3.38	3.26	3.64	4.26		3.68
乡　村	人	3.00	3.78	3.49	4.02	4.58		4.00
四、人口密度	**人/平方公里**	203	667.00	418.60	413.00	251.00	231.00	546.92

2-2 华东地区分省（市）人口自然变动情况

(1991年)

指标名称	单位	上海市	江苏省	浙江省	安徽省	福建省	江西省	山东省
出生人数	万人	10.08	116.03	61.59	120.83	54.81	81.36	131.98
出生率	0/00	7.80	17.05	14.48	21.19	20.03	21.20	15.40
死亡人数	万人	8.56	44.23	27.18	34.56	15.24	27.36	56.05
死亡率	0/00	6.70	6.50	6.39	6.06	6.26	7.13	6.54
自然增长人数	万人	1.52	71.80	34.41	86.27	39.57	54.00	75.93
自然增长率	0/00	1.10	10.55	8.09	15.13	13.77	14.07	8.86

注：人口出生、死亡及自然增长率为抽样调查数。

2-3 上海市社会劳动者人数

(1991 年)　　单位：万人

类别	合计	职工 小计	职工 全民所有制单位	职工 城镇集体所有制单位	职工 其他各种所有制	城镇个体劳动者	农村乡(村)劳动者	其他劳动者
总　　计	774.33	517.73	403.50	101.38	12.85	5.54	242.01	9.05
农、林、牧、渔、水利业	89.44	14.86	14.75	0.01	0.10		74.58	
工　业	416.44	275.04	208.99	55.31	10.74	0.17	133.65	7.58
地质普查和勘探业	0.43	0.43	0.36	0.07				
建筑业	42.13	27.68	22.78	4.82	0.08	0.02	14.42	0.01
交通运输、邮电通讯业	35.73	30.02	25.26	4.53	0.23	0.24	5.40	0.07
商业、公共饮食业、物资供销和仓储业	70.81	59.97	32.77	26.96	0.24	4.20	6.60	0.04
房地产管理、公用事业、居民服务和咨询服务业	32.22	29.15		3.48	1.32	0.88	1.26	0.93
卫生、体育和社会福利事业	16.82	15.25	11.13	4.12			1.43	0.14
教育、文化艺术和广播电视事业	36.04	34.98	34.54	0.43	0.01	0.01	1.01	0.04
科学研究和综合技术服务业	11.87	10.50	10.21	0.16	0.13	0.02	1.35	
金融、保险业	3.97	3.93	3.44	0.49			0.04	
国家机关、政党机关和社会团体	18.43	15.92	14.92	1.00			2.27	0.24
其他行业								

2-4 上海市社会劳动者三次产业人数

单位：万人

指标名称	1978 年	1980 年	1985 年	1990 年	1991 年
总　　计	696.09	726.14	763.52	766.88	774.33
第一产业	240.05	212.04	126.75	87.20	82.53
第二产业	306.84	353.50	442.27	461.55	464.85
第三产业	149.20	160.60	194.50	218.13	226.95

2-5 江苏省社会劳动者人数

(1991 年)

单位：万人

类别	合计	职工				城镇个体劳动者	农村乡(村)劳动者	其他劳动者
		小计	全民所有制单位	城镇集体所有制单位	其他各种所有制			
总计	3600.27	899.27	551.52	324.91	22.84	21.92	2679.08	
农、林、牧、渔、水利业	1777.88	37.90	35.87	1.95	0.08		1739.98	
工业	963.56	454.41	254.43	178.96	21.02	2.76	506.39	
地质普查和勘探业	3.34	3.34	3.34					
建筑业	236.81	42.69	21.19	21.08	0.42	0.16	193.96	
交通运输、邮电通讯业	128.62	56.29	32.77	23.07	0.45	1.20	71.13	
商业、公共饮食业、物资供销和仓储业	185.63	121.21	57.05	63.81	0.35	13.50	50.92	
房地产管理、公用事业、居民服务和咨询服务业	37.55	22.92	16.11	6.31	0.50	4.09	10.54	
卫生、体育和社会福利事业	34.49	24.08	15.95	8.13		0.05	10.36	
教育、文化艺术和广播电视事业	96.41	77.87	61.45	16.41	0.01	0.03	18.51	
科学研究和综合技术服务业	9.79	7.87	7.65	0.21	0.01	0.13	1.79	
金融、保险业	12.55	10.83	7.64	3.19			1.72	
国家机关、政党机关和社会团体	64.09	39.86	38.07	1.79			24.23	
其他行业	49.55						49.55	

2-6 江苏省社会劳动者三次产业人数

单位：万人

指标名称	1978 年	1980 年	1985 年	1990 年	1991 年
总计	2777.72	2821.03	3262.97	3569.13	3600.27
第一产业	1940.69	1991.30	1743.36	1752.21	1777.88
第二产业	544.57	546.48	1065.75	1208.00	1200.37
第三产业	292.46	283.25	453.86	608.92	622.02

2-7 浙江省社会劳动者人数

(1991年)

单位：万人

类别	合计	职工 小计	全民所有制单位	城镇集体所有制单位	其他各种所有制	城镇个体劳动者	农村乡(村)劳动者	其他劳动者
总计	2579.36	492.81	293.41	191.09	8.31	30.98	2049.22	6.35
农、林、牧、渔、水利业	1370.82	14.05	13.22	0.72	0.11		1356.60	0.17
工业	658.55	243.95	125.03	11.87	7.05	8.73	403.02	2.85
地质普查和勘探业	1.22	1.21	1.21					0.01
建筑业	112.31	28.94	9.60	19.27	0.07	0.10	82.93	0.34
交通运输、邮电通讯业	78.51	28.49	18.77	9.65	0.07	1.36	48.33	0.33
商业、公共饮食业、物资供销和仓储业	143.54	66.06	30.50	35.10	0.45	17.13	59.58	0.77
房地产管理、公用事业、居民服务和咨询服务业	88.87	14.37	9.04	4.80	0.53	3.16	71.17	0.17
卫生、体育和社会福利事业	20.35	15.71	11.49	4.22		0.35	4.11	0.18
教育、文化艺术和广播电视事业	50.41	39.04	37.75	1.26	0.03	0.13	10.19	1.05
科学研究和综合技术服务业	4.70	3.10	3.00	0.10		0.02	1.55	0.03
金融、保险业	9.57	8.35	5.41	2.94			1.12	0.10
国家机关、政党机关和社会团体	40.51	29.54	28.38	1.16			10.62	0.35
其他行业								

2-8 浙江省社会劳动者三次产业人数

单位：万人

指标名称	1978年	1980年	1985年	1990年	1991年
总计	1794.96	1856.42	2318.56	2554.46	2579.36
第一产业			1273.25	1358.28	1366.99
第二产业			735.22	762.48	770.86
第三产业			310.09	433.70	441.51

2-9 安徽省社会劳动者人数

(1991 年)

单位：万人

类别	合计	职工				城镇个体劳动者	农村乡(村)劳动者	其他劳动者
		小计	全民所有制单位	城镇集体所有制单位	其他各种所有制			
总计	2877.14	497.11	339.20	156.46	1.45	33.55	2346.48	
农、林、牧、渔、水利业	1990.66	20.65	18.95	1.69	0.01		1970.01	
工业	342.68	221.84	144.56	76.01	1.27	4.36	116.48	
地质普查和勘探业	2.65	2.64	2.64			0.01		
建筑业	112.99	37.31	23.29	14.01	0.01	0.54	75.14	
交通运输、邮电通讯业	67.78	31.57	18.89	12.67	0.01	4.47	31.74	
商业、公共饮食业、物资供销和仓储业	131.46	71.69	33.23	38.35	0.11	21.19	38.58	
房地产管理、公用事业、居民服务和咨询服务业	19.12	12.14	7.02	5.08	0.04	2.87	4.11	
卫生、体育和社会福利事业	21.71	14.58	9.75	4.83		0.03	7.10	
教育、文化艺术和广播电视事业	62.31	43.44	42.42	1.02		0.04	18.83	
科学研究和综合技术服务业	4.34	3.24	3.24			0.04	1.06	
金融、保险业	7.95	7.00	4.82	2.18			0.95	
国家机关、政党机关和社会团体	33.56	31.01	30.39	0.62			2.55	
其他行业	79.93						79.93	

2-10 安徽省社会劳动者三次产业人数

单位：万人

指标名称	1978 年	1980 年	1985 年	1990 年	1991 年
总计	1873.39	2002.06	2420.57	2807.56	2877.14
第一产业	1530.43	1627.46	1748.13	1943.71	1990.66
第二产业	192.16	210.28	366.43	441.95	455.67
第三产业	150.80	164.32	306.01	421.90	430.81

2-11 福建省社会劳动者人数

(1991 年)

单位：万人

类别	合计	职工				城镇个体劳动者	农村乡(村)劳动者	其他劳动者
		小计	全民所有制单位	城镇集体所有制单位	其他各种所有制			
总计	1436.50	322.28	219.44	77.43	25.41	37.82	1076.40	
农、林、牧、渔、水利业	830.60	15.61	14.76	0.71	0.14	0.13	814.86	
工业	225.63	141.45	81.17	36.17	24.11	7.80	76.38	
地质普查和勘探业	1.51	1.51	1.51					
建筑业	75.17	20.57	8.79	11.65	0.13	0.29	54.31	
交通运输、邮电通讯业	46.77	20.67	14.70	5.89	0.08	3.47	22.63	
商业、公共饮食业、物资供销和仓储业	87.47	37.61	21.58	15.61	0.42	22.56	27.30	
房地产管理、公用事业、居民服务和咨询服务业	13.56	8.06	5.66	1.90	0.50	2.94	2.56	
卫生、体育和社会福利事业	13.91	9.91	6.86	3.04	0.01	0.06	3.94	
教育、文化艺术和广播电视事业	39.75	33.99	33.63	0.36		0.04	5.72	
科学研究和综合技术服务业	2.57	1.95	1.93	0.02			0.62	
金融、保险业	6.14	5.57	4.30	1.25	0.02		0.57	
国家机关、政党机关和社会团体	27.65	25.38	24.55	0.83			2.27	
其他行业	65.77					0.53	65.24	

2-12 福建省社会劳动者三次产业人数

单位：万人

指标名称	1978 年	1980 年	1985 年	1990 年	1991 年
总计	917.89	96.96	1152.10	1348.38	1436.50
第一产业	694.91	700.87	708.20	786.95	829.74
第二产业	119.11	130.38	223.70	276.59	300.80
第三产业	103.87	131.70	220.20	284.84	305.96

2-13 江西省社会劳动者人数

(1991 年)

单位：万人

类别	合计	职工：小计	职工：全民所有制单位	职工：城镇集体所有制单位	职工：其他各种所有制	城镇个体劳动者	农村乡(村)劳动者	其他劳动者
总计	1874.50	398.90	313.90	83.80	1.10	30.30	1445.30	
农、林、牧、渔、水利业	1224.20	40.70	40.20	0.50			1183.50	
工业	330.90	172.20	127.10	44.20	1.00	4.40	154.30	
地质普查和勘探业	3.40	3.40	3.40					
建筑业	57.80	21.10	12.70	8.30		0.10	36.60	
交通运输、邮电通讯业	38.30	20.70	15.80	4.80		1.30	16.30	
商业、公共饮食业、物资供销和仓储业	85.60	48.20	27.30	20.90		21.10	16.10	
房地产管理、公用事业、居民服务和咨询服务业	22.90	6.90	4.60	2.20	0.10	2.90	13.10	
卫生、体育和社会福利事业	16.70	11.80	10.90	1.00		0.10	4.80	
教育、文化艺术和广播电视事业	47.40	35.50	35.40	0.10		0.20	11.70	
科学研究和综合技术服务业	4.50	3.50	3.50				1.00	
金融、保险业	6.70	6.00	4.70	1.30			0.70	
国家机关、政党机关和社会团体	36.10	28.90	28.30	0.50			7.20	
其他行业						0.20		

2-14 江西省社会劳动者三次产业人数

单位：万人

指标名称	1978 年	1980 年	1985 年	1990 年	1991 年
总计	1254.30	1356.30	1584.80	1816.50	1874.50
第一产业	968.70	1053.80	1057.20	1193.10	1224.20
第二产业	163.40	166.90	320.50	368.60	388.70
第三产业	122.20	135.60	207.10	254.80	261.60

2-15 山东省社会劳动者人数

(1991年)

单位：万人

类别	合计	职工 小计	职工 全民所有制单位	职工 城镇集体所有制单位	职工 其他各种所有制	城镇个体劳动者	农村乡(村)劳动者	其他劳动者
总计	4219.23	803.34	579.96	216.16	7.22	27.62	3388.28	-0.01
农、林、牧、渔、水利业	2707.96	16.76	15.20	1.49	0.07		2691.20	
工业	737.83	411.01	277.69	126.71	6.61	3.92	322.90	
地质普查和勘探业	2.05	2.05	2.03	0.02				
建筑业	220.83	35.25	20.57	14.65	0.04	0.20	185.38	
交通运输、邮电通讯业	100.21	38.45	30.81	7.62	0.03	1.53	60.24	-0.01
商业、公共饮食业、物资供销和仓储业	195.50	110.30	59.75	50.42	0.13	18.02	67.18	
房地产管理、公用事业、居民服务和咨询服务业	25.78	18.18	14.17	3.68	0.33	3.74	3.86	
卫生、体育和社会福利事业	40.75	25.62	20.24	5.38		0.04	15.09	
教育、文化艺术和广播电视事业	101.08	68.26	66.92	1.34	0.01	0.13	32.68	0.01
科学研究和综合技术服务业	6.67	5.03	4.90	0.13	0.01	0.03	1.60	0.01
金融、保险业	14.67	12.56	9.08	3.48			2.11	
国家机关、政党机关和社会团体	65.90	59.86	58.61	1.24			6.04	
其他行业								

2-16 山东省社会劳动者三次产业人数

单位：万人

指标名称	1978年	1980年	1985年	1990年	1991年
总计	2969.80	3117.60	3561.00	4043.20	4219.24
第一产业	2346.10	2452.60	2439.30	2585.70	2707.96
第二产业	344.50	376.00	705.10	924.70	960.71
第三产业	279.20	289.00	416.60	532.80	550.57

三、农　　业

3-1 华东地区分省（市）农村基层组织情况

指　标　名　称	单位	上海市	江苏省	浙江省	安徽省	福建省	江西省	山东省
农村基层组织情况								
乡政府	个	190	1413	2406	2928	630	1561	1553
镇政府	个	20	494	766	381	337	178	900
村民委员会	个	3029	36109	43512	31727	14931	20888	89564
乡村户数	万户	140.20	1521.72	1045.14	1229.81	565.07	683.50	1915.01
乡村人口数	万人	416.44	5394.96	3564.14	4846.34	2556.07	3125.18	7143.43
乡村劳动力	万人	246.38	2798.86	2072.12	2360.49	1076.40	1437.50	3479.11
农、林、牧、渔、水利业	万人	69.48	1739.98	1348.74	1970.01	814.86	1175.06	2647.19
工　业	万人	125.41	506.39	376.99	116.48	76.38	109.88	306.27
建筑业	万人	6.17	193.96	74.36	75.14	54.31	36.61	185.38
交通运输、邮电通讯业	万人	3.34	71.13	42.90	31.74	22.63	12.12	60.24
商业、公共饮食业、物资供销和仓储业	万人		50.92	48.93	38.57	27.30	16.13	67.18
房地产管理、公用事业、居民服务和咨询服务业	万人		10.54	63.24	4.11	2.56	13.07	3.86
卫生、体育和社会福利事业	万人		10.36	4.11	7.10	3.94	4.79	15.09
教育、文化艺术和广播电视事业	万人		18.51	6.57	18.83	5.72	11.72	32.68
科学研究和综合技术服务事业	万人		1.79	1.55	1.06	0.62	1.02	1.60
金融、保险业	万人	0.04	1.72	1.12	0.95	0.57	0.71	2.11
乡经济组织管理人员	万人	2.27	24.23	10.35	2.55	2.27	7.18	6.04
外出劳动力	万人	24.98	80.60	41.70	61.49	31.73		90.79
其他人员	万人	5.10	88.73	51.56	32.46	34.01	49.21	151.02

3-2.华东地区分省（市）农村社会总产值和商品产值

（1991 年）　　单位：亿元

指标名称	上海市	江苏省	浙江省	安徽省	福建省	江西省	山东省
农村社会总产值	510.09	2312.06	1408.87	637.11	542.93	468.54	2166.70
农　业	73.65	580.93	368.64	317.26	256.74	271.58	793.03
工　业	381.04	1467.37	869.46	211.13	209.18	129.09	1145.44
建筑业	35.37	149.99	106.00	42.41	27.62	27.09	124.89
交通、邮电业	5.72	50.45	24.22	31.45	24.48	18.27	38.81
商业、饮食业	14.31	63.32	40.55	34.86	24.91	22.51	64.53
农业总产值	73.65	580.93	368.64	317.26	256.74	271.58	793.03
种植业	30.51	316.17	180.00	189.29	117.74	143.30	471.53
#粮　食	16.51	192.11	102.47	92.77	51.38	86.96	247.74
林　业	0.39	7.55	17.42	18.66	25.40	20.80	22.91
牧　业	33.38	168.09	82.11	79.53	57.44	68.72	200.35
副　业	0.40	38.46	37.30	16.99	15.76	26.15	20.26
渔　业	8.97	50.66	51.81	12.79	40.40	12.61	78.71
农业商品产值	57.62	350.39	224.26	165.80	165.36	148.36	507.88
种植业	17.58	135.39	72.02	82.94	57.94	65.24	247.53
#粮　食	5.98	54.89	28.25	30.84	12.88	33.60	67.79
林　业	0.16	3.29	9.48	8.05	16.47	8.15	7.05
牧　业	30.88	131.28	66.36	53.40	45.96	48.40	160.30
副　业	0.39	37.53	30.20	12.66	8.41	16.55	18.62
渔　业	8.61	42.90	46.20	8.75	36.58	10.02	74.38
农业商品产值率（%）	78.2	60.3	62.8	52.3	64.4	54.6	64.0
种植业	57.6	42.8	41.5	43.8	49.2	45.5	52.5
#粮　食	36.2	28.6	27.6	33.2	25.1	38.6	31.1
林　业	41.0	43.6	73.4	43.1	64.8	39.2	31.8
牧　业	92.5	78.1	81.4	67.1	80.0	70.4	80.0
副　业	97.5	97.6	83.2	74.5	53.4	63.3	91.9
渔　业	96.0	84.7	90.9	68.4	90.5	79.4	94.5

3-3 上海市农业总产值指数

单位：%

指 标 名 标	以1978年为100	以1980年为100	以1985年为100	以1990年为100
农业总产值	**146.2**	**158.7**	**129.5**	**104.8**
种植业产值	95.6	121.6	108.4	99.2
林业产值	153.7	100.5	143.4	110.0
牧业产值	299.0	258.1	164.8	110.2
副业产值	1161.3	59.3	84.3	97.4
渔业产值	172.7	165.9	135.4	105.1

3-4 江苏省农业总产值指数

单位：%

指 标 名 标	以1978年为100	以1980年为100	以1985年为100	以1990年为100
农业总产值	**196.4**	**187.4**	**118.8**	**98.9**
种植业产值	140.4	140.6	101.1	96.4
林业产值	117.7	112.7	79.2	90.0
牧业产值	276.7	217.0	130.3	105.3
副业产值	5291.0	8352.8	206.8	92.3
渔业产值	435.1	333.7	176.1	101.2

3-5 浙江省农业总产值指数

单位：%

指 标 名 标	以1978年为100	以1980年为100	以1985年为100	以1990年为100
农业总产值	**191.0**	**173.8**	**126.3**	**106.7**
种植业产值	137.6	133.0	109.2	106.8
林业产值	185.4	160.2	119.6	111.7
牧业产值	207.1	155.3	117.3	104.0
副业产值	1328.1	835.1	203.4	105.2
渔业产值	217.6	230.0	159.1	109.9

3-6 安徽省农业总产值指数

单位：%

指 标 名 标	以1978年为100	以1980年为100	以1985年为100	以1990年为100
农业总产值	178.2	166.0	97.7	85.0
种植业产值	146.5	138.3	83.5	76.7
林业产值	236.9	227.0	122.7	109.6
牧业产值	224.8	202.9	119.3	98.4
副业产值	480.2	394.3	170.2	98.6
渔业产值	604.2	462.8	190.6	109.4

3-7 福建省农业总产值指数

单位：%

指 标 名 标	以1978年为100	以1980年为100	以1985年为100	以1990年为100
农业总产值	241.1	214.7	145.3	108.7
种植业产值	180.6	159.5	133.5	110.1
林业产值	347.6	310.7	151.2	106.9
牧业产值	349.7	291.3	158.7	109.7
副业产值	346.0	368.7	119.6	96.1
渔业产值	387.9	358.8	212.8	110.6

3-8 江西省农业总产值指数

单位：%

指 标 名 标	以1978年为100	以1980年为100	以1985年为100	以1990年为100
农业总产值	210.0	188.8	136.7	106.1
种植业产值	166.7	152.1	119.1	104.7
林业产值	255.2	226.8	140.7	115.7
牧业产值	347.8	286.5	169.0	107.0
副业产值	272.1	247.7	168.0	102.4
渔业产值	584.5	458.8	200.6	109.9

3-9 山东省农业总产值指数

单位：%

指 标 名 标	以1978年为100	以1980年为100	以1985年为100	以1990年为100
农业总产值	259.9	217.0	136.1	113.6
种植业产值	215.5	183.2	117.5	111.2
林业产值	193.5	193.5	92.2	106.6
牧业产值	390.5	284.9	190.2	118.9
副业产值	1190.3	720.6	163.3	92.1
渔业产值	362.9	370.8	283.1	121.1

3-10 华东地区分省（市）耕地面积

（1991年）

指 标 名 称	单位	上海市	江苏省	浙江省	安徽省	福建省	江西省	山东省
年初耕地面积	千公顷	323.20	4557.86	1723.50	4365.57	1236.53	2349.56	6852.31
当年增加	千公顷	0.57	3.26	3.67	0.55	2.64	1.45	15.15
当年减少	千公顷	2.82	11.15	12.19	12.61	4.70	7.29	33.65
#国家征用	千公顷	1.75	4.80	2.57	5.01	1.12	1.57	9.53
乡村基建	千公顷	0.71	4.79	1.69	2.30	0.14	0.47	4.15
私人建房	千公顷	0.14		1.07	1.41	0.28	0.19	1.32
年末耕地面积	千公顷	320.95	4549.97	1715.01	4353.51	1234.47	2343.72	6833.81
水 田	千公顷	283.79	2840.85	1424.04	1898.38	997.07	1988.08	157.23
旱 田	千公顷	37.16	1709.12	290.97	2455.13	237.40	355.64	6676.58
平均每一乡村人口占用耕地	公顷	0.07	0.08	0.72	0.90	0.05	0.07	0.10
平均每一乡村劳动力占用耕地	公顷	0.12	0.23	1.18	0.18	0.12	0.16	0.20

3-11 华东地区分省（市）农作物播种面积

（1991年）

单位：千公顷

指 标 名 称	上海市	江苏省	浙江省	安徽省	福建省	江西省	山东省
总播种面积	625.98	8091.70	4379.67	8195.62	2826.84	5829.65	10996.99
粮食作物	415.39	6202.77	3267.40	5954.52	2087.23	3589.67	8088.11
#稻 谷	247.67	2351.40	2378.00	2249.80	1492.51	3146.07	147.67
小 麦	83.79	2364.93	318.40	2063.28	126.09	71.87	4197.45
经济作物	111.42	1202.47	426.11	1652.20	255.73	1041.67	2441.80
#棉 花	13.89	550.61	68.19	405.46		114.61	1562.55
油 料	92.43	590.53	306.58	1083.09	115.11	800.67	708.86
其他作物	99.17	686.45	686.16	588.89	483.88	1187.31	467.09
#蔬 菜	75.73	352.70	249.07	236.60	269.40	272.00	393.53

注：耕地、播种面积的基本计量单位为公顷，1公顷等于15亩

3-12 华东地区分省（市）主要农产品产量

（1991年）

指标名称	单位	上海市	江苏省	浙江省	安徽省	福建省	江西省	山东省
粮食（包括大豆）	万吨	247.34	3035.51	1640.00	1749.15	889.65	1625.70	3916.90
#稻谷	万吨	185.05	1648.86	1394.20	1036.05	725.66	1549.10	90.92
小麦	万吨	31.29	825.87	72.10	285.55	30.47	7.50	1889.82
玉米	万吨	5.75	211.93	13.20	165.37	3.05	7.44	1383.85
大豆	万吨	1.03	31.24	12.10	31.21	10.18	18.80	80.23
棉花	万吨	1.62	55.71	7.53	27.15		10.90	135.08
油料	万吨	19.99	114.06	45.55	97.13	15.64	62.17	233.07
#油菜籽	万吨	19.94	85.32	43.81	76.44	1.88	44.46	0.20
花生	万吨	0.04	28.12	1.40	15.00	13.64	14.94	231.98
麻类	万吨		2.00	14.11	9.76	0.34	2.56	1.75
甘蔗	万吨	1.79	14.75	68.79	8.81	385.43	229.95	
水果	万吨	8.09	45.98	134.49	22.87	110.53	33.42	281.57
烟叶	万吨		0.74	0.43	5.46	5.87	3.81	20.13
蚕茧	万吨	0.06	13.01	11.94	2.37	0.02	0.56	2.22
茶叶	万吨		1.32	11.41	5.05	6.53	1.86	0.07
油茶籽	吨		26.00	31984.00	4921.00	35500.00	167556.00	
年末生猪存栏	万头	227.88	1858.90	1332.67	1232.29	954.78	1589.55	1923.62
猪牛羊肉产量	万吨	23.26	163.32	88.53	100.28	69.02	113.81	207.10
#猪肉	万吨	22.98	153.03	86.89	86.77	67.64	111.94	168.82
牛奶产量	万吨	25.55	10.03	12.77	2.48	5.05	2.59	8.23
家禽上市量	万只	8380.20	8562.31	15529.55	16246.00	4054.00		33793.53
鲜蛋上市量	万吨	15.46	14.00	21.12	34.46	5.75		156.79
水产品产量	万吨	29.07	117.45	151.09	31.61	135.71	33.93	198.12
海水产品	万吨	18.20	37.62	123.53		124.87		177.92
淡水产品	万吨	10.87	79.83	27.56	31.61	10.84	33.93	20.20

3-13 华东地区分省（市）农业机械、用电、化肥、水利情况

（1991 年）

指标名称	单位	上海市	江苏省	浙江省	安徽省	福建省	江西省	山东省
一、农业机械化情况								
农业机械总动力	万千瓦	220.22	1966.61	1265.46	1380.20	614.44	669.23	3304.68
大中型农用拖拉机	万台	1.15	2.00	6439.00	1.29	0.53	1.62	10.80
小型拖拉机	万台	2.44	72.64	27.93	61.50	14.74	9.29	55.66
（包括手扶拖拉机）	万千瓦	28.51	641.03	237.65	503.40	129.78	77.09	467.08
大中型机引农具	万部	2.35	3.91	0.30	1.20	0.12	0.79	18.69
农用排灌动力机械	万台	3.90	40.42	29.90	50.80	7.37	13.68	168.41
农用载重汽车	辆	4955.00	15915.00	13588.00	26768.00	13956.00	19398.00	44240.00
机动运输船	万艘	0.60	13.26	10.31	2.70	1.00	0.93	0.39
当年实际机耕地面积（按耕地面积计算）	千公顷	290.50	3669.98	785.83	2160.60	417.27	646.93	5362.17
当年机播面积（按播种面积计算）	千公顷	5.74	1301.18	6.30	746.40	0.87		2972.89
当年机收面积（按收获面积计算）	千公顷	105.96	600.49	27.37	337.00	3.47		2154.65
二、农业电气化情况								
1. 农村用电量（不包括县办工业和城镇生活用电）	小时		121.53	83.97	26.00	23.39	16.81	84.19
2. 乡办、村及村以下办水电站	个		13.00	2720.00	787.00	4480.00	4595.00	106.00
3. 装机容量	万千瓦		0.11	33.53	7083.30	52.25	26.44	1.75
三、农用化肥施用量								
1. 按实物量计算	万吨	102.87	965.66	465.45	716.10	319.20	304.30	1096.78
2. 按折纯量计算	万吨	20.17	238.40	97.28	144.29	80.70	93.20	271.51
四、沼气池	**万个**	**5.05**	**40.40**	**26.23**	**6.52**	**2.70**		**15.85**
五、农田水利情况								
有效灌溉面积	千公顷	318.59	3850.20	1476.17	2719.40	939.67	1848.00	4552.35
#机灌面积（包括水轮泵提）	千公	318.59	753.26	1100.43	1796.20	16.05		4019.78
电灌面积	千公顷		2709.93					

3-14 华东地区分省（市）乡村企业基本情况

（1991年）

指标名称	单位	上海市	江苏省	浙江省	安徽省	福建省	江西省	山东省
单位数	**万个**	2.23	10.52	8.15	5.22	5.39	5.59	15.34
乡办企业	万个	0.83	3.38	3.19	2.25	1.19	1.75	2.31
村办企业	万个	1.40	7.15	4.96	2.97	4.20	3.84	13.03
从业人数	**万人**	166.01	684.16	371.37	175.03	143.87	104.43	565.00
乡办企业	万人	95.84	396.09	221.81	114.79	66.26	62.21	219.29
村办企业	万人	70.17	288.07	149.56	60.24	77.61	42.21	346.31
总收入	**亿元**	408.34	1211.28	686.66	149.35	181.81	88.76	879.23
乡办企业	亿元	261.41	744.99	454.97	102.52	92.00	52.39	348.64
村办企业	亿元	146.93	466.29	231.69	46.83	89.81	36.37	530.58
总产值(当年价格)	**亿元**	416.15	1342.74	793.20	177.30	194.15	102.39	1083.51
乡办企业	亿元	266.05	777.20	523.62	123.83	100.45	61.89	472.09
村办企业	亿元	150.10	565.54	269.58	53.47	93.70	40.50	611.43
费用支出	**亿元**	386.82	1067.77	621.73	134.95	162.29	79.19	781.94
＃生产费用	亿元	367.23	94.87	528.57	112.66	137.41	65.41	655.53
应交税金	**亿元**	14.80	56.32	44.98	5.26	7.78	3.99	31.09
＃所得税	亿元	5.07	8.15	9.87	1.54	0.84	0.59	8.21
纯利润	**亿元**	12.13	13.09	12.73	7.28	11.06	5.00	49.56
工资总额	**亿元**	31.49	84.43	62.48	19.87	26.85	12.90	75.68
年末固定资产原值	**亿元**	154.42	393.80	218.36	59.60	66.07	36.12	329.98
年末固定资产净值	**亿元**	111.64	289.34	155.34	42.24	50.37	26.99	252.51

四、工　业

4-1 华东地区分省（市）工业企业单位数

（1991 年）

单位：个

指标名称	上海市	江苏省	浙江省	安徽省	福建省	江西省	山东省
总计	13468	45313	44768	23668	14386	17891	26682
一、按隶属关系分							
中央工业	252	140	105	86		115	139
地方工业	13216	45173	44663	23582		17776	26543
#乡办工业	4652	27245	25126	12766	5765	9467	15621
二、按经济类型分							
全民所有制工业	4517	4989	4250	3504	3016	4318	4799
集体所有制工业	7206	39577	39979	20079	9941	13522	21665
其他经济类型工业	1745	747	539	85	1429	51	218
#“三资企业”	431	437	348	33	1265	42	188
三、按轻、重工业分							
轻工业	7756	24098	26024	13027	8749	9735	15200
以农产品为原料	4254	14893	16728	9620	5957	6846	11179
以非农产品为原料	3502	9205	9296	3407	2792	2889	4021
重工业	5712	21215	18744	10641	5637	8156	11482
采掘工业	5	734	982	1166	805	1564	1029
原料工业	722	2973	2843	1352	1896	2031	1870
加工工业	4985	17508	14919	8123	2936	4561	8583
四、按企业规模分							
大型企业	381	263	147	81	54	56	218
中型企业	642	1167	585	349	212	248	1134
小型企业	12445	43883	44036	23238	14120	17587	25530
五、按工业行业分							
煤炭采选业		73	72	148	144	438	349
石油和天然气开采业		1					2
黑色金属矿采选业		12	5	74	62	18	54
有色金属矿采选业		9	55	55	61	321	109
建筑材料及其他非金属矿采选	5	635	826	830	299	527	517
采盐业		83	84	7	83	16	143
其他矿采选业			2		10	2	2
木材及竹材采运业		4	20	62	230	260	0
自来水生产和供应业	62	403	286	147	161	113	123
食品制造业	736	3477	2801	4379	1551	2028	3702
饮料制造业	121	544	1188	677	573	577	436

4—1续表

单位：个

指标名称	上海市	江苏省	浙江省	安徽省	福建省	江西省	山东省
烟草加工业	2	6	4	11	28	5	23
饲料工业	84	347	327	194	184	318	407
纺织工业	1173	4189	4454	1064	466	579	2192
缝纫工业	889	1844	1911	591	638	396	903
皮革、毛皮及其制品业	242	887	1688	287	209	240	415
木材加工及竹、藤、棕、草制品业	144	511	1324	857	1190	1297	334
家俱制造业	144	749	646	536	444	575	748
造纸及纸制品业	337	808	880	511	472	432	678
印刷业	389	1287	1131	611	348	472	669
文教体育用品制造业	403	574	710	243	194	140	198
工艺美术品制造业	194	993	1385	393	512	562	1018
电力、蒸汽、热水生产和供应业	17	96	883	259	915	1085	203
石油加工业	16	47	11	13	0	7	71
炼焦、煤气及煤制品业	34	336	236	220	60	104	251
化学工业	676	2676	1428	924	723	679	1390
医药工业	161	314	265	134	93	134	144
化学纤维工业	44	143	98	17	10	18	39
橡胶制品业	159	461	457	167	103	105	248
塑料制品业	668	2083	2848	672	588	353	896
建筑材料及其他非金属矿物制品业	559	6271	3918	4729	1092	2432	4035
黑色金属冶炼及压延加工业	107	313	144	88	97	49	160
有色金属冶炼及压延加工业	136	338	266	72	42	85	66
金属制品业	1214	3373	2647	1371	690	922	1611
机械工业	1969	5577	5714	1688	978	1391	2522
交通运输设备制造业	504	1164	1267	464	325	528	720
电气机械及器材制造业	1133	2405	2704	499	317	358	704
电子及通信设备制造业	437	972	752	98	248	80	175
仪器仪表及其他计量器具制造业	417	543	682	174	88	77	141
其他工业	292	765	649	402	158	168	284

注：本表统计范围为乡及乡以上工业企业。

4-2 华东地区分省（市）工业总产值

（1991年）

单位：亿元

指标名称	上海市	江苏省	浙江省	安徽省	福建省	江西省	山东省
一、全部工业总产值	1947.18	3161.60	1801.40	765.95	658.86	497.94	2599.16
城镇合作经营工业		2.61	12.75	1.70	12.66	0.54	0.73
城镇个体工业	0.25	4.46	10.42	6.80	7.68	1.94	1.61
农村乡办工业	227.03	777.20	438.04	73.95	53.17	42.27	374.15
农村村办工业	141.56	565.54	260.17	40.01	69.67	33.03	502.26
农村合作经营工业	8.00	16.29	61.27	20.69	32.37	16.51	65.01
农村个体工业	1.25	108.34	111.26	67.25	31.55	38.92	201.89
二、工业总产值（乡及乡以上）	1796.12	2464.36	1345.53	629.49	504.93	409.48	1827.66
1. 按经济类型分							
全民所有制工业	1263.13	1045.31	530.93	437.42	268.28	313.87	1038.69
集体所有制工业	252.05	1258.55	763.62	186.98	95.10	89.60	764.67
其他经济类型工业	280.94	160.50	50.98	5.09	141.54	6.01	24.30
#"三资"企业	155.14	81.70	35.81	2.79	135.47	3.86	20.62
2. 按轻重工业分							
轻工业	891.58	1308.16	850.54	316.51	301.81	174.73	930.34
以农产品为原料	481.69	871.58	613.40	236.34	198.08	123.10	708.26
以非农产品为原料	409.89	436.58	231.14	80.17	103.73	51.63	222.08
重工业	904.54	1156.20	494.99	312.98	203.12	234.75	897.32
采掘工业	0.09	35.78	12.42	34.23	21.87	38.73	167.75
原料工业	422.03	408.92	173.21	135.39	76.60	100.43	327.74
加工工业	482.42	711.50	309.36	143.36	104.65	95.59	401.83
3. 按企业规模分							
大型企业	903.77	515.55	211.16	192.12	74.31	67.91	529.84
中型企业	296.49	538.22	227.70	124.15	98.70	129.10	412.54
小型企业	595.86	1410.59	906.67	313.22	331.92	212.47	885.29
4. 按工业行业分							
煤炭采选业		19.34	2.30	23.69	4.02	12.44	47.13
石油和天然气开采业		5.47					93.38
黑色金属矿采选业		1.07	0.62	0.76	1.51	0.32	3.73
有色金属矿采选业		0.98	2.32	1.35	0.76	18.44	10.76
建筑材料及其他非金属矿业	0.09	8.89	6.96	7.37	2.98	3.08	12.85
采盐业		2.98	0.76	0.34	1.84	0.48	8.28
其他矿采选业			0.03		0.10	0.01	0.02
木材及竹材采运业		0.04	0.21	1.14	12.53	4.45	
自来水生产和供应业	3.77	4.30	2.39	1.80	1.49	1.23	3.21
食品制造业	63.66	144.72	80.09	63.93	47.49	33.86	161.02
饮料制造业	16.12	30.99	33.35	22.26	17.28	9.75	55.06

4—2 续表

单位：亿元

指标名称	上海市	江苏省	浙江省	安徽省	福建省	江西省	山东省
烟草加工业	26.60	12.31	14.12	29.55	15.70	5.57	30.63
饲料工业	13.17	13.80	11.17	3.96	6.51	3.28	17.68
纺织工业	221.86	488.62	319.64	75.16	27.25	29.24	280.01
缝纫工业	55.29	68.50	50.11	8.16	27.30	7.69	33.08
皮革、毛皮及其制品业	19.45	29.05	29.20	5.41	15.28	2.44	23.76
木材加工及竹、藤、棕、草制品业	7.86	7.55	8.15	3.55	10.41	7.31	7.67
家俱制造业	4.12	8.35	5.73	2.56	3.07	1.90	11.82
造纸及纸制品业	25.21	27.41	27.21	13.32	21.00	8.68	37.48
印刷业	18.66	19.91	13.03	5.41	6.91	5.01	16.77
文教体育用品制造业	29.56	14.36	9.64	2.44	4.66	0.83	3.63
工艺美术品制造业	16.68	27.67	28.05	2.32	10.91	6.34	34.50
电力、蒸汽、热水生产和供应业	34.32	59.74	32.03	24.94	26.20	18.44	64.22
石油加工业	37.06	41.98	24.64	19.52		14.56	85.32
炼焦、煤气及煤制品业	12.88	6.74	2.10	2.90	0.87	1.91	8.05
化学工业	129.05	241.38	82.53	45.52	37.22	24.15	116.74
医药工业	33.90	42.87	22.89	11.88	7.29	12.31	25.81
化学纤维工业	59.92	81.30	20.26	3.47	6.95	5.57	12.53
橡胶制品业	33.89	28.76	16.89	9.92	7.33	4.20	36.95
塑料制品业	28.25	66.70	52.82	11.49	23.53	4.98	41.53
建筑材料及其他非金属矿物制品业	38.24	121.01	66.39	42.26	24.54	28.62	101.39
黑色金属冶炼及压延加工业	221.64	89.69	26.43	40.78	13.46	25.39	56.52
有色金属冶炼及压延加工业	52.00	37.42	28.21	21.73	5.38	18.83	21.78
金属制品业	62.12	83.11	48.10	14.86	12.62	6.83	51.50
机械工业	209.58	271.77	121.42	45.84	28.01	29.73	163.92
交通运输设备制造业	112.39	74.14	31.57	15.13	11.48	23.64	51.96
电气机械及器材制造业	97.84	115.87	70.01	25.35	17.55	11.78	55.67
电子及通信设备制造业	83.88	128.19	33.98	11.01	37.80	10.18	24.56
仪器仪表及其他计量器具制造业	20.37	21.93	12.59	3.50	2.99	2.32	7.00
其他工业	6.69	15.45	7.61	4.91	2.71	3.69	8.76

4—3 上海市工业总产值指数

(1991年) 单位:%

分组	以1978年为100	以1980年为100	以1985年为100	以1990年为100
工业总产值	**255.2**	**220.5**	**152.2**	**114.1**
1. 按经济类型分				
全民所有制	164.2	150.1	116.8	106.8
集体所有制	649.9	427.4	175.7	122.2
其他经济类型		2895.3	926.7	140.3
2. 按轻重工业分				
轻工业	269.2	218.2	146.1	111.4
重工业	241.9	223.4	159.3	117.0

4—4 江苏省工业总产值指数

(1991年) 单位:%

分组	以1978年为100	以1980年为100	以1985年为100	以1990年为100
工业总产值	**719.5**	**523.4**	**239.4**	**114.5**
1. 按经济类型分				
全民所有制	319.7	255.4	165.1	106.9
集体所有制	1025.9	686.3	257.4	117.6
其他经济类型		5499.4	698.1	161.5
2. 按轻重工业分				
轻工业	774.7	509.8	232.9	111.4
重工业	668.7	541.9	247.7	118.3

4—5 浙江省工业总产值指数

(1991年) 单位:%

分组	以1978年为100	以1980年为100	以1985年为100	以1990年为100
工业总产值	**810.0**	**537.0**	**229.0**	**124.5**
1. 按经济类型分				
全民所有制	381.8	272.7	162.3	115.5
集体所有制	1553.0	930.0	272.7	129.2
其他经济类型		4302.2	995.7	164.8
2. 按轻重工业分				
轻工业	862.0	564.4	235.0	124.1
重工业	734.4	500.4	218.6	125.3

4—6 安徽省工业总产值指数

(1991年) 单位:%

分组	以1978年为100	以1980年为100	以1985年为100	以1990年为100
工业总产值	**486.3**	**411.2**	**205.9**	**111.2**
1. 按经济类型分				
全民所有制	308.8	262.9	162.5	108.7
集体所有制	818.6	702.7	257.6	115.4
其他经济类型		1062.6	1032.6	150.1
2. 按轻重工业分				
轻工业	524.9	418.5	197.4	110.8
重工业	452.1	388.0	179.7	111.6

4—7 福建省工业总产值指数

（1991年）　　单位：%

分　　组	以1978年为100	以1980年为100	以1985年为100	以1990年为100
工业总产值	763.6	603.7	301.0	122.4
1. 按经济类型分				
全民所有制	327.4	271.4	169.6	109.2
集体所有制	1068.1	746.9	309.8	124.7
其他经济类型			1299.6	148.9
2. 按轻重工业分				
轻工业	868.2	660.5	322.6	123.5
重工业	617.3	516.6	266.2	120.4

4—8 江西省工业总产值指数

（1991年）　　单位：%

分　　组	以1978年为100	以1980年为100	以1985年为100	以1990年为100
工业总产值	473.5	384.7	211.9	114.9
1. 按经济类型分				
全民所有制	366.9	275.3	166.4	109.3
集体所有制	583.5	499.2	247.4	121.4
其他经济类型			665.0	140.8
2. 按轻重工业分				
轻工业	536.3	399.5	230.5	116.9
重工业	423.0	371.0	196.5	113.1

4—9 山东省工业总产值指数

（1991年）　　单位：%

分　　组	以1978年为100	以1980年为100	以1985年为100	以1990年为100
工业总产值	602.0	531.4	301.2	117.1
1. 按经济类型分				
全民所有制	298.1	263.4	184.7	109.2
集体所有制	749.1	658.5	306.2	118.8
其他经济类型	3510.9	3116.6	797.5	127.4
2. 按轻重工业分				
轻工业	655.8	520.8	293.8	118.4
重工业	519.8	512.4	291.9	108.9

4—10 华东地区分省(市)主要工业产品产量

(1991年)

指标名称	单位	上海市	江苏省	浙江省	安徽省	福建省	江西省	山东省
原煤	万吨		2470.55	139.17	3084.29	857.19	2122.98	6053.93
原油	万吨		93.00					3355.19
发电量	亿千瓦时	304.82	441.20	242.32	215.52	151.76	129.96	496.40
原盐	万吨		119.76	56.37		120.23	24.35	472.50
铁矿石(原矿)	万吨	183.83	160.68	150.25	938.00	214.63	153.10	604.93
木材	万立方米		44.32	189.39	53.98	487.95	247.34	146.00
糖	万吨			2.17		30.51	14.67	0.44
罐头	万吨	4.86	8.52	25.65	6.81	18.97	3.83	14.91
饮料酒(混合量)	万吨	27.13	100.63	151.84	59.05	46.13	34.29	209.78
卷烟	万箱	82.00	79.00	76.43	207.93	76.93	49.58	221.27
化学纤维	万吨	26.59	48.15	12.07	1.59	3.40	2.37	5.29
#合成纤维	万吨	23.17	46.88	9.63		2.86	0.98	3.97
纱	万吨	35.25	56.20	20.31	18.56	5.77	8.67	60.42
布	亿米	14.63	27.01	13.53	6.66	2.11	2.79	21.13
毛线	万吨	2.08	12.17	2.30	0.38	0.47	0.13	2.63
呢绒	万米	3050.00	8719.00	3166.00	276.46	109.67	221.00	2069.00
黄、红、青麻麻袋	万条	30.43	3596.00	7843.00	6264.12	556.42	1594.00	9173.69
丝	吨	435.00	14359.00	15902.00	1852.00	7.00	185.00	2503.00
丝织品	万米	13476.17	47300.00	114419	3940.39	1891.99	2321.00	8625.15
皮鞋	万双	2851.27	3800.08	6150.00	411.31	6762.94	388.38	3497.05
机制纸及纸板	万吨	47.08	80.62	92.48	42.65	55.06	26.36	129.26
焦炭	万吨	514.33	132.26	37.06	260.57	31.36	145.31	271.89
硫酸	万吨	38.68	129.60	37.11	82.30	25.73	46.93	81.73
烧碱(折100%)	万吨	32.93	34.94	16.90	7.83	9.77	6.12	37.76
电石	万吨	8.82	10.23	10.82	7.53	12.66	5.64	9.06
合成氨	万吨	38.86	164.23	90.02	126.64	51.55	28.19	182.14
化学农药	万吨	0.77	5.36	2.90	0.60	0.72	0.58	1.70
乙烯	万吨	26.32	28.96					25.36

4—10续表

指标名称	单位	上海市	江苏省	浙江省	安徽省	福建省	江西省	山东省
染料	万吨	1.43	3.02	0.69	0.31	0.01		1.21
塑料树脂及共聚物	万吨	33.91	36.09	6.07	3.28	4.96	1.98	34.29
合成洗涤剂	万吨	11.50	15.44	2.73	7.88	0.21	2.17	12.01
水泥	万吨	297.88	1823.18	1622.00	1011.11	646.87	567.00	2405.42
平板玻璃	万重量箱	483.47	329.56	228.31	155.12	23.57	31.46	580.16
日用陶瓷器	万件	43.83	23137.54	20091.00	9863.85	2.73	54075.00	46070.82
钢	万吨	1006.92	216.03	94.95	254.81	56.47	109.68	252.12
生铁	万吨	664.04	156.22	59.30	296.66	63.66	84.05	293.50
成品钢材	万吨	738.08	247.76	92.63	199.81	59.29	95.27	173.27
内燃机(商品量)	万千瓦	392.35	1160.41	291.16	209.56	96.04	228.00	548.76
金属切削机床	万台	1.46	2.12	3.25	0.42	0.15	0.47	1.43
缝纫机	万架	327.08	60.54	80.89	22.00	8.05		25.19
小型拖拉机	万台	1.08	13.99	4.26	9.83	2.41	2.16	27.29
照相机	万架	18.60	16.28	0.03		1.59	16.17	24.60
汽车	万辆	4.44	6.40	0.82	0.53	0.18	1.44	1.15
自行车	万辆	764.21	472.73	254.35	113.18	66.85	52.33	193.81
家用电冰箱	万台	67.93	24.35	30.43	49.93	2.29	12.46	31.51
电风扇	万台	264.79	1034.02	431.00	118.18	29.74	44.76	228.17
家用洗衣机	万台	92.26	16.80	42.29	40.05			61.46
电视机	万台	458.92	510.53	166.91	101.35	135.63	48.90	75.47
#彩电	万台	108.13	115.75	20.67	15.26	122.49	14.15	28.91
录音机	万台	103.36	538.72	123.92	7.73	20.11	42.76	12.46
微型电子计算机	部	8003.00	3560.00	26276.00		3788.00	832.00	14210.00
半导体集成电路(商品量)	万块	1518.30	4720.99	1359.00	3.00	353.32	78.00	641.15
表	万只	1397.33	372.03	28.50	140.12	1228.54	84.52	560.61
#手表		1376.89	371.33	28.34	140.12	1028.54	84.52	560.61
中小农具	万件	70.77	3869.90	2286.00	4684.80	1606.78	1815.49	9097.96

4－11 上海市独立核算工业企业总产值、净产值

（1991年）

单位：亿元

类别	单位数（个）	全部工业企业		全民所有制工业企业	
		总产值	净产值	总产值	净产值
总计	10203	1747.59	454.32	1234.31	321.42
一、按经济类型分					
全民所有制	2581	1234.31	321.42	1234.31	321.42
集体所有制	5928	239.38	63.32		
其他经济类型	1694	273.90	69.58		
二、按轻重工业分					
轻工业	5824	861.19	222.45	559.66	147.72
重工业	4379	886.40	231.87	674.65	173.70
三、按企业规模分					
大型企业	379	898.69	246.84	792.33	214.80
中型企业	623	291.83	71.09	248.08	59.61
小型企业	9201	557.07	136.39	193.90	47.01
四、按工业行业分					
煤炭采选业					
石油和天然气开采业					
黑色金属矿采选业					
有色金属矿采选业					
建筑材料及其他非金属矿采选业	5	0.09	0.05	0.05	0.02
采盐业					
其他矿采选业					
木材及竹材采运业					
自来水生产和供应业	58	3.76	0.86	3.59	0.79
食品制造业	442	55.79	9.19	43.01	6.80
饮料制造业	105	15.97	5.80	8.65	2.33
烟草加工业	2	26.60	17.95	26.26	17.88
饲料工业	77	7.85	0.64	7.44	0.57
纺织业	1011	219.40	46.23	156.85	33.63
缝纫业	644	53.04	11.80	6.22	1.38

4—11 续表

单位：亿元

类别	单位数（个）	全部工业企业		全民所有制工业企业	
		总产值	净产值	总产值	净产值
皮革、毛皮及其制品工业	202	18.98	3.83	7.43	1.29
木材加工及竹、藤、棕、草制品业	98	6.58	1.11	4.27	0.65
家具制造业	101	3.67	0.85	1.68	0.36
造纸及纸制品业	225	24.65	5.52	15.90	3.61
印刷业	230	16.17	4.63	12.40	3.38
文教体育用品制造业	292	28.66	7.72	17.38	5.19
工艺美术品制造业	168	16.21	4.13	5.53	1.13
电力、蒸汽、热水生产和供应业	16	34.32	11.76	34.30	11.75
石油加工业	12	36.16	6.86	35.51	6.67
炼焦、煤气及煤制品业	19	12.69	1.54	12.50	1.56
化学工业	506	125.67	36.38	91.78	25.55
医药工业	138	33.07	8.36	24.71	5.91
化学纤维工业	37	59.45	22.70	53.71	21.16
橡胶制品业	129	33.43	9.60	26.75	7.79
塑料制品业	453	26.84	6.12	8.74	1.84
建筑材料及其他非金属矿物制品业	465	36.52	10.91	23.70	6.65
黑色金属冶炼及压延加工业	96	221.46	54.43	212.33	53.48
有色金属冶炼及压延加工业	125	51.58	5.17	40.66	3.42
金属制品业	940	60.01	16.33	28.40	7.83
机械工业	1623	205.87	61.15	154.11	44.73
交通运输设备制造业	341	110.02	27.77	52.62	13.53
电气机械及器材制造业	783	95.35	24.43	54.81	14.84
电子及通信设备制造业	333	82.73	21.08	48.40	10.09
仪器仪表及其他计量器具制造业	315	19.36	7.63	13.15	5.14
其他工业	212	5.64	1.79	1.47	0.47

4-12 江苏省独立核算工业企业总产值、净产值

（1991年）　　　　单位：亿元

类别	单位数（个）	全部工业企业		全民所有制工业企业	
		总产值	净产值	总产值	净产值
总计	37004	2377.85	539.41	1014.96	240.56
一、按经济类型分					
全民所有制	3790	1014.96	240.56	1014.96	240.56
集体所有制	32530	1205.38	264.29		
其他经济类型	684	157.51	34.56		
二、按轻重工业分					
轻工业	19472	1259.96	261.63	481.89	103.05
重工业	17532	1117.89	277.78	533.07	137.51
三、按企业规模分					
大型企业	263	509.79	134.06	453.51	120.38
中型企业	1167	541.74	120.06	325.98	72.94
小型企业	35574	1326.14	285.29	235.47	47.24
四、按工业行业分					
煤炭采选业	67	19.09	8.58	18.30	8.35
石油和天然气开采业	1	4.57	3.10	4.57	3.10
黑色金属矿采选业	11	1.07	0.28	1.03	0.26
有色金属矿采选业	9	0.98	0.35	0.88	0.34
建筑材料及其他非金属矿采选业	552	8.42	3.16	2.68	0.95
采盐业	58	2.83	1.51	2.00	1.15
其他矿采选业					
木材及竹材采运业					
自来水生产和供应业	359	4.22	1.49	3.35	1.20
食品制造业	2548	130.45	16.36	100.53	10.93
饮料制造业	414	29.22	8.88	19.79	6.57
烟草加工业	5	12.31	7.27	12.31	7.27
饲料工业	240	10.27	0.94	7.66	0.61
纺织业	3898	482.73	86.64	162.03	31.94
缝纫业	1566	66.75	13.88	5.10	1.02

4—12 续表

单位：亿元

类　　　别	单位数（个）	全部工业企业		全民所有制工业企业	
		总产值	净产值	总产值	净产值
皮革、毛皮及其制品工业	677	28.00	5.81	2.60	0.36
木材加工及竹、藤、棕、草制品业	350	6.44	1.39	0.73	0.12
家具制造业	556	7.44	1.82	0.24	0.07
造纸及纸制品业	674	26.67	5.81	8.97	1.93
印刷业	907	17.45	4.79	6.70	1.75
文教体育用品制造业	452	13.58	3.22	0.65	0.18
工艺美术品制造业	787	26.54	7.25	0.41	0.13
电力、蒸汽、热水生产和供应业	80	58.63	17.41	48.85	13.74
石油加工业	43	41.73	9.50	38.94	9.02
炼焦、煤气及煤制品业	226	5.86	0.56	4.59	0.30
化学工业	2309	236.43	57.11	138.90	34.82
医药工业	271	42.02	10.33	27.03	6.59
化学纤维工业	135	81.18	21.14	57.21	16.02
橡胶制品业	395	28.30	7.54	7.47	2.04
塑料制品业	1600	63.05	12.79	4.50	0.88
建筑材料及其他非金属矿物制品业	5142	113.62	33.48	34.13	10.33
黑色金属冶炼及压延加工业	295	88.99	12.13	37.31	5.35
有色金属冶炼及压延加工业	308	36.95	5.17	11.82	1.54
金属制品业	2828	78.80	18.33	7.38	1.83
机械工业	4604	261.67	69.36	108.22	28.67
交通运输设备制造业	851	69.55	16.70	40.64	9.22
电气机械及器材制造业	1936	112.03	27.21	18.23	5.26
电子及通信设备制造业	864	126.89	27.80	60.57	13.42
仪器仪表及其他计量器具制造业	452	21.19	7.44	8.05	3.17
其他工业	534	11.93	2.88	0.59	0.13

4-13 浙江省独立核算工业企业总产值、净产值

(1991年)

单位：亿元

类别	单位数（个）	全部工业企业		全民所有制工业企业	
		总产值	净产值	总产值	净产值
总计	40737.00	1315.16	312.90	515.12	125.98
一、按经济类型分					
全民所有制	3209.00	515.12	125.98	515.12	125.98
集体所有制	37003.00	749.19	175.38		
其他经济类型	525.00	5.85	11.54		
二、按轻重工业分					
轻工业	32555	831.54	183.55	291.71	68.03
重工业	17182	483.62	129.35	223.41	57.94
三、按企业规模分					
大型企业	146	211.13	57.71	189.73	52.67
中型企业	584	227.67	50.66	163.89	35.66
小型企业	40007	876.36	204.53	161.51	37.65
四、按工业行业分					
煤炭采选业	69	2.26	0.78	12.11	0.70
石油和天然气开采业					
黑色金属矿采选业	5	0.62	0.18	0.60	0.18
有色金属矿采选业	54	2.31	1.09	2.07	1.00
建筑材料及其他非金属矿采选业	809	6.83	2.86	2.04	0.81
采盐业	82	0.74	0.49	0.29	0.18
其他矿采选业	2				
木材及竹材采运业	7	0.04	0.03	0.03	0.02
自来水生产和供应业	285	2.39	0.80	1.92	0.64
食品制造业	2174	74.55	12.86	51.93	8.19
饮料制造业	1039	31.88	9.39	16.92	5.68
烟草加工业	4	14.13	9.07	14.13	9.07
饲料工业	245	9.13	0.88	6.35	0.51
纺织业	4275	317.79	56.40	106.39	20.18
缝纫业	1709	49.29	10.83	2.71	0.47

4—13续表　　　　　　　　　　　　　　　　　　　　　　　　　　　　　单位：亿元

类　　　　别	单位数（个）	全部工业企业		全民所有制工业企业	
		总产值	净产值	总产值	净产值
皮革、毛皮及其制品工业	1621	28.80	6.21	2.97	0.51
木材加工及竹、藤、棕、草制品业	1200	7.36	1.81	1.88	0.40
家具制造业	581	5.44	1.42	0.14	0.03
造纸及纸制品业	804	26.90	6.69	14.90	4.00
印刷业	963	12.05	3.27	5.15	1.29
文教体育用品制造业	631	9.38	2.61	0.50	0.18
工艺美术品制造业	1305	27.51	7.42	0.72	0.14
电力、蒸汽、热水生产和供应业	783	31.22	7.66	29.47	7.02
石油加工业	10	24.61	4.99	24.29	7.02
炼焦、煤气及煤制品业	194	1.99	0.41	1.15	0.21
化学工业	1350	81.29	21.30	54.23	14.49
医药工业	235	22.60	5.58	15.91	4.15
化学纤维工业	93	20.17	5.04	12.15	3.41
橡胶制品业	418	16.72	4.65	6.76	1.79
塑料制品业	2615	51.60	12.24	4.85	0.93
建筑材料及其他非金属矿物制品业	3563	63.80	19.80	16.87	5.18
黑色金属冶炼及压延加工业	133	26.07	5.62	18.06	4.50
有色金属冶炼及压延加工业	241	28.05	3.11	8.60	0.89
金属制品业	2396	46.87	12.07	3.15	0.97
机械工业	5351	119.54	36.27	46.66	13.96
交通运输设备制造业	1101	29.52	7.97	9.90	1.96
电气机械及器材制造业	2501	68.97	16.52	14.51	3.54
电子及通信设备制造业	692	33.45	8.76	12.49	3.18
仪器仪表及其他计量器具制造业	63[illegible]	12.20	4.17	2.17	0.65
其他工业	567	7.11	1.65	0.29	0.05

4-14 安徽省独立核算工业企业总产值、净产值

(1991年)

单位：亿元

类别	单位数（个）	全部工业企业		全民所有制工业企业	
		总产值	净产值	总产值	净产值
总计	20877.00	602.65	143.19	423.61	100.97
一、按经济类型分					
全民所有制	2669.00	423.61	100.97	423.61	100.97
集体所有制	18130.00	174.21	41.12		
其他经济类型	78.00	4.83	1.10		
二、按轻重工业分					
轻工业	11262	303.20	70.70	200.93	49.89
重工业	9615	299.45	72.49	222.68	51.08
三、按企业规模分					
大型企业	81	192.12	46.38	187.83	45.29
中型企业	349	124.16	32.67	117.07	31.34
小型企业	20447	286.37	64.14	118.71	24.34
四、按工业行业分					
煤炭采选业	138	22.87	5.52	21.05	4.69
石油和天然气开采业					
黑色金属矿采选业	72	0.75	0.29	0.17	0.09
有色金属矿采选业	53	1.33	0.48	0.86	0.33
建筑材料及其他非金属矿采选业	787	7.06	2.39	2.58	1.00
采盐业	7	0.34	0.09	0.30	0.07
其他矿采选业					
木材及竹材采运业	20	0.77	0.24	0.75	0.23
自来水生产和供应业	142	1.79	0.67	1.73	0.65
食品制造业	3621	59.27	6.66	41.69	3.97
饮料制造业	596	21.64	7.90	18.44	6.92
烟草加工业	11	29.55	14.72	29.55	14.72
饲料工业	173	3.71	0.52	3.28	0.49
纺织业	977	72.44	13.69	44.79	9.07
缝纫业	519	7.70	1.73	1.08	0.33

4—14续表

单位：亿元

类别	单位数（个）	全部工业企业		全民所有制工业企业	
		总产值	净产值	总产值	净产值
皮革、毛皮及其制品工业	268	5.07	0.95	1.36	0.25
木材加工及竹、藤、棕、草制品业	759	3.04	0.70	1.06	0.18
家具制造业	471	2.31	0.61	0.06	0.02
造纸及纸制品业	464	13.04	2.92	6.55	1.51
印刷业	487	4.71	1.18	3.09	0.70
文教体育用品制造业	205	2.27	0.65	0.62	0.26
工艺美术品制造业	364	2.23	0.69	0.14	0.04
电力、蒸汽、热水生产和供应业	243	22.80	4.83	22.49	4.75
石油加工业	10	19.49	2.08	19.43	2.06
炼焦、煤气及煤制品业	127	1.80	0.20	1.35	0.09
化学工业	831	44.64	8.81	35.36	6.62
医药工业	113	11.63	2.42	9.29	2.06
化学纤维工业	13	3.39	0.69	3.27	0.67
橡胶制品业	152	9.62	2.63	6.16	1.71
塑料制品业	595	11.00	2.41	3.08	0.62
建筑材料及其他非金属矿物制品业	4388	40.12	12.99	15.84	5.08
黑色金属冶炼及压延加工业	83	40.71	11.38	37.46	10.78
有色金属冶炼及压延加工业	65	21.68	3.31	20.13	3.10
金属制品业	1244	13.70	3.26	3.16	0.77
机械工业	1558	44.82	12.51	30.02	8.61
交通运输设备制造业	364	14.26	3.10	10.69	2.19
电气机械及器材制造业	418	23.91	6.03	15.76	4.05
电子及通信设备制造业	82	10.80	2.09	9.10	1.60
仪器仪表及其他计量器具制造业	150	3.24	1.06	1.44	0.52
其他工业	307	3.15	0.79	0.43	0.17

4—15 福建省独立核算工业企业总产值、净产值

(1991 年)

单位：亿元

类　别	单位数(个)	全部工业企业		全民所有制工业企业	
		总产值	净产值	总产值	净产值
总　计	12635.00	475.03	129.10	247.98	75.92
一、按经济类型分					
全民所有制	2289.00	247.98	75.92	247.98	75.92
集体所有制	9062.00	90.18	25.40		
其他经济类型	1284.00	136.87	27.78		
二、按轻重工业分					
轻工业		286.87	72.34	127.00	37.06
重工业		188.16	56.76	120.98	38.86
三、按企业规模分					
大型企业	54	74.31	26.00	55.73	19.29
中型企业	212	98.70	28.85	80.30	24.92
小型企业	12369	302.02	74.25	111.95	31.71
四、按工业行业分					
煤炭采选业	134	3.95	1.79	2.95	1.39
石油和天然气开采业					
黑色金属矿采选业	56	1.30	0.53	0.78	0.41
有色金属矿采选业	61	0.76	0.20	0.59	0.14
建筑材料及其他非金属矿采选业	257	2.76	1.09	0.62	0.27
采盐业	77	1.70	1.44	0.91	0.81
其他矿采选业	10	0.10	0.04		
木材及竹材采运业	196	11.79	5.44	10.00	4.91
自来水生产和供应业	157	1.48	0.62	1.41	0.59
食品制造业	1112	42.36	8.99	32.76	7.04
饮料制造业	448	15.94	4.71	10.70	3.57
烟草加工业	18	15.28	9.25	11.87	6.85
饲料工业	145	5.56	0.65	2.45	0.25
纺织业	442	26.96	6.45	17.19	4.06
缝纫业	585	26.69	4.98	1.77	0.47

4—15 续表

单位：亿元

类别	单位数（个）	全部工业企业		全民所有制工业企业	
		总产值	净产值	总产值	净产值
皮革、毛皮及其制品工业	192	14.11	2.28	1.92	0.35
木材加工及竹、藤、棕、草制品业	1057	9.73	2.51	2.61	0.66
家具制造业	416	2.88	0.87	0.21	0.06
造纸及纸制品业	445	20.69	5.32	13.65	3.88
印刷业	312	6.58	1.87	4.15	1.10
文教体育用品制造业	162	4.37	0.90	0.51	0.16
工艺美术品制造业	472	10.65	2.27	0.43	0.17
电力、蒸汽、热水生产和供应业	829	16.40	6.47	14.30	5.67
石油加工业					
炼焦、煤气及煤制品业	27	0.20	0.03	0.14	0.01
化学工业	658	36.17	9.85	27.05	7.69
医药工业	78	7.16	1.98	5.65	1.53
化学纤维工业	10	6.95	1.94	4.20	1.30
橡胶制品业	100	7.26	1.68	3.47	0.98
塑料制品业	537	22.70	4.27	5.39	1.08
建筑材料及其他非金属矿物制品业	978	23.62	8.51	13.07	5.15
黑色金属冶炼及压延加工业	93	13.34	3.49	9.15	2.41
有色金属冶炼及压延加工业	40	5.36	1.38	3.53	0.99
金属制品业	631	11.59	2.26	1.39	0.37
机械工业	916	27.55	7.85	19.42	5.66
交通运输设备制造业	245	10.92	2.47	8.39	1.78
电气机械及器材制造业	290	17.15	3.94	9.61	2.60
电子及通信设备制造业	236	37.57	9.64	4.62	1.22
仪器仪表及其他计量器具制造业	80	2.91	0.68	0.65	0.23
其他工业	133	2.54	0.46	0.47	0.11

4-16 江西省独立核算工业企业总产值、净产值

(1991年)

单位：亿元

类别	单位数(个)	全部工业企业		全民所有制工业企业	
		总产值	净产值	总产值	净产值
总计	14534.00	390.58	100.47	306.50	76.49
一、按经济类型分					
全民所有制	3529.00	306.50	76.49	306.50	76.49
集体所有制	10957.00	80.06	23.13		
其他经济类型	48.00	4.02	0.85		
二、按轻重工业分					
轻工业	7874	163.44	41.29	116.68	28.72
重工业	6660	227.14	59.18	189.82	47.77
三、按企业规模分					
大型企业	56	67.91	14.64	67.91	14.64
中型企业	248	129.10	33.43	127.66	33.04
小型企业	14230	193.57	52.40	110.93	28.81
四、按工业行业分					
煤炭采选业	402	12.10	3.70	8.29	2.10
石油和天然气开采业	0				
黑色金属矿采选业	16	0.32	0.14	0.25	0.10
有色金属矿采选业	228	17.71	5.03	16.53	4.71
建筑材料及其他非金属矿采选业	445	2.73	1.05	1.00	0.42
采盐业	16	0.48	0.17	0.35	0.13
其他矿采选业	2	0.01	0.01	0.01	
木材及竹材采运业	148	3.15	1.61	2.99	1.55
自来水生产和供应业	110	1.22	0.55	1.21	0.54
食品制造业	1526	31.12	4.98	27.42	4.17
饮料制造业	484	9.18	3.10	7.27	2.48
烟草加工业	4	5.57	3.48	5.57	3.48
饲料工业	253	2.81	0.41	2.48	0.36
纺织业	501	28.35	5.35	22.09	4.13
缝纫业	326	7.45	2.12	4.13	1.37

4—16续表

单位：亿元

类别	单位数(个)	全部工业企业		全民所有制工业企业	
		总产值	净产值	总产值	净产值
皮革、毛皮及其制品工业	212	2.34	0.51	0.84	0.13
木材加工及竹、藤、棕、草制品业	989	6.12	1.67	2.77	0.70
家具制造业	486	1.66	0.51	0.30	0.07
造纸及纸制品业	387	8.44	1.84	5.82	1.21
印刷业	379	4.70	1.50	3.10	0.99
文教体育用品制造业	106	0.65	0.21	0.16	0.06
工艺美术品制造业	477	5.87	1.98	0.61	0.14
电力、蒸汽、热水生产和供应业	909	17.77	5.04	16.75	4.66
石油加工业	5	14.56	1.73	14.54	1.72
炼焦、煤气及煤制品业	53	1.69	0.26	1.60	0.24
化学工业	562	23.58	5.87	20.57	5.10
医药工业	117	12.23	3.21	11.26	2.97
化学纤维工业	16	5.56	1.25	5.46	1.23
橡胶制品业	86	4.11	1.18	2.84	0.69
塑料制品业	308	4.86	1.19	0.89	0.19
建筑材料及其他非金属矿物制品业	1946	26.93	8.92	15.95	5.22
黑色金属冶炼及压延加工业	45	25.38	4.09	24.52	3.89
有色金属冶炼及压延加工业	70	18.69	2.68	17.82	2.51
金属制品业	759	6.45	1.84	1.69	0.56
机械工业	1197	29.07	8.64	22.38	6.89
交通运输设备制造业	391	22.86	7.39	19.12	6.37
电气机械及器材制造业	318	11.64	3.37	8.37	2.55
电子及通信设备制造业	72	10.10	2.83	7.21	2.21
仪器仪表及其他计量器具制造业	65	2.30	0.88	2.00	0.78
其他工业	118	0.82	0.21	0.34	0.07

4—17 山东省独立核算工业企业总产值、净产值

(1991年)　　　　单位：亿元

类　　　别	单位数（个）	全部工业企业		全民所有制工业企业	
		总产值	净产值	总产值	净产值
总　　计	22752.00	1761.82	450.79	1011.25	284.98
一、按经济类型分					
全民所有制	3676.00	1011.25	284.98	1011.05	284.98
集体所有制	18875.00	728.24	160.19		
其他经济类型	201.00	22.33	5.62		
二、按轻重工业分					
轻工业	12953	885.89	202.32	409.62	103.20
重工业	10159	875.93	248.46	601.63	181.79
三、按企业规模分					
大型企业	218	529.84	168.61	495.02	159.68
中型企业	1134	412.54	102.16	289.28	72.30
小型企业	21400	819.45	180.02	226.96	53.00
四、按工业行业分					
煤炭采选业	338	46.71	15.91	36.00	11.47
石油和天然气开采业	1	93.37	42.38	93.37	42.38
黑色金属矿采选业	51	3.65	1.21	2.71	0.96
有色金属矿采选业	106	10.72	3.85	4.36	1.68
建筑材料及其他非金属矿采选业	465	12.08	3.06	2.82	1.07
采盐业	128	8.05	3.91	2.89	1.75
其他矿采选业	1	0.01			
木材及竹材采运业					
自来水生产和供应业	114	3.11	0.55	3.08	0.55
食品制造业	2652	145.58	21.72	84.85	11.98
饮料制造业	395	54.69	18.62	46.34	16.16
烟草加工业	15	30.43	16.41	30.30	16.40
饲料工业	238	12.92	1.52	10.45	1.09
纺织业	2051	274.37	51.30	114.53	25.16
缝纫业	793	31.71	7.23	2.71	0.73

4—17 续表

单位：亿元

类别	单位数（个）	全部工业企业		全民所有制工业企业	
		总产值	净产值	总产值	净产值
皮革、毛皮及其制品工业	392	23.63	5.35	2.46	0.53
木材加工及竹、藤、棕、草制品业	256	6.70	1.00	1.67	0.29
家具制造业	614	10.94	2.60	0.36	0.07
造纸及纸制品业	617	36.82	7.94	19.04	4.00
印刷业	465	14.75	3.52	6.84	1.62
文教体育用品制造业	150	3.27	0.83	0.61	0.17
工艺美术品制造业	914	33.60	10.31	2.05	0.67
电力、蒸汽、热水生产和供应业	186	62.89	22.44	61.73	22.00
石油加工业	64	85.27	21.59	79.71	20.48
炼焦、煤气及煤制品业	161	5.96	0.76	2.98	0.27
化学工业	1262	115.38	27.50	77.45	18.71
医药工业	124	25.48	7.99	18.16	5.87
化学纤维工业	33	11.76	3.16	8.79	2.55
橡胶制品业	229	36.42	9.93	25.34	7.09
塑料制品业	800	40.03	8.73	7.29	1.92
建筑材料及其他非金属矿物制品业	3532	94.98	27.75	35.96	12.10
黑色金属冶炼及压延加工业	151	56.30	11.20	49.59	10.17
有色金属冶炼及压延加工业	63	21.77	4.38	15.37	3.71
金属制品业	1461	49.76	12.04	5.48	1.59
机械工业	2314	160.91	40.29	85.89	22.02
交通运输设备制造业	559	49.09	10.72	34.67	7.35
电气机械及器材制造业	601	54.07	13.36	13.51	4.03
电子及通信设备制造业	161	23.68	6.62	18.75	5.27
仪器仪表及其他计量器具制造业	120	6.67	2.23	2.84	1.04
其他工业	175	4.29	0.80	0.30	0.07

4-18 华东地区分省(市)全部独立核算工业企业主要财务指标

(1991年)　　单位:亿元

指标名称	上海市	江苏省	浙江省	安徽省	福建省	江西省	山东省
1. 企业单位数(个)	10203	37004	40737	20877	12635	14534	22752
2. 职工年平均人数(万人)	356.83	761.48	411.35	267.18	157.99	201.65	539.29
3. 总产值	1747.59	2377.85	1315.16	602.65	475.03	390.58	1761.82
4. 净产值	454.32	539.41	312.90	143.19	129.10	100.47	450.79
5. 年末固定资产原值	982.42	1199.50	575.49	448.45	288.96	300.18	1342.53
6. 资金总额	1177.89	1498.67	762.97	486.94	334.38	336.39	1526.54
年末固定资产净值	698.11	874.77	412.61	317.68	211.52	204.18	1025.09
定额流动资金年平均余额	479.78	623.90	350.36	169.26	122.86	132.22	501.45
7. 定额流动资金年末占用额	516.23	646.84	368.42	177.09	130.77	140.45	547.11
8. 产品销售收入	1793.38	2150.53	1181.10	568.06	437.36	368.71	1545.11
9. 利润和税金总额	242.31	172.74	119.27	61.24	52.95	31.93	158.99
#利润总额	114.28	45.28	47.24	2.37	19.89	6.52	47.05
产品销售税金	126.28	123.58	70.46	58.87	33.05	25.41	111.94
10. 已交利税费	43.85	18.77	14.82	5.88	7.18	4.82	18.64
11. 企业留利	41.23	18.59	17.83	7.61	6.39	4.90	15.94
12. 产品销售成本	1431.58	1869.63	1047.09	487.88	359.84	319.44	1315.75

注:利润和税金总额中包括教育附加费、资源税(下同)。

4-19 华东地区分省(市)全民独立核算工业企业主要财务指标

(1991年)　　单位:亿元

指标名称	上海市	江苏省	浙江省	安徽省	福建省	江西省	山东省
1. 企业单位数(个)	2581	3790	3209	2669	2289	3529	3676
2. 职工年平均人数(万人)	214.52	261.38	123.97	142.34	78.47	133.95	271.98
3. 总产值	1234.31	1014.96	515.12	423.61	247.98	306.50	1011.25
4. 净产值	321.42	240.56	125.98	100.97	75.92	76.49	284.98
5. 年末固定资产原值	797.79	702.10	317.74	374.59	196.44	260.34	1006.11
6. 资金总额	912.71	768.70	362.15	392.40	219.66	284.02	1038.47
年末固定资产净值	565.00	508.12	227.54	264.93	142.27	176.34	772.72
定额流动资金年平均余额	347.71	260.58	134.61	127.47	77.39	107.68	265.75
7. 定额流动资金年末占用额	365.12	273.26	138.27	131.51	79.74	113.59	282.06
8. 产品销售收入	1294.29	993.81	503.30	417.95	247.67	298.53	962.87
9. 利润和税金总额	183.83	94.46	57.17	42.21	37.37	26.35	106.69
#利润总额	76.91	25.11	19.81	-2.22	12.80	4.81	20.75
产品销售税金	105.33	68.14	36.76	44.43	24.57	21.54	85.93
10. 已交利税费	37.02	12.67	8.11	4.63	5.84	4.15	12.87
11. 企业留利	27.56	10.24	8.28	5.14	4.07	3.97	10.18
12. 产品销售成本	1013.77	854.10	440.89	362.84	198.54	259.37	819.49

4-20 华东地区分省(市)集体独立核算工业企业主要财务指标

(1991年)

单位:亿元

指标名称	上海市	江苏省	浙江省	安徽省	福建省	江西省	山东省
1. 企业单位数（个）	5928	32530	37003	18130	9062	10957	18875
2. 职工年平均人数（万人）	98.87	472.15	277.26	123.73	57.43	66.96	263.14
3. 总产值（当年价值）	239.38	1205.38	749.19	174.20	90.18	80.06	728.24
4. 净产值（当年价格）	63.32	264.29	175.38	41.13	25.40	23.13	160.19
5. 年末固定资产原值	83.05	417.82	238.01	71.69	40.98	37.46	318.87
6. 资金总额	125.24	630.25	371.96	91.80	48.44	49.35	465.41
年末固定资产净值	54.56	304.49	168.94	51.03	27.31	25.82	237.21
定额流动资金年平均余额	70.68	325.76	203.02	40.77	21.13	23.53	228.20
7. 定额流动资金年末占用额	78.87	332.84	215.83	44.46	22.83	25.82	256.53
8. 产品销售收入	238.58	1007.62	632.21	146.23	80.10	66.43	562.32
9. 利润和税金总额	22.40	67.23	58.50	11.71	7.37	5.25	50.81
#利润总额	11.98	15.34	25.38	4.52	2.56	1.54	25.79
产品销售税金	10.33	49.34	32.19	7.19	4.81	3.71	25.02
10. 已交利税费	4.28	5.46	6.45	1.20	0.96	0.62	5.66
11. 企业留利	3.57	7.22	9.09	2.45	0.94	0.86	5.50
12. 产品销售成本	205.83	888.66	564.54	125.65	67.97	56.96	480.00

4-21 华东地区分省(市)其他独立核算工业企业主要财务指标

(1991年)

单位:亿元

指标名称	上海市	江苏省	浙江省	安徽省	福建省	江西省	山东省
1. 企业单位数（个）	1694	684	526	78	1284	48	201
2. 职工年平均人数（万人）	43.44	27.94	10.13	1.11	22.09	0.74	4.17
3. 总产值（当年价值）	273.90	157.51	50.85	4.83	136.87	4.03	22.33
4. 净产值（当年价格）	69.58	34.56	11.54	1.10	27.78	0.85	5.61
5. 年末固定资产原值	101.58	79.58	19.74	2.17	51.54	2.37	17.55
6. 资金总额	139.94	99.72	28.86	2.75	66.30	3.02	22.66
年末固定资产净值	78.55	62.16	16.13	1.72	41.95	2.02	15.16
定额流动资金年平均余额	61.39	37.56	12.73	1.03	24.35	1.00	7.49
7. 定额流动资金年末占用额	72.25	40.74	14.37	1.11	28.20	1.04	8.51
8. 产品销售收入	260.51	149.10	45.60	3.88	109.57	3.74	19.92
9. 利润和税金总额	36.02	10.92	3.60	0.33	8.21	0.34	1.49
#利润总额	25.39	4.82	2.05	0.08	4.53	0.18	0.51
产品销售税金	10.63	6.10	1.51	0.25	3.68	0.16	0.98
10. 已交利税费	2.55	0.64	0.26	0.05	0.38	0.05	0.12
11. 企业留利	10.10	1.14	0.45	0.02	1.38	0.07	0.26
12. 产品销售成本	211.98	126.87	41.67	3.37	93.32	3.11	16.26

4—22 华东地区分省(市)独立核算工业企业全员劳动生产率

(1991年)

单位:元/人

指标名称	上海市	江苏省	浙江省	安徽省	福建省	江西省	山东省
总计	49799.00	32579.00	33661.00	22890.00	31081.00	19820.00	33158.72
比1990年增长(%)	11.8	8.8	17.5	7.0	17.0	7.3	6.7
在总计中:全民所有制	58116.00	39542.00	42615.00	30111.00	31720.00	23177.00	37547.90
集体所有制	24983.00	27149.00	28934.00	14420.00	16066.00	12613.00	28282.24
其他经济类型	65216.00	59196.69	53424.00	41062.00	67844.00	64465.00	54610.64
在总计中:轻工业	47133.00	35821.00	36832.00	28743.00	33005.00	22585.00	34831.22
重工业	52755.00	29402.00	29182.00	18674.00	24818.00	18004.00	31593.68

注:计算劳动生产率的工业总产值按1990年不变价格计算。

4—23 华东地区分省(市)独立核算工业企业经济效益

(1991年)

单位:元

指标名称	上海市	江苏省	浙江省	安徽省	福建省	江西省	山东省
每百元固定资产原值实现利税	24.66	14.40	20.72	12.10	18.32	10.64	11.84
每百元资金实现利税	20.57	11.53	15.63	11.14	15.83	9.49	10.41
每百元工业总产值实现利税	13.87	7.26	9.07	9.00	11.15	8.17	9.02
每百元固定资产原值实现总产值	177.89	198.24	228.53	134.39	164.39	130.12	131.23
每百元总产值占用定额流动资金	27.45	26.24	26.64	28.09	25.86	33.85	28.46
每百元销售收入实现利税	13.51	8.03	10.10	9.55	12.11	8.66	10.29
定额流动资金周转天数(天)	96	104	107	107	101	129	117

注:计算经济效益指标,总产值按当年价格计算,定额流动资金为年平均余额,下同。

4-24 华东地区分省(市)全民独立核算工业企业经济效益

(1991年)　　单位:元

指标名称	上海市	江苏省	浙江省	安徽省	福建省	江西省	山东省
每百元固定资产原值实现利税	23.04	13.45	17.99	11.27	19.03	10.12	10.60
每百元资金实现利税	20.14	12.29	15.79	10.75	17.01	9.28	10.27
每百元工业总产值实现利税	14.89	9.31	11.10	9.96	15.07	8.60	10.55
每百元固定资产原值实现总产值	154.72	144.56	162.12	113.09	126.24	117.73	100.51
每百元总产值占用定额流动资金	28.17	25.67	26.13	30.09	31.21	35.13	26.28
每百元销售收入实现利税	14.20	9.51	11.36	10.10	15.09	8.83	11.08
定额流动资金周转天数(天)	97	94	96	110	112	130	99

4-25 华东地区分省(市)集体独立核算工业企业经济效益

(1991年)　　单位:元

指标名称	上海市	江苏省	浙江省	安徽省	福建省	江西省	山东省
每百元固定资产原值实现利税	27.05	16.09	24.58	16.33	17.98	14.00	15.93
每百元资金实现利税	17.94	10.67	15.73	12.76	15.21	10.63	10.92
每百元工业总产值实现利税	9.40	5.58	7.81	6.72	8.17	6.55	6.98
每百元固定资产原值实现总产值	288.24	288.49	314.77	243.01	220.06	213.73	228.38
每百元总产值占用定额流动资金	29.53	27.03	27.10	23.40	23.43	29.40	31.34
每百元销售收入实现利税	9.40	6.67	9.25	8.01	9.20	7.90	9.04
定额流动资金周转天数(天)	107	118	115	100	95	128	146

4-26 华东地区分省(市)其他独立核算工业企业经济效益

(1991年)　　单位:元

指标名称	上海市	江苏省	浙江省	安徽省	福建省	江西省	山东省
每百元固定资产原值实现利税	35.46	13.87	18.24	15.31	15.93	14.26	8.49
每百元资金实现利税	25.74	11.07	12.47	12.09	12.38	11.21	6.57
每百元工业总产值实现利税	13.86	7.01	7.08	6.87	5.90	8.40	6.67
每百元固定资产原值实现总产值	177.89	197.92	257.60	222.74	265.54	169.70	127.24
每百元总产值占用定额流动资金	22.41	23.85	25.03	21.15	17.79	24.91	33.57
每百元销售收入实现利税	13.75	7.41	7.89	8.55	7.49	9.05	7.48
定额流动资金周转天数(天)	85	92	101	95	80	97	135

4—27 华东地区分省(市)独立核算乡办工业基本情况

(1991年)

指标名称	单位	上海市	江苏省	浙江省	安徽省	福建省	江西省	山东省
企业单位数	个	4164	24151	24891	12612	5494	7822	14610
年末全部从业人员	万人	79.06	307.27	176.30	64.86	28.36	34.50	146.15
工业总产值	亿元	222.19	752.19	436.87	73.62	51.92	38.07	365.17
比上年增长	%	26.6	25.3	39.3	26.7	30.6	28.5	27.8
产品销售收入	亿元	203.96	608.96	348.20	58.24	44.70	31.00	235.73
利税总额	亿元	22.00	39.71	34.24	5.84	4.35	3.18	26.32
年末固定资产原值	亿元	87.43	243.15	136.33	29.13	24.84	18.66	139.78
年末固定资产净值	亿元	63.27	175.59	95.62	20.45	18.75	13.30	104.28
定额流动资金年平均余额	亿元	53.12	199.36	110.09	11.46	7.51	9.13	97.19

4—28 华东地区分省(市)村办工业基本情况

(1991年)

指标名称	单位	上海市	江苏省	浙江省	安徽省	福建省	江西省	山东省
企业单位数	个	9695	65514	45858	20755	24737	26794	71891
年末全部从业人员	万人	67.99	275.13	140.47	43.96	53.78	32.13	242.58
工业总产值	亿元	141.56	565.54	260.17	40.01	69.67	33.03	502.26
比上年增长	%	32.3	17.8	29.6	23.7	32.0	26.3	25.1
产品销售收入	亿元	124.42	433.03	207.66	33.27	65.29	28.80	378.65
年末固定资产原值	亿元	41.64	128.20	60.74	13.14	19.06	8.35	119.27

4-29 华东地区分省(市)城镇合作经营和个体工业基本情况

(1991年)

指标名称	单位	上海市	江苏省	浙江省	安徽省	福建省	江西省	山东省
城镇合作经营工业								
户数	户		1371	3353	1207	4371	886	254
从业人员	万人		2.13	6.21	1.36	6.98	0.64	0.41
总产值	万元		26000.00	127523.00	17027.00	126675.00	5427.00	7315.00
上交税金	万元		1246.00	7509.00	468.00	5265.00	235.00	340.00
自有资金	万元		4479.00	19361.00	1848.00	33849.00	1426.00	4317.00
城镇个体工业								
户数	户	1421	13068	23487	25826	15747	12857	8040
从业人员	万人	0.22	3.12	6.67	6.84	5.31	2.73	1.77
总产值	万元	2537.00	44600.00	104152.00	68008.00	76801.00	19352.00	16060.00
上交税金	万元	2495.00	1728.00	6754.00	1735.00	2683.00	769.00	616.00
自有资金	万元	455.00	6433.00	16151.00	11075.00	11048.00	3494.00	3473.00

4-30 华东地区分省(市)农村合作经营和个体工业基本情况

(1991年)

指标名称	单位	上海市	江苏省	浙江省	安徽省	福建省	江西省	山东省
农村合作经营工业								
户数	户	2700	15702	29646	36429	20458	34495	54411
从业人员	万人	6.77	13.30	40.93	32.03	28.95	22.07	41.20
总产值	万元	80000.00	162900.00	612662.00	206949.00	323763.00	165112.00	650125.00
上交税金	万元	5742.00	6073.00	37040.00	3979.00	13380.00	4963.00	15619.00
自有资金	万元	7481.00	18194.00	132628.00	24033.00	72274.00	40323.00	42541.00
农村个体工业								
户数	户	7749	391976	198066	464415	110003	287528	456682
从业人员	万人	1.84	107.26	76.31	115.46	37.81	59.80	161.01
总产值	万元	12446.00	1083400.00	1112628.00	672476.00	315461.00	389242.00	2018942.00
上交税金	万元	7700.00	36605.00	51777.00	12133.00	10494.00	10850.00	51025.00
自有资金	万元	3740.00	131223.00	147534.00	73991.00	36818.00	85183.00	126289.00

五、运输、邮电

5-1 华东地区分省（市）运输线路长度

(1991年)　　单位：公里

指标名称	上海市	江苏省	浙江省	安徽省	福建省	江西省	山东省
铁路营业里程	259	748	835	1540	1087	1642	2042
公路通车里程	3165	24929	30850	27598	41745	33222	41937
内河通航里程	2100	23670	10617	6017	3888	4937	1861

5-2 华东地区分省（市）客、货运输量和港口吞吐量

(1991年)

指标名称	单位	上海市	江苏省	浙江省	安徽省	福建省	江西省	山东省
客运量	**万人次**	**4035**	**40201**	**69269**	**38894**	**16055**	**16265**	**32326**
铁　路	万人次	2594	4932	3040	2291	1235	1836	3276
公　路	万人次	598	34316	60777	35186	13965	14066	28645
水　运	万人次	592	901	5286	1400	734	347	405
航　空	万人次	251.00	52.00	166.00	17.80	121.00	16.24	0.00
货运量	**万吨**	**27551**	**17456**	**35238**	**46733**	**4523**	**4138**	**43872**
铁　路	万吨	5169	4078	1773	4287	1988	2634	8100
公　路	万吨	8888	4438	24201	37778	1549	864	34586
水　运	万吨	13485	7750	9264	4667	984	640	1186
海　运	万吨	9725	180			645		
长　航	万吨	1646			639		263	
内　河	万吨	2114	5674		1588	339	368	
航　空	万吨	9.00	0.56		0.10	2.00	0.10	
主要港口货物吞吐量	**万吨**	**14679.00**	**8231.00**	**5509.00**	**3071.00**	**1706.38**	**637.47**	**6093.70**

5-3 华东地区分省（市）旅客周转量

(1991年)　　单位：亿人公里

指标名称	上海市	江苏省	浙东省	安徽省	福建省	江西省	山东省
铁　路	27.94	132.58	80.90	111.75	41.10	82.31	158.70
公　路	7.27	167.32	201.36	137.88	68.14	60.03	165.98
水　运	38.57	4.09	14.00	6.30	2.18	5.35	0.96

5-4 华东地区分省（市）货物周转量

（1991年）　　单位：亿吨公里

指标名称	上海市	江苏省	浙江省	安徽省	福建省	江西省	山东省
铁路	112.52	301.73	144.95	445.71	113.00	211.38	595.09
公路	11.94	21.89	136.26	127.99	9.99	5.61	166.60
水运	3483.87	184.38	183.80	117.75	76.94	41.61	50.47
#远洋运输	2117.03	18.68	3.06		14.16	1.66	

5-5 华东地区主要港口货物吞吐量

（1991年）　　单位：万吨

港口名称	进口		出口	
	内贸	外贸	内贸	外贸
福州	433.40	55.80	154.70	81.20
九江	376.2	70.50	261.20	8.12
连云港	18.00	242.00	496.00	457.00
南京	1543.00	242.00	2485.00	130.00
南通	613.00	125.00	266.00	57.00
宁波	929.00	1103.60	1177.00	180.30
青岛	172.05	559.83	1361.58	921.66
泉州	77.90	5.40	24.40	17.60
上海	7821.00	2112.00	3875.00	871.00
温州	255.08	9.96	94.03	7.42
芜湖	67.80	0.10	312.00	4.60
厦门	221.60	184.80	52.30	123.10
烟台	55.67	390.79	151.14	235.82
张家港	85.00	95.00	113.00	84.00
镇江	750.00	43.00	346.00	41.00

5-6 华东地区分省（市）邮电业务主要指标

（1991年）

指标名称	单位	上海市	江苏省	浙江省	安徽省	福建省	江西省	山东省
一、邮电局（所）总数	**处**	**528**	**2991**	**3393**	**2608**	**2180**	**1888**	**2672**
#在农村	处	250	2501	3105	2220	1533	1635	2247
二、邮电线路长度								
邮路长度	万公里	18.15	29.15	16.55	3.49	16.76	4.74	5.70
农村投递路线长度	万公里	2.34	22.62	10.50	14.49	7.12	12.22	21.23
电报电路总数	路	233	1041	887	445	398	330	562
长途电话电路总数	路	12807	16058	11844	5135	7332	4078	12675
三、电话机								
市内电话机总数	万部	82.37	77.46	52.44	26.24	33.25	20.24	65.85
农村电话机总数	万部	10.22	30.67	27.93	13.13	6.35	0.00	18.52
四、邮电业务量								
邮电计费业务总量	万元	128514	131642	111761	42825	95135	35003	103322
报刊期发数	万份	893.00	663.25	792 97	65392.50	627.64	522.70	1173.70
电　报	万份	588.00	1812.00	1687.76	870.20	812.71	673.70	1651.44
传　真	份	68825	28600	20817	3661	21902	36786	9958
长途电话	万张	7659.00	14026.00	11760.35	3441.30	6900.65	2882.50	8900.90
市内电话年末用户数	万户	48.04	40.91	35.50	16.93	23.93	12.39	32.90
农村电话年末用户数	万户	7.78	9.63	15.65	3.61	5.11	2.71	8.12
函　件	万件	27943.00	29453.82	32218.78	14207.50	16842.47	15165.80	28001.40
包　件	万件	584.00	754.67	602.13	312.60	259.30	257.75	434.99
邮政特快专递	万件	50.20	29.35	9.41	4.96	23.08	8.90	14.49

六、固定资产投资

6-1 华东地区分省（市）固定资产投资总额

（1991 年）

指 标 名 称	上海市	江苏省	浙江省	安徽省	福建省	江西省	山东省
一、全社会固定资产投资总额（亿元）	258.30	439.98	250.83	132.94	132.65	91.08	439.82
全民所有制单位	208.02	172.09	97.87	77.97	82.70	58.86	234.04
基本建设投资	108.90	109.31	50.83	48.11	48.19	31.67	111.97
更新改造投资	95.21	58.92	30.22	25.90	19.98	20.64	62.57
其他固定资产投资	3.91	3.86	5.08	3.96	1.45	1.76	43.36
集体所有制单位	27.82	109.87	67.56	12.42	15.59	9.71	104.73
城镇集体单位投资	4.20	27.46	20.58	4.40	3.81	2.33	25.06
农村乡基本建设投资	23.62	82.41	46.98	8.02	11.78	7.38	79.67
城乡个人投资	14.87	158.02	85.40	42.55	34.36	22.50	101.05
城镇私人建房投资	0.70	4.65	14.41	3.30	6.02	2.55	15.32
农村私人投资	14.17	153.37	70.99	39.25	28.34	19.95	85.73
二、新增固定资产（亿元）							
全民所有制单位	174.27	123.79	84.67	51.43	54.32	76.84	203.02
基本建设投资	95.94	73.08	45.21	26.49	29.02	28.31	99.75
更新改造投资	75.93	47.75	26.50	22.03	17.29	15.28	53.25
其他固定资产投资	2.40	2.96	4.26	2.91	0.98	1.26	37.60
城镇集体单位投资	3.22	23.94	17.17	11.01	3.41	1.78	19.36
三、固定资产交付使用率（%）							
全民所有制单位	83.8	71.9	86.5	66.0	65.7	80.9	86.7
基本建设投资	88.1	66.9	88.9	55.1	60.2	89.4	89.1
更新改造投资	79.8	81.0	87.7	85.1	86.5	74.0	85.1
其他固定资产投资	61.4	76.7	83.9	73.5	67.6	71.5	86.7
城镇集体单位投资	4.2	87.2	84.3	88.6	89.5	76.3	77.3
四、房屋建筑面积（万平方米）							
施工面积	1474.54	2720.89	1390.90	1128.98	1309.59	1113.31	3076.42
#住 宅	969.99	1196.49	338.10	384.52	570.74	498.16	1332.24
房屋竣工面积	969.99	1399.70	762.51	548.30	597.61	575.85	1625.36
#住 宅	477.69	632.17	198.06	189.54	259.29	262.11	745.01
房屋竣工率（%）	37.1	51.4	54.8	48.6	45.6	51.7	52.8
#住 宅	32.4	52.8	58.6	49.3	45.4	52.6	55.9

注：1. 房屋施工、竣工面积统计范围为全民所有制单位和城镇集体所有制单位；

2. 上海市分项数未包括商品房购置数。

6-2 华东地区分省（市）全民单位固定资产投资

（1991年）

指标名称	单位	上海市	江苏省	浙江省	安徽省	福建省	江西省	山东省
一、建设项目个数								
施工项目	个	5552	7612	7850	4340	4571	4532	7057
#大中型项目	个	110	64	30	57	43	18	65
全部建成投产项目	个	2982	4258	4539	2138	2404	2434	3739
#大中型项目	个	26	10	4	8	9	3	7
建成项目投产率	%	53.7	55.9	57.8	49.3	52.6	53.7	53.0
建设周期(按项目个数计算)	年	1.86	1.79	0.00	2.03	1.90	1.86	1.89
二、财务拨款、贷款合计	**亿元**	**230.55**	**172.09**	**90.26**	**83.31**	**71.15**	**60.23**	**174.77**
国家预算内资金	亿元	10.43	13.54	5.56	11.87	6.64	4.84	15.18
国内贷款	亿元	79.62	47.94	27.23	28.97	22.47	23.76	54.10
利用外资	亿元	37.42	18.78	7.71	1.42	4.09	3.78	16.37
煤代油资金	亿元	2.36	0.00	0.81	2.00	0.00	0.14	4.09
自筹资金	亿元	82.19	77.30	42.24	33.57	30.70	22.82	75.58
其他资金	亿元	18.53	14.53	6.71	5.48	7.22	4.89	9.45
三、投资总额	**亿元**	**204.11**	**172.08**	**81.09**	**77.97**	**68.17**	**57.10**	**174.54**
1. 按构成分								
建筑安装工程	亿元	100.14	94.19	44.95	46.00	39.82	33.14	96.34
设备工具器具购置	亿元	78.13	58.18	26.88	22.50	17.92	16.68	56.04
其他费用	亿元	25.84	19.72	9.26	9.41	10.43	7.28	22.16
2. 按用途分								
生产性建设	亿元	141.21	125.19	63.46	63.14	52.87	42.39	137.78
非生产性建设	亿元	62.90	46.90	17.59	14.83	15.30	14.71	36.77
#住　宅	亿元	27.99	24.52	5.09	5.66	5.20	8.51	14.34
3. 按建设性质分								
#新　建	亿元	72.54	41.22	27.55	25.40	32.65	13.99	60.57
改、扩建	亿元	104.63	109.80	45.39	48.14	31.66	37.82	105.32
四、房屋建筑面积								
施工面积	万平方米	2209.44	2289.17	1032.26	1044.20	735.66	1055.86	2022.42
#住　宅	万平方米	1155.12	1092.92	369.68	364.09	209.15	485.50	701.00
竣工面积	万平方米	818.50	1144.54	542.85	499.20	346.17	535.77	1041.42
#住　宅	万平方米	371.07	561.91	153.06	178.10	107.87	254.00	379.86

注：本表统计范围为全民所有制单位基本建设和更新改造投资，不包括其他投资。

6-3 华东地区分省（市）全民单位基本建设投资

（1991 年）

指标名称	单位	上海市	江苏省	浙江省	安徽省	福建省	江西省	山东省
一、建设项目个数								
施工项目	个	858	3489	5019	2455	2792	2250	3800
#大中型项目	个	39	40	30	38	33	18	65
全部建成投产项目	个	305	1878	2973	1138	1413	1278	1854
#大中型项目	个	8	5	4	3	5	3	7
建成项目投产率	%	35.5	53.8	59.2	46.4	50.6	56.8	48.8
建设周期(按项目个数计算)	年	2.81	1.86	3.98	2.16	2.00	1.76	2.05
二、财务拨款、贷款合计	**亿元**	**129.17**	**92.09**	**56.39**	**49.72**	**50.48**	**33.57**	**111.12**
国家预算内资金	亿元	8.87	13.14	5.06	11.54	6.17	4.23	14.81
国内贷款	亿元	37.08	16.51	11.29	13.49	11.77	10.69	21.48
利用外资	亿元	31.90	16.35	6.04	1.13	3.89	3.24	14.79
煤代油资金	亿元	2.36	0.00	0.81	2.00	0.00	0.14	4.09
自筹资金	亿元	35.83	38.92	27.65	18.19	22.48	12.21	47.60
其他资金	亿元	13.13	7.17	5.55	3.37	6.17	3.06	8.35
三、投资总额	**亿元**	**108.90**	**92.09**	**50.83**	**48.11**	**48.19**	**31.67**	**111.97**
1、按构成分								
建筑安装工程	亿元	61.92	57.30	34.24	32.19	32.58	20.16	67.80
器具购置	亿元	30.19	22.68	9.37	8.77	6.85	6.19	26.02
其他费用	亿元	16.79	12.11	7.23	7.15	8.76	5.32	18.15
2. 按用途分								
生产性建设	亿元	68.44	66.57	34.94	36.84	33.94	23.33	83.18
非生产性建设	亿元	40.46	25.52	15.89	11.27	14.25	8.33	28.80
#住　宅	亿元	15.74	9.31	4.57	4.32	4.80	3.55	10.94
3. 按建设性质分								
#新　建	亿元	67.20	38.61	25.74	24.55	31.41	11.77	59.03
改、扩建	亿元	34.33	52.37	20.94	20.74	13.74	17.48	47.21
四、房屋建筑面积								
施工面积	万平方米	1175.40	1190.25	809.77	693.39	594.69	589.26	1448.03
#住　宅	万平方米	539.02	433.99	239.00	293.45	189.89	231.24	532.03
竣工面积	万平方米	410.57	586.45	435.92	293.29	274.67	306.25	736.97
#住　宅	万平方米	157.79	225.52	137.98	125.63	97.74	131.10	297.52

6-4 华东地区分省（市）全民单位更新改造投资

（1991年）

指标名称	单位	上海市	江苏省	浙江省	安徽省	福建省	江西省	山东省
一、建设项目个数								
施工项目	个	4694	3905	2835	1612	1779	1991	3257
#大中型项目	个	71	24	0	19	10	0	0
全部建成投产项目	个	2677	2356	1566	786	991	1057	1885
#大中型项目	个	18	5	0	5	4	0	0
建成项目投产率	%	57.0	60.3	55.2	48.8	55.7	53.1	57.9
建设周期(按项目个数计算)	年	1.75	1.66	0.00	2.05	1.80	1.88	1.73
二、财务拨款、贷款合计	**亿元**	**101.38**	**58.92**	**33.87**	**28.90**	**20.67**	**22.48**	**63.65**
国家预算内拨款	亿元	1.56	0.40	0.50	0.19	0.47	0.54	0.36
国内贷款	亿元	42.54	28.09	15.94	14.74	10.70	11.82	32.62
利用外资	亿元	5.52	2.32	1.67	0.28	0.20	0.54	1.57
煤代油资金	亿元	0.00	0.00	0.00	0.00	0.00	0.00	0.00
自筹资金	亿元	46.36	25.93	14.59	12.68	8.25	8.69	27.98
其他资金	亿元	5.40	2.18	1.16	1.01	1.05	0.89	1.11
三、投资总额	**亿元**	**95.21**	**58.92**	**30.22**	**25.90**	**19.98**	**20.64**	**62.57**
1. 按构成分								
建筑安装工程	亿元	38.22	19.87	10.71	10.50	7.24	8.78	28.53
设备工具器具购置	亿元	47.94	34.73	17.49	13.29	11.07	10.49	30.02
其他费用	亿元	9.05	4.32	2.03	2.11	1.67	1.37	4.02
2. 按用途分								
生产性建设	亿元	72.77	54.07	28.52	23.28	18.93	18.50	54.60
非生产性建设	亿元	22.44	4.85	1.70	2.62	1.05	2.14	7.97
#住　宅	亿元	12.25	1.24	0.52	0.99	0.40	1.10	3.41
3. 按建设性质分								
#新　建	亿元	5.34	1.98	1.81	0.62	1.24	2.19	1.54
改、扩建	亿元	70.30	55.01	24.45	23.71	17.92	17.75	58.11
四、房屋建筑面积								
施工面积	万平方米	1034.05	384.33	222.49	289.70	140.97	233.00	574.39
#住　宅	万平方米	616.10	61.05	30.68	67.29	19.26	61.73	168.97
竣工面积	万平方米	407.93	207.90	106.93	146.28	71.50	123.07	304.45
#住　宅	万平方米	213.29	32.75	15.08	36.00	10.13	33.40	82.34

6-5 华东地区分省（市）分行业基本建设和更新改造投资

单位：亿元

指标名称	上海市	江苏省	浙江省	安徽省	福建省	江西省	山东省
基本建设投资额	**108.90**	**92.09**	**50.83**	**48.11**	**48.19**	**31.67**	**111.97**
农、林、牧、渔、水利业	2.37	2.77	2.77	3.86	1.75	2.08	2.97
工　业	60.67	51.71	22.86	28.21	25.89	18.23	71.52
地质普查和勘探业	0.02	0.06	0.06	0.09	0.02	0.08	0.03
建筑业	0.54	0.32	0.13	0.37	0.21	0.06	0.28
交通运输、邮电通讯业	6.04	13.93	7.85	6.71	5.89	3.58	13.13
商业、公共饮食业、物资供销和仓储业	2.22	3.41	3.63	1.22	1.60	1.24	3.68
房地产管理、公用事业、居民服务和咨询服务业	27.50	5.34	2.54	1.97	4.55	0.96	2.84
卫生、体育和社会福利事业	1.23	1.54	1.93	0.59	1.12	0.61	2.02
教育、文化艺术和广播电视事业	4.29	6.86	4.38	2.40	3.09	2.17	8.93
科学研究和综合技术服务事业	1.44	0.61	0.44	0.59	0.30	0.08	0.32
金融、保险业	0.31	0.77	0.72	0.47	0.70	0.49	1.13
国家机关、政党机关和社会团体	1.06	3.78	3.30	1.51	2.73	1.89	4.19
其他行业	1.21	0.99	0.22	0.12	0.34	0.20	0.93
更新改造投资额	**95.21**	**58.92**	**30.22**	**25.90**	**19.98**	**20.64**	**62.57**
农、林、牧、渔、水利业	1.17	0.72	1.07	0.07	0.11	0.06	0.34
工　业	56.82	47.55	23.47	23.02	15.35	18.44	48.93
建筑业	1.75	0.12	0.08	0.37	0.07	0.03	0.16
交通运输、邮电通讯业	14.65	6.21	3.94	1.63	3.06	1.36	4.08
商业、公共饮食业、物资供销和仓储业	2.28	1.40	0.73	0.50	0.32	0.13	3.70
房地产管理、公用事业、居民服务和咨询服务业	11.35	1.75	0.60	0.03	0.25	0.34	3.41
卫生、体育和社会福利事业	0.19	0.34	0.03	0.05	0.09	0.01	0.27
教育、文化艺术和广播电视事业	0.72	0.26	0.10	0.01	0.06	0.07	0.53
科学研究和综合技术服务事业	0.34	0.03	0.01	0.18	0.01	0.10	0.10
金融、保险业	0.03	0.06	0.02	0.02	0.03	0.04	0.13
国家机关、政党机关和社会团体	1.33	0.29	0.13	0.02	0.62	0.15	0.50
其他行业	4.58	0.19			0.01	0.01	0.32

注：本表统计范围为全民所有制单位。

6-6 华东地区分省（市）城镇集体所有制单位投资

(1991年)

指标名称	单位	上海市	江苏省	浙江省	安徽省	福建省	江西省	山东省
一、施工项目	个	502	3535	3400	831	736	465	2093
#全部投产项目	个	262	2318	2150	453	440	275	1196
投产率	%	52.2	65.6	63.2	54.5	59.8	59.1	57.1
二、投资额	**亿元**	**4.20**	**27.46**	**30.00**	**4.40**	**3.81**	**2.33**	**25.06**
生产性建设	亿元	3.38	23.05	17.28	3.90	2.93	1.94	21.87
非生产性建设	亿元	0.82	4.41	2.72	0.50	0.88	0.39	3.19
#住　宅	亿元	0.37	2.15	1.17	0.30	0.49	0.19	1.91
三、新增固定资产	**亿元**	**3.22**	**23.94**	**16.60**	**3.90**	**3.41**	**1.78**	**19.36**
固定资产交付使用率	%	76.7	87.2	83.0	88.6	89.5	76.3	77.3
四、房屋建筑面积								
施工面积	万平方米	83.92	431.72	321.50	84.78	108.13	55.98	353.95
#住　宅	万平方米	22.79	103.57	60.42	20.43	24.21	12.45	96.68
竣工面积	万平方米	43.19	255.15	182.52	49.10	68.95	39.30	198.31
#住　宅	万平方米	9.60	70.27	37.00	11.44	16.11	8.11	57.84

6-7 华东地区分省（市）建筑安装企业基本情况

(1991年)

指标名称	单位	上海市	江苏省	浙江省	安徽省	福建省	江西省	山东省
单位数	个	354	382	558	326	364	534	288
年末职工人数	万人	34.62	47.52	31.03	35.39	21.05	24.11	39.32
总产值	亿元	84.30	72.19	48.36	41.57	30.40	25.80	71.40
#施工产值	亿元	80.98	68.86	46.62	40.22	29.69	25.26	69.11
施工面积	万平方米	1704.00	1921.83	1453.73	1214.20	1061.58	1166.47	1651.71
竣工面积	万平方米	776.00	979.84	732.23	549.84	519.10	545.54	804.32
#住　宅	万平方米	345.00	374.21	269.78	267.65	231.52	250.29	319.10
利润总额	亿元	－0.20	1.89	0.87	0.16	0.70	0.39	2.27
年末固定资产原值	亿元	35.92	30.39	18.97	22.47	10.80	11.60	36.61
年末自有机械总功率	万千瓦	161.97	172.74	98.27	131.79	67.12	71.92	180.19
技术装备率	元/人	4569.00	2118.43	23381.00	2280.25	2908.00	1597.00	9311.00
全员劳动生产率	元/人	21022.00	14491.00	15397.00	11746.26	14881.00	11152.00	17399.00

注：1. 建筑安装企业统计范围为全民所有制和集体所有制企业。

2. 建筑业全员劳动生产率按当年价格施工产值计算，产值中不包括运输产值。

七、商业、物价

7-1 华东地区分省（市）社会商品零售总额

（1991 年）

单位：亿元

指 标 名 称	上海市	江苏省	浙江省	安徽省	福建省	江西省	山东省
社会商品零售总额	402.15	665.64	468.78	299.47	258.78	201.45	663.40
一、按商品用途分							
消费品零售额	382.06	578.12	404.01	247.50	230.99	169.19	536.03
按商品类别分							
食品类	162.82	315.11	218.73	125.49	135.29	87.60	257.18
衣着类	52.91	102.33	56.32	36.69	24.41	24.19	87.17
日用品类	95.09	47.41	48.00	35.87	24.54	24.40	90.71
文化娱乐用品类	30.09	35.26	21.27	10.74	10.14	6.88	30.67
书报杂志类	4.99	8.24	4.73	4.55	3.18	3.40	7.19
药和医疗用品类	22.41	22.73	13.90	13.00	6.87	6.79	21.64
房屋及建筑材料类	10.73	32.95	32.16	16.10	18.49	10.41	24.14
燃料类	3.02	14.09	8.90	5.06	8.07	5.52	17.33
按销售对象分							
对居民	315.91	515.35	365.01	226.53	219.85	155.42	485.95
对社会集团	66.15	62.77	39.00	20.97	11.14	13.77	50.08
按销售地区分							
市的零售额	299.83	281.68	184.57	110.16	116.08	65.29	263.90
县的零售额	82.23	67.37	55.79	54.90	48.82	45.30	86.76
县以下的零售额		229.07	163.65	82.44	66.09	58.60	185.36
农业生产资料零售额	20.09	87.52	64.78	51.97	27.79	32.26	127.38
二、按行业分							
商业零售额	320.36	476.58	332.57	214.99	192.56	138.58	481.04
饮食业零售额	20.91	27.86	19.07	11.79	10.66	7.67	30.67
工业零售额	17.70	86.79	43.64	31.11	19.18	16.63	93.61
其他行业零售额	18.09	20.32	18.28	9.06	11.24	7.72	22.61
农民对非农业居民零售额	25.09	54.09	55.22	32.52	25.14	30.85	35.48

7-2 华东地区分省（市）主要商品零售量

（1991年）

指标名称	单位	上海市	江苏省	浙江省	安徽省	福建省	江西省	山东省
粮　　食	万吨	284.42	507.00	290.63	432.48	228.22	239.62	727.79
食用植物油	万吨	14.24	24.76	13.76	15.61	9.16	9.66	38.05
猪和猪肉	万头	666.61	1146.00	46.48	571.37	405.79	493.56	493.69
牛和牛肉	万头	25.14	25.55	1.66	29.67	8.40	18.70	17.54
羊和羊肉	万头	32.49	177.43	0.37	112.00	16.60	5.88	200.01
鲜　　蛋	万吨	12.16	14.00	7.93	7.03	5.18	6.10	9.11
水产品	万吨	20.02	35.43	39.79	14.68	23.45	10.65	24.04
食　　糖	万吨	5.52	15.53	16.04	11.31	10.43	8.44	23.13
卷　　烟	万箱	52.72	114.99	84.36	83.94	66.81	25.05	171.22
酒	万吨	23.07	50.04	79.97	25.82	24.68	18.44	65.05
茶　　叶	万吨	0.35	0.89	2.28	0.68	1.46	0.49	2.69
棉　　布	万米	3202.10	14176.00	9994.72	11614.71	3225.60	4330.87	19010.51
棉布化纤混纺布	万米	1460.73	10262.01	6379.46	4983.54	2507.70	3333.36	7195.85
＃涤棉混纺布	万米	1205.99	8291.47	4619.61	4149.98	1893.96	2847.77	5880.41
化 纤 布	万米	1025.67	6977.00	7341.01	2747.03	956.68	1563.30	3200.51
呢　　绒	万米	1018.84	1504.29	1700.00	378.23	485.50	296.02	1359.71
绸　　缎	万米	2225.55	3877.33	4624.00	852.34	464.97	391.91	3069.69
各种服装	万件	3720.00	5621.66	2271.00	1541.12	2851.39	593.20	5497.68
毛　　线	万吨	0.23	1.06	0.45	0.27	0.27	0.15	0.71
皮　　鞋	万双	1784.00	1704.28	774.44	415.05	377.57	372.91	1682.47
胶　　鞋	万双	892.00	4181.50	2965.17	2051.44	2283.74	2519.13	3200.37
火　　柴	万件	47.65	136.46	106.81	104.07	20.99	51.95	110.40
肥　　皂	万箱	116.54	81.58	200.21	115.34	85.03	172.47	176.21
洗 衣 粉	万吨	1.80	6.67	2.11	1.76	1.20	0.96	4.66
保 温 瓶	万个	235.35	962.07	529.65	338.35	407.04	276.58	1008.94
缝 纫 机	万架	5.84	33.63	25.31	19.90	9.66	16.46	40.17
手　　表	万只	126.30	192.84	141.40	85.91	64.96	63.36	171.87
自 行 车	万辆	54.43	206.36	137.18	75.30	44.68	64.64	200.73
电 视 机	万台	34.44	109.27	72.58	51.98	21.25	40.85	123.96
＃彩　电	万台	26.67	40.28	31.79	14.14	11.30	11.47	42.58
录 音 机	万台	43.49	76.92	38.11	26.39	10.39	14.28	55.45
电 风 扇	万台	82.04	269.79	166.70	93.61	37.46	57.77	236.18
洗 衣 机	万台	15.57	48.23	16.72	14.29	10.54	7.56	22.48
电 冰 箱	万台	18.57	26.83	24.02	11.34	9.78	7.54	34.69
煤　　油	万吨	0.52	7.77	4.19	6.15	3.60	3.09	8.32
煤　　炭	万吨	199.11	745.48	252.87	423.87	189.83	419.77	1553.57

7-3 华东地区分省（市）社会商业商品购、销、调总额

（1991年）

单位：亿元

指 标 名 称	上海市	江苏省	浙江省	安徽省	福建省	江西省	山东省
一、国内纯购进总额	666.72	888.63	549.39	266.86	219.23	156.20	718.99
工业品	584.39	699.91	417.39	178.63	157.86	92.87	464.19
#外贸部门	218.47	264.55	111.12	25.67	28.58	16.85	93.08
农副产品	73.05	179.75	124.89	86.62	60.31	61.66	248.95
#外贸部门	27.47	25.89	12.29	3.45	23.06	2.56	19.02
二、省市外调人总额	142.80	149.05		42.50		53.45	80.02
三、国内纯销售总额	496.06	762.42	504.87	277.38	232.48	168.00	675.84
#外贸部门	0.54	41.51	4.95	0.83	104.16	0.54	12.93
四、调往省（市）外总额	168.49	85.36		27.31		44.97	68.35

7-4 华东地区分省(市)国合商业商品购、销、调总额

（1991年）

单位：亿元

指 标 名 称	上海市	江苏省	浙江省	安徽省	福建省	江西省	山东省
一、国内纯购进总额	595.19	799.23	43.89	225.73	150.46	140.97	625.83
工业品	521.61	631.62	34.76	128.46	110.89	84.06	402.62
#外贸部门	218.47	264.55		25.67	28.58	14.30	93.05
农副产品	64.30	158.64	8.37	72.98	38.50	55.34	218.47
#外贸部门	27.47	25.89		3.45	8.45	2.56	19.02
二、省（市）外调人总额	131.06	149.05	95.71	42.50	41.10	53.45	75.55
三、国内纯销售总额	347.41	564.44	29.73	190.33	119.70	122.17	509.48
#外贸部门	0.54	41.51		0.83	0.39	0.54	12.93
四、调往省（市）外总额	153.30	85.36	48.26	27.31	29.70	44.97	67.34

7-5 华东地区分省（市）社会农副产品收购总额和收购量

（1991年）

指标名称	单位	上海市	江苏省	浙江省	安徽省	福建省	江西省	山东省
社会农副产品收购总额	**亿元**	98.85	251.96	203.00	139.16	111.23	104.65	321.43
收购数量								
粮食	万吨	79.20	601.31	453.12	695.00	183.86	513.90	1064.21
食用植物油	万吨	6.50	29.13	12.08	29.00	5.52	9.09	49.70
猪和猪肉	万头	409.75	1284.10	842.42	593.00	460.36	693.06	585.53
家禽	万只	4481.21	7031.07	3781.90	4027.00	4054.06	2793.80	9217.74
鲜蛋	万吨	13.32	19.48	9.73	7.05	5.75	6.35	9.60
水产品	万吨	27.62	36.69	91.26	14.52	30.09	10.88	44.06
茶叶	万吨	1.59	0.81	9.03	3.01	5.18	1.20	0.68
柑桔	万吨	6.44	1.81	22.18	3.21	14.79	13.15	2.97
棉花	万吨	2.21	53.12	7.85	23.04	0.00	8.71	135.93
黄红麻	万吨	0.00	0.89	11.79	12.54	0.31	0.74	2.06
甘蔗	万吨	0.00	1.81	8.05	1.10	267.61	137.43	0.00
烟叶	万吨	0.00	0.24	0.35	4.67	5.19	2.84	17.87
蚕茧	万吨	0.06	12.17	10.34	2.01	0.00	0.24	1.85
毛竹	万根	52.48	156.03	1241.71	717.72	2282.36	988.80	36.76
绵羊毛	吨	50.00	872.00	2847.00	20.00			5844.00
牛皮	万张	4.00	43.00	29.00	36.00	1.54	129.54	127.00
山羊皮	万张	1.00	562.00	48.00	187.00	0.10	1.89	83.00
桐油	万吨	0.01	0.29	0.05	0.01	0.04	0.25	0.15

-6 华东地区分省（市）零售商业、饮食业、服务业机构和人员

（1991年）

指标名称	上海市	江苏省	浙江省	安徽省	福建省	江西省	山东省
机构（万个）	13.24	74.21	75.90	54.67	33.89	37.30	85.05
全民所有制	1.02	1.56	1.05	2.51	0.86	1.12	2.71
集体所有制	2.74	11.89	6.08	8.41	3.87	3.97	9.65
#供销合作社	0.53	3.28	2.26	3.26	1.79	2.11	4.17
合营	0.06		0.01	0.01	0.03		
个体	9.42	60.76	68.76	43.74	29.13	32.21	72.69
人员（万人）	66.87	187.71	139.72	158.74	71.56	99.45	247.77
全民所有制	21.40	25.13	13.74	36.21	8.93	13.35	51.02
集体所有制	30.19	75.61	31.45	53.92	15.87	21.90	71.42
#供销合作社	4.96	30.46	10.69	17.16	5.34	7.00	33.85
合营	2.26	0.39	0.77	0.35	0.88	0.13	0.05
个体	13.02	86.58	93.76	68.26	45.88	64.07	125.28
零售商业							
机构	8.73	52.44	56.03	38.12	26.17	26.38	81.89
人员	43.94	133.86	102.02	92.60	54.43	70.59	196.25
饮食业							
机构	1.99	9.16	8.76	7.36	3.65	4.61	13.46
人员	10.70	26.42	17.81	18.39	8.50	14.41	41.01
服务业							
机构	2.52	12.61	11.11	6.53	4.07	6.31	14.23
人员	12.23	27.43	19.89	18.06	8.63	14.45	32.46
平均每一机构服务的人口（人）							
零售商业	147	131	76	150	116	147	105
饮食业	647	747	486	776	823	839	637
服务业	510	543	384	875	746	612	602
平均每一人员服务的人口（人）							
零售商业	29	51	42	62	56	55	44
饮食业	120	259	239	311	357	268	209
服务业	105	249	214	316	352	267	264

7-7 华东地区分省（市）国合商业主要经济效益指标

（1991年）

指标名称	单位	上海市	江苏省	浙江省	安徽省	福建省	江西省	山东省
商品纯销售额	亿元	553.15	1084.21	633.00	442.39	289.65	308.38	993.57
商品销售毛利额	亿元	31.85	73.10	42.82	31.24	22.19	22.20	82.33
毛利率	%	5.8	6.7	6.8	7.1	7.7	7.2	8.3
商品流通费用	亿元	32.68	76.29	39.21	40.04	18.80	29.75	72.21
费用水平	%	5.9	7.0	6.2	9.1	6.5	9.7	7.3
商品经营利润	亿元	－5.97	－10.14	－0.54	－11.81	1.28	－9.70	2.03
经营利润率	%	－1.1	－0.9	－0.1	－2.7	0.4	－3.1	0.2
全部企业利润总额	亿元	－5.60	－28.47	－0.56	－18.17	0.95	－10.07	－6.60
#商业企业利润净额	亿元	－8.43	－32.41	－2.78	－18.59	0.62	－10.57	－2.76
全部企业全部流动资金平均占用额	亿元	211.19	385.56	212.38	221.39	75.48	155.62	381.32
#商业企业	亿元	200.17	314.98	185.93	202.23	70.39	142.46	333.39
商业企业全部流动资金周转次数	次	2.62	2.81	3.26	2.00	3.97	2.16	2.61

7-8 华东地区分省（市）城乡集市贸易情况

指标名称	单位	上海市	江苏省	浙江省	安徽省	福建省	江西省	山东省
一、集市数	个	392	4192	3802	4126	1748	2508	6994
城市	个	145	679	471	681	326	350	673
农村	个	247	3513	3331	3445	1422	2158	6321
二、集市贸易成交额	亿元	29.03	178.09	204.61	104.00	97.08	78.82	193.82
城市	亿元	20.01	58.25	67.72	39.31	35.86	29.23	76.38
农村	亿元	9.02	119.84	136.89	64.69	61.22	49.59	117.43

7-9 华东地区分省（市）各种物价总指数

(1991 年，以 1990 年价格为 100)

指标名称	上海市	江苏省	浙江省	安徽省	福建省	江西省	山东省
全社会零售物价总指数	109.5	104.4	103.0	105.7	103.6	102.4	104.7
职工生活费用价格总指数	110.5	107.7	105.6	107.4	104.6	104.4	106.2
农民生活费用价格总指数		101.9	101.5	104.1	102.4	101.3	104.0
农副产品收购价格总指数	103.7	99.4	101.0	102.2	99.5	96.9	99.3
农村工业品零售价格总指数	108.4	101.8	101.5	102.3	104.3	102.0	102.9
农产品与工业品交换综合比价指数 (以农副产品收购价格指数为 100)	104.5	102.4	100.5	100.1	104.8	105.3	103.6

7-10 华东地区分省（市）全社会零售物价分类指数

(1991 年，以 1990 年价格为 100)

指标名称	上海市	江苏省	浙江省	安徽省	福建省	江西省	山东省
全社会零售物价总指数	109.5	104.4	103.0	105.7	103.6	102.4	104.7
一、消费品零售价格指数	109.5	104.8	102.9	106.1	103.3	102.3	104.9
1. 食品类	112.7	107.3	104.6	109.4	101.6	102.6	106.8
粮　食	141.8	121.3	117.3	131.2	117.4	114.9	110.7
副食品	109.9	106.2	103.8	107.1	97.6	100.5	108.1
#鲜　菜	130.6	124.9	114.5	127.9	104.9	107.6	108.8
肉禽蛋	99.5	100.5	96.2	98.9	91.4	93.3	106.6
烟酒茶	103.1	101.6	98.3	100.9	102.4	100.2	101.5
其他食品	114.6	108.8	109.3	108.5	104.6	103.3	105.7
2. 衣着类	106.3	104.6	103.2	103.3	102.0	103.2	104.3
3. 日用品类	112.5	102.2	101.3	101.5	101.0	100.4	101.8
4. 文化娱乐用品类	90.8	96.3	95.7	94.8	98.2	97.4	95.8
5. 书报．杂志类	103.6	101.8	99.9	100.7	99.6	100.7	102.6
6. 药及医疗用品类	97.7	103.0	105.2	99.3	103.1	102.7	105.2
7. 燃料类	169.5	121.3	121.7	136.9	180.3	117.2	124.0
二、农业生产资料零售价格指数	0.0	101.8	103.1	102.3	105.1	102.8	102.0
三、服务项目价格指数	118.9	106.3	109.2	105.7	105.4	107.4	105.0

7-11 华东地区分省（市）农副产品收购价格指数

（1991 年，以 1990 年价格为 100）

指 标 名 称	上海市	江苏省	浙江省	安徽省	福建省	江西省	山东省
总 指 数	103.7	99.4	101.0	102.2	99.5	96.9	99.3
一、粮食类	100.9	97.1	96.2	98.1	105.3	93.5	85.5
二、经济作物类	100.7	101.7	101.2	102.7	103.5	105.5	105.2
1. 食用植物油及油料	101.0	97.3	93.4	93.1	97.8	101.1	99.8
2. 棉　花	100.0	103.3	100.4	105.9		110.1	100.9
3. 麻		90.2	100.0	104.6	88.9	101.2	115.9
4. 烟　叶	0.0	100.0	100.0	149.1	106.5	97.1	182.5
5. 糖　料			89.7		99.1	104.2	126.2
6. 茶　叶		96.7	107.2	134.3	109.7	100.1	
三、竹木材类		109.0	113.7	97.1	90.9	96.8	105.6
四、工业用油漆类	104.2	96.9	76.0	112.2	105.9	113.1	
五、禽畜产品类	98.9	98.1	93.7	106.1	91.1	95.3	104.4
六、蚕茧．蚕丝类	95.6	95.9	97.6	113.1	90.1		117.2
七、干鲜果类	76.8	118.7	110.7	121.6	102.1	92.6	110.1
八、干鲜菜及调味品类	136.7	121.4	123.4	123.6	102.2	105.1	134.6
九、药材类	130.8	173.8	158.3	122.2	121.1	106.9	126.1
十、土副产品类	108.0	91.3	98.4	109.2	108.8	105.1	110.7
十一、水产品	109.6	97.5	105.8	106.0	105.2	98.9	109.6

八、对外经济

8-1 华东地区分省（市）对外贸易情况

（1991 年）

指 标 名 称	上海市	江苏省	浙江省	安徽省	福建省	江西省	山东省
收购总值(计划价)(万元)	2384730	2928976		222693	404155	277412	1554946
收购总值(实际价)(万元)	2543762	2708835	1734660	317116	523831	266945	1667878
#粮油食品	80035	148350	138997	40180	177728		263281
纺织丝绸品	800698	867406	631853	41992	12479		257935
土畜产品	194595	276690	88362	44083	5936		135378
轻工业品	284816	187194	132384	24615	16893		44512
工艺品	159372	180869	164350	8589	5851		61907
五金矿产	71068	147146	93919	9336	6961		62336
化工医药	168444	222356	117558	44956	6883		184907
机 械	70432	110879	72446	3485	20880		40603
设 备	61147	123058	62439	10955			24673
外贸部门进口总值(万美元)	230377	104378	53503	14964	140776	9567	62000
外贸部门出口总值(万美元)	573983	346053	291258	69961	292567	60988	382904
#粮油食品	20447	16230	21520	9424	12733	9229	51312
纺织丝绸品	167755	81353	69637	8567	2344	14478	46361
土畜产品	45145	21483	26851	10751	6523	8598	28857
轻工业品	57552	15873	8213	4702	10848	3511	8606
工艺品	45201	15124	17445	2076	5302	5415	12010
五金矿产	23694	8172	6852	1680	3309	11250	15028
化工医药	33433	24713	7517	8092	1982	3307	68398
机 械	21001	10448	5314	638	300	2525	9056
设 备	12518	10118	8557	2636	4100	2085	4601

注：安徽省外贸货源、出口总值中分项数为专业公司统计数

8-2 华东地区分省（市）利用外资情况

（1991年）

单位：万美元

指标名称	上海市	江苏省	浙江省	安徽省	福建省	江西省	山东省
一、利用外资签约合同数（个）	509	1291	592	115	1219	238	3777
对外借款	50	34	7	4	0	3	171
客商直接投资	365	1142	585	104	1219	162	1735
＃合资企业	292	1046	493	82	575	119	1468
合作经营	23	32	13	5	80	15	131
独资经营	50	64	79	17	564	28	136
商品信贷	94	115				73	1871
＃国际租赁	9	13		7			258
补偿贸易	42	36				3	463
二、利用外资签约金额	94320	123746	38316	16797	153663	15796	102358
对外借款	45956	40342	6463	12813	8356	9147	21979
客商直接投资	45001	78727	31728	3674	144871	5562	65481
＃合资企业	33561	59628	17905	2584	36082	3949	44625
合作经营	666	11454	588	154	23457	489	9673
独资经营	10774	7645	13235	936	85332	1124	11183
商品信贷	3363	4678			436	1087	14898
＃国际租赁	2384	2996					1430
补偿贸易	617	743		310	436	384	1845
三、实际利用外资金额	86595	47498	17186	4442	72375	9676	46789
对外借款	68260	20515	7947	3312	7439	7727	24703
客商直接投资	17527	23324	9162	954	6449	1949	17950
＃合资企业	12998	20099	7485	769	22682	991	14494
合作经营	1673	896	593	60	14775	617	581
独资经营	2856	2329	1084	125	26992	341	2875
商品信贷	808	3659			487		4136
＃国际租赁	208	2931					447
补偿贸易	600	577		174	436		3310

8-3 华东地区分省（市）对外承包工程和劳务合作

（1991 年）

指 标 名 称	单 位	上海市	江苏省	浙江省	安徽省	福建省	江西省	山东省
签订合同项目	**个**	130	100	484	23	1987		123
对外承包工程	个	23	37	13	8	28		23
劳务合作	个	107	63	471	15	1959		100
签订合同金额	**万美元**	11351	6935	6165	2484	30344		5952
对外承包工程	万美元	7474	5147	3574	2023	14847		4209
劳务合作	万美元	3877	1788	2591	461	15497		1743
实际营业额	**万美元**	3416	10021	2014	778	17930		3017
对外承包工程	万美元	2165	5463	1221	719	12905		2342
劳务合作	万美元	1251	4558	793	59	5025		675
年末在外劳务人员	**人**	2293	5047	1810	172	16211		2352

8-4 华东地区分省（市）旅游人数和收入

（1991 年）

指 标 名 称	单 位	上海市	江苏省	浙江省	安徽省	福建省	江西省	山东省
一、旅游人数	**万人次**	98	63	55	22	69	4	17
1. 外国人	万人次	61	30	17	5	12	1	10
2. 华 侨	万人次	4	2	3	1	2		
3. 港澳台同胞	万人次	33	31	35	16	55	3	7
二、旅游收入（外汇券）	**万元**	151453	49621	40179	5404	62203	2905	27110
商品性收入	万元	55397	23467	8359	1310	29196	1152	9910
劳务性收入	万元	96056	26154	31820	4094	33007	1753	17200

九、教育、科技、文化、卫生

9-1 华东地区分省（市）各级各类全日制学校基本情况

（1991年）

指 标 名 称	上海市	江苏省	浙江省	安徽省	福建省	江西省	山东省
一、学校数（个）							
高等学校	50	71	36	36	33	29	49
中等专业学校	106	194	141	136	104	102	240
中等技术学校	95	159	112	91	79	72	172
中等师范学校	11	35	29	45	25	30	68
普通中学	705	5588	3381	4373	1401	2821	6310
农业、职业中学	76	402	343	572	281	379	562
技工学校	306	144	94	116	147	71	279
小　　学	2493	29770	29674	34802	19387	27659	59976
特殊教育学校	29	64	46	23	11	12	99
二、在校学生数（万人）							
高等学校	11.69	14.47	5.98	6.20	5.42	5.64	10.71
中等专业学校	6.01	14.18	6.77	7.90	5.94	6.15	15.51
中等技术学校	5.07	11.66	4.84	5.64	3.96	3.75	11.08
中等师范学校	0.94	2.52	1.93	2.26	1.98	2.40	4.43
普通中学	51.24	288.64	180.75	223.38	113.13	186.26	372.98
农业、职业中学	3.97	17.04	10.05	17.04	7.97	12.75	27.63
技工学校	4.70	5.64	1.82	4.86	2.99	4.65	12.26
小　　学	111.38	594.80	362.64	617.33	342.61	430.49	815.15
特殊教育学校	0.35	0.68	0.40	0.22	0.12	0.14	0.92
三、专任教师数（万人）							
高等学校	2.45	2.76	1.12	1.16	0.89	0.91	1.78
中等专业学校	0.64	20.06	0.72	0.79	0.60	0.62	1.56
中等技术学校	0.55	0.95	0.57	0.55	0.42	0.42	1.15
中等师范学校	0.09	0.23	0.15	0.24	0.18	0.20	0.41
普通中学	4.20	17.66	9.24	13.07	7.43	10.98	25.34
农业、职业中学	0.24	1.22	0.67	1.11	0.63	0.81	2.07
技工学校	0.57	0.58	0.61	0.35	0.22	0.26	1.25
小　　学	5.82	27.00	13.50	27.01	15.28	22.42	41.49
特殊教育学校	0.07	0.12	0.06	0.03	0.02	0.02	0.17

9-2 华东地区分省（市）各类成人教育基本情况

（1991 年）

指标名称	上海市	江苏省	浙江省	安徽省	福建省	江西省	山东省
一、学校数（所）							
成人高等教育	109	92	37	28	20	28	54
#电视大学	1	1	2	1	5	1	2
成人中等教育	679	11113	124	2232	323	270	297
#中等专业学校	110	249	124	122	194	157	178
成人初等教育	28	4666	3890	5776	13213	6857	21566
二、在校学生数（万人）							
成人高等教育	5.46	3.57	2.52	4.30	1.60	3.21	10.46
#电视大学	0.27	1.65	0.56	1.00	1.02	1.03	2.92
成人中等教育	13.29	222.24	3.72	49.45	4.06	4.58	8.46
#中等专业学校	2.84	10.30	2.99	5.36	2.77	2.48	6.25
成人初等教育	2.23	28.40	12.09	60.90	42.73	28.22	52.25

9-3 华东地区分省（市）文化事业单位数

（1991 年）

单位：个

指标名称	上海市	江苏省	浙江省	安徽省	福建省	江西省	山东省
电影放映单位	548	4649	4436	4221	3116	4078	10562
艺术表演团体	38	137	91	96	89	86	120
文化馆（站）	43	2378	3695	3421	208	2115	2643
公共图书馆	31	91	80	85	74	104	118
博物馆	10	58	55	26	61	82	45

9－4 华东地区分省（市）报纸、杂志、图书出版数

（1991年）

指标名称	单位	上海市	江苏省	浙江省	安徽省	福建省	江西省	山东省
报纸								
出版种数	种	75	70	54	40	32	30	62
印数	万份	175981	112828	75733	37575	44176	38945	79283
杂志								
出版种数	种	504	296	134	83	126	143	180
印数	万册	17939	4854	4634	2125	3688	3276	4451
图书								
出版种数	种	8141	3869	2358	1471	1709	1123	2581
印数	万册、张	31097	35474	21516	17129	17667	19475	35769

9－5 华东地区分省（市）广播电视基本情况

（1991年）

指标名称	单位	上海市	江苏省	浙江省	安徽省	福建省	江西省	山东省
广播基本情况								
电台	座	3	24	10	28	9	7	70
发射台	座	3	16	41	20	36	17	28
节目	套	12	34	15	31	12	8	73
平均每日播出时间	小时	149	319	157	235	114	82	538
广播人口覆盖率	%	100.0	83.0	70.8	82.5	71.0	62.3	86.0
电视基本情况								
电视台	座	4	26	39	20	11	15	34
发射台	座	4	138	35	703	2770	1146	360
节目	套	5	27	41	21	12	16	34
平均每周播出时间	小时	256	1159	1790	954	433	793	1411
电视人口覆盖率	%	96.0	91.0	83.0	79.0	84.0	82.0	84.0

9-6 华东地区分省市企业技术开发机构、人员及新优产品情况

(1991年)

指标名称	单位	上海市	江苏省	浙江省	安徽省	福建省	江西省	山东省
企业办技术开发机构数	个	416	900	420	279	149	190	738
技术开发项目总数	项	7557	4330	3214	1736	908	1326	5108
#万元以上项目数	项	3348	4330	1620	988	639	802	3022
技术开发经费支出总额	万元	144594	143279	45012	26528	25802	22286	141492
#开发新产品用款	万元	49829	74176	16104	13824	6659	8787	70048
企业从事技术开发人员	人	63169	71395	19768	15678	8228	18642	47431
#高级职称	人	4494	4983	1228	1207	475	1323	2991
中级职称	人	14438	14095	3333	2841	1399	4102	8277
初级职称	人	22308	28807	7788	5287	2548	6851	17186
未定职称	人	4635	6460	1772	2169	889	1911	5254
#工程技术人员	人	25541	41899	11105	8412	4364	10327	25642
工业总产值（当年价）	万元	12252617	10517064	4353769	3162745	1730052	1970121	9423723
#省级以上优质产品	万元	3499262	401	1895234	1463609	822602	838090	3186610
产品销售收入	万元	12134265	9724855	4157638	3139648	1661566	1936445	8736842
#省级以上优质产品	万元	3251995	366	1629722	1344495	682349	773770	3005218
新产品产值（当年价）	万元	1905300	1723349	409529	230876	208501	134038	881641
新产品销售收入	万元	1739870	1566570	320948	260587	183526	109940	739232
新产品实现利税	万元	308771	176527	42634	40181	21484	11213	102136

注：本表统计范围为大中型工业企业。

9-7 华东地区分省（市）卫生机构人员及床位数

（1991 年）

指标名称	单位	上海市	江苏省	浙江省	安徽省	福建省	江西省	山东省
一、卫生机构总计	个	7554	12377	8983	7359	4867	5632	11141
医　　院	个	463	2495	3379	3158	1206	2308	2861
#县及县以上医院	个	205	477	324	354	308	564	821
疗养院（所）	个	37	36	20	10	13	23	51
门诊部（所）	个	6817	9187	5110	3648	3298	2645	7298
专科防治所（站）	个	41	112	31	67	30	126	164
卫生防疫站	个	33	137	103	128	91	119	161
妇幼保健站	个	23	114	87	109	64	114	146
药品检验所（室）	个	20	74	77	63	44	92	128
其他卫生事业机构	个	69	208	141	143	84	179	271
医疗科学研究机构	个	17	14	5	10	13	9	21
高等医学院校	个	5	9	3	5	2	5	9
中等卫生学校	个	29	21	19	18	22	12	31
二、卫生工作人员总计	万人	15.97	28.63	16.67	16.90	10.64	14.64	30.85
#卫生技术人员	万人	11.92	22.22	13.50	13.79	8.86	11.79	24.12
#中　医	万人	0.67	1.49	0.98	1.08	0.57	1.29	1.21
西医师	万人	3.84	6.41	3.36	3.74	1.85	3.10	7.37
西医士	万人	1.37	2.30	1.44	1.14	0.82	0.79	1.53
护师、护士	万人	3.38	5.61	2.91	3.27	2.31	3.14	6.31
三、床位数	万张	7.01	16.77	9.93	11.13	6.90	9.27	18.19
#医院床位数	万张	6.31	14.85	9.00	9.89	6.17	8.32	16.47
四、平均每万人口拥有								
医院床位数	张	49.09	21.70	21.12	17.23	20.35	22.00	19.22
卫生技术人员	人	92.60	32.47	31.69	24.01	29.16	30.50	28.14
#医　生	人	45.80	14.90	14.14	10.38	11.99	13.40	12.25

十、人民生活

10-1 华东地区分省（市）全部职工工资总额和平均工资

（1991年）

项　　目	上海市	江苏省	浙江省	安徽省	福建省	江西省	山东省
一、工资总额（亿元）	172.84	204.43	115.98	94.70	75.90	71.93	179.82
#奖金和计件超额工资	46.29	41.73	25.40	16.85	12.41	10.33	39.41
农、林、牧、渔、水利业	4.52	6.72	3.24	2.92	2.76	5.40	3.18
工　业	92.23	106.77	56.09	45.00	33.55	32.58	96.03
地质普查和勘探业	0.18	0.93	0.35	0.66	0.46	0.82	0.55
建筑业	10.05	10.79	7.63	8.16	5.46	4.25	9.52
交通运输·邮电通讯业	12.77	14.59	8.22	6.42	5.57	4.51	10.57
商业、公共饮食业、物资供销和仓储业	18.78	23.91	14.36	10.71	7.47	7.45	19.67
房地产管理、公用事业、居民服务业和咨询服务业	9.93	5.27	3.47	2.16	2.00	1.17	3.66
卫生、体育和社会福利事业	4.69	5.52	3.80	2.73	2.43	2.29	5.82
教育、文化艺术和广播电视业	10.19	16.57	9.06	8.18	8.23	6.45	14.78
科学研究和综合技术服务业	3.44	2.02	0.76	0.71	0.52	0.65	1.14
金融、保险业	1.13	2.36	1.90	1.28	1.34	1.08	2.50
国家机关、政党机关和社会团体	4.93	8.98	7.11	5.77	6.11	5.25	12.41
二、职工平均年工资（元）	3375.00	2302.00	2422.00	1959.00	2420.00	1842.00	2291.67
农、林、牧、渔、水利业	3060.00	1759.00	2312.00	1450.00	1855.00	1351.00	1929.34
工　业	3374.00	2378.00	2391.00	2105.00	2461.00	1934.00	2404.69
地质普查和勘探业	4087.00	2811.00	2912.00	2537.00	3040.00	2406.00	2627.32
建筑业	3686.00	2592.00	2762.00	2241.00	2788.00	2142.00	2664.33
交通运输、邮电通讯业	4295.00	2621.00	2929.00	2052.00	2733.00	2214.00	2801.32
商业、公共饮食业、物资供销和仓储业	3191.00	2006.00	2197.00	1528.00	2007.00	1576.00	1833.03
房地产管理、公用事业、居民服务业和咨询服务业	3506.00	2321.00	2477.00	1820.00	2558.00	1725.00	2075.02
卫生、体育和社会福利事业	3115.00	2342.00	2484.00	1917.00	2500.00	1962.00	2311.47
教育、文化艺术和广播电视业	2949.00	2147.00	2357.00	1918.00	2482.00	1855.00	2198.33
科学研究和综合技术服务业	3305.00	2575.00	2457.00	2245.00	2699.00	1848.00	2281.29
金融、保险业	3014.00	2259.00	2369.00	1891.00	2520.00	1842.00	2036.78
国家机关、政党机关和社会团体	3157.00	2279.00	2443.00	1894.00	2451.00	1848.00	2114.76

10-2 华东地区分省（市）全民单位职工工资总额和平均工资

（1991 年）

项目	上海市	江苏省	浙江省	安徽省	福建省	江西省	山东省
一、工资总额（亿元）	139.12	136.26	74.42	72.28	53.73	59.89	139.79
#奖金和计件超额工资	38.07	29.09	17.73	14.42	10.33	9.18	33.15
农、林、牧、渔、水利业	4.48	6.39	3.05	2.72	2.56	5.33	2.89
工业	73.04	66.54	31.97	34.25	20.04	26.35	71.66
地质普查和勘探业	0.15	0.93	0.35	0.66	0.46	0.82	0.54
建筑业	8.54	6.01	3.10	6.13	2.78	2.96	6.51
交通运输、邮电通讯业	11.27	9.74	5.87	4.57	4.43	3.80	9.12
商业、公共饮食业、物资供销和仓储业	10.89	12.71	7.30	5.78	4.65	4.60	11.75
房地产管理、公用事业、居民服务业和咨询服务业	8.27	3.89	2.29	1.33	1.40	0.81	2.98
卫生、体育和社会福利事业	3.48	3.74	2.87	1.99	1.76	2.12	4.69
教育、文化艺术和广播电视业	10.06	14.02	8.81	8.03	8.15	6.44	14.52
科学研究和综合技术服务业	3.34	1.97	0.73	0.71	0.52	0.64	1.11
金融、保险业	0.97	1.72	1.23	0.95	1.07	0.88	1.84
国家机关、政党机关和社会团体	4.63	8.60	6.85	5.66	5.91	5.15	12.17
二、职工平均年工资（元）	3487.00	2501.00	2583.00	2201.00	2502.00	1946.00	2463.09
农、林、牧、渔、水利业	3052.00	1768.00	2311.00	1470.00	1723.00	1350.00	1936.82
工业	3519.00	2643.00	2617.00	2456.00	2538.00	2113.00	2645.12
地质普查和勘探业	4146.00	2811.00	2914.00	2537.00	3040.00	2406.00	2630.88
建筑业	3780.00	2904.00	3242.00	2660.00	3315.00	2463.00	3070.00
交通运输、邮电通讯业	4511.00	3024.00	3169.00	2433.00	3043.00	2457.00	3021.95
商业、公共饮食业、物资供销和仓储业	3416.00	2271.00	2423.00	1775.00	2180.00	1710.00	2040.62
房地产管理、公用事业、居民服务业和咨询服务业	3476.00	2446.00	2592.00	1924.00	2547.00	1794.00	2171.82
卫生、体育和社会福利事业	3168.00	2399.00	2564.00	2099.00	2618.00	1983.00	2357.43
教育、文化艺术和广播电视业	2950.00	2308.00	2367.00	1928.00	2484.00	1856.00	2204.42
科学研究和综合技术服务业	3291.00	2577.00	2466.00	2247.00	2705.00	1849.00	2284.07
金融、保险业	2964.00	2355.00	2377.00	2038.00	2627.00	1900.00	2083.80
国家机关、政党机关和社会团体	3164.00	2286.00	2449.00	1897.00	2456.00	1850.00	2117.73

10-3 华东地区分省(市)城镇集体单位职工工资总额和平均工资

(1991年)

项　　目	上海市	江苏省	浙江省	安徽省	福建省	江西省	山东省
一、工资总额(亿元)	**28.51**	**62.05**	**39.39**	**21.64**	**14.56**	**11.82**	**38.45**
＃奖金和计件超额工资	6.74	11.09	7.16	2.38	1.29	1.12	5.97
农、林、牧、渔、水利业	0.01	0.31	0.13	0.20	0.16	0.07	0.27
工　业	14.95	34.61	22.35	10.50	6.38	6.05	22.95
地质普查和勘探业	0.03						0.01
建筑业	1.48	4.67	4.49	2.03	2.61	1.32	3.00
交通运输、邮电通讯业	1.32	4.72	2.33	1.85	1.11	0.71	1.44
商业、公共饮食业、物资供销和仓储业	7.81	11.11	6.95	4.91	2.68	2.85	7.90
房地产管理、公用事业、居民服务业和咨询服务业	1.08	1.23	1.01	0.82	0.42	0.33	0.58
卫生、体育和社会福利事业	1.21	1.78	0.93	0.74	0.66	0.17	1.13
教育、文化艺术和广播电视业	0.12	2.55	0.25	0.15	0.09	0.01	0.25
科学研究和综合技术服务业	0.04	0,05	0.02	0.00	0.00	0.01	0.03
金融、保险业	0.16	0.64	0.67	0.33	0.26	0.20	0.66
国家机关、政党机关和社会团体	0.30	0.38	0.27	0.11	0.19	0.10	0.24
二、职工平均年工资(元)	**2817.00**	**1932.00**	**2152.00**	**1429.00**	**1936.00**	**1446.00**	**1826.35**
农、林、牧、渔、水利业	4393.00	1570.00	1892.00	1225.00	2276.00	1416.00	1823.05
工　业	2683.00	1956.00	2109.00	1437.00	1823.00	1408.00	1874.88
地质普查和勘探业	3777.00	2625.00	2524.00				2302.22
建筑业	3204.00	2276.00	2499.00	1519.00	2362.00	1658.00	2070.15
交通运输、邮电通讯业	2914.00	2052.00	2460.00	1480.00	1931.00	1448.00	1912.25
商业、公共饮食业、物资供销和仓储业	2920.00	1767.00	1994.00	1312.00	1729.00	1398.00	1591.28
房地产管理、公用事业、居民服务业和咨询服务业	3178.00	1954.00	2168.00	1665.00	2312.00	1562.00	1626.44
卫生、体育和社会福利事业	2971.00	2231.00	2265.00	1553.00	2226.00	1729.00	2138.76
教育、文化艺术和广播电视业	2881.00	1551.00	2004.00	1475.00	2363.00	1380.00	1890.46
科学研究和综合技术服务业	3147.00	2488.00	2198.00	1715.00	2157.00	1601.00	2102.09
金融、保险业	3363.00	2036.00	2350.00	1572.00	2091.00	1624.00	1915.50
国家机关、政党机关和社会团体	3052.00	2119.00	2304.00	1715.00	2317.00	1763.00	1975.87

0-4 华东地区分省(市)其他所有制单位职工工资总额和平均工资

(1991年)

项　　　目	上海市	江苏省	浙江省	安徽省	福建省	江西省	山东省
一、工资总额(亿元)	5.21	6.12	2.17	0.28	7.61	0.21	1.58
#奖金和计件超额工资	1.48	1.55	0.51	0.05	0.79	0.03	0.29
农、林、牧、渔、水利业	0.03	0.02	0.06		0.04		0.02
工　　业	4.24	5.62	1.77	0.25	7.14	0.18	1.42
地质普查和勘探业							
建筑业	0.03	0.11	0.03		0.07		0.01
交通运输、邮电通讯业	0.18	0.13	0.02		0.03		0.01
商业、公共饮食业、物资供销和仓储业	0.08	0.09	0.11	0.02	0.14	0.00	0.03
房地产管理、公用事业、居民服务业和咨询服务业	0.58	0.15	0.17	0.01	0.18	0.03	0.09
卫生、体育和社会福利事业							
教育、文化艺术和广播电视业	0.01		0.01				
科学研究和综合技术服务业	0.06						
金融、保险业					0.01		
国家机关、政党机关和社会团体							
二、职工平均年工资(元)	4363.00	2773.00	2831.00	2086.00	3217.00	2329.00	2394.06
农、林、牧、渔、水利业	4138.00	2398.00	5159.00	1515.00	2988.00	1464.00	2468.53
工　　业	4205.00	2770.00	2738.00	2057.00	3186.00	2405.00	2357.53
地质普查和勘探业							
建筑业	5316.00	2679.00	4232.00	2300.00	4906.00	1806.00	2771.99
交通运输、邮电通讯业	8034.00	2994.00	2986.00	2645.00	4015.00	1838.00	3545.10
商业、公共饮食业、物资供销和仓储业	3661.00	2489.00	2705.00	2049.00	3257.00	1700.00	2182.21
房地产管理、公用事业、居民服务业和咨询服务业	5128.00	3007.00	3322.00	3086.00	3648.00	2052.00	2963.68
卫生、体育和社会福利事业	5000.00				6218.00		
教育、文化艺术和广播电视业	3405.00	3907.00	3785.00				3584.62
科学研究和综合技术服务业	4715.00	3307.00	2069.00			1875.00	3539.68
金融、保险业	0.00	2475.00	5735.00	0.00	6822.00		
国家机关、政党机关和社会团体							

10-5 华东地区分省（市）城镇住户调查基本情况

（1991 年）

指标名称	单位	上海市	江苏省	浙江省	安徽省	福建省	江西省	山东省
一、调查户数	户	500	2320	1510	1300	1250	1280	2180
二、家庭人口数	人	1592	7620	4757	4394	4282	4533	7213
平均每户家庭人口数	人	3.18	3.28	3.15	3.38	3.43	3.54	3.31
三、就业人口数								
平均每一就业者赡养的人数（包括就业者本人）	人	1.66	1.67	1.59	1.67	1.72	1.81	1.67
四、平均每人年生活费收入	元	2334.36	1622.93	1950.37	1341.31	1736.20	1190.62	1565.52
五、平均每人年生活费支出	元	2166.96	1528.70	1805.60	1296.93	1659.36	1110.27	1047.12
购买商品支出	元	1892.28	1388.44	1627.20	1161.60	1475.40	988.41	1286.04
1. 食　品	元	1234.20	852.10	992.38	767.92	1004.29	629.32	733.08
（1）粮　食	元	99.48	86.47	92.15	97.71	127.36	75.84	105.84
（2）副　食	元	772.08	549.44	604.46	453.01	653.61	418.94	404.40
（3）烟、酒、茶	元	96.00	91.90	136.19	115.33	93.77	55.81	91.08
（4）其他食品	元	266.64	124.29	159.57	101.87	129.55	78.73	131.76
2. 衣着商品	元	240.72	198.76	231.00	157.82	157.03	125.13	225.84
3. 日用品	元	186.24	154.30	175.07	117.16	147.97	100.86	176.76
4. 文化娱乐用品	元	147.12	83.37	90.55	57.14	48.61	54.97	71.04
5. 书报、杂志	元	27.72	12.86	22.14	10.87	11.98	11.65	10.92
6. 药及医疗用品	元	11.76	11.30	35.34	11.67	22.20	16.75	16.20
7. 房屋及建筑材料	元	19.80	35.51	38.33	14.15	43.03	11.48	10.44
8. 燃　料	元	8.64	27.03	33.02	15.37	29.08	21.63	21.36
9. 其他商品	元	16.08	13.21	9.37	9.50	11.21	16.62	20.28
非商品支出	元	274.68	140.26	178.40	135.33	183.96	121.86	121.20
1. 房　租	元	28.20	9.96	12.63	7.98	9.45	15.04	8.04
2. 水　费	元	8.28	4.32	7.28	4.15	6.59	4.58	2.64
3. 电　费	元	32.64	19.56	12.63	16.28	26.96	12.18	13.56
4. 交通费	元	48.96	12.72	23.55	12.33	17.19	11.97	10.20
5. 邮电费	元	9.96	2.04	3.37	1.28	5.21	1.50	1.20
6. 学杂费	元	20.52	24.36	20.55	38.23	36.20	30.91	29.28
7. 文娱费	元	11.76	7.36	8.10	4.90	5.38	4.20	5.04

10-6 华东地区分省（市）农村住户调查基本情况

（1991 年）

指 标 名 称	单位	上海市	江苏省	浙江省	安徽省	福建省	江西省	山东省
一、调查户数	户	600	3400	2700	3100	1820	2450	4200
二、家庭常住人口	人	2093	14188	11327	14891	9775	12482	18241
#职工人数	人	95	257	231	101	78	74	239
平均每户常住人口	人	3.49	4.20	4.20	4.80	5.37	5.09	4.34
平均每户整半劳动力	人	2.36	2.77	2.92	3.07	3.03	2.92	2.77
#整劳动力	人	2.14	2.39	2.41	2.49	2.39	2.42	2.35
平均每个劳动力负担人口	人	1.48	1.50	1.44	1.57	1.77	1.74	1.57
三、全年总收入	万元	471.48	1835.23	1843.42	1076.85	1175.07	0.00	2101.40
四、平均每人年总收入	元	2252.64	1293.50	1627.46	723.16	1202.12	973.51	1152.02
平均每人年纯收入	元	1880.25	920.70	1210.77	446.05	850.05	702.53	764.04
五、平均每人年生活消费支出	元	1420.78	878.00	1026.52	474.62	746.98	597.00	612.99
1. 生活消费品支出	元	1291.45	824.70	946.17	435.34	679.04	549.87	563.69
食 品	元	614.83	487.50	518.07	274.08	440.58	377.33	327.56
#主 食	元	74.97	139.80	126.89	124.16	140.20	160.35	123.42
副 食	元	311.25	248.20	237.04	101.94	217.30	166.04	132.78
衣 着	元	130.19	65.20	70.84	35.57	43.71	38.71	60.44
住 房	元	296.75	144.30	196.79	47.22	82.65	44.87	68.86
燃 料	元	17.39	26.00	25.50	27.92	36.46	34.94	29.11
日用品	元	153.04	61.80	134.97	28.45	44.32	26.98	43.69
文化娱乐用品	元	39.26	18.90	21.64	8.17	11.02	6.53	16.96
书报杂志	元	2.10	5.30	4.12	1.45	2.75	5.15	2.19
医药卫生用品	元	21.52	14.10	25.24	9.60	15.71	11.74	13.69
其 他	元	16.37	1.70	9.24	2.89	1.84	3.62	1.20
2. 非商品支出	元	129.33	53.30	80.36	39.29	67.94	47.13	49.31
#学杂费	元	35.95	15.22	18.77	13.91	22.55	18.98	17.36
文娱费	元	2.36	0.42	0.84	0.54	1.05	0.73	0.21
医疗费	元	13.88	8.65	9.41	5.58	6.49	6.24	5.87
交通费	元	4.87	4.09	9.66	4.00	7.79	3.67	1.83
邮电费	元	0.52	0.12	0.76	0.14	0.24	0.10	0.12

10-7 华东地区分省(市)城乡居民储蓄存款余额

(1991年)　　　　单位:亿元

指标名称	上海市	江苏省	浙江省	安徽省	福建省	江西省	山东省
总　计	328.22	617.60	402.07	206.02	245.61	186.38	
城　镇	290.41	445.67	242.26	150.08	150.59	146.98	
农　村	37.81	171.93	159.81	55.94	95.02	39.40	

10-8 华东地区分省(市)城镇住户平均每百户年末耐用消费品拥有量

指标名称	单位	上海市	江苏省	浙江省	安徽省	福建省	江西省	山东省
自行车	辆	104.00	217.54	208.81	153.55	194.00	168.52	225.31
缝纫机	架	83.00	70.76	82.38	59.58	75.00	72.34	71.04
手　表	只	363.00	280.70	288.61	260.60	221.00	262.42	272.37
电风扇	台	196.00	241.78	256.69	210.06	214.00	203.83	153.36
洗衣机	台	72.00	87.63	72.38	76.58	79.00	67.58	79.52
电冰箱	台	92.00	53.92	84.11	54.73	60.00	45.78	59.86
收音机	台	72.00	44.70	42.25	30.24	19.00	36.41	48.02
电视机	台	138.00	119.13	121.46	114.57	108.00	115.31	114.91
#彩电	台	81.00	63.75	72.12	57.49	69.00	51.56	73.24
录音机	台	101.00	69.58	79.93	66.89	54.00	69.92	74.84
照相机	架	43.00	19.41	21.85	14.96	15.00	15.16	18.33

10-9 华东地区分省(市)农村住户平均每百户年末耐用消费品拥有量

指标名称	单位	上海市	江苏省	浙江省	安徽省	福建省	江西省	山东省
自行车	辆	253.00	165.00	174.04	100.00	111.00	106.82	173.40
缝纫机	架	80.00	53.70	75.70	44.00	65.00	31.43	69.83
手　表	只	260.00	197.60	251.78	136.00	223.00	148.37	156.86
电风扇	台	212.00	112.80	145.59	59.00	96.00	51.06	66.14
洗衣机	台	48.00	16.70	6.52	1.26	6.00	0.82	6.83
电冰箱	台	30.00	2.10	8.04	0.29	2.00	0.16	1.69
收音机	台	29.00	39.50	19.07	41.71	18.00	29.18	59.71
电视机	台	104.00	65.00	67.45	47.16	59.00	44.00	69.79
录音机	台	27.00	22.00	23.52	15.58	22.00	14.04	18.48
照相机	架	4.00	1.30	1.56	0.45	1.00	0.29	1.19

十一、大中型工业企业一览表

11－1 大中型企业一览表

企业名称	所在省市	年末职工数（人）	工业总产值（万元）	销售收入（万元）	利税总额（万元）
煤炭采选业					
新汶矿务局	山东省泰安市	80422	76930	86272	－4506
徐州矿务局	江苏省徐州市	109235	108301	94856	－6678
兖州矿务局	山东省济宁市	66763	64794	94662	6889
皖北矿务局	安徽省淮北市	22159	16410	21689	－7803
临沂矿务局	山东省临沂地区	15093	10008	7917	－3614
萍乡矿务局	江西萍乡市	36624	20583	29382	－7492
淄博矿务局	山东省淄博市	55778	39458	36815	－16011
山东省枣庄市矿务局	山东省枣庄市	68711	59141	60684	－9092
龙口矿务局	山东省烟台市	14253	8318	8250	－3162
山东省潍坊市朱刘店煤矿	山东省潍坊市	1753	1368	1368	－3
山东省潍坊市五井煤矿	山东省潍坊市	2382	1878	1878	－162
肥城矿务局	山东省泰安市	40121	38210	54200	730
淮南矿务局	安徽省淮南市	112066	59677	93446	－16571
淮北矿务局	安徽省淮北市	112402	85447	119982	－9775
丰城矿务局	江西丰城市	24161	13304	17468	－4113
石油和天然气采选业					
江苏油田	江苏省扬州市	8815	45658	19276	－1130
胜利石油管理局	山东省东营市	102988	933724	692072	19690
黑色金属矿采选业					
南京凤凰山铁矿	江苏省南京市	1324	888	829	－485
南京吉山铁矿	江苏省南京市	1328	758	484	－349
江苏冶山铁矿	江苏省南京市	3034	2216	2598	－529
徐州利国铁矿	江苏省徐州市	4949	4176	4226	－441
山东黑旺铁矿	山东省淄博市	2578	3549	3113	256
山东金岭铁矿	山东省淄博市	4453	4859	5269	190
冶金工业部鲁中冶金矿山公司	山东省泰安市	8732	11538	8512	－71
山东韩旺铁矿	山东省临沂地区	1495	2220	1634	138
福建省潘洛铁矿	福建龙岩地区	2039	3885	3242	1035
福建省连城锰矿	福建龙岩地区	1057	1543	1202	246
有色金属矿采选业					
安庆市月山铜矿	安徽省安庆市	1812	2151	2158	204
琅琊山铜矿	安徽省六安地区	2449	2721	3705	328
江西铜业公司武山铜矿	江西瑞昌市	4096	5373	5369	205
江西铜业公司永平铜矿	江西铅山县	4278	26934	22632	4492
江西德兴市富家钨铜矿	江西德兴市	812	1331	2526	821
江西铜业公司德兴铜矿	江西德兴市	11139	52682	51894	6463
江西铜业公司东乡铜矿	江西东乡县	2681	3560	3899	75

11—1 续表 1

企业名称	所在省市	年末职工数（人）	工业总产值（万元）	销售收入（万元）	利税总额（万元）
福山铜矿总矿	山东省烟台市	1504	5429	6148	432
江西铜业公司银山铅锌矿	江西德兴市	3148	4358	3555	—486
香夼铅锌矿	山东省烟台市	1361	2627	2586	343
招远县玲南金矿	山东省烟台市	1044	2270	2138	330
招远县河西金矿	山东省烟台市	1128	4035	4297	1519
招远县北截金矿	山东省烟台市	747	10419	10480	646
招远县河东金矿	山东省烟台市	776	2631	2727	865
招远县罗山金矿	山东省烟台市	1346	7517	6885	1058
莱州市仓上金矿	山东省烟台市	939	2128	2100	621
山东省新城金矿	山东省烟台市	1981	5690	5830	2652
山东省焦家金矿	山东省烟台市	1978	4846	4846	1612
山东省莱州市金城金矿	山东省烟台市	1739	2986	3094	716
山东省招远金矿	山东省烟台市	3809	7616	7627	1808
牟平县辛安河砂金矿	山东省烟台市	311	905	754	162
山东省五莲县七宝山金矿	山东省潍坊市	1257	2548	2633	729
山东省沂南金矿	山东省临沂地区	1174	1194	1010	363
山东省沂南县龙头汪金矿	山东省临沂地区	553	1048	1003	258
下垄钨矿	江西大余县	2876	2768	2464	—93
漂塘钨矿	江西大余县	3209	2926	1503	—277
画眉坳钨矿	江西兴国县	3627	2058	1375	—458
铁山垅钨矿	江西于都县	3165	3363	2892	152
西华山钨矿	江西大余县	4962	3748	2439	—585
安徽省黄山钼矿	安徽省黄山市	458	1112	1035	170
荡坪钨矿	江西大余县	3221	2988	3081	17
岿美山钨矿	江西定南县	1817	1075	864	—484
大吉山钨矿	江西全南县	5034	4411	1917	—493
盘古山钨矿	江西于都县	4483	5076	4000	352
小龙钨矿	江西泰和县	1819	1665	1059	—180
浒坑钨矿	江西安福县	3537	3037	3129	130
宜春钽铌矿	江西宜春市	1349	2645	1898	391
中国核工业总公司七一九矿	江西崇义县	2291	2292	2403	3
中国核工业总公司七二四矿	江西修水县	1005	595	655	—75
中国核工业总公司七一三矿	江西上饶县	2901	2608	1568	—255
国营七二一矿	江西乐安县	7965	5446	5505	—881
建筑材料及其他非金属矿采选业					
江苏省国营太湖采石公司	江苏省苏州市	818	767	599	—56
镇江船山石灰石矿	江苏省镇江市	2183	5190	5051	507
含山巢湖化建矿	安徽省巢湖地区	1077	1155	1424	123

11－1 续表 2

企业名称	所在省市	年末职工数（人）	工业总产值（万元）	销售收入（万元）	利税总额（万元）
巢湖东风矿	安徽省巢湖地区	1205	886	865	－38
青岛料石总厂	山东省青岛市	495	750	968	192
山东湖田石灰石矿	山东省淄博市	1064	1848	1880	153
南京白云石矿	江苏省南京市	2144	3599	3625	362
丹徒县青龙山白云石矿	江苏省镇江市	995	1343	1263	140
山东王村铝土矿	山东省淄博市	1562	1345	1399	138
山东博山铝土矿	山东省淄博市	1003	734	1047	58
山东洪山铝土矿	山东省淄博市	1150	1152	1116	64
南京云台山硫铁矿	江苏省南京市	1536	1059	1161	－285
马鞍山向山硫铁矿	安徽省马鞍山	3139	759	524	－725
连云港市新浦磷矿	江苏省连云港市	877	2072	1203	300
连云港市锦屏磷矿	江苏省连云港市	3879	2255	1296	－397
江西朝阳磷矿	江西上饶县	1021	1507	1628	142
江西弋阳蛇纹石矿	江西弋阳县	995	1399	1084	106
莱西市石墨矿	山东省青岛市	571	775	427	
青岛市平度石墨开发公司	山东省青岛市	739	4135	1921	202
山东省北墅生建石墨矿	山东省青岛市	886	7264	6527	960
山东南墅石墨矿	山东省青岛市	2740	5264	5179	365
山东省苍山县石膏矿	山东省临沂地区	299	329	266	90
南京石膏矿	江苏省南京市	1001	1040	992	68
定远石膏矿	安徽省六安地区	533	391	338	61
山东省枣庄市台儿庄区石膏矿	山东省枣庄市	520	270	268	38
山东省泰安大汶口石膏矿	山东省泰安市	794	743	796	90
山东省苍山县第二石膏矿	山东省临沂地区	500	541	407	113
江苏省邳县石膏矿	江苏省徐州市	453	312	274	116
中国高岭土公司	江苏省苏州市	2545	2847	2951	－187
江西省陶瓷工业公司原料总厂	江西景德镇	1071	1078	930	83
平度滑石矿	山东省青岛市	618	994	1164	194
山东省栖霞滑石矿	山东省烟台市	966	539	648	59
山东省蒙阴县建材七0一矿	山东省临沂地区	767	637	498	49
采盐业					
文登市高岛盐场	山东省威海市	742	1864	1207	274
江苏省盐业公司	江苏省连云港市	24203	17371	22978	1405
寒亭区第一盐场	山东省潍坊市	405	1040	682	100
青岛黄海盐场	山东省青岛市	265	845	571	37
山东埕口盐厂	山东省惠民地区	2068	1186	740	2
山东寿光菜央子盐场	山东省潍坊市	1446	3513	2124	332
山东寿光岔河盐场	山东省潍坊市	1380	4031	2011	438

11—1 续表 3

企业名称	所在省市	年末职工数（人）	工业总产值（万元）	销售收入（万元）	利税总额（万元）
山东羊口盐场	山东省潍坊市	5649	15954	9854	2403
青岛东营盐场	山东省青岛市	584	550	347	4
文登市华山盐场	山东省威海市	493	1516	1073	97
莱州市东风盐场	山东省烟台市	439	1172	984	232
威海市盐场	山东省威海市	197	324	177	6
山东省莱州市盐场	山东省烟台市	1231	2516	1103	19
胶南市龙泉盐场	山东省青岛市	265	596	398	50
潍坊市寒亭第三盐场	山东省潍坊市	417	784	695	—97
青岛南万盐场	山东省青岛市	849	969	930	—172
莱州市莱州盐场	山东省烟台市	1463	3112	3220	463
央子盐业股份公司	山东省潍坊市	945	1466	940	51
青岛东风盐场	山东省青岛市	1089	2080	1545	176
莱州市东方红盐场	山东省烟台市	335	413	196	3
山东潍坊昌邑灶户盐场	山东省潍坊市	596	1818	1914	505
山东寿光卫东盐场	山东省潍坊市	1414	3602	2162	362
江西盐矿	江西樟树市	1214	2130	1817	122
木材及竹材采运业					
漳平市林委(森工)	福建龙岩地区	1443	3996	5968	905
建瓯林业局	福建南平地区	4604	7478	9585	1146
建阳林业局	福建南平地区	2627	4895	5436	737
顺昌林业局采运企业	福建南平地区	3066	7469	5215	1153
邵武市林委(采运)	福建南平地区	1583	4077	6224	1190
沙县林委	福建三明市	784	2998	3524	680
福建大洲贮木场	福建南平地区	1421	716	2855	—133
南平林业委员会	福建南平地区	2145	4675	6001	951
永安市林业委员会	福建三明市	2239	8171	9887	1704
尤溪县林业委员会	福建三明市	715	4984	5081	829
自来水生产和供应业					
上海市自来水公司	上海市	7054	33796	27656	2673
扬州市自来水公司	江苏省扬州市	554	1250	1136	129
合肥市自来水公司	安徽省合肥市	863	4580	3515	460
无锡市自来水公司	江苏省无锡市	857	3922	3565	789
蚌埠市自来水公司	安徽省蚌埠市	509	2178	1013	135
徐州市自来水公司	江苏省徐州市	1033	1427	1095	46
泰州市自来水公司	江苏省扬州市	264	590	590	127
苏州市自来水公司	江苏省苏州市	1064	2251	2251	314
镇江市自来水公司	江苏省镇江市	471	1312	1312	310
连云港市自来水公司	江苏省连云港市	624	1248	1127	218

11—1续表4

企业名称	所在省市	年末职工数（人）	工业总产值（万元）	销售收入（万元）	利税总额（万元）
铜陵市自来水公司	安徽省铜陵市	272	993	915	295
芜湖市自来水公司	安徽省芜湖市	610	2141	1912	713
马鞍山市自来水公司	安徽省马鞍山	405	1407	1275	302
淮南市自来水公司	安徽省淮南市	375	1667	1400	281
安庆市自来水公司	安徽省安庆市	429	1137	935	187
江阴市自来水公司	江苏省无锡市	206	910	910	215
滁州市自来水公司	安徽省六安地区	181	564	438	48
南通市自来水公司	江苏省南通市	636	1532	1532	—236
盐城市自来水公司	江苏省盐城市	326	653	652	53
南京自来水公司	江苏省南京市	2705	7775	6832	699
常州市自来水公司	江苏省常州市	783	1578	1504	—7
淮阴市自来水公司	江苏省淮阴市	300	700	696	243
青岛自来水公司	山东省青岛市	2825	5901	5787	—1343
淄博自来水公司	山东省淄博市	918	2165	2165	527
景德镇市自来水公司	江西景德镇	295	1112	922	274
南昌市自来水公司	江西南昌市	1192	5162	3576	1429
济南市自来水公司	山东省济南市	1982	2501	2477	—2348
九江市自来水公司	江西九江市	403	1266	918	189
烟台市自来水公司	山东省烟台市	1022	1715	1715	—1
潍坊自来水公司	山东省潍坊市	618	402	402	—567
山东省济宁市自来水公司	山东省济宁市	383	1093	776	152
德州市自来水公司	山东省德州地区	411	712	657	55
厦门市自来水公司	福建厦门市	934	2551	2551	238
福州市自来水公司	福建福州市	1289	3418	3418	1520
三明市自来水厂	福建三明市	515	1680	1295	347
食品制造业					
国营南昌味精厂	江西南昌市	528	1201	888	—79
国营江宁县面粉厂	江苏省南京市	289	2147	2147	151
扬州啤酒厂	江苏省扬州市	808	3575	2824	517
江西省樟树粮油公司	江西樟树市	744	12220	10260	841
上海市面粉公司	上海市	2288	31752	28071	3946
南京面粉厂	江苏省南京市	412	6879	7166	775
徐州面粉厂	江苏省徐州市	569	6377	5766	438
扬州麦粉厂	江苏省扬州市	645	3468	3057	80
山东省滕州市面粉厂	山东省枣庄市	229	3620	3982	384
新烟食品有限公司	山东省烟台市	268	7138	3403	510
济南北山面粉厂	山东省济南市	262	2448	2675	70
青岛星华粮油食品有限公司	山东省青岛市	120	4344	3636	55

11—1续表5

企业名称	所在省市	年末职工数（人）	工业总产值（万元）	销售收入（万元）	利税总额（万元）
青岛第一面粉厂	山东省青岛市	386	6704	6913	576
鹰潭市面粉厂	江西鹰潭市	315	3232	3617	205
济南中心面粉厂	山东省济南市	189	3419	3446	437
山东潍坊昌邑粮食总公司	山东省潍坊市	543	4449	4595	225
山东潍坊诸城粮油加工厂	山东省潍坊市	437	4600	4208	181
杭州东南面粉厂	浙江省	468	6759	6657	479
泉州市面粉厂	福建泉州市	338	1552	3131	90
厦门市面粉厂	福建厦门市	308	3060	3162	379
邵武面粉厂	福建南平地区	136	2155	2164	232
山东省食品进出口公司城阳食品加工厂	山东省青岛市	663	1431	1423	212
上海油脂二厂	上海市	513	3334	4967	781
上海油脂一厂	上海市	426	6807	12736	434
九江油脂化学厂	江西九江市	951	2029	1611	211
山东省粮油公司油脂储炼厂	山东省青岛市	350	1152	1113	153
南京植物油厂	江苏省南京市	509	4968	7892	275
国营如东县掘港油米厂	江苏省南通市	306	1464	1082	82
国营南通县油脂化工厂	江苏省南通市	280	2579	696	130
油脂四厂	上海市	381	10568	1921	403
国营昆山油脂化工厂	江苏省苏州市	437	11912	11969	411
山东淀粉厂	山东省淄博市	289	1868	1664	—142
青岛植物油厂	山东省青岛市	534	6327	6727	202
上海冠生园食品总厂	上海市	1568	9587	12465	1812
上海天山回民食品厂	上海市	880	5189	4070	447
上海儿童食品厂	上海市	1462	10273	9209	1333
上海益民食品六厂	上海市	696	3286	3304	263
中国粮油食品进出口公司上海申富食品厂	上海市	156	727	853	85
扬州市五一食品厂	江苏省扬州市	908	4605	3984	405
蚌埠市食品厂	安徽省蚌埠市	690	405	294	—38
江西巧克力食品厂	江西东乡县	1019	884	404	20
青岛糖果冷食厂	山东省青岛市	520	2370	2602	405
泉州市糖果食品总厂	福建泉州市	740	974	897	—33
福州市糖果厂	福建福州市	962	2494	2110	137
厦门食品厂	福建厦门市	1639	5683	5686	209
泉州市源和堂蜜饯厂	福建泉州市	777	2839	3200	370
上海益民食品四厂	上海市	1529	6652	8010	809
茂昌食品厂	上海市	802	1135	1453	—172
东亚食品有限公司	上海市	333	723	1408	26
芜湖市永康食品厂	安徽省芜湖市	607	2086	1163	58

11—1续表6

企业名称	所在省市	年末职工数（人）	工业总产值（万元）	销售收入（万元）	利税总额（万元）
济南食品总厂	山东省济南市	1034	3591	3244	188
山东省潍坊食品厂	山东省潍坊市	604	2083	1603	130
青岛食品厂	山东省青岛市	1858	10204	10010	830
青岛第二食品厂	山东省青岛市	1286	5701	4810	284
江西吉安糖厂	江西吉安县	854	1637	1504	169
江西兴国制糖厂	江西兴国县	1186	4745	3957	509
浙江义乌糖厂	浙江省	1480	7241	6286	894
江西信丰制糖厂	江西信丰县	1324	4308	2540	549
江西红都制糖厂	江西瑞金县	1123	4760	3272	676
江西第三制糖厂	江西赣县	1530	4527	2435	357
江西于都糖厂	江西于都县	929	2003	880	104
江西会昌制糖厂	江西会昌县	448	2408	1948	247
江西省玉山县糖厂	江西玉山县	1473	3282	2428	271
江西东乡糖厂	江西东乡县	1200	2465	2211	284
江西万安糖厂	江西万安县	976	2970	1590	89
江西泰和糖厂	江西泰和县	638	2896	1374	170
江西第二糖厂	江西赣州市	1289	3328	1440	397
江西第一制糖厂	江西南康县	1882	5217	3244	273
漳州糖厂	福建漳州市	4375	22260	20403	5832
长乐闽江糖厂	福建福州市	506	419	480	
长乐县糖纸厂	福建福州市	335	256	242	—52
平和县第二糖厂	福建漳州市	829	1937	1909	488
厦门糖厂	福建厦门市	1377	8100	6802	1744
福建省南靖第一糖厂	福建漳州市	702	2383	2086	409
仙游度峰糖厂	福建莆田市	681	914	905	53
长泰县第二糖厂	福建漳州市	654	3385	3233	937
仙游糖厂	福建莆田市	1863	5367	5243	775
漳浦县鹿溪糖厂	福建漳州市	1924	5670	5287	1423
仙游枫亭糖厂	福建莆田市	379	766	741	174
龙海糖厂	福建漳州市	281			
仙游园庄糖厂	福建莆田市	290	651	637	76
福清糖厂	福建福州市	401	880	705	73
莆田县糖厂	福建莆田市	2813	6173	5494	775
福安赛江糖厂	福建宁德地区	584	906	740	110
泉州市糖厂	福建泉州市	797	1000	952	134
福建省南靖县第二糖厂	福建漳州市	619	1890	1960	485
惠安县糖厂	福建泉州市	271	443	420	13
云霄糖厂	福建漳州市	725	1744	1663	265

11－1续表7

企业名称	所在省市	年末职工数（人）	工业总产值（万元）	销售收入（万元）	利税总额（万元）
福清清华糖厂	福建福州市	734	2906	2634	424
平和县第一糖厂	福建漳州市	610	1488	1516	376
诏安县花墩糖厂	福建漳州市	1320	3961	3979	1134
安溪县糖厂	福建泉州市	356	587	593	66
晋江县青阳糖厂	福建泉州市	294			－70
晋江县糖厂	福建泉州市	605	1602	1493	230
南安县大盈糖厂	福建泉州市	600	1689	1719	267
南安县洪濑糖厂	福建泉州市	565	1230	1096	198
南安县糖厂	福建泉州市	725	1695	1551	234
山东高密糖厂	山东省潍坊市	1052	1957	2777	32
南京饴糖厂	江苏省南京市	522	1145	971	151
蚌埠市果糖厂	安徽省蚌埠市	561	1648	1287	49
连云港市炼糖厂筹建处	江苏省连云港市	827	548	511	1
上海市食品公司龙华肉类联合加工厂	上海市	1489	24772	19065	773
上海市食品公司大场肉类联合加工厂	上海市	1670	25977	20878	874
上海市食品公司吴淞肉联厂	上海市	1063	13214	10082	346
上海市食品公司杨思冷冻食品厂	上海市	209	1561	1277	102
无锡市肉类厂	江苏省无锡市	919	5574	6960	－98
徐州肉联厂	江苏省徐州市	2159	13819	17929	419
常州肉类联合加工厂	江苏省常州市	629	3126	3390	1
江苏省食品公司苏州分公司肉联厂	江苏省苏州市	858	6669	10587	20
江苏省食品公司泰州肉联厂	江苏省扬州市	1486	2689	3849	－582
淮南市肉类加工厂	安徽省淮南市	1093	3168	3252	－562
济南肉类联合加工厂	山东省济南市	3574	11181	11339	－596
胶南市肉类联合加工厂	山东省青岛市	1362	10005	10714	213
青岛肉联厂	山东省青岛市	1414	5086	4894	－102
潍坊市食品公司肉类加工厂	山东省潍坊市	500	2613	2925	－132
上海肉类食品总厂	上海市	1048	3774	4313	17
南京肉类联合加工厂	江苏省南京市	2817	29859	34254	771
江苏省徐州肉类联合加工二厂	江苏省徐州市	1338	7125	7290	30
江苏省食品公司南通市四甲肉联厂	江苏省南通市	955	966	1533	－270
江苏省食品公司如皋肉联厂	江苏省南通市	2404	5827	6456	－734
南通市肉联厂	江苏省南通市	390	835	1505	－124
淮阴肉联厂	江苏省淮阴市	1391	13773	17669	50
扬州肉联厂	江苏省扬州市	696	4613	5281	44
当涂县肉类加工厂	安徽省马鞍山	769	4858	4105	－248
天长县肉联厂	安徽省六安地区	439	6913	6175	30
盐城肉联厂	江苏省盐城市	1343	5859	8292	－545

11—1 续表 8

企业名称	所在省市	年末职工数（人）	工业总产值（万元）	销售收入（万元）	利税总额（万元）
涟水县肉联厂	江苏省淮阴市	448	4949	3965	53
滁县地区肉类加工厂	安徽省六安地区	781	2201	2693	－570
阜阳牛羊肉类加工总厂	安徽省阜阳地区	594	3479	2988	－309
安徽省宿县地区肉类联合加工厂	安徽省宿县地区	1606	4135	4073	－426
黄桥肉联厂	江苏省扬州市	2004	6516	7024	－659
阜阳肉类联合加工厂	安徽省阜阳地区	1613	11789	12060	－302
安徽省合肥肉类联合加工厂	安徽省合肥市	1696	8084	7230	－560
安庆市肉类蛋品联合加工厂	安徽省安庆市	1139	5753	4284	1088
国营南昌肉类联合加工厂	江西南昌市	1955	4285	6837	－1620
清江禽兔加工厂	江苏省淮阴市	1024	3955	3631	－334
山东省沂水县食品公司肉联厂	山东省临沂地区	556	2122	2857	－188
鹰潭市肉类联合加工厂	江西鹰潭市	403	675	1171	－310
新泰市肉联厂	山东省泰安市	651	1406	1358	－408
蚌埠市肉类联合加工厂	安徽省蚌埠市	2985	8989	8782	－1064
泰安肉类联合加工厂	山东省泰安市	505	1271	1247	－173
江苏省食品公司靖江食品厂	江苏省扬州市	549	3230	3306	154
山东省日照市肉类联合加工厂	山东省日照市	457	3410	4025	－86
山东省枣庄市肉联厂	山东省枣庄市	847	1744	2097	－185
山东潍坊诸城肉类联合加工厂	山东省潍坊市	604	4244	3654	－104
潍坊肉类联合加工厂	山东省潍坊市	827	1570	1815	－168
兖州肉类联合加工厂	山东省济宁市	1744	6154	6984	－500
青州外贸冻鸡总厂	山东省潍坊市	303	3723	2894	128
临沂市肉鸡联合公司	山东省临沂地区	798	8423	6076	455
江苏省食品公司兴化肉联厂	江苏省扬州市	1320	2239	2518	－495
山东菏泽冷藏厂	山东省菏泽地区	757	2723	2831	－216
镇江肉类联合加工厂	江苏省镇江市	853	1801	4905	12
山东省青州肉类联合加工厂	山东省潍坊市	732	1833	2650	－205
山东省德州肉类联合加工厂	山东省德州地区	610	767	1133	－352
江苏省连云港市肉类联合加工厂	江苏省连云港市	1322	7657	9812	26
烟台市第一肉类联合加工厂	山东省烟台市	830	1092	1550	－598
杭州肉类联合加工厂	浙江省	1963	8758	14551	210
金华肉类联合加工厂	浙江省	1405	7557	9997	116
湖州市肉类联合加工厂	浙江省	426	2985	6404	27
嘉兴肉类联合加工厂	浙江省	694	4662	5821	26
福州冷冻厂	福建福州市	1080	3226	2698	475
淄博禽蛋制品厂	山东省淄博市	527	886	957	81
上海新安乳品公司	上海市	390	2267	2635	214
上海乳品三厂	上海市	462	3248	3956	282

11－1续表9

企业名称	所在省市	年末职工数（人）	工业总产值（万元）	销售收入（万元）	利税总额（万元）
南京市卫岗乳制品厂	江苏省南京市	557	2932	3106	266
上海乳品五厂	上海市	425	3314	3858	393
上海乳品一厂	上海市	498	3865	4601	420
上海乳品二厂	上海市	1181	7995	9135	781
上海乳品六厂	上海市	290	3334	2532	114
江西省国营红星乳品厂	江西东乡县	334	1379	1591	41
上海乳品八厂	上海市	569	3896	4636	328
上海鱼品厂	上海市	2119	6688	7064	422
江苏省海洋渔业公司鱼品加工厂	江苏省苏州市	727	1667	1602	478
巢湖冷冻厂	安徽省巢湖地区	1079	2089	1401	56
山东食品进出口公司青岛冷藏厂	山东省青岛市	697	4431	4336	473
青岛海洋渔业公司水产品加工厂	山东省青岛市	1654	5618	5922	406
山东省牟平县水产企业集团总公司	山东省烟台市	473	1947	4451	192
乳山县水产养殖公司	山东省威海市	607	2568	3829	147
文登市水产供销公司	山东省威海市	966	5118	10422	304
牟平县莒城盐场	山东省烟台市	537	1080	725	125
日照市水产企业集团公司	山东省日照市	549	3587	3342	217
山东省龙口市水产供销公司	山东省烟台市	570	673	567	68
荣成市水产供销公司	山东省威海市	1821	4623	1288	70
山东省长岛海洋渔业公司	山东省烟台市	737	500	194	29
乳山县水产供销集团公司	山东省威海市	554	1328	5111	120
荣成市水产养殖开发公司	山东省威海市	288	1069	90	8
舟山海洋渔业公司水产制品厂	浙江省	2353	14162	18377	3432
舟山水产联合公司	浙江省	1035	3593	15677	449
县水产供销公司	浙江省	1040	3061	6108	44
舟山第二海洋渔业公司	浙江省	3399	4910	8886	697
福建省三沙渔业公司	福建宁德地区	2916	3553	2781	－695
厦门市水产冷冻厂	福建厦门市	485	1600	1583	543
上海梅林罐头食品厂	上海市	2048	12780	12846	519
南京罐头食品厂	江苏省南京市	1154	5553	5008	－820
国营如皋食品罐头厂	江苏省南通市	1139	3713	3745	－1175
安庆市胡玉美罐头厂	安徽省安庆市	935	1750	1701	－413
南通罐头食品厂	江苏省南通市	1127	4852	5858	－962
萧县罐头厂	安徽省宿县地区	640	2712	3048	102
连云港市罐头食品厂	江苏省连云港市	1379	5430	5422	－606
扬州食品制造厂	江苏省扬州市	1626	10606	10535	32
镇江罐头食品厂	江苏省镇江市	995	2203	2163	－699

11—1 续表 10

企业名称	所在省市	年末职工数（人）	工业总产值（万元）	销售收入（万元）	利税总额（万元）
清江罐头食品厂	江苏省淮阴市	1071	2507	2835	—921
盐城市食品罐头总厂	江苏省盐城市	1413	2559	2648	—299
南昌罐头啤酒厂	江西南昌市	3114	5615	5795	766
江西吉安罐头食品厂	江西吉安市	1588	1381	1962	—127
青岛罐头食品厂	山东省青岛市	1643	2372	2061	—371
山东省临沂市罐头厂	山东省临沂地区	731	1278	1459	11
山东菏泽罐头厂	山东省菏泽地区	530	2575	2515	23
上海泰康食品厂	上海市	2023	6456	7106	303
济南罐头食品总厂	山东省济南市	1182	1585	1981	—1353
上海益民食品一厂	上海市	3548	15967	17625	1053
山东烟台罐头总厂	山东省烟台市	2829	9473	8992	—1129
安徽省屯溪罐头食品厂	安徽省黄山市	1661	2362	2505	—237
山东省济宁市罐头食品总厂	山东省济宁市	588	654	669	—301
泰安罐头食品总厂	山东省泰安市	1080	1731	2283	—592
荣成市罐头厂	山东省威海市	1224	7069	4649	58
乳山县罐头厂	山东省威海市	1298	3050	3381	—48
地方国营苏州罐头食品厂	江苏省苏州市	711	2055	2003	—298
黄岩罐头食品厂	浙江省	7245	5286	5548	—391
宁德地区罐头厂	福建宁德地区	974	2336	1436	29
福建省南靖罐头厂	福建漳州市	1242	4780	4731	223
漳州市罐头食品总厂	福建漳州市	5658	13292	11406	265
福安罐头食品厂	福建宁德地区	1402	2754	2232	81
厦门罐头厂	福建厦门市	6109	22122	23238	733
福清县华侨罐头厂	福建福州市	948	1247	1154	—254
福州市罐头厂	福建福州市	2010	2384	3190	—976
泉州市罐头厂	福建泉州市	1950	5042	4851	435
莆田县罐头厂	福建莆田市	4560	4696	4304	304
青岛晶山实业公司	山东省青岛市	561	1427	1058	4
青岛建新盐化厂	山东省青岛市	927	2283	2151	21
上海新型发酵厂	上海市	389	64	119	—291
南通柠檬酸厂	江苏省南通市	595	1610	1792	—327
南通发酵厂	江苏省南通市	591	742	805	—455
连云港市发酵厂	江苏省连云港市	416	1797	1769	27
滨海县柠檬酸厂	江苏省盐城市	568	856	1056	—164
蚌埠市柠檬酸厂	安徽省蚌埠市	607	1802	1681	—255
山东淄博柠檬酸厂	山东省淄博市	394	896	893	—41
临沂市工贸合营柠檬酸厂	山东省临沂地区	248	1234	1096	122
上海天厨味精厂	上海市	996	8409	8815	805

11—1 续表 11

企 业 名 称	所在省市	年末职工数（人）	工业总产值（万元）	销售收入（万元）	利税总额（万元）
清江食品工业总厂	江苏省淮阴市	918	757	993	—369
天益味精厂	上海市	889	4265	3286	341
茌平味精厂	山东省聊城地区	434	2529	2281	307
常州味精厂	江苏省常州市	660	4820	4753	386
张家港市味精总厂	江苏省苏州市	1534	10484	7001	456
国营如东丰利油米厂	江苏省南通市	1154	8817	9124	859
南京酿化厂	江苏省南京市	576	1546	2088	136
苏州味精总厂	江苏省苏州市	685	4618	3470	419
国营青岛味精厂	山东省青岛市	964	6180	5333	566
烟台味精厂	山东省烟台市	904	3593	2997	279
山东省济宁市味精厂	山东省济宁市	1020	5303	5129	1077
威海市味精厂	山东省威海市	608	5535	4289	910
济南味精厂	山东省济南市	1304	4434	3659	414
杭州味精厂	浙江省	914	7734	9765	1309
兰溪市味精厂	浙江省	1022	6136	5705	876
温州市味精厂	浙江省	688	6111	6072	1047
泉州市味精厂	福建泉州市	653	3003	3339	309
厦门华厦食品工业有限公司	福建厦门市	413	4993	5012	876
闽清县生物化学总厂	福建福州市	619	2150	1887	175
福州味精厂	福建福州市	634	5346	5420	910
国营镇江恒顺酱醋厂	江苏省镇江市	718	3369	3487	516
菏泽市沙土镇酿造厂	山东省菏泽地区	950	11462	7854	407
青岛日清国际食品开发有限公司	山东省青岛市	270	5518	5237	984
淄博淀粉厂	山东省淄博市	503	2080	2400	139
招远县龙口粉丝集团公司	山东省烟台市	254	1128	552	55
上海酵母厂	上海市	946	2452	2830	212
无锡市酶制剂厂	江苏省无锡市	712	2964	2825	466
合肥酶制剂厂	安徽省合肥市	613	1254	1086	—413
上海华东速冻食品厂	上海市	458	1511	1436	74
临沂市出口食品加工厂	山东省临沂地区	283	1921	1075	67
威海市水产供销公司	山东省威海市	470	1996	3594	210
福州市水产冷冻厂	福建福州市	374	419	506	53
山东省牟平县渤海花生食品厂	山东省烟台市	601	6356	4176	402
文登市昆嵛花生制品厂	山东省威海市	371	8754	7675	287
上海市食品进出口公司冷冻五厂	上海市	255	683	763	142
江苏省大丰县麦芽啤酒总厂	江苏省盐城市	963	3388	2736	384
国营江苏宝应县麦芽厂	江苏省扬州市	158	2328	2183	60
上海—文德堡食品有限公司	上海市	169	2859	3176	423

11—1 续表 12

企业名称	所在省市	年末职工数（人）	工业总产值（万元）	销售收入（万元）	利税总额（万元）
上海市食品进出口公司冷冻三厂	上海市	453	702	728	327
乳山县黄海花生制品厂	山东省威海市	945	8071	5444	288
杭州娃哈哈食品集团公司	浙江省	2107	24212	21655	4378
饮料制造业					
无锡县酒厂	江苏省无锡市	489	2304	2150	288
徐州泥池酒厂	江苏省徐州市	1401	3619	3450	1013
江苏省新沂市酿酒厂	江苏省徐州市	656	4640	4750	821
界首市酒厂	安徽省阜阳地区	379	2629	3690	1082
马鞍山市太白酿酒饮料公司	安徽省马鞍山	571	2320	2117	89
南通酒厂	江苏省南通市	520	1982	1907	－148
安徽省濉溪县口子酒厂	安徽省淮北市	786	2237	8225	4457
江苏省泗洪双沟酒厂	江苏省淮阴市	2639	15509	18132	7849
江西省进贤县李渡酒厂	江西进贤县	463	1589	1469	349
江苏省国营双洋酒厂	江苏省淮阴市	987	5960	5484	1127
亳州市古井酒厂	安徽省阜阳地区	2472	22223	26907	9245
江苏高沟酒厂	江苏省淮阴市	2498	7934	9316	1884
江西樟树四特酒厂	江西樟树市	2054	9497	14053	4669
阜阳县酒厂	安徽省阜阳地区	959	7813	6251	1263
太和县酒厂	安徽省阜阳地区	482	3047	2888	779
合肥酒厂	安徽省合肥市	540	2193	1976	296
江西赣州酒厂	江西赣州市	804	2644	5025	1372
江苏省泗洪酒厂	江苏省淮阴市	2130	11363	14092	2730
涡阳县高炉酒厂	安徽省阜阳地区	730	3274	3237	801
江苏省滨海五提浆酒厂	江苏省盐城市	679	1803	3191	643
安徽省大泽酒厂	安徽省宿县地区	666	1800	2057	548
太仓酿酒总厂	江苏省苏州市	471	4605	3676、	372
江苏洋河酒厂	江苏省淮阴市	3336	17064	16883	5329
江苏汤沟酒厂	江苏省淮阴市	2324	11284	11597	2776
济南历城仲宫酒厂	山东省济南市	838	1620	1166	141
蚌埠市酒厂	安徽省蚌埠市	886	2949	4608	541
临川县酒厂	江西临川县	437	1355	889	197
安徽省明光酒厂	安徽省六安地区	2034	11546	13402	3683
滁州市酿酒总厂	安徽省六安地区	891	3096	2726	789
威海市酿酒厂	山东省威海市	302	1821	695	84
山东省郯城县酒厂	山东省临沂地区	625	3545	3593	669
淮北市口子酒厂	安徽省淮北市	1376	5380	11128	4081
山东省曲阜市酒厂	山东省济宁市	1519	9175	10001	3042
江西酒厂	江西南城县	741	1820	1875	336

11—1续表13

企业名称	所在省市	年末职工数（人）	工业总产值（万元）	销售收入（万元）	利税总额（万元）
山东省邹县酿酒厂	山东省济宁市	716	3834	2574	670
山东省枣庄市台儿庄区酿酒厂	山东省枣庄市	496	2014	1706	402
日照市酒厂	山东省日照市	842	4921	4463	1035
国营沂源酒厂	山东省淄博市	472	1696	1559	74
山东省潍坊市临朐县酒厂	山东省潍坊市	630	3541	2173	358
山东省临沂市酒厂	山东省临沂地区	875	8481	7567	1226
山东省济宁市第二酿酒厂	山东省济宁市	966	5523	5576	853
山东省蓬莱县酿酒厂	山东省烟台市	579	2930	2656	442
山东兰陵美酒厂	山东省临沂地区	1606	22739	20341	6849
青州酒厂	山东省潍坊市	999	2557	2446	195
山东省临沭县酒厂	山东省临沂地区	413	1351	1453	—160
山东潍坊诸城酒厂	山东省潍坊市	605	3254	3400	747
莱州市酿酒厂	山东省烟台市	468	3248	3457	853
山东景芝酒厂	山东省潍坊市	1582	16287	17197	4799
山东栖霞县酿酒厂	山东省烟台市	576	1705	1160	167
泰安酿酒总厂	山东省泰安市	718	13400	12892	3860
山东坊子酒厂	山东省潍坊市	1214	9447	10143	2008
莱芜市酿酒总厂	山东省泰安市	859	4336	4320	1049
山东省枣庄市酿酒厂	山东省枣庄市	631	4229	3649	919
山东省费县酒厂	山东省临沂地区	555	4116	3380	546
莒县酒厂	山东省临沂地区	842	2507	2729	5
山东省鄄城县酒厂	山东省菏泽地区	676	3616	2942	795
含山运漕酒厂	安徽省巢湖地区	543	1700	1831	380
山东索镇酒厂	山东省淄博市	631	2685	2750	602
兖州县酿酒厂	山东省济宁市	587	3233	2937	766
地方国营宝应酒厂	江苏省扬州市	581	4346	4545	1163
青岛第一酿酒厂	山东省青岛市	946	3980	5841	1755
邹平县酒厂	山东省惠民地区	393	2934	2540	503
齐河县酿酒厂	山东省德州地区	565	1299	1142	217
武城酒厂	山东省德州地区	540	2506	2897	848
国营山东省博兴酒厂	山东省惠民地区	1806	14081	10698	1748
山东景阳冈酒厂	山东省聊城地区	709	1861	2903	834
厦门酿酒厂	福建厦门市	664	5676	5357	1459
上海枫泾酒厂	上海市	306	1629	2115	600
江苏省丹阳酒厂	江苏省镇江市	446	1417	1468	198
安庆市啤酒厂	安徽省安庆市	359	1208	852	234
绍兴市酿酒总公司	浙江省	735	5917	9649	1853
绍兴东风酒厂	浙江省	571	6319	5325	1867

11—1 续表 14

企业名称	所在省市	年末职工数（人）	工业总产值（万元）	销售收入（万元）	利税总额（万元）
福州市第一酒厂	福建福州市	687	3976	3907	1592
上海江南啤酒厂	上海市	779	2766	2624	527
上海淀山湖酒厂	上海市	520	1707	1759	168
上海东海啤酒厂	上海市	987	3176	2906	767
上海啤酒厂	上海市	938	4636	4618	980
上海民乐啤酒饮料有限公司	上海市	665	7258	8810	466
上海华光啤酒厂	上海市	914	7856	8313	2346
南京酿酒总厂	江苏省南京市	1082	2896	2598	—267
无锡市酿酒总厂	江苏省无锡市	486	2483	2378	624
苏州酿酒总厂	江苏省苏州市	351	1687	1539	119
国营南通啤酒厂	江苏省南通市	673	1611	1550	402
吴县民生酒厂	江苏省苏州市	723	1956	1621	157
山东省临朐县啤酒厂	山东省潍坊市	506	2024	1380	4
山东寿光啤酒厂	山东省潍坊市	580	4809	4758	1027
国营常熟酒厂	江苏省苏州市	436	1543	1199	—6
山东省曲阜市啤酒厂	山东省济宁市	785	3711	4241	892
上海铁路局昆山啤酒厂	江苏省苏州市	339	1404	1305	411
江西省宜春地区酒厂	江西宜春市	439	1009	860	250
中国江苏三得利食品有限公司	江苏省连云港市	427	3927	4055	—390
泰安市啤酒厂	山东省泰安市	653	2328	2229	324
地方国营宿迁啤酒厂	江苏省淮阴市	548	1436	2441	389
盐城市酿酒总厂	江苏省盐城市	356	1157	903	25
青岛啤酒厂	山东省青岛市	2677	13810	28179	7297
山东省济宁市玉堂酿造总厂	山东省济宁市	1196	3268	3136	203
江苏省涟水啤酒厂	江苏省淮阴市	505	458	418	—50
芜湖市啤酒厂	安徽省芜湖市	466	617	534	—194
国营泰兴啤酒厂	江苏省扬州市	610	2606	2566	708
文登市胶东啤酒厂	山东省威海市	380	1113	703	—287
合肥啤酒厂	安徽省合肥市	1023	2803	2167	84
怀远县啤酒厂	安徽省蚌埠市	517	2704	2682	663
安徽省淮南啤酒厂	安徽省淮南市	386	815	642	73
日照市啤酒厂	山东省日照市	512	2293	1884	239
铜陵啤酒厂	安徽省铜陵市	545	1283	903	299
威海啤酒厂	山东省威海市	690	4063	3766	507
舒城县啤酒厂	安徽省滁县地区	292	1080	1042	248
荣成市东方啤酒厂	山东省威海市	690	2719	2331	290
山东龙口啤酒厂	山东省烟台市	414	2065	1652	315
文登市昆嵛啤酒厂	山东省威海市	343	1920	1869	224

11—1 续表 15

企业名称	所在省市	年末职工数（人）	工业总产值（万元）	销售收入（万元）	利税总额（万元）
国营张家港市啤酒厂	江苏省苏州市	680	2315	1982	476
吉安啤酒厂	江西吉安县	382	1526	1258	359
启东酒厂	江苏省南通市	495	1575	1646	289
荣成市半岛啤酒厂	山东省威海市	333	1039	848	127
阜宁县啤酒厂	江苏省盐城市	296	482	486	2
五河县啤酒厂	安徽省蚌埠市	670	1761	1480	233
济南啤酒厂	山东省济南市	956	8382	11654	2709
聊城啤酒厂	山东省聊城地区	579	892	912	—33
淄博啤酒厂	山东省淄博市	788	2657	2460	76
高邮市啤酒厂	江苏省扬州市	410	446	342	—16
山东省枣庄市薛城啤酒厂	山东省枣庄市	555	1516	1469	60
安徽省敬亭山啤酒厂	安徽省宣城地区	905	4907	3816	802
莱州市啤酒厂	山东省烟台市	1345	10969	11098	2165
邹平县啤酒厂	山东省惠民地区	748	9579	9343	1848
国营江苏省如东县酒厂	江苏省南通市	969	3203	3091	28
山东省临沂啤酒厂	山东省临沂地区	658	2497	2636	358
青岛崂山啤酒厂	山东省青岛市	1084	7443	11034	3381
山东烟台啤酒厂	山东省烟台市	1405	10529	10672	2494
常熟市海虹啤酒厂	江苏省苏州市	408	687	646	5
济南白马山啤酒厂	山东省济南市	1053	6209	8451	1560
山东省滕州市啤酒厂	山东省枣庄市	660	3256	3078	624
浙江钱江啤酒厂	浙江省	1640	11600	13480	3823
杭州啤酒厂	浙江省	1280	8507	7433	2251
厦门市同安县银城联合啤酒厂	福建厦门市	553	1974	1969	827
泉州市啤酒厂	福建泉州市	353	3211	3339	1425
惠安县啤酒厂	福建泉州市	493	2584	2863	1143
漳州市啤酒厂	福建漳州市	464	2461	3612	1209
厦门华侨啤酒厂	福建厦门市	365	2784	2775	995
福鼎县啤酒厂	福建宁德地区	533	1329	1384	430
上海华光啤酒邵武联营厂	福建南平地区	366	1347	1131	319
南平啤酒厂	福建南平地区	299	1700	1681	508
三明市啤酒厂	福建三明市	230	1398	1371	491
莆田啤酒厂	福建莆田市	562	4224	4186	1521
福州市啤酒厂	福建福州市	1010	8054	7933	2639
连云港市葡萄酒厂	江苏省连云港市	381	2780	1698	198
肖县葡萄酒厂	安徽省宿县地区	759	2166	1238	—53
国营青岛葡萄酒厂	山东省青岛市	1155	5787	5242	700
烟台张裕葡萄酿酒公司	山东省烟台市	2516	14986	13027	3177

11—1 续表 16

企业名称	所在省市	年末职工数（人）	工业总产值（万元）	销售收入（万元）	利税总额（万元）
烟台蓬莱葡萄酿酒公司	山东省烟台市	277	1858	1659	203
中国酿酒厂	上海市	446	3062	7474	1197
青岛饮料厂	山东省青岛市	433	4904	4230	630
上海酒精总厂	上海市	709	13335	10301	473
常州酿酒总厂	江苏省常州市	924	6012	5996	990
徐州酿酒总厂	江苏省徐州市	1218	7546	7845	864
地方国营响水县酒精厂	江苏省盐城市	451	1606	1576	—157
蚌埠市酒精厂	安徽省蚌埠市	1225	9640	5187	888
安徽省特级酒精总厂	安徽省宿县地区	840	5078	5153	134
山东酒精总厂	山东省济南市	1250	12376	10634	1523
山东省滕州市酿酒总厂	山东省枣庄市	1548	8946	5155	623
龙口市酒精厂	山东省烟台市	257	2387	658	151
地方国营德清县新市酿酒总厂	浙江省	763	5593	5334	655
上海申美饮料食品有限公司	上海市	493	23584	29829	11922
国营青岛汽水厂	山东省青岛市	669	2658	1879	73
上海古梅食品厂	上海市	360	1282	1341	53
无锡市古运河饮料食品厂	江苏省无锡市	226	1513	1376	333
蚌埠市果糖饮料厂	安徽省蚌埠市	671	2001	2001	287
上海汽水厂	上海市	2324	13297	12724	1661
上海百事可乐有限公司	上海市	232	5873	5873	289
杭州中萃食品有限公司	浙江省	310	15910	13426	3702
厦门饮料厂	福建厦门市	360	8186	7454	1312
甘霖饮料有限公司	上海市	64	418	521	136
上海锦江食品联合公司	上海市	244	3235	3235	763
济南健力敏饮料厂	山东省济南市	420	1270	1175	—50
上海咖啡厂	上海市	579	6796	7990	1256
南京糖果冷食厂	江苏省南京市	855	2227	2221	170
常州前进冷饮糖果厂	江苏省常州市	433	1248	1285	74
中国粮油食品进出口公司浦江饮料厂	上海市	187	7458	7845	727
福州百事可乐有限公司	福建福州市	212	4080	3448	376
上海市茶叶进出口公司第一茶厂	上海市	613	735	1539	382
上海市茶叶进出口公司第三茶厂	上海市	495	993	1723	271
祁门茶厂	安徽省黄山市	631	1263	1843	—167
安徽省屯溪茶厂	安徽省黄山市	372	1114	2967	—328
歙县茶厂	安徽省黄山市	497	1149	3307	—522
浙江绍兴出口茶叶拼配厂	浙江省	763	4635	20813	206
杭州出口茶叶拼配厂	浙江省	353	3089	27033	193
三界茶厂	浙江省	476	6864	6715	153

11—1 续表 17

企业名称	所在省市	年末职工数（人）	工业总产值（万元）	销售收入（万元）	利税总额（万元）
杭州茶厂	浙江省	991	3238	5927	—236
烟草制造业					
蚌埠市烟叶复烤厂	安徽省蚌埠市	661	181	4528	—586
淄博卷烟材料厂	山东省淄博市	458	8478	2867	373
潍坊烤烟厂	山东省潍坊市	1114	279	9003	321
山东省沂水县烟叶复烤厂	山东省临沂地区	249	282	8572	882
上海卷烟厂	上海市	5585	207385	262308	158064
中国烟草总公司江苏省公司南京卷烟厂	江苏省南京市	1855	33923	33018	17289
合肥卷烟厂	安徽省合肥市	2388	64658	58258	33731
蚌埠市卷烟厂	安徽省蚌埠市	3799	94847	84666	42801
蒙城雪茄烟厂	安徽省阜阳地区	1435	3877	3740	274
阜阳卷烟厂	安徽省阜阳地区	1821	30553	28644	15875
芜湖卷烟厂	安徽省芜湖市	3090	90665	81866	38101
滁州卷烟厂	安徽省六安地区	1396	27326	25118	13658
南昌卷烟厂	江西南昌市	2029	35909	35577	20812
赣南卷烟厂	江西南康县	1539	28383	21107	11896
嘉兴卷烟厂	浙江省	593	5608	5384	2752
济南卷烟厂	山东省济南市	3346	86945	85642	47495
烟台卷烟厂	山东省烟台市	921	10040	9158	3795
临清卷烟厂	山东省聊城地区	790	5664	5196	1303
青州卷烟厂	山东省潍坊市	2852	51874	52964	26802
兖州雪加烟厂	山东省济宁市	713	2488	2262	254
国营青岛卷烟厂	山东省青岛市	4294	90949	90778	49742
山东省滕州卷烟厂	山东省枣庄市	1770	14753	13820	4499
烟草总公司山东省沂水卷烟厂	山东省临沂地区	1133	6002	5833	1113
菏泽卷烟厂	山东省菏泽地区	1179	15873	17038	7536
宁波卷烟厂	浙江省	2185	51309	47654	27261
杭州卷烟厂	浙江省	2523	84033	82480	48565
德州卷烟厂	山东省德州地区	1314	8744	6540	288
龙岩卷烟厂	福建龙岩地区	1861	50151	49524	25508
云霄卷烟厂	福建漳州市	540	7696	7808	3488
厦门华美卷烟厂	福建厦门市	330	33352	26597	15015
厦门卷烟厂	福建厦门市	1766	48386	48378	25867
饲料工业					
上海市新丰饲料厂	上海市	297	7341	3647	141
南京市饲料公司	江苏省南京市	136	2020	1968	45
扬州饲料厂	江苏省扬州市	121	844	798	4
威海市饲料公司	山东省威海市	132	966	1114	102

11－1续表18

企业名称	所在省市	年末职工数（人）	工业总产值（万元）	销售收入（万元）	利税总额（万元）
厦门市水产饲料公司	福建厦门市	192	1323	1842	246
福建省马尾水产饲料有限公司(福州)	福建福州市	269	9577	8930	1496
纺织业					
江苏省射阳县新坍轧花厂	江苏省盐城市	1086	6329	3307	171
兴化市轧花油脂厂	江苏省扬州市	526	4615	1886	86
国营兴化市油脂轧花一厂	江苏省扬州市	492	4539	1778	121
国营兴化市轧花油脂二厂	江苏省扬州市	549	5258	2124	154
济南章邱棉麻公司	山东省济南市	1340	9116	9261	312
山东省枣庄市台儿庄区棉花加工厂	山东省枣庄市	872	5692	3258	86
山东寿光第一棉油加工厂	山东省潍坊市	626	4778	4117	35
茌平第三棉花加工厂	山东省聊城地区	1240	3208	2710	34
郓城县棉花加工一厂	山东省菏泽地区	476	2730	2138	13
山东省昌乐县棉花加工厂	山东省潍坊市	562	4849	3150	248
茌平第一油棉加工厂	山东省聊城地区	1491	3470	2443	56
肥城县棉麻公司	山东省泰安市	748	3376	3576	104
山东省定陶县第一棉花加工厂	山东省菏泽地区	1285	4446	5530	83
冠县第六棉厂	山东省聊城地区	1070	1663	2814	22
冠县第二棉厂	山东省聊城地区	1009	4741	5511	68
茌平第五棉花加工厂	山东省聊城地区	1086	2674	2758	92
菏泽市棉花加工四厂	山东省菏泽地区	415	2159	2118	6
高唐棉花第三加工厂	山东省聊城地区	520	2627	2885	
滨州市第一油棉厂	山东省惠民地区	416	2414	2191	77
成武县第一油棉加工厂	山东省菏泽地区	420	3031	3676	146
无棣县油棉加工厂	山东省惠民地区	425	3682	3985	133
山东高密一棉厂	山东省潍坊市	901	6368	6160	277
东阿县第一油棉加工厂	山东省聊城地区	1153	3302	4688	126
齐河县第二油棉加工厂	山东省德州地区	363	1948	2494	22
山东省惠民县第一油棉厂	山东省惠民地区	572	3861	3267	133
山东潍坊诸城第一棉油加工厂	山东省潍坊市	492	7004	3505	119
冠县第四棉厂	山东省聊城地区	935	2053	4213	43
邹平县第五油棉厂	山东省惠民地区	1718	14300	13665	1246
冠县第一棉厂	山东省聊城地区	3210	8291	4116	2
聊城第一棉花加工厂	山东省聊城地区	884	3661	2907	126
山东省博兴县第四油棉厂	山东省惠民地区	750	5892	5390	242
石化江海弹力丝厂	上海市	342	8953	6926	566
仪征市无纺布厂	江苏省扬州市	771	1978	1941	252
蚌埠市卷烟材料厂	安徽省蚌埠市	1104	25881	13575	1573
上海第十五棉纺织厂	上海市	3191	8983	9069	1359

11—1 续表 19

企业名称	所在省市	年末职工数（人）	工业总产值（万元）	销售收入（万元）	利税总额（万元）
上海第十九棉纺织厂	上海市	6865	19725	21333	1540
上海第七棉纺厂	上海市	4410	20301	16586	1886
上海第十七棉纺织厂	上海市	9690	40681	39144	4450
常州第三棉纺织厂	江苏省常州市	3466	12183	12420	1032
丰县纺织厂	江苏省徐州市	3739	5773	4579	—283
上海第二十八棉纺织厂	上海市	3918	13559	14577	3914
徐州纺织厂	江苏省徐州市	5713	20456	17764	942
上海第二棉纺织厂	上海市	6295	19059	19056	3672
常州第一棉纺织厂	江苏省常州市	3805	13386	13410	1038
上海第九棉纺织厂	上海市	9275	27982	27713	2138
常州第四棉纺织厂	江苏省常州市	3446	14028	13643	312
苏纶纺织厂	江苏省苏州市	7376	27127	27364	1679
上海第三十一棉纺织厂	上海市	7155	18448	18189	—70
武进县第一棉纺织厂	江苏省常州市	2305	6831	7250	—385
金坛县纺织厂	江苏省常州市	2107	4506	5110	—351
上海第一棉纺织厂	上海市	6581	17389	17306	3261
上海第十二棉纺织厂	上海市	7450	26002	27745	5167
上海第八棉纺织厂	上海市	9021	20121	20874	3233
国营常熟棉纺织厂	江苏省苏州市	2972	14162	15780	2965
上海第三十五棉纺织厂	上海市	5406	18017	17015	2648
国营张家港市棉纺织厂	江苏省苏州市	3388	13504	13203	372
南京第一棉纺织厂	江苏省南京市	4695	14483	14844	2102
张家港市化纤纺织厂	江苏省苏州市	2288	4854	5096	115
国营无锡市第四棉纺织厂	江苏省无锡市	3245	10625	11480	421
南通第一棉纺织厂	江苏省南通市	7076	26946	27754	2844
上海香花纺织厂	上海市	1127	2698	3281	251
国营无锡市第一棉纺织厂	江苏省无锡市	7220	28063	29311	2011
连云港市纺织厂	江苏省连云港市	2570	6374	6363	174
常州第二棉纺织厂	江苏省常州市	3425	12113	12493	910
国营无锡市第二棉纺织厂	江苏省无锡市	6516	26046	26997	2139
马陆棉纺织厂	上海市	1218	3389	4046	38
清江棉纺织厂	江苏省淮阴市	6205	16830	17192	339
上海第五棉纺厂	上海市	3450	11570	13493	2073
睢宁县棉纺织厂	江苏省徐州市	3391	7665	7430	250
上海第二十九棉纺织印染厂	上海市	5110	17136	16821	1940
启东棉纺织厂	江苏省南通市	3604	9571	8883	1332
益联纺织厂	上海市	770	2244	3016	—114
上海第六棉纺织厂	上海市	5182	16872	16861	2843

11—1续表 20

企业名称	所在省市	年末职工数（人）	工业总产值（万元）	销售收入（万元）	利税总额（万元）
如东县纺织厂	江苏省南通市	2012	7408	7768	208
海门县棉纺织厂	江苏省南通市	2626	5290	5524	170
南通第三棉纺织厂	江苏省南通市	6352	22652	24823	5379
如皋市丁埝纺织厂	江苏省南通市	3202	7834	9866	131
太仓利泰纺织厂	江苏省苏州市	3378	17108	16951	2812
如皋市纺织厂	江苏省南通市	2545	7896	10354	1455
南通第二棉纺织厂	江苏省南通市	6478	22494	22026	2910
上海嘉丰棉纺织厂	上海市	4918	12941	15310	3274
江阴利用棉纺织(集团)公司	江苏省无锡市	4016	15745	16578	1035
上海第二十一棉纺织厂	上海市	7279	20271	21536	3105
上海第二十二棉纺织厂	上海市	6885	23178	23154	738
国营无锡市第三棉纺织厂	江苏省无锡市	5435	18866	19520	1948
地方国营南通县纺织厂	江苏省南通市	2544	7663	7668	311
芜湖市第二棉毛纺织厂	安徽省芜湖市	1924	3397	3279	—314
淄博第二棉纺织厂	山东省淄博市	3733	10057	10491	252
射阳纺织厂	江苏省盐城市	2108	8680	7766	143
淮北市第二纺织厂	安徽省淮北市	4438	12935	12187	2380
地方国营建湖纺织厂	江苏省盐城市	2418	6373	6485	1005
山东省枣庄市第二棉纺织厂	山东省枣庄市	3791	15001	13414	2070
盐城市纺织厂	江苏省盐城市	8805	27396	26863	1619
淮北市第一棉纺织厂	安徽省淮北市	4818	14755	13640	2439
地方国营淮南第二纱厂	江苏省盐城市	2622	10648	9986	289
山东省枣庄市第一棉纺织厂	山东省枣庄市	5171	10512	10177	1481
江苏省苏丰纺织厂	江苏省盐城市	1444	4596	5194	250
宿州市纺织厂	安徽省宿县地区	4022	10013	8923	559
兴化市第三棉纺厂(化纤纺织厂)	江苏省扬州市	739	1798	1709	114
烟台棉纺织厂	山东省烟台市	2183	5094	4874	—158
国营靖江裕纶纺织厂	江苏省扬州市	2961	10807	10821	432
六安纺织厂	安徽省滁县地区	3535	12394	11457	1932
扬州纱厂	江苏省扬州市	3324	11241	13000	300
山东省滕州市棉纺织厂	山东省枣庄市	2091	4963	4510	—27
江苏省仪征化纤纺织厂	江苏省扬州市	3536	8326	8083	504
无为县纺织厂	安徽省巢湖地区	3329	7706	7751	498
丹阳棉纺织厂	江苏省镇江市	4314	14997	14888	915
烟台第二棉纺厂	山东省烟台市	2103	5992	4237	246
安徽第二棉纺织厂	安徽省合肥市	4985	11887	10029	1237
山东省栖霞棉纺织厂	山东省烟台市	2306	5204	5177	—225
淮南纺织厂	安徽省淮南市	5792	15382	14238	2019

11—1续表21

企业名称	所在省市	年末职工数（人）	工业总产值（万元）	销售收入（万元）	利税总额（万元）
牟平县棉纺织厂	山东省烟台市	3232	9243	10903	474
地方国营泗阳棉纺织厂	江苏省淮阴市	3041	4473	4481	—678
江西棉纺织印染厂	江西南昌市	11091	35210	28737	1732
青岛第十二棉纺织厂	山东省青岛市	1913	5382	3896	31
潍坊第三棉纺织厂	山东省潍坊市	1668	4541	4805	210
青岛第三棉纺织厂	山东省青岛市	3589	10917	9296	104
九江市第五纺织厂	江西九江市	2395	6430	5249	301
青岛第四棉纺织厂	山东省青岛市	3574	10215	9662	552
潍坊棉纺织厂	山东省潍坊市	4421	12405	11202	1145
青岛第一棉纺织厂	山东省青岛市	4555	12937	12600	548
江西新余纺织厂	江西新余市	6189	12076	10926	432
青岛第六棉纺织厂	山东省青岛市	5982	17696	15811	696
潍访第二棉纺织厂	山东省潍坊市	2511	7809	7864	370
淄博第一棉纺织厂	山东省淄博市	4054	5314	5550	67
抚州棉纺织厂	江西抚州市	6575	12052	6638	1043
青岛第十织布厂	山东省青岛市	1695	6491	4002	236
潍坊第四棉纺织厂	山东省潍坊市	5099	15562	14573	640
青岛第十棉纺织厂	山东省青岛市	1781	4194	3731	51
青岛第八棉纺织厂	山东省青岛市	3647	10758	10125	466
江苏省响水纺织厂	江苏省盐城市	2115	6593	6474	335
青岛第九棉纺织厂	山东省青岛市	3953	15612	14813	443
青岛第五棉纺织厂	山东省青岛市	4466	11783	12066	621
济南第四棉纺织厂	山东省济南市	4890	14456	13247	980
山东潍坊诸城棉纺织厂	山东省潍坊市	6965	17766	16888	1274
济南市第五棉纺织厂	山东省济南市	4257	7276	6555	480
山东安丘棉纺厂	山东省潍坊市	1890	4802	4550	134
济南第一棉纺织厂	山东省济南市	7894	22527	23408	1697
菏泽棉纺织厂	山东省菏泽地区	4225	9462	958	—564
山东省济宁市棉纺织厂	山东省济宁市	4631	11909	11544	1181
山东单县棉纺织厂	山东省菏泽地区	4064	7870	5718	482
山东省汶上县棉纺织厂	山东省济宁市	2330	6123	5680	124
鲁沪巨野棉纺织厂	山东省菏泽地区	1610	2606	2614	103
梁山棉纺织厂	山东省济宁市	2752	4568	4360	313
宁波和丰纺织厂	浙江省	4418	12102	12097	761
泰安棉纺针织厂	山东省泰安市	4259	9329	10375	1512
杭州第二棉纺织厂	浙江省	8506	22050	23282	179
山东省曲阜市纺织厂	山东省济宁市	1717	4607	4381	124
宁波镇海棉纺织厂	浙江省	3767	14850	13713	769

11－1续表22

企业名称	所在省市	年末职工数（人）	工业总产值（万元）	销售收入（万元）	利税总额（万元）
滨州市第三棉纺织厂	山东省惠民地区	2070	4312	3984	158
地方国营上虞棉纺织厂	浙江省	4652	14052	13895	721
山东文登棉纺织厂	山东省威海市	639	2294	2283	92
宁波万信纱厂	浙江省	2901	15061	14904	648
山东省日照市棉纺厂	山东省日照市	1209	3394	3254	409
杭州第一棉纺织厂	浙江省	5698	15447	13877	375
山东省惠民县棉纺织厂	山东省惠民地区	4401	12876	12673	736
余姚化纤棉纺织总厂	浙江省	6448	33258	37585	2418
山东省惠民县第二棉纺织厂	山东省惠民地区	1547	4742	4528	128
宁海县棉纺织厂	浙江省	3118	13989	14991	930
滨州第二棉纺织厂	山东省惠民地区	2990	8177	8647	1799
兰溪市棉纺织厂	浙江省	2364	6833	7158	1102
滨州第一棉纺织厂	山东省惠民地区	3542	11623	10691	1839
嵊县棉麻纺织厂	浙江省	2410	7204	7046	270
国营德州棉纺织厂	山东省德州地区	6673	27941	23951	4489
舟山纺织厂	浙江省	2649	6178	6771	924
禹城棉纺织厂	山东省德州地区	3778	10862	9880	952
平湖棉纺织厂	浙江省	2424	8542	7680	193
国营德州第二棉纺织厂	山东省德州地区	3532	13379	12410	1831
浦江县棉纺织厂	浙江省	2227	7111	7012	234
武城棉纺织厂	山东省德州地区	1549	3609	3771	378
杭州春江棉纺织厂	浙江省	2470	7297	6886	－182
临清棉纺织厂	山东省聊城地区	7118	17562	17161	1065
国营慈溪第一棉纺织厂	浙江省	1708	7702	7589	294
山东引黄济青博兴棉纺厂	山东省惠民地区	1866	5084	4703	722
慈溪第二棉纺织厂	浙江省	3399	10485	10037	333
聊城棉纺织厂	山东省聊城地区	3245	7713	6121	125
江苏省阜宁县纺织厂	江苏省盐城市	3236	8856	9333	379
济南第七棉纺织厂	山东省济南市	3059	4056	4002	215
泰州纺织厂	江苏省扬州市	2986	11540	11525	－48
平度棉纺织厂	山东省青岛市	1844	4835	4676	158
国营镇江纺织厂	江苏省镇江市	4507	11245	11852	476
安徽第一棉纺织厂	安徽省合肥市	4897	13027	12812	790
芜湖纺织厂	安徽省芜湖市	7459	20113	20571	1939
济南第三棉纺织厂	山东省济南市	4852	11998	12070	1367
安徽省安庆市印染色织总厂	安徽省安庆市	2469	9042	6495	－866
马鞍山市纺织厂	安徽省马鞍山	3343	7499	7047	454
安徽省安庆纺织厂	安徽省安庆市	7006	25746	24758	5801

11－1续表 23

企业名称	所在省市	年末职工数（人）	工业总产值（万元）	销售收入（万元）	利税总额（万元）
山东阳谷棉纺织厂	山东省聊城地区	1895	3572	3975	508
滁州市纺织厂	安徽省六安地区	3721	7001	6918	986
山东省蒙阴棉纺织厂	山东省临沂地区	4134	11109	11779	373
东至县纺织厂	安徽省池州地区	3188	7230	8338	250
青岛市第十三棉纺织厂	山东省青岛市	1820	2646	1805	－86
江西九江第一棉纺织厂	江西九江市	6378	16494	14010	622
邹平县棉纺织厂	山东省惠民地区	3193	9478	9834	1798
井冈山棉纺织厂	江西安福县	3406	5498	5529	102
山东省聊城地区冠县棉纺织厂	山东省聊城地区	1670	2944	2572	－271
济南第二棉纺织厂	山东省济南市	6156	15500	12821	473
江西九江第二棉纺织厂	江西九江市	6268	12652	11753	667
济南第六棉纺织厂	山东省济南市	2373	6251	5528	－155
山东省临沂棉纺织厂	山东省临沂地区	4249	11097	10010	1406
高唐棉纺织厂	山东省聊城地区	3290	7213	7788	643
江苏省兴化棉纺织厂	江苏省扬州市	2460	5113	5038	－544
莘县棉纺织厂	山东省聊城地区	4052	7979	9052	185
江苏省淮阴棉纺织厂	江苏省淮阴市	2607	5468	5422	184
地方国营淮南纱厂	江苏省盐城市	3146	10461	9608	211
泰县纱厂	江苏省扬州市	2184	6822	6576	－59
蚌埠市棉纺织印染总厂	安徽省蚌埠市	7714	20215	17353	－2240
阜阳纺织厂	安徽省阜阳地区	5578	23646	20034	1970
夏津县棉纺织厂	山东省德州地区	1808	5080	5544	689
三明纺织厂	福建三明市	4306	11216	10600	1816
南平纺织厂	福建南平地区	4117	13406	13563	1463
福州棉纺织印染厂	福建福州市	5401	16920	15704	3247
厦门市纺织厂	福建厦门市	4282	9897	8536	171
上海色织七厂	上海市	1348	2644	2621	－95
南京西善桥纺织厂	江苏省南京市	1394	3856	3605	166
上海经昌色织厂	上海市	1187	2531	3731	127
无锡市江南色织公司	江苏省无锡市	3324	7269	7012	－294
上海色织四厂	上海市	1103	2561	3319	103
国营无锡市第四色织厂	江苏省无锡市	1240	4727	4706	107
上海色织一厂	上海市	1418	1846	1536	－230
江阴红星染织厂	江苏省无锡市	1544	5469	5241	332
上海灯芯绒总厂	上海市	3628	13334	14748	1735
无锡市色织一厂扬名分厂	江苏省无锡市	1559	3985	3969	177
上海新光内衣染织厂	上海市	2616	30215	26453	4333
江阴第二染织厂	江苏省无锡市	1446	5854	4502	95

11—1续表 24

企业名称	所在省市	年末职工数（人）	工业总产值（万元）	销售收入（万元）	利税总额（万元）
国营无锡市第一色织厂	江苏省无锡市	2768	10628	11864	1054
常州第三织布厂	江苏省常州市	680	2924	3065	-99
无锡市第五棉织厂	江苏省无锡市	1669	9106	8579	230
太仓布厂	江苏省苏州市	1546	4833	4929	80
无锡市新联兴纺织有限公司	江苏省无锡市	774	3281	4122	111
国营常熟色织二厂	江苏省苏州市	1316	3936	3932	88
上海色织二厂	上海市	1492	4066	5596	500
常州市红光棉织厂	江苏省常州市	522	2953	3224	—282
上海永新雨衣染织厂	上海市	2498	24548	27876	4417
南通市色织二厂	江苏省南通市	1130	3378	3466	491
西渡布厂	上海市	630	1753	1485	168
常州第二色织厂	江苏省常州市	717	6190	6325	762
国营无锡市第二织布厂	江苏省无锡市	1159	6123	6105	655
上海色织三厂	上海市	1205	1762	1502	—237
上海第一织布厂	上海市	1075	4479	4242	652
国营无锡市第四织布厂	江苏省无锡市	981	4409	4432	160
南京棉织厂	江苏省南京市	1345	4533	4988	521
南通市色织一厂	江苏省南通市	1515	6024	5926	1219
常州色织厂	江苏省常州市	1037	2129	2004	—215
国营如皋市染织厂	江苏省南通市	1586	2655	2711	—28
苏州染织一厂	江苏省苏州市	1916	3157	3230	—146
南通市棉织十厂	江苏省南通市	1143	3350	3575	141
沪皖色织一厂	安徽省马鞍山	819	808	779	—157
苏州染织三厂	江苏省苏州市	1494	3426	3398	467
青岛第十一织布厂	山东省青岛市	1450	5124	2286	156
吴江工贸色织厂（联营染织厂）	江苏省苏州市	772	1992	2293	77
青岛绒布厂	山东省青岛市	1333	2816	2028	84
徐州色织厂	江苏省徐州市	2734	4024	4203	39
扬州布厂	江苏省扬州市	1399	4316	4321	797
国营武进第一染织厂	江苏省常州市	1785	2765	2888	82
江苏省仪征布厂	江苏省扬州市	1008	4408	4115	298
常州第九织布厂	江苏省常州市	1011	3896	3781	—64
芜湖宽幅布厂	安徽省芜湖市	780	2055	2286	156
苏州染织二厂	江苏省苏州市	1712	4601	4954	587
绍兴市新建染织厂	浙江省	1622	5734	6306	1114
连云港色织一厂	江苏省连云港市	1185	894	895	—628
宁波市人丰布厂	浙江省	2294	6022	5971	726
泰州产业用布纺织总厂	江苏省扬州市	2468	10837	10077	488

11—1 续表 25

企业名称	所在省市	年末职工数（人）	工业总产值（万元）	销售收入（万元）	利税总额（万元）
济南第三织布厂	山东省济南市	988	595	426	—173
山东潍坊诸城棉织厂	山东省潍坊市	1352	3109	3036	72
青岛第三染织厂	山东省青岛市	1758	2139	2210	—385
济南染织厂	山东省济南市	2427	4649	4919	—143
国营泰州第一织布厂	江苏省扬州市	1665	2634	2303	—216
山东省五莲县织布二厂	山东省潍坊市	2391	3430	3668	236
国营泰州第二织布厂	江苏省扬州市	1539	4713	4608	62
青岛帆布厂	山东省青岛市	1544	4790	4618	148
江苏省国营镇江新新工厂	江苏省镇江市	529	3956	3836	30
乐陵市帆布厂	山东省德州地区	1435	3958	2852	245
地方国营黄桥布厂	江苏省扬州市	2176	8774	8797	691
江苏省宝应县汜水布厂	江苏省扬州市	1354	2979	2875	239
合肥染织厂	安徽省合肥市	924	1384	815	—242
邹平县染织厂	山东省惠民地区	658	2286	2256	307
蚌埠市第三棉织厂	安徽省蚌埠市	1081	2737	2027	39
镇江色织总厂	江苏省镇江市	1919	3589	3592	38
安徽省宿州色织印染总厂	安徽省宿县地区	796	4673	3741	348
山东省临沂市染织厂	山东省临沂地区	854	2858	2386	440
太和县织布厂	安徽省阜阳地区	1187	2572	2117	338
国营泰县胜利布厂	江苏省扬州市	1398	2212	2230	—14
江西省九江国棉四厂	江西九江市	1909	3867	2564	—160
济南第二染织厂	山东省济南市	1266	2386	1228	—131
国营靖江布厂	江苏省扬州市	1435	4265	3683	140
安徽省颍州纺织总厂	安徽省阜阳地区	1461	4959	4623	—18
山东淄博织染厂	山东省淄博市	2807	13560	12510	1041
江西洪都棉纺织厂	江西南昌市	1382	1125	832	9
烟台宽幅布厂	山东省烟台市	1677	6712	6080	672
九江第三棉织印染厂	江西九江市	2386	13060	10973	192
潍坊织布三厂	山东省潍坊市	1024	1835	1570	—5
南通市棉织四厂	江苏省南通市	1212	3771	4400	327
潍坊织布一厂	山东省潍坊市	1434	4648	4650	207
南通市色织三厂	江苏省南通市	1246	2362	2433	105
潍坊染织厂	山东省潍坊市	1874	2563	2067	—276
南通县兴仁织布厂	江苏省南通市	2128	7854	7504	234
烟台第一染织厂	山东省烟台市	851	5063	4563	199
山东牟平食品工业总公司	山东省烟台市	912	2450	3818	89
潍坊第二染织厂	山东省潍坊市	2553	7469	6506	273
淄博第二织染厂	山东省淄博市	542	2364	1850	416

11－1续表 26

企业名称	所在省市	年末职工数（人）	工业总产值（万元）	销售收入（万元）	利税总额（万元）
东营市棉纺织厂	山东省东营市	1934	5165	3230	191
国营常熟色织三厂	江苏省苏州市	1371	4684	4810	216
常州第十织布厂	江苏省常州市	662	2021	2082	－20
地方国营南通县八一染织厂	江苏省南通市	1102	2269	2123	－76
淮阴织布厂	江苏省淮阴市	1635	1989	1598	－8
扬州市第三布厂	江苏省扬州市	1067	4399	4043	158
上海第五印染厂	上海市	1575	17461	13471	2203
江阴印染厂	江苏省无锡市	1346	21118	21927	4113
江西省抚州印染厂	江西抚州市	1507	10141	7763	237
上海大华装饰用品厂	上海市	743	5686	2025	241
徐州印染厂	江苏省徐州市	2099	8581	9762	－713
上海新丰印染厂	上海市	1557	14620	13532	2057
济南第二印染厂	山东省济南市	1947	11943	13848	343
上海第九印染厂	上海市	1714	15732	17118	3155
常州灯芯绒总厂	江苏省常州市	2573	16990	15929	316
上海第七印染厂	上海市	2001	18617	14909	1260
济南第一印染厂	山东省济南市	2090	15809	14762	－103
上海第十七漂染厂	上海市	751	8570	8214	1224
常熟鸽球印染集团公司	江苏省苏州市	3081	21626	17655	501
靖江县印染设备厂	江苏省扬州市	621	1856	1739	161
青岛崂山印染厂	山东省青岛市	1434	8691	3232	132
芜湖印染厂	安徽省芜湖市	1296	7503	8215	－620
南通第二印染厂	江苏省南通市	1113	9817	9572	－519
安徽印染厂	安徽省合肥市	2135	7707	6851	－1099
青岛第三印染厂	山东省青岛市	1382	3972	3811	－1438
淮北市印染厂	安徽省淮北市	1088	14334	9806	－358
国营南通八一印染厂	江苏省南通市	813	6708	5111	399
国营无锡市漂染厂	江苏省无锡市	2214	35184	36701	1724
青岛第二印染厂	山东省青岛市	1572	11260	10586	－177
上海第十印染厂	上海市	1319	13061	11932	2453
盐城市印染厂	江苏省盐城市	1418	12534	12034	1297
上海第一印染厂	上海市	2340	28016	24795	3757
青岛印染厂	山东省青岛市	2165	13791	14709	－480
上海第二十一漂染厂	上海市	699	6218	5440	775
上海光华漂染厂	上海市	709	11089	10614	1456
上海第三印染厂	上海市	1990	18372	18050	2648
山东省枣庄市印染厂	山东省枣庄市	948	4405	4177	430
上海新联印染整理厂	上海市	1431	26120	2444	189

11—1 续表 27

企业名称	所在省市	年末职工数（人）	工业总产值（万元）	销售收入（万元）	利税总额（万元）
上海元通漂染厂	上海市	973	14645	13922	1876
南昌染整厂	江西南昌市	794	5002	3010	40
烟台印染厂	山东省烟台市	900	4459	3151	454
头桥冠达染织厂	上海市	665	2200	2228	154
上海第四漂染厂	上海市	1306	9999	7845	1097
上海第七印染厂龚路分厂	上海市	704	4280	4005	165
上海第二印染厂	上海市	2209	24153	18004	2996
国营镇江市印染厂	江苏省镇江市	1351	7930	8409	131
南京印染厂	江苏省南京市	1058	5186	5642	106
潍坊印染厂	山东省潍坊市	1601	9100	8423	55
常州东风印染厂	江苏省常州市	2294	24408	24073	—320
潍坊第二印染厂	山东省潍坊市	1544	32325	27450	1821
苏州市印染厂	江苏省苏州市	1749	12678	12710	1983
山东省临沂印染厂	山东省临沂地区	909	6929	5347	597
山东省济宁市印染厂	山东省济宁市	1561	12043	10030	692
菏泽印染厂	山东省菏泽地区	1022	4170	3144	—86
滨州印染厂	山东省惠民地区	1034	14229	14225	2588
宁波市印染厂	浙江省	1290	17338	17287	488
山东省德州印染厂	山东省德州地区	1017	9537	9791	130
金华市印染厂	浙江省	1101	17242	14504	526
聊城印染厂	山东省聊城地区	902	3691	3135	340
湖州印染厂	浙江省	763	13557	13154	422
清江染整厂	江苏省淮阴市	1078	1698	1367	—162
杭州印染厂	浙江省	1887	17714	15089	—72
国营无锡市印染厂	江苏省无锡市	2598	28593	23108	550
绍兴县第一印染厂	浙江省	1088	10086	8094	610
清江印染厂	江苏省淮阴市	1477	12122	10923	360
上海色织整理一厂	上海市	658	14019	1159	131
常州东方印染厂	江苏省常州市	1780	31185	31012	622
上海达新染纱总厂高南联营厂	上海市	269	1131	1107	137
南通印染厂	江苏省南通市	1634	15073	14224	—311
扬州印染厂	江苏省扬州市	1700	20903	19597	515
三明印染厂	福建三明市	1519	15712	14813	300
上海民光被单厂	上海市	1415	4370	6265	1661
上海东海毛巾厂	上海市	1688	3191	3673	446
上海亚洲毛巾总厂	上海市	2149	4835	4834	—95
上海大中被单厂	上海市	1236	2071	2303	174
工贸合营江苏省泰州棉织品厂	江苏省扬州市	1277	2888	2788	11

11－1 续表 28

企业名称	所在省市	年末职工数（人）	工业总产值（万元）	销售收入（万元）	利税总额（万元）
泰县光华毛巾厂	江苏省扬州市	1439	1946	1939	－18
锦乐纺织装饰品有限公司	上海市	819	4776	4930	577
苏州床单厂	江苏省苏州市	1179	1826	1749	－312
济南泉润棉织品有限公司	山东省济南市	1803	3016	3555	－451
上海床罩厂	上海市	678	1897	1768	219
如皋市毛巾厂	江苏省南通市	1105	2840	3316	206
上海浦东毛巾厂	上海市	1157	2324	2379	315
青岛第四毛巾厂	山东省青岛市	2814	6052	5766	376
上海大统被单厂	上海市	1140	2402	2669	－183
南通毛巾厂	江苏省南通市	1210	2811	2841	－39
上海汉阳手帕厂	上海市	1183	2119	2238	360
青岛第三毛巾厂	山东省青岛市	934	894	742	－335
济南市天桥毛巾厂	山东省济南市	1041	869	1079	－112
南通县通海床单厂	江苏省南通市	1055	4042	1369	5
济南毛巾厂	山东省济南市	3145	5906	5678	－185
青岛毛巾厂	山东省青岛市	2075	4151	4253	91
蚌埠市纺织装饰品厂	安徽省蚌埠市	1356	2237	1860	－389
海门县手帕厂	江苏省南通市	1661	3655	3407	241
安庆市被单厂	安徽省安庆市	1681	1769	1587	－175
常州市被总厂	江苏省常州市	1754	3576	3623	－86
芜湖市锦华被单厂	安徽省芜湖市	1285	1688	1376	－430
马鞍山市毛巾被单一厂	安徽省马鞍山	952	2498	2164	153
南京大同被单厂	江苏省南京市	1172	2570	2570	－242
青岛装饰布总厂	山东省青岛市	2155	3281	3196	59
上海西西床单总厂	上海市	834	6065	1946	237
山东淄博毛巾厂	山东省淄博市	2770	7009	6201	308
上海毛巾十五厂	上海市	1784	6145	5600	553
淄博第三毛巾厂	山东省淄博市	1187	3440	2496	402
上海毛巾十二厂	上海市	2075	3453	3801	485
连云港市毛巾厂	江苏省连云港市	1800	2440	2370	－468
淄博第二毛巾厂	山东省淄博市	1789	3920	2910	130
上海太平洋织造厂	上海市	1640	4349	5471	667
山东省枣庄市毛巾厂	山东省枣庄市	676	773	581	82
上海东方纺织印花厂	上海市	305	1569	1830	250
潍坊毛巾厂	山东省潍坊市	1085	1973	1791	－11
南通市床单厂	江苏省南通市	1047	1081	1180	－189
潍坊针织厂	山东省潍坊市	1120	1213	1411	－226
荣成市棉纺织厂	山东省威海市	956	2382	2502	73

11—1 续表 29

企业名称	所在省市	年末职工数（人）	工业总产值（万元）	销售收入（万元）	利税总额（万元）
潍坊床单厂	山东省潍坊市	1390	4484	3993	301
滨州市染织厂	山东省惠民地区	855	1304	1513	45
山东潍坊昌邑毛巾厂	山东省潍坊市	1528	1932	1820	—350
滨州毛巾厂	山东省惠民地区	2222	3408	3333	200
江阴市被单厂	江苏省无锡市	2137	9765	9674	556
茌平毛巾厂	山东省聊城地区	1925	2340	2167	274
淮阴市被单厂	江苏省淮阴市	1021	2133	1872	44
上海手帕一厂	上海市	929	9933	2494	447
常州市第二毛巾厂	江苏省常州市	1385	1825	2097	—241
国营常熟被单厂	江苏省苏州市	1379	9570	8771	738
扬州大华棉织厂	江苏省扬州市	2441	5183	5102	113
龙岩地区染织厂	福建龙岩地区	1048	2744	1971	250
上海消防水带厂	上海市	695	3188	3468	774
张家港市织带总厂	江苏省苏州市	392	1425	1308	152
淮阴市民用纺织品总厂	江苏省淮阴市	579	2123	1640	155
中国飞纶制线厂	上海市	1203	8528	5788	383
上海第二线厂	上海市	838	4904	4256	305
上海第三制线厂	上海市	1005	5952	6256	1262
上海花边商标厂	上海市	1010	1336	1547	72
上海第一制线厂	上海市	798	4980	3252	357
泰县织带厂	江苏省扬州市	835	1774	1492	250
宁波市线厂	浙江省	1296	5984	6108	622
上海第十一化学纤维厂	上海市	3342	19454	6978	2226
无锡县江南帘帆布厂	江苏省无锡市	660	2150	1451	125
无锡市太湖帘子布厂	江苏省无锡市	283	1124	1757	—18
徐州帘子布厂	江苏省徐州市	1567	7217	6152	681
泰州市帘子布厂	江苏省扬州市	1453	5780	5394	359
扬州有机化工厂	江苏省扬州市	1803	6261	5423	409
青岛第二棉纺织厂	山东省青岛市	5009	11620	11209	—494
上海缆绳厂	上海市	495	1688	1591	265
上海达新染织总厂	上海市	964	4184	3907	344
淄博第六棉纺厂	山东省淄博市	1188	2448	2574	—397
上海利华染纱厂	上海市	563	1305	1360	86
山东省高青县棉花综合加工厂	山东省淄博市	1224	6779	7548	244
上海色织染纱一厂	上海市	551	1082	1131	77
南通海盟有限公司	江苏省南通市	427	7468	7308	1000
如东县不织布厂	江苏省南通市	175	1588	896	37
上海色织染纱二厂	上海市	571	1742	1729	192

11－1续表 30

企业名称	所在省市	年末职工数（人）	工业总产值（万元）	销售收入（万元）	利税总额（万元）
南通市曙光漂染厂	江苏省南通市	614	1891	1815	128
上海第二毛条厂	上海市	323	2201	3258	500
兖州毛条厂	山东省济宁市	872	2532	2032	19
无锡市第四毛纺厂	江苏省无锡市	594	741	643	－22
无锡市毛条厂	江苏省无锡市	478	4157	563	32
常州市毛条厂	江苏省常州市	1084	3927	4330	174
蚌埠市毛条厂	安徽省蚌埠市	677	7141	5665	242
上海第一毛条厂	上海市	2543	47243	18188	1989
浙江省嘉兴市毛条厂	浙江省	792	8194	5656	152
上海第二毛纺织厂	上海市	2421	15920	14623	3451
上海第三毛纺织厂	上海市	2323	11259	10494	2487
上海第二十毛纺厂	上海市	837	2838	2906	131
上海第一毛纺织厂	上海市	2853	9896	9794	2064
上海人造毛皮厂	上海市	396	980	774	100
上海第七毛纺织厂	上海市	2098	6644	6453	905
上海第十二毛纺织厂	上海市	2456	9252	6278	421
上海章华毛纺织公司	上海市	3190	10885	11421	2716
上海协新毛纺织厂	上海市	1239	3981	2390	273
上海市第五毛纺织厂	上海市	3649	15917	13316	2084
上海毛毯厂	上海市	1762	6747	6216	1448
上海百乐毛纺织有限公司	上海市	527	5892	5646	552
上海第十七毛纺厂	上海市	2406	15156	6803	1152
上海华丰毛纺厂	上海市	2510	15321	10747	2085
上海第二十三毛纺织厂	上海市	271	1681	786	82
上海第六毛纺织厂	上海市	1420	5018	4578	912
上海第十九毛纺厂	上海市	1306	13266	7387	800
上海元丰毛纺织厂	上海市	1165	4673	5701	1203
上海第十一毛纺织厂	上海市	1025	3626	3274	336
上海寅丰毛纺织厂	上海市	1200	3873	2731	597
上海第二毛纺厂东沟分厂	上海市	777	765	933	140
淮阴市第一毛纺织染厂	江苏省淮阴市	1018	1342	1282	38
南通市第三毛纺织厂	江苏省南通市	1761	2846	2191	249
济南第二毛纺织厂	山东省济南市	1466	2800	1940	3
常州市第三毛纺织厂	江苏省常州市	1575	5601	5919	670
扬州毛纺织厂	江苏省扬州市	1462	3844	3393	806
济南毛纺织厂	山东省济南市	1627	3735	3155	740
泰县毛纺织实业公司	江苏省扬州市	817	2765	2374	167
武进县第三毛纺染织厂	江苏省常州市	2031	9033	4594	525

11—1 续表 31

企业名称	所在省市	年末职工数（人）	工业总产值（万元）	销售收入（万元）	利税总额（万元）
蚌埠市第二毛纺厂	安徽省蚌埠市	1508	2601	2058	—142
青岛毛纺织厂	山东省青岛市	1217	867	730	—45
界首市毛纺厂	安徽省阜阳地区	383	1449	1188	304
苏州第三毛纺厂	江苏省苏州市	757	1994	1568	183
江阴市毛纺织染总厂	江苏省无锡市	1672	8122	6435	768
青岛第二毛纺织厂	山东省青岛市	3613	8004	6666	965
徐州毛纺厂	江苏省徐州市	2764	5577	6119	232
工贸合营张家港市光达针织绒厂	江苏省苏州市	1409	5455	2652	434
国营无锡市协新毛纺织染厂	江苏省无锡市	3437	14199	16585	2215
青岛簇绒毛毯厂	山东省青岛市	527	906	880	
无锡县毛线厂	江苏省无锡市	820	3834	1680	99
长江毛纺织有限公司	江西九江市	3077	5519	4150	—442
南京毛麻纺织企业集团	江苏省南京市	6335	22008	27706	3482
无锡市第一毛纺织染厂	江苏省无锡市	1689	5883	5844	892
宜兴市毛纺织染厂	江苏省无锡市	1058	3814	4196	402
张家港市毛线厂	江苏省苏州市	793	1523	2051	227
山东淄博毛毯厂	山东省淄博市	1024	3614	3117	746
上海大治河毛纺厂	上海市	1345	6356	1265	168
山东淄博毛纺织厂	山东省淄博市	1615	5421	4788	1076
无锡市第五毛纺厂	江苏省无锡市	897	1861	1778	170
淄博第二毛纺织厂	山东省淄博市	1949	5996	5470	915
威海市第三毛纺织厂	山东省威海市	1332	4037	3340	390
陵县颜陵毛纺厂	山东省德州地区	1684	3082	3267	350
烟台毛纺厂	山东省烟台市	487	3340	2824	274
威海市毛纺织厂	山东省威海市	1412	5426	5081	618
山东省枣庄市第一毛纺厂	山东省枣庄市	638	2827	1516	380
威海市第二毛纺织厂	山东省威海市	2118	8475	7680	1031
山东省枣庄市第二毛纺厂	山东省枣庄市	1225	1129	582	—127
山东省费县毛纺织厂	山东省临沂地区	1328	3904	2490	138
潍坊第二毛纺织厂	山东省潍坊市	1530	4023	3907	690
临沂兔毛染织厂	山东省临沂地区	100	1446	1308	86
山东省济宁市毛纺织厂	山东省济宁市	2378	6607	5846	1143
山东省蒙阴县德阳纺织有限公司	山东省临沂地区	618	3146	3105	174
泰山毛纺织厂	山东省泰安市	1052	1504	1002	102
菏泽毛纺厂	山东省菏泽地区	1093	3233	2618	215
常熟市碧溪毛纺厂	江苏省苏州市	790	4000	2005	323
浙江省嘉兴毛纺织总厂	浙江省	4484	14875	15330	474
江阴市精毛纺厂	江苏省无锡市	2230	7503	9220	804

11－1 续表 32

企业名称	所在省市	年末职工数（人）	工业总产值（万元）	销售收入（万元）	利税总额（万元）
杭州第一毛纺织厂	浙江省	2007	7754	8264	709
泰安毛纺织厂	山东省泰安市	990	3098	2874	561
宁波黑炭衬厂	浙江省	1467	5880	5707	743
兖州县毛纺织厂	山东省济宁市	1426	3578	3058	393
浙江省嘉兴第二毛纺织厂	浙江省	2341	6568	5985	899
滨州毛纺织厂	山东省惠民地区	1225	6538	5710	1745
南通市第二毛纺织厂	江苏省南通市	1585	1869	1495	188
无锡市第二毛纺织染厂	江苏省无锡市	1446	4695	3995	738
威海中大毛纺厂	山东省威海市	515	1335	1136	134
常州毛纺织厂	江苏省常州市	1716	7921	8255	1259
常州市第二毛纺织厂	江苏省常州市	1734	6274	5746	895
张家港市毛纺厂	江苏省苏州市	1582	4779	3444	355
山东省临沂联合毛纺有限公司	山东省临沂地区	135	3478	2948	598
无锡县前洲前达毛纺厂	江苏省无锡市	763	2826	2342	358
武进县侨联毛纺厂	江苏省常州市	2450	5142	6015	1269
无锡市太湖毛纺厂	江苏省无锡市	1106	3211	2287	323
苏州第一毛纺织厂	江苏省苏州市	1240	3075	2931	439
新泰市毛纺织厂	山东省泰安市	1312	1718	1017	25
威海市第六毛纺厂	山东省威海市	1558	4607	3945	406
聊城毛纺织厂	山东省聊城地区	2423	2260	1910	343
漳州市毛纺织印染总厂	福建漳州市	2109	5894	4667	996
申光毛绒实业有限公司	上海市	780	9867	9491	1537
常熟市毛纺织总厂	江苏省苏州市	1460	5129	4589	425
扬州毛毯厂	江苏省扬州市	1428	3157	2026	293
泰兴县毛毯厂	江苏省扬州市	1101	873	973	－230
潍坊毛纺织厂	山东省潍坊市	1565	4025	2615	401
菏泽第二毛纺厂	山东省菏泽地区	1280	4730	4442	1370
上海工业用呢厂	上海市	1797	10940	8811	2621
肥城县工业用呢厂	山东省泰安市	583	903	638	52
无锡市人造毛皮厂	江苏省无锡市	522	2406	2307	207
苏州振华毛纺总厂	江苏省苏州市	924	4055	2689	256
工贸合营吴江毛纺织厂	江苏省苏州市	166	2981	1436	116
济南人造毛皮厂	山东省济南市	630	1200	849	－17
山东栖霞县毛皮总厂	山东省烟台市	729	796	515	－18
聊城第二毛纺织厂	山东省聊城地区	965	596	536	65
武进苧麻纺织厂	江苏省常州市	640	1195	1259	－591
张家港市麻纺织厂	江苏省苏州市	925	5062	4775	273
如东县贮麻纺织厂	江苏省南通市	1050	1325	456	4

11－1续表 33

企业名称	所在省市	年末职工数（人）	工业总产值（万元）	销售收入（万元）	利税总额（万元）
芜湖市苎麻纺织厂	安徽省芜湖市	1361	1844	1619	－285
安徽省铜陵市苎麻纺织一厂	安徽省铜陵市	3622	3634	3130	－1394
莒南县第二苎麻纺织厂	山东省临沂地区	1031	2084	794	34
山东省莒南县苎麻纺织厂	山东省临沂地区	883	1197	717	－35
国营无锡市天元麻棉纺织厂	江苏省无锡市	3114	3923	9226	332
连云港麻纺织厂	江苏省连云港市	2085	2557	2554	－471
江苏省泗洪麻纺织厂	江苏省淮阴市	1383	1248	1159	－223
泰州毛麻纺织厂	江苏省扬州市	1989	2489	2422	－327
蚌埠市第一麻纺厂	安徽省蚌埠市	2702	5103	4393	－614
淮南市麻纺织厂	安徽省淮南市	1543	2004	2048	－260
蚌埠市第二麻纺厂	安徽省蚌埠市	2914	5703	4977	－121
青岛麻纺织厂	山东省青岛市	1157	2852	2447	131
青岛第二麻纺织厂	山东省青岛市	2163	2684	2052	4
舒城县麻纺织厂	安徽省滁县地区	3592	5907	5483	－247
江西八一麻纺厂	江西南昌市	5068	3878	3426	－164
莱西麻纺织厂	山东省青岛市	1917	2928	2331	－72
山东淄博亚麻纺织厂	山东省淄博市	659	750	763	10
山东潍坊昌邑麻纺织厂	山东省潍坊市	1310	2239	2140	95
山东省济宁市麻纺织厂	山东省济宁市	1731	4156	3757	142
山东单县麻纺织厂	山东省菏泽地区	1696	2342	2090	49
浙江麻纺织厂	浙江省	5698	12987	12010	－896
漳州市毛麻纺织总厂	福建漳州市	1940	1456	1344	－100
国营无锡市第四缫丝厂	江苏省无锡市	1192	5549	6423	282
国营无锡市第二缫丝厂	江苏省无锡市	1598	5558	5850	432
国营无锡市第一缫丝厂	江苏省无锡市	1595	5263	5030	553
东台市唐洋缫丝厂	江苏省盐城市	700	1401	1340	94
吴江县庙港缫丝厂	江苏省苏州市	755	3118	2181	305
东台市缫丝三厂	江苏省盐城市	1180	2002	1800	84
东台市富安缫丝厂	江苏省盐城市	1094	1833	2004	109
江苏省邳县缫丝厂	江苏省徐州市	1579	1747	1468	－69
如皋市缫丝厂	江苏省南通市	1252	2214	2462	136
工贸合营金坛丝绸针织总厂	江苏省常州市	1242	3915	3732	167
地方国营建湖县缫丝厂	江苏省盐城市	1301	2673	2853	516
苏州第一丝厂	江苏省苏州市	1623	3571	2194	169
吴江县铜罗缫丝厂	江苏省苏州市	703	977	1207	224
吴江县七都联合缫丝厂	江苏省苏州市	1120	1729	2217	239
江都丝厂	江苏省扬州市	1730	3785	3358	298
吴江县梅堰缫丝厂	江苏省苏州市	812	2099	1841	100

11—1 续表 34

企业名称	所在省市	年末职工数（人）	工业总产值（万元）	销售收入（万元）	利税总额（万元）
南通县先锋缫丝厂	江苏省南通市	1751	2314	2066	180
江苏省盐城市龙冈缫丝厂	江苏省盐城市	1045	1926	2017	159
丹阳丝绸厂	江苏省镇江市	1991	4870	4462	689
地方国营大丰县缫丝厂	江苏省盐城市	1041	1891	1742	115
东台市三仓缫丝厂	江苏省盐城市	1020	1736	1652	85
国营无锡市第三缫丝厂	江苏省无锡市	887	2235	2225	121
射阳县丝绸厂	江苏省盐城市	1170	2394	2088	91
大丰县三龙丝绸总厂	江苏省盐城市	1381	2480	1784	116
海门县丝厂	江苏省南通市	1100	1806	1802	56
丹阳市第二缫丝厂	江苏省镇江市	2500	4011	3815	349
江苏省东台市缫丝厂	江苏省盐城市	920	1958	1985	60
泾县缫丝厂	安徽省宣城地区	1328	1967	2248	—11
淮阴县缫丝厂	江苏省淮阴市	1273	2486	2254	309
绩溪县缫丝厂	安徽省宣城地区	1292	3688	3778	924
湖州丝厂	浙江省	1676	6790	6831	644
浙江制丝二厂	浙江省	2369	7682	7701	702
天长县缫丝厂	安徽省六安地区	1159	1920	1652	207
国营吴江震丰缫丝厂	江苏省苏州市	449	2479	2444	491
山东省临沂丝绸厂	山东省临沂地区	1261	2424	2262	145
吴江县八都缫丝厂	江苏省苏州市	868	1650	1592	213
吴江县青云缫丝厂	江苏省苏州市	718	1393	1090	86
国营海安丝厂	江苏省南通市	1245	4433	3883	118
国营新曹缫丝厂	江苏省盐城市	889	1394	1446	69
地方国营江苏省如东县缫丝厂	江苏省南通市	1482	4014	3908	323
溧阳市缫丝厂	江苏省常州市	1098	3975	4094	281
启东缫丝厂	江苏省南通市	1399	2471	2373	92
吴江县谭丘缫丝厂	江苏省苏州市	852	1464	1543	142
地方国营阜宁县丝绸厂	江苏省盐城市	1400	2507	2602	164
江苏省启东少直缫丝厂	江苏省南通市	1367	2976	2789	492
阜阳丝绸总厂	安徽省阜阳地区	1136	2442	1775	262
杭州新华丝厂	浙江省	2870	11480	12547	1783
山东沂源制丝厂	山东省淄博市	1237	2485	2317	78
山东省临朐缫丝厂	山东省潍坊市	1443	4134	4011	396
山东省乳山制丝厂	山东省威海市	1292	3625	3710	308
青阳县丝绸总厂	安徽省池州地区	1553	2989	3249	306
山东淄博制丝厂	山东省淄博市	2013	4666	4003	312
嘉兴制丝针织联合厂	浙江省	2901	13682	15335	1350
浙丝一厂	浙江省	2425	8299	8621	1108

11—1 续表 35

企业名称	所在省市	年末职工数（人）	工业总产值（万元）	销售收入（万元）	利税总额（万元）
无锡县缫丝厂	江苏省无锡市	1085	3506	3257	117
苏州江南丝厂	江苏省苏州市	1379	3819	3301	515
上海绢纺织厂	上海市	3020	8286	9861	1031
山东莱阳绢纺厂	山东省烟台市	1648	5627	6383	675
国营无锡市绢纺厂	江苏省无锡市	1786	5071	5351	225
东台市绢纺厂	江苏省盐城市	1208	2592	2558	107
泗阳绢纺厂	江苏省淮阴市	2550	7793	8233	993
山东淄博绢纺厂	山东省淄博市	600	1021	1100	—45
如皋市绢纺厂	江苏省南通市	1838	4809	4620	1067
浙江省嘉兴绢纺厂	浙江省	3672	15139	15967	3073
上海筛网厂	上海市	1307	2649	4120	434
上海第十二丝织厂	上海市	1669	5250	5196	302
上海第一丝织厂	上海市	2954	8930	8494	444
上海第十五丝织厂	上海市	360	3700	3138	385
上海第十一丝织厂	上海市	751	2152	2967	134
上海第九丝织厂	上海市	912	1375	2448	81
溧阳市丝织厂	江苏省常州市	980	4143	4150	196
上海第五丝织厂	上海市	1563	5722	6170	89
上海第三丝织厂	上海市	3223	8293	9139	328
上海第二丝织厂	上海市	1019	2025	1893	81
上海第四丝织厂	上海市	981	2300	2650	243
上海第六丝织厂	上海市	2704	5067	5147	292
常州武进丝织厂	江苏省常州市	1300	6337	4003	626
国营无锡市第二丝织厂	江苏省无锡市	1345	9314	9351	555
无锡市绵绸厂	江苏省无锡市	862	6956	4026	202
常州锦华绸厂	江苏省常州市	1330	5949	5634	65
南京中兴源丝织厂	江苏省南京市	1519	1664	1704	—399
绍兴县绸缎总厂	浙江省	1018	10040	11738	1350
国营无锡市第一丝织厂	江苏省无锡市	1753	10622	10586	932
地方国营浙江省新昌丝织总厂	浙江省	1166	7896	7807	753
苏州市新星丝织厂	江苏省苏州市	670	2794	3333	662
杭州红雷丝织厂	浙江省	1755	8038	8212	748
苏州东吴丝织厂	江苏省苏州市	3535	18627	19728	1528
杭州绸厂	浙江省	1050	5076	5316	79
苏州新苏丝织厂	江苏省苏州市	3212	17350	17825	3025
杭州幸福丝织厂	浙江省	1760	5903	5754	—56
淮阴县丝织厂	江苏省淮阴市	1377	4561	4529	314
山东潍坊昌邑丝织一厂	山东省潍坊市	1074	4206	4011	362

11—1 续表 36

企业名称	所在省市	年末职工数（人）	工业总产值（万元）	销售收入（万元）	利税总额（万元）
丹阳强华丝织厂	江苏省镇江市	1339	5497	5820	353
山东潍坊昌邑丝织二厂	山东省潍坊市	1530	3786	3144	249
丹阳市丝织厂	江苏省镇江市	1145	3135	3343	180
山东淄博丝织三厂	山东省淄博市	1282	3028	2981	484
安徽丝绸厂	安徽省合肥市	2493	6828	5770	610
山东省栖霞县丝绸厂	山东省烟台市	853	2797	1372	33
芜湖丝绸厂	安徽省芜湖市	1884	2755	2387	—423
牟平县丝绸厂	山东省烟台市	1199	3123	1532	142
歙县黄山丝绸总厂	安徽省黄山市	1385	1456	1099	188
山东淄博丝织二厂	山东省淄博市	1845	5642	5131	455
金寨县丝绸总厂	安徽省滁县地区	2496	5818	5545	992
烟台丝织厂	山东省烟台市	926	2999	2420	149
绩溪县红星丝绸厂	安徽省宣城地区	994	2057	1459	119
文登市丝绸工业集团公司	山东省威海市	2253	10499	5231	581
如皋市丝织厂	江苏省南通市	1023	3140	2753	82
杭州丝绸印染联合厂	浙江省	5157	22436	20345	665
国营吴江新生丝织厂	江苏省苏州市	4150	20801	19581	841
湖州市湖丰绸厂	浙江省	2048	11719	11927	688
国营江西丝绸厂	江西新建县	2361	4558	2892	56
湖州绸厂	浙江省	1854	6552	6338	193
青岛丝织厂	山东省青岛市	2119	10822	7661	338
临平绸厂	浙江省	1487	10666	9883	789
山东淄博丝织一厂	山东省淄博市	1617	5778	5635	472
杭州天成丝织厂	浙江省	1827	8584	9807	326
吴江工艺织造厂	江苏省苏州市	3040	28268	10064	405
湖州市永昌丝织厂	浙江省	2120	9925	9776	333
吴江新民丝织厂	江苏省苏州市	2722	15447	14964	957
湖州市达昌绸厂	浙江省	2061	10744	10409	641
苏州光明丝织厂	江苏省苏州市	3447	16526	16442	2869
湖州市东风丝织厂	浙江省	1472	7300	7129	401
苏州市锦绣丝织厂	江苏省苏州市	1174	4333	4268	683
杭州丝织厂	浙江省	1685	7727	7089	162
济南丝绸厂	山东省济南市	1209	4184	4144	351
绍兴丝织厂	浙江省	2395	11330	11141	1340
国营吴江新华丝织厂	江苏省苏州市	2600	14462	14656	795
杭州福华丝绸厂	浙江省	2546	10034	10653	314
海安县丝织厂	江苏省南通市	755	3495	3443	276
工贸合营吴江新达丝织厂	江苏省苏州市	1412	4333	4125	245

11—1 续表 37

企业名称	所在省市	年末职工数（人）	工业总产值（万元）	销售收入（万元）	利税总额（万元）
青岛第二丝织厂	山东省青岛市	1083	2170	2128	80
国营吴江新联丝织厂	江苏省苏州市	2786	13302	14575	767
吴县丝织厂	江苏省苏州市	1507	4593	4240	71
苏州市东风丝织厂	江苏省苏州市	1249	4881	4424	282
苏州振亚丝织厂	江苏省苏州市	4072	25085	25496	4188
苏州新光丝织厂	江苏省苏州市	1479	7219	6742	1092
南通县丝绸印染联合厂	江苏省南通市	3115	10050	9364	838
苏州新风丝织厂	江苏省苏州市	1216	4861	4820	257
邵武丝绸厂	福建南平地区	1285	2229	919	19
上海丝绒染整厂	上海市	484	5701	5097	377
杭州丝绸印染厂	浙江省	1076	31349	13874	892
上海第一丝绸印染厂	上海市	1542	12288	15451	1009
嘉兴丝绸印染厂	浙江省	603	6120	9994	389
上海第七印绸厂	上海市	806	8644	9962	719
宁波丝绸印染厂	浙江省	537	7128	8316	232
苏州丝绸印花厂	江苏省苏州市	1100	9622	9877	1732
绍兴丝绸炼染厂	浙江省	1203	13518	11822	840
无锡市丝绸印染总厂	江苏省无锡市	1480	15933	30116	2047
绍兴丝绸印花厂	浙江省	1122	12701	5336	1008
苏州绸缎炼染一厂	江苏省苏州市	1038	6775	19879	929
南昌化纤厂	江西新建县	889	3647	2076	—13
山东淄博丝绸印染厂	山东省淄博市	1074	17262	9779	782
苏州染丝厂	江苏省苏州市	678	3070	2945	589
山东潍坊昌邑丝绸印染厂	山东省潍坊市	669	10173	3685	484
国营吴江绸缎炼染二厂	江苏省苏州市	895	18328	2939	726
杭州丝绸炼染厂	浙江省	1412	25370	21072	1316
吴江县东方丝绸印染厂	江苏省苏州市	910	5704	5336	366
湖州丝绸印染厂	浙江省	1602	14028	28783	1551
江苏省海安丝绸印染厂	江苏省南通市	495	4762	10515	539
国营吴江丝绸印花厂	江苏省苏州市	766	7362	4191	683
国营吴江绸缎炼染一厂	江苏省苏州市	1009	20851	3239	816
吴江县盛泽印染厂	江苏省苏州市	1595	19204	16182	447
常州丝绸印染厂	江苏省常州市	1024	4529	7969	160
上海第二丝绸印染厂	上海市	1181	9163	6652	426
上海第三丝绸印染厂	上海市	500	3127	2218	112
苏州市丽华丝绸印染厂	江苏省苏州市	1032	6604	11730	1956
苏州绸缎炼染二厂	江苏省苏州市	980	7273	17897	2964
上海第一绸缎炼染厂	上海市	1034	11475	7226	235

11—1 续表 38

企业名称	所在省市	年末职工数（人）	工业总产值（万元）	销售收入（万元）	利税总额（万元）
福州市丝绸印染联合厂	福建福州市	1400	1556	1608	322
海安县丝织品厂	江苏省南通市	1143	5006	5007	265
上海针织十四厂	上海市	920	2578	2638	513
上海五和针织二厂	上海市	1740	9565	9406	386
上海针织十一厂	上海市	1450	5636	6521	1171
上海针织十厂	上海市	1058	2446	4947	350
上海针织二十厂	上海市	1880	6310	9908	143
上海景福针织厂	上海市	1525	6399	7421	1181
上海五洲针织有限公司	上海市	469	2240	3658	982
上海针织五厂	上海市	1650	5685	8596	1045
上海针织运动衣厂	上海市	920	2500	3147	55
上海五和针织一厂	上海市	1177	3802	4778	600
上海针织九厂	上海市	2910	13458	14303	2083
上海百达针织厂	上海市	1575	3563	4106	—20
上海针织十二厂	上海市	1175	4000	4098	562
奉贤汇达针织服装厂	上海市	857	7324	5686	616
上海织袜一厂	上海市	2580	8057	8457	1196
上海针织厂	上海市	1670	6726	8871	1258
上海第一棉纺针织厂	上海市	2000	4789	7015	1234
上海景纶针织厂	上海市	901	5220	4406	834
无锡县工贸合营棉纺针织总厂	江苏省无锡市	2018	4699	4276	128
上海针织二十一厂	上海市	547	2139	1970	383
江阴市申达针织厂	江苏省无锡市	1168	4870	4138	—52
山东省德州针织厂	山东省德州地区	1318	3792	2133	11
徐州针织内衣厂	江苏省徐州市	1315	3528	3709	175
高唐针织厂	山东省聊城地区	670	686	685	65
宁波针织厂	浙江省	1098	5944	6544	388
临清针织厂	山东省聊城地区	926	2520	2103	147
山东省鲁南经编厂	山东省枣庄市	519	731	489	57
苏州针织总厂	江苏省苏州市	1797	5881	5605	124
工贸合营江阴针织服装厂	江苏省无锡市	1481	4786	4779	120
烟台针织联合公司	山东省烟台市	1390	5495	4672	568
九江市针织总厂	江西九江市	1370	3207	3074	—21
连云港市针织内衣厂	江苏省连云港市	483	399	356	—190
国营江西省上饶针织总厂	江西上饶市	1049	902	830	—12
山东省枣庄市针织厂	山东省枣庄市	838	1072	1204	94
江西抚州针织厂	江西抚州市	1298	2431	1944	84
江苏建泰针织品有限公司	江苏省扬州市	729	1116	1239	—119

11—1 续表 39

企业名称	所在省市	年末职工数（人）	工业总产值（万元）	销售收入（万元）	利税总额（万元）
余杭县双宫丝厂	浙江省	1059	4891	6899	646
济南针织厂	山东省济南市	2085	5887	5802	850
山东龙口针织厂	山东省烟台市	943	3079	2252	273
青岛第十二针织厂	山东省青岛市	475	1590	1230	457
芜湖市红光针织厂	安徽省芜湖市	1845	3713	3824	—338
青岛第一针织厂	山东省青岛市	2047	6671	7295	222
招远县针织厂	山东省烟台市	1113	2795	3386	360
青岛第七针织厂	山东省青岛市	1053	3668	3587	148
淮北市第三针织厂	安徽省淮北市	469	1222	1006	142
青岛第二针织厂	山东省青岛市	1065	1074	1003	—185
山东潍坊诸城针织厂	山东省潍坊市	810	2492	2918	120
青岛第三针织厂	山东省青岛市	1679	3464	3575	—397
山东省济宁市针织厂	山东省济宁市	1146	3082	2209	340
青岛第四针织厂	山东省青岛市	839	2392	2125	34
南通市针织厂	江苏省南通市	1057	5514	4672	152
山东省临沂针织厂	山东省临沂地区	1281	2510	2487	156
山东省日照市针织厂	山东省日照市	570	1292	1149	96
江苏省南通针织染织厂	江苏省南通市	594	5772	5613	1069
扬州针织厂	江苏省扬州市	716	1060	1075	—11
江苏省棉纺针织厂	江苏省盐城市	2266	7759	8432	1380
安庆市针织总厂	安徽省安庆市	1228	5089	3051	—274
扬州市红星针织厂	江苏省扬州市	1263	4838	4880	832
国营南昌针织厂	江西南昌市	1366	1864	1788	—245
蚌埠市针织厂	安徽省蚌埠市	1020	2200	2010	—426
盐城市针织内衣厂	江苏省盐城市	1202	2579	2631	485
淮北市第一针织厂	安徽省淮北市	720	2505	2106	136
淮南市针织厂	安徽省淮南市	1074	2115	1691	—98
江西针织总厂	江西南昌市	1524	4595	3609	70
滨州市针织厂	山东省惠民地区	676	1294	1206	175
国营泰州针织内衣厂	江苏省扬州市	924	1503	1520	—46
沪皖针织一厂	安徽省马鞍山	824	2262	2123	—154
青岛第五针织厂	山东省青岛市	678	1968	1871	42
如皋市针织内衣厂	江苏省南通市	876	1614	1551	—146
安徽针织厂	安徽省合肥市	2357	4886	4400	—186
无锡市工贸合营第二针织内衣厂	江苏省无锡市	863	3350	3326	79
南京针织内衣厂	江苏省南京市	1286	3576	3670	102
江苏省无锡市针织总厂	江苏省无锡市	2203	7723	9756	391
无锡市织袜总厂	江苏省无锡市	2033	3787	3863	229

11—1 续表 40

企业名称	所在省市	年末职工数（人）	工业总产值（万元）	销售收入（万元）	利税总额（万元）
无锡市太湖针织制衣总厂	江苏省无锡市	2471	10008	8039	741
福州市针织总厂	福建福州市	2536	2148	1784	39
厦门针织厂	福建厦门市	628	1511	1258	134
南平市华盛针织工贸集团公司	福建南平地区	2508	7205	5806	472
上海第十四羊毛衫厂	上海市	801	4108	5275	362
上海联合纺织集团有限公司	上海市	1265	12391	11076	428
上海第一羊毛衫厂	上海市	1612	3443	3384	—664
上海第十五羊毛衫厂	上海市	1497	6139	5419	701
张家港市羊毛衫厂	江苏省苏州市	1789	6074	4128	400
常熟市针织厂	江苏省苏州市	870	1886	1489	20
上海第九华袜厂	上海市	730	1431	1490	212
上海织袜八厂	上海市	1156	2346	1928	232
上海同兴袜厂	上海市	1190	1925	1999	272
上海织袜二厂	上海市	1242	2684	2716	288
南京纺织工贸实业总公司	江苏省南京市	1040	496	227	—526
无锡市丝绸针织服装总厂	江苏省无锡市	610	1983	1976	132
溧阳市针织厂	江苏省常州市	490	1001	969	—89
连云港市经纬编一厂	江苏省连云港市	416	586	509	—98
泰县袜厂	江苏省扬州市	1304	1026	924	85
淄博第二针织厂	山东省淄博市	365	2549	471	90
乳山县丝针织厂	山东省威海市	502	3387	2351	369
常州针织总厂	江苏省常州市	3065	9735	9041	—894
常熟市纬编总厂	江苏省苏州市	523	3710	3575	595
工贸合营吴江医疗保健用品厂(保健总厂)	江苏省苏州市	1024	5844	7352	373
苏州市太仓针织总厂	江苏省苏州市	1557	7142	4928	—2
连云港市第三毛纺厂	江苏省连云港市	616	1329	1028	86
国营靖江前进针织厂	江苏省扬州市	1077	2687	2499	105
淮南市天一袜厂	安徽省淮南市	1453	3040	2297	—673
安庆市东风袜厂	安徽省安庆市	1483	1712	1122	—138
山东省临沭县针织厂	山东省临沂地区	786	1854	1495	89
厦门华铃经编有限公司	福建厦门市	533	3105	3044	575
江苏省泰州渔网厂	江苏省扬州市	1128	3516	3445	452
缝纫业					
上海第十二服装厂	上海市	784	1926	2847	572
上海飞达羽绒服装厂	上海市	1008	7415	10742	410
上海春光服装厂	上海市	470	1242	1138	194
上海西服厂	上海市	1070	3070	2584	496
上海第二衬衫厂	上海市	932	2222	3383	650

11—1续表41

企业名称	所在省市	年末职工数（人）	工业总产值（万元）	销售收入（万元）	利税总额（万元）
上海雨衣厂	上海市	571	3768	3238	525
上海第十四服装厂	上海市	440	1168	1060	26
上海第三衬衫厂	上海市	996	3256	3431	659
上海衬衫厂	上海市	826	2581	4219	691
上海第二服装厂	上海市	651	1963	1649	329
江镇丝绸时装联营厂	上海市	1612	11782	12757	503
无锡市光明内衣厂	江苏省无锡市	1498	5878	4863	216
南京羽绒厂	江苏省南京市	752	3386	3800	14
南京服装一厂	江苏省南京市	952	3726	5008	753
南京友谊服装总厂	江苏省南京市	1201	3740	3703	369
上海市畜产进出口公司羽绒总厂	上海市	955	13330	14242	935
无锡市震球呢绒服装厂	江苏省无锡市	791	3705	2738	227
常州市服装一厂	江苏省常州市	1089	4876	5014	307
苏州服装一厂	江苏省苏州市	1238	3913	4380	562
工贸合营吴江绣服厂	江苏省苏州市	1145	8930	3360	380
扬州友谊服装总厂	江苏省扬州市	1174	5097	5538	685
扬州皮毛服装总厂	江苏省扬州市	1288	3752	4030	134
高邮市服装厂	江苏省扬州市	1214	3263	3400	172
烟台服装工业公司	山东省烟台市	2655	5726	4202	295
芜湖市天河羽绒总厂	安徽省芜湖市	1226	3607	4630	—228
江西共青羽绒厂	江西德安县	3927	30962	17262	2255
青岛西装厂	山东省青岛市	1259	1802	1745	125
仪征市服装厂	江苏省扬州市	902	4633	1528	85
青州市服装总厂	山东省潍坊市	851	1369	1434	—24
威海市服装五厂	山东省威海市	646	3201	1514	251
乳山县笙歌集团公司	山东省威海市	1420	4182	4000	402
菏泽市服装厂	山东省菏泽地区	1049	2644	1958	122
绍兴市天然羽绒制品公司	浙江省	637	9059	7172	389
扬州鞋厂	江苏省扬州市	832	3770	3702	294
莱芜市布鞋总厂	山东省泰安市	1600	8014	6117	230
荣成市第一鞋厂	山东省威海市	740	2612	1799	229
文登制鞋工业集团公司	山东省威海市	1925	4302	1631	75
山东省沂南县制鞋总厂	山东省临沂地区	1400	6120	4332	682
莆田县鞋革厂	福建莆田市	5179	14325	12691	1403
泰县医药用品厂	江苏省扬州市	656	2472	2548	59
皮革、毛皮及其制造业					
益民制革厂	上海市	674	2587	2863	92
东方制革厂	上海市	498	2978	3430	272

11—1 续表 42

企业名称	所在省市	年末职工数（人）	工业总产值（万元）	销售收入（万元）	利税总额（万元）
红光制革厂	上海市	813	4630	4410	436
南京制革厂	江苏省南京市	480	4854	4749	267
徐州淮海制革厂	江苏省徐州市	983	4853	4456	—385
苏州制革总厂	江苏省苏州市	401	1761	1811	20
中国南通苏桑皮革有限公司	江苏省南通市	188	3162	3467	—80
靖江县制革厂	江苏省扬州市	393	2743	2743	151
阜阳制革厂	安徽省阜阳地区	595	3509	3388	69
山东省枣庄市制革厂	山东省枣庄市	398	2693	1431	31
扬州制革厂	江苏省扬州市	448	2598	2538	46
济南制革厂	山东省济南市	603	2164	1618	16
连云港市电化厂	江苏省连云港市	758	2296	2198	208
烟台制革厂	山东省烟台市	623	4852	3541	—877
山东省潍坊制革厂	山东省潍坊市	571	1453	1170	
泰安市制革厂	山东省泰安市	395	1654	1335	3
文登市制革厂	山东省威海市	809	6279	6418	515
威海市制革厂	山东省威海市	674	8218	6613	238
浙江省海宁制革厂	浙江省	632	9727	10152	567
福建省福州市皮工业公司	福建福州市	1085	4434	4359	131
无锡县制革厂	江苏省无锡市	690	5660	5738	548
南京万里皮鞋总厂	江苏省南京市	878	3011	2674	—542
上海第二皮鞋厂	上海市	1268	7931	9469	828
安徽省安庆市皮革总厂	安徽省安庆市	1364	3430	3086	206
上海皮鞋厂	上海市	1443	8910	10155	1192
苏州市达胜皮鞋总厂	江苏省苏州市	1697	6586	6744	468
烟台市童鞋总厂	山东省烟台市	699	2488	2902	335
威海市皮鞋厂	山东省威海市	818	3266	2538	283
荣成市皮鞋厂	山东省威海市	644	1598	1030	136
福州市运动鞋总厂	福建福州市	1877	2013	2009	254
蚌埠市新光皮件服装厂	安徽省蚌埠市	1312	3110	3152	—181
济南裘革制品总厂	山东省济南市	1172	2979	2905	203
东华皮件厂	上海市	381	1107	1365	60
工贸合营常州箱包拉链公司	江苏省常州市	763	1955	2025	88
工贸联营海阳工艺品厂	山东省烟台市	1429	7525	5104	457
江阴皮革厂	江苏省无锡市	643	2569	2565	307
烟台革制品工业公司	山东省烟台市	398	612	259	44
荣成市皮件厂	山东省威海市	557	1195	949	74
上海市畜产进出口公司皮毛总厂	上海市	910	2579	4332	356
定陶县陈集镇国华贸易公司	山东省菏泽地区	3100	8749	5213	613

11—1 续表 43

企业名称	所在省市	年末职工数（人）	工业总产值（万元）	销售收入（万元）	利税总额（万元）
木材加工及竹、藤、棕、草制品业					
上海木材供应公司杨浦木材厂	上海市	530	2381	1774	44
铁道部鹰潭木材防腐厂	江西鹰潭市	618	5100	5641	374
杭州木材总厂	浙江省	2370	9500	12475	605
裕达工业发展福建有限公司	福建福州市	1094	1231	1594	—137
永安贮木场	福建三明市	905	2324	5258	435
邵武贮木场	福建南平地区	1054	3030	5518	180
扬子木材厂	上海市	1617	10168	10353	409
上海木材一厂	上海市	1402	6200	6155	14
上海人造板厂	上海市	1522	7124	7375	38
安徽省芜湖木材厂	安徽省芜湖市	1279	3804	3135	30
赣州木材厂	江西赣州市	1128	2822	3231	228
青岛华林胶合板有限公司	山东省青岛市	396	2045	2773	—1888
三明胶合板厂	福建三明市	1381	5341	5012	203
江西木材厂	江西南昌市	981	150	208	—345
江西省景德镇木材厂	江西景德镇	383	587	376	—16
山东木材厂	山东省济南市	1483	3177	2555	—1081
禹城县浮雕纤维板厂	山东省德州地区	346	370	315	14
福州人造板厂	福建福州市	627	5532	5667	1468
上海森大木业有限公司	上海市	322	2244	2289	49
上海建筑木材厂	上海市	1308	3240	2877	—775
安徽省红旗木材厂	安徽省合肥市	802	802	657	—18
江西横峰纺织器材厂	江西横峰县	983	2477	1959	484
山东省济宁市纺织器材厂	山东省济宁市	1172	1602	1499	149
家具制造业					
淄博沙发厂	山东省淄博市	406	5693	5695	1592
烟台木材工业公司	山东省烟台市	1491	2693	3601	180
青州市家具公司	山东省潍坊市	669	1029	761	28
乐陵市木制工艺厂	山东省德州地区	650	1645	925	147
济南市家俱总厂	山东省济南市	948	1275	2623	46
上海家具厂	上海市	1276	2013	2053	69
无锡市家具一厂	江苏省无锡市	783	866	835	153
黄河家具厂	上海市	665	1195	1194	61
青岛一木集团公司	山东省青岛市	2066	4842	3881	176
东明县木器厂	山东省菏泽地区	343	675	476	46
上海五桦五金制品有限公司	上海市	325	988	758	—216
造纸及纸制品业					
上海松江纸浆厂	上海市	746	3423	3674	70

11—1续表 44

企业名称	所在省市	年末职工数（人）	工业总产值（万元）	销售收入（万元）	利税总额（万元）
上海新安制浆造纸厂	上海市	959	3881	3759	317
宏文造纸厂	上海市	1084	10043	10803	1122
上海新风铜网造纸厂	上海市	876	6463	6012	678
神州造纸厂	上海市	463	2891	2994	184
洋泾造纸厂	上海市	648	3562	3403	132
利华造纸厂	上海市	1527	8236	8274	478
新华造纸厂	上海市	1603	9374	9504	797
红光造纸厂	上海市	573	4530	4065	93
中国版纸厂	上海市	1360	9856	8637	1899
长征造纸厂	上海市	558	5932	4842	310
吕巷造纸厂	上海市	582	3595	3053	350
严桥造纸厂	上海市	636	3839	3280	433
工贸合营无锡市箱板纸厂	江苏省无锡市	490	1888	2108	245
南京雄文造纸厂	江苏省南京市	559	1205	1230	108
章丘县造纸厂	山东省济南市	669	1981	1912	220
山东省海阳县造纸厂	山东省烟台市	774	1827	1658	127
南京造纸厂	江苏省南京市	1092	2133	1987	28
江苏省新沂造纸厂	江苏省徐州市	1139	4468	4587	666
宜兴市造纸二厂	江苏省无锡市	368	1738	1500	110
青州市造纸厂	山东省潍坊市	660	3238	3430	545
江阴造纸厂	江苏省无锡市	491	2062	2094	219
太仓造纸厂	江苏省苏州市	410	2581	2523	208
徐州第三造纸厂	江苏省徐州市	602	508	729	—50
山东寿光造纸厂	山东省潍坊市	1403	7667	7139	1132
徐州造纸厂	江苏省徐州市	1158	2670	2850	104
工贸合营连云港市造纸厂	江苏省连云港市	1396	5208	4680	6
苏州红叶造纸厂	江苏省苏州市	1771	5921	5954	314
山东安丘造纸厂	山东省潍坊市	1510	7187	6311	801
常熟市第三造纸厂	江苏省苏州市	438	1538	1646	144
扬州造纸厂	江苏省扬州市	872	1494	1548	53
常熟市第二造纸厂	江苏省苏州市	414	1646	1880	191
山东省昌乐县造纸厂	山东省潍坊市	545	945	996	53
南通造纸厂	江苏省南通市	1196	4505	4987	244
泰州造纸厂	江苏省扬州市	1176	3470	3024	195
启东造纸厂	江苏省南通市	591	1399	1488	—284
山东省潍坊市临朐县造纸厂	山东省潍坊市	756	3037	2561	343
金湖造纸厂	江苏省淮阴市	772	3258	3231	319
合肥造纸厂	安徽省合肥市	802	3042	2948	411

11—1 续表 45

企业名称	所在省市	年末职工数（人）	工业总产值（万元）	销售收入（万元）	利税总额（万元）
地方国营东台造纸厂	江苏省盐城市	999	1589	1539	—224
山东省济宁市造纸厂	山东省济宁市	753	1235	1310	—69
地方国营洪泽造纸厂	江苏省淮阴市	996	2423	2286	151
蚌埠市造纸厂	安徽省蚌埠市	1156	579	721	—370
地方国营兴化造纸厂	江苏省扬州市	1200	2522	2199	165
山东潍坊昌邑造纸科研厂	山东省潍坊市	622	2319	1590	104
镇江市大东造纸厂	江苏省镇江市	2723	7938	7501	672
安徽省池州造纸厂	安徽省池州地区	906	2738	2705	198
芜湖东方纸版厂	安徽省芜湖市	3271	5950	5844	335
东省微山县造纸厂	山东省济宁市	1006	366	636	—34
安徽造纸厂	安徽省淮南市	4133	13778	10917	—207
肥城县造纸厂	山东省泰安市	805	2814	2323	188
安徽省安庆造纸厂	安徽省安庆市	1977	9521	7220	895
兖州县造纸厂	山东省济宁市	539	2542	2254	351
泾县建华造纸厂	安徽省宣城地区	996	3669	3464	236
江西赣江造纸厂	江西赣州市	1325	4934	3949	492
庐江白湖造纸厂	安徽省巢湖地区	1236	1485	1445	—371
莱芜市泰山造纸厂	山东省泰安市	580	2556	2608	452
山东省滕州市造纸厂	山东省枣庄市	771	1815	1262	107
无锡县造纸厂	江苏省无锡市	1030	4267	4263	350
山东龙口造纸厂	山东省烟台市	678	2655	2002	322
东平县造纸厂	山东省泰安市	701	922	606	33
莱阳市造纸厂	山东省烟台市	959	2352	2018	125
苏州华盛造纸厂	江苏省苏州市	1495	5571	4837	—34
潍坊造纸总厂	山东省潍坊市	2225	8975	7235	320
泰安市造纸厂	山东省泰安市	789	2711	2808	306
山东省潍坊纸箱厂	山东省潍坊市	1152	5250	4947	476
淮阴市东风造纸厂	江苏省淮阴市	785	1505	1147	—116
山东牟平县造纸厂	山东省烟台市	871	3999	2701	392
荣成市造纸厂	山东省威海市	733	3788	3256	612
江西吉安造纸厂	江西吉安市	1280	3726	3307	306
镇江纸浆厂	江苏省镇江市	2455	10809	10381	880
济阳县造纸厂	山东省济南市	920	1814	1396	104
山东省德州造纸厂	山东省德州地区	2147	5205	5022	178
山东造纸总厂东厂	山东省济南市	2381	7523	7170	—192
安庆市高河造纸厂	安徽省安庆市	623	2251	1817	222
山东高级薄页纸厂	山东省济南市	1550	2451	2502	—940
聊城造纸厂	山东省聊城地区	902	3300	2516	454

11－1续表46

企业名称	所在省市	年末职工数（人）	工业总产值（万元）	销售收入（万元）	利税总额（万元）
国营青岛板纸厂	山东省青岛市	655	1062	1122	2
齐河县造纸厂	山东省德州地区	487	1209	951	108
淄博市临淄造纸厂	山东省淄博市	951	3358	2545	484
江西军山造纸厂	江西永修县	493	1432	1138	104
山东淄博造纸厂	山东省淄博市	602	978	773	11
武城县造纸厂	山东省德州地区	642	865	1725	75
山东省枣庄市薛城区造纸总厂	山东省枣庄市	448	3740	3683	1012
常熟市造纸厂	江苏省苏州市	481	1687	1684	144
山东省沂源县造纸厂	山东省淄博市	863	2808	2057	166
滨州造纸厂	山东省惠民地区	1339	4898	4254	516
东营市造纸厂	山东省东营市	839	3388	3604	952
马鞍山市造纸厂	安徽省马鞍山	689	3153	3144	535
莱州市造纸厂	山东省烟台市	667	1568	1655	－154
江西第二造纸厂	江西进贤县	802	1906	1755	171
江西赣南造纸厂	江西赣州市	1394	3933	3446	267
徐州新华纸板厂	江苏省徐州市	519	1111	1010	76
无锡市利用造纸厂	江苏省无锡市	716	1755	1934	－19
地方国营益林造纸厂	江苏省盐城市	1113	3147	2790	39
江西省井冈山造纸厂	江西井冈山市	528	1300	1124	193
六安市造纸厂	安徽省滁县地区	1663	5767	5105	389
山东造纸总厂西厂	山东省济南市	2149	5289	3866	－654
茌平造纸厂	山东省聊城地区	651	2717	2800	571
国营青岛人民造纸厂	山东省青岛市	1059	1735	1325	4
山东省临沂市板纸厂	山东省临沂地区	465	1186	1174	210
桓台县造纸厂	山东省淄博市	538	1797	1681	266
莒县造纸厂	山东省临沂地区	1201	7789	5734	653
山东省枣庄市台儿庄区造纸厂	山东省枣庄市	1101	3696	3444	626
临清造纸厂	山东省聊城地区	780	3655	2913	354
江西造纸厂	江西南昌市	3446	10710	10197	401
山东省平邑县造纸厂	山东省临沂地区	1000	2962	3119	474
宜兴造纸厂	江苏省无锡市	425	1444	1484	137
山东省郯城县纸板厂	山东省临沂地区	601	1873	1936	273
济南造纸厂	山东省济南市	1407	2235	1820	－725
阳谷造纸厂	山东省聊城地区	810	1916	1876	175
山东省枣庄市造纸厂	山东省枣庄市	796	1286	1485	－59
江西省奉新联合纸厂	江西奉新县	882	1261	1012	－165
江西省弋阳县旭光造纸厂	江西弋阳县	780	987	838	－108
淄博板纸厂	山东省淄博市	410	1906	1875	272

11—1 续表 47

企业名称	所在省市	年末职工数（人）	工业总产值（万元）	销售收入（万元）	利税总额（万元）
山东烟台造纸厂	山东省烟台市	880	5448	4153	310
山东省临沭县造纸厂	山东省临沂地区	395	1314	954	79
山东菏泽造纸厂	山东省菏泽地区	726	1310	912	—25
杭州华丰造纸厂	浙江省	3598	18060	16125	2342
宁波白纸板厂	浙江省	899	14525	15899	3521
民丰造纸厂	浙江省	3993	22574	20394	3965
新华造纸厂	浙江省	1513	9434	9377	2248
龙游造纸厂	浙江省	2387	12136	10897	1690
杭州武林造纸厂	浙江省	1173	8018	7992	1130
浙江省安吉县老石坎造纸总厂	浙江省	1617	6363	5984	459
福州市造纸厂	福建福州市	1918	4277	5460	229
福建省青州造纸厂（沙县）	福建三明市	2661	30497	34666	8306
龙海县造纸厂	福建漳州市	604	2739	2907	305
南平市造纸厂	福建南平地区	5112	38734	38325	10468
建阳造纸厂	福建南平地区	1147	3818	3695	394
光泽联合造纸厂	福建南平地区	1007	2743	2182	100
泾县宣纸厂	安徽省宣城地区	1149	1319	2049	1031
莆田县造纸厂	福建莆田市	604	1568	1863	229
上海烫金材料厂	上海市	402	4218	4199	1260
江南造纸厂	上海市	1065	12279	12193	2448
上海真空喷铝包装材料厂	上海市	105	871	816	93
上海感光复印纸厂	上海市	236	3609	3560	494
天章记录纸厂	上海市	893	5472	5679	1648
上海华丽铜版纸厂	上海市	1271	11544	11624	1158
扬州庆丰铜板纸厂	江苏省扬州市	1148	5434	5090	205
国营青岛造纸厂	山东省青岛市	1467	5768	2950	218
青州铝箔纸总厂	山东省潍坊市	2036	6341	5600	347
上海纸箱二十五厂	上海市	653	2500	2682	171
上海纸箱厂	上海市	378	3811	5001	315
上海纸箱一厂	上海市	264	3071	3661	474
上海装潢工艺印刷厂	上海市	615	2375	2461	77
上海复建纸箱厂外贸联营厂	上海市	807	7842	8323	682
南京纸箱总厂	江苏省南京市	639	2790	2663	144
工贸合营常州市包装装璜厂	江苏省常州市	475	3775	3755	212
扬州包装用品厂	江苏省扬州市	555	2081	2054	141
镇江市纸箱厂	江苏省镇江市	412	2434	2251	75
济南纸箱厂	山东省济南市	576	2537	2248	131
青岛纸箱厂	山东省青岛市	1227	7271	7024	374

11－1 续表 48

企业名称	所在省市	年末职工数（人）	工业总产值（万元）	销售收入（万元）	利税总额（万元）
烟台包装装璜总厂	山东省烟台市	774	2387	2092	118
青州市纸箱厂	山东省潍坊市	364	1275	1300	100
工贸合营福州纸箱厂	福建福州市	544	2732	2760	343
厦门包装总厂	福建厦门市	618	4165	4122	585
厦门市宇联纸制品包装有限公司	福建厦门市	280	2353	2294	151
印刷业					
上海竟成印刷厂	上海市	663	1122	1207	602
上海市印刷二厂	上海市	572	3238	970	275
上海市美术印刷厂	上海市	785	3155	856	191
上海凹凸彩印厂	上海市	831	6013	6972	1475
上海市印刷三厂	上海市	1506	5327	1916	405
上海环球彩印有限公司	上海市	355	2319	2466	431
上海新华印刷厂	上海市	1187	3862	1619	298
上海人民印刷一厂	上海市	531	2764	3266	424
上海人民印刷八厂	上海市	720	6542	7148	1404
国营五四二工厂	上海市	2532	16280	16903	6805
上海中华印刷厂	上海市	1660	6813	1916	513
宝合食品包装件厂	上海市	160	1847	1716	276
上海市印刷一厂	上海市	900	3233	987	184
上海人民印刷十厂	上海市	491	3449	3539	702
上海人民塑料印刷厂	上海市	952	7756	7738	1428
上海人民印刷制版厂	上海市	201	372	437	146
商务印书馆上海印刷厂	上海市	1180	3614	1085	240
上海人民印刷十一厂	上海市	724	3543	3667	697
上海烟草工业印刷厂	上海市	1103	9093	6186	1641
南京人民印刷厂	江苏省南京市	787	1952	1523	77
南京彩色印刷厂	江苏省南京市	993	2405	2405	159
江苏新华印刷厂	江苏省南京市	918	4641	1159	348
济南复合包装印刷厂	山东省济南市	453	2942	2414	187
平度工贸联营包装印刷厂	山东省青岛市	464	1121	1116	251
常州人民印刷厂	江苏省常州市	499	861	921	—29
江西新华印刷厂	江西南昌市	1139	4017	830	123
济南瓷用花纸厂	山东省济南市	971	2097	1984	295
淮阴市淮海印刷厂	江苏省淮阴市	690	1734	1385	19
江西商标彩印厂	江西南昌市	726	2657	1698	88
山东省菏泽印刷厂	山东省菏泽地区	2015	5578	5218	636
山东省枣庄市印刷厂	山东省枣庄市	314	1278	1176	152
山东省新华印刷厂	山东省济南市	1250	5757	2432	514

11－1续表 49

企业名称	所在省市	年末职工数（人）	工业总产值（万元）	销售收入（万元）	利税总额（万元）
工贸合营龙口市包装装璜总厂	山东省烟台市	413	2061	1762	154
地区印刷厂	安徽省巢湖地区	324	1050	595	88
山东新华印刷厂潍坊厂	山东省潍坊市	989	5679	2876	554
济南印刷厂	山东省济南市	922	2265	1567	133
山东人民印刷厂	山东省泰安市	769	4814	1597	313
苏州印刷总厂	江苏省苏州市	782	2181	2001	295
江西印刷公司	江西南昌市	1677	6400	2989	168
安徽新华印刷厂	安徽省合肥市	1384	6574	2136	511
合肥新光包装彩印厂	安徽省合肥市	421	2151	2600	147
济南印刷二厂	山东省济南市	684	2982	1414	206
阜阳印刷总厂	安徽省阜阳地区	996	2101	961	97
威海市印刷厂	山东省威海市	338	492	488	36
山东省德州新华印刷厂	山东省德州地区	844	4331	1143	278
蚌埠市人民印刷厂	安徽省蚌埠市	554	1757	1304	247
山东省济宁市第二印刷厂	山东省济宁市	684	2222	2140	331
无锡县人民印刷厂	江苏省无锡市	708	1115	1113	106
扬州印刷总厂	江苏省扬州市	1015	3370	2603	176
国营五四九厂	江西南昌市	637	3265	3454	1058
国营青岛印刷厂	山东省青岛市	1413	6321	6395	761
山东烟台印刷厂	山东省烟台市	836	1840	1869	87
中国人民解放军第七二二八工厂(福州)	福建福州市	613	4054	1612	309
福建新华印刷厂(福州)	福建福州市	1427	5945	2029	368
福州市印刷厂	福建福州市	905	2594	2543	565
福州市第三印刷厂	福建福州市	720	1853	1882	233
厦门第一印刷厂	福建厦门市	494	3181	2930	461
厦门市第三印刷厂	福建厦门市	269	2735	2620	341
漳州市印刷厂	福建漳州市	568	3523	2978	662
文教体育用品业					
上海普发绘图仪器总厂	上海市	803	2062	2416	462
上海美术颜料厂	上海市	638	3641	3265	600
英雄金笔厂	上海市	1960	15721	14013	5154
永生金笔厂	上海市	1902	15141	13539	4083
中国铅笔一厂	上海市	1012	7156	7626	2218
中国铅笔二厂	上海市	910	4800	5331	1007
上海圆珠笔厂	上海市	895	6800	6606	1605
上海铅笔板厂	上海市	531	2126	2789	393
丰华圆珠笔厂	上海市	1230	10466	10006	2476
合肥金笔总厂	安徽省合肥市	1251	1607	1054	162

11－1续表 50

企业名称	所在省市	年末职工数（人）	工业总产值（万元）	销售收入（万元）	利税总额（万元）
蚌埠市铅笔厂	安徽省蚌埠市	573	2104	2060	418
济南铅笔厂	山东省济南市	1085	2416	2199	－34
福州铅笔厂	福建福州市	1196	3503	3379	352
上海球厂	上海市	978	6631	6584	931
上海扑克牌厂	上海市	487	2708	2991	－8
上海钢琴公司	上海市	1226	3739	4854	221
上海童车厂	上海市	1006	4306	4406	225
上海玩具十六厂	上海市	396	2390	3078	163
上海环球玩具有限公司	上海市	479	7463	4616	452
康元玩具厂	上海市	708	3360	2739	150
中外合资扬州乐凯玩具有限公司	江苏省扬州市	2830	4480	4458	254
中国福万(福建)玩具有限公司	福建福州市	408	4177	4292	713
中国唱片总公司上海公司	上海市	1222	3747		
上海电影技术厂	上海市	900	7772	8035	1753
工艺美术品制造业					
上海石油产品研究所	上海市	278	1207	2832	591
济南市美术总厂	山东省济南市	2768	4885	3929	394
博兴集体企业集团总公司	山东省惠民地区	1950	5758	4774	254
上海抽纱公司华美机绣联营厂	上海市	372	980	890	123
青岛即墨花边厂	山东省青岛市	861	1493	1008	55
青岛第二刺绣厂	山东省青岛市	426	1803	1709	324
无锡市纺织品印花厂	江苏省无锡市	614	4383	4302	97
青岛崂山花边厂	山东省青岛市	884	1502	1412	86
青岛刺绣厂	山东省青岛市	1157	3483	4041	260
上海绣品厂	上海市	1136	2534	2917	161
常州市绣品手帕总厂	江苏省常州市	731	2388	2460	－27
青岛机绣花边总厂	山东省青岛市	1448	5151	5406	918
烟台市工艺美术总公司	山东省烟台市	843	2140	4359	300
山东省枣庄市花边厂	山东省枣庄市	313	879	867	158
山东文登刺绣工业集团公司	山东省威海市	2439	6650	5009	597
荣成市石岛刺绣厂	山东省威海市	857	3851	3247	348
文登市绣品厂	山东省威海市	1687	3558	2651	301
浙江省台州绣衣厂	浙江省	803	8212	8585	754
浙江萧山花边总厂	浙江省	1001	5957	5875	742
山东省德州地毯厂	山东省德州地区	874	1856	1671	－26
潍坊地毯厂	山东省潍坊市	1072	2632	2707	－118
乳山县东方集团公司	山东省威海市	1489	3879	1975	104
泰县丝毯厂	江苏省扬州市	1042	1435	1304	87

11－1续表 51

企业名称	所在省市	年末职工数（人）	工业总产值（万元）	销售收入（万元）	利税总额（万元）
即墨工贸联营地毯总厂	山东省青岛市	1909	2840	1804	123
山东省枣庄市麻纺织厂	山东省枣庄市	1032	3189	2226	354
太仓县中联地毯厂	江苏省苏州市	175	2462	2082	137
青岛地毯厂	山东省青岛市	1810	2831	3088	176
威海市地毯一厂	山东省威海市	990	4368	3115	339
威海市地毯二厂	山东省威海市	606	2436	1214	120
威海市地毯毛纺厂	山东省威海市	1201	6487	6398	716
武城县地毯厂	山东省德州地区	1266	3098	3066	477
上海地毯总厂	上海市	1210	2117	2255	－726
上海远东金银饰品厂	上海市	500	21237	13113	1283
淄博博山美术琉璃厂	山东省淄博市	2468	4449	3423	797
即墨市发制品总厂	山东省青岛市	1337	6568	6618	557
山东省青岛飞龙工艺品公司	山东省青岛市	3297	17068	4459	585
电力、蒸汽、热水生产和供应业					
上海杨树浦发电厂	上海市	2239	12809	3028	－4581
上海吴泾热电厂	上海市	2768	20028	2386	－5265
上海市崇明电力公司	上海市	1865	8091	7698	1271
邳州发电厂	江苏省徐州市	400	4723	4723	877
上海闸北发电厂	上海市	2266	11101	50	－424
江西景德镇发电厂	江西景德镇	1129	4686	6946	380
上海南市发电厂	上海市	1270	7111	3846	194
上海石洞口发电厂	上海市	2528	58031	610	
江阴电厂	江苏省无锡市	797	6954	6902	1199
望亭发电厂	江苏吴县	2931	3440	4672	1086
上海闵行发电厂	上海市	2899	35665	121	－362
江西分宜发电厂	江西分宜县	1849	7842	11625	－2266
天生港发电厂	江苏省南通市	1895	22202		
江西贵溪火力发电厂	江西贵溪县	1841	21684	32142	7206
盐城发电厂	江苏省盐城市	1194	4346		
章丘县坑口电厂	山东省济南市	386	2511	2511	733
滨海县电厂	江苏省盐城市	431	1150		
江西南昌发电厂	江西南昌市	2120	13380	19795	1234
荣成市电业局	山东省威海市	792	1658	5147	297
芜湖市发电厂	安徽省芜湖市	1296	2948	6361	845
江西乐平发电厂	江西乐平县	1064	1623	2406	－1977
淮北市纺织印染动力厂	安徽省淮北市	534	686	2332	148
聊城发电厂	山东省聊城地区	762	7960	7632	1071
马鞍山市发电厂	安徽省马鞍山	750	5838	3378	2529

11—1 续表 52

企业名称	所在省市	年末职工数（人）	工业总产值（万元）	销售收入（万元）	利税总额（万元）
合肥发电厂	安徽省合肥市	1472	2240	5178	948
铜陵发电厂	安徽省铜陵市	1479	1786	3558	517
沾化发电厂	山东省惠民地区	1044	16096		
山东辛店发电厂	山东省淄博市	1269	31276		
贵池市发电厂	安徽省池州地区	663	2244	5579	709
山东南定热电厂	山东省淄博市	1416	11160		
江西九江锁江楼发电厂	江西九江市	857	954	1515	—1626
山东省十里泉发电厂	山东省枣庄市	1924	33862		
江苏省新海发电厂	江苏省连云港市	2146	15236	228	
烟台发电厂	山东省烟台市	1255	8108		
安庆市供电局	安徽省安庆市	1517	3655	5845	1312
山东龙口发电厂	山东省烟台市	1754	40865		
茌平热电厂	山东省聊城地区	513	1520	3217	1095
邹县发电厂	山东省济宁市	2147	72405		
临清发电厂	山东省聊城地区	559	666	666	164
山东莱芜发电厂	山东省泰安市	1342	19246		
山东省电力局	山东省济南市	47732	511521	513054	111925
山东省济宁发电厂	山东省济宁市	1425	16438		
舟山市电力公司	浙江省	823	5223	6114	1687
山东黄台火力发电厂	山东省济南市	2371	46879		
杭州热电厂	浙江省	716	9321	9070	1159
山东黄岛发电厂	山东省青岛市	1824	37975		
淮阴发电厂	江苏省淮阴市	1200	6431		
张店热电厂	山东省淄博市	904	10065	9058	2197
江西九江发电厂	江西九江市	1898	12167	18035	3093
江西萍乡发电厂	江西萍乡市	1246	1097	1782	—1072
张家港市发电厂	江苏省苏州市	829	4580	4580	939
山东白杨河发电厂	山东省淄博市	890	4601		
安徽省淮南发电总厂	安徽省淮南市	6736	74431	91373	10457
淮北发电厂	安徽省淮北市	2645	35479	43302	878
山东石横发电厂	山东省泰安市	2163	38635		
青岛发电厂	山东省青岛市	1320	6689		
平度电厂	山东省青岛市	446	1354	1361	377
福建省厦门电厂	福建厦门市	717	3605		—3253
厦门市燃气发电厂	福建厦门市	73	394	394	—412
福建省永安火电厂	福建三明市	1661	18582	20408	2959
龙岩电厂	福建龙岩地区	559	1690	1687	238

11－1 续表 53

企业名称	所在省市	年末职工数（人）	工业总产值（万元）	销售收入（万元）	利税总额（万元）
福建漳平电厂	福建龙岩地区	950	10283	12088	1941
安徽省毛尖山水电站	安徽省安庆市	211	481	550	223
江西洪门水力发电厂	江西南城县	444	699	1036	423
陈村水电站	安徽省宣城地区	498	5290	2359	943
霍山县佛子岭水电站	安徽省滁县地区	515	1494		
江西上犹江水力发电厂	江西上犹县	586	1678	2488	1902
梅山水电站	安徽省滁县地区	415	1309	1338	381
江西柘林水力发电厂	江西永修县	777	6304	9344	7631
江西江口水力发电厂	江西新余市	415	674	999	595
响洪甸水电站	安徽省滁县地区	390	1031	1155	280
水电部华东电管局新安江发电厂	浙江省	870	18912	9318	6265
华东电力管理局富春江水力发电厂	浙江省	574	7034	5483	3387
福建省安砂水力发电厂(永安)	福建三明市	344	3296	1390	654
将乐县范厝水力发电厂	福建三明市	180	960	925	391
福建泰宁池潭水力发电厂	福建三明市	302	3362	1706	746
泉州南安县山美水库管理处	福建泉州市	253	971	1087	614
福拣省南靖县船场溪水力发电厂	福建漳州市	237	533	382	137
华安县水力发电厂	福建漳州市	319	2442	1123	327
南平市沙溪口水力发电厂	福建南平地区	457	4049	5543	－3474
福建省古田溪水力发电厂	福建宁德地区	946	3675	2945	1233
上海市南供电公司	上海市	2013	15308		
济南供电局	山东省济南市	1535	12380		
吉安地区电力工业公司	江西吉安市	932	1122	1055	166
上海市电力工业局	上海市	3627	4083	348992	74639
青岛电业局	山东省青岛市	1608	9272		
上海电缆输配电公司	上海市	803	350		
聊城地区电业局	山东省聊城地区	729	2935		
南通供电局	江苏省南通市	4259	15954		
平度电业公司	山东省青岛市	585	1169	5677	482
盐城供电局	江苏省盐城市	3542	7496		
山东省惠民电业局	山东省惠民地区	658	5893		
扬州供电局	江苏省扬州市	5140	15425		
山东省枣庄市电业局	山东省枣庄市	1640	6370		
芜湖市供电局	安徽省芜湖市	1663	4165	5365	1770
山东省临沂电业局	山东省临沂地区	1019	3911		
巢湖地区供电局	安徽省巢湖地区	1760	3187	3522	1480
莱州市电业局	山东省烟台市	1070	2892	8285	512
赣东北供电局	江西乐平县	968	4714	5655	3833

11－1 续表 54

企业名称	所在省市	年末职工数（人）	工业总产值（万元）	销售收入（万元）	利税总额（万元）
菏泽电业局	山东省菏泽地区	732	2259		
江西省电力工业局	江西南昌市	818	1926	7142	－2313
山东省青州供电局	山东省潍坊市	492	1004	4515	465
合肥供电局	安徽省合肥市	1795	5764	5266	2782
山东潍坊诸城电力局	山东省潍坊市	597	1137	1137	447
阜阳电业局	安徽省阜阳地区	919	3584	1938	1069
泰安电业局	山东省泰安市	1470	6058		
赣州供电局	江西赣州市	1527	2137	3369	96
山东省济宁市电业局	山东省济宁市	1124	5405		
上海市东供电公司	上海市	1424	11839		
德州电业局	山东省德州地区	846	4376		
上海超高压输变电公司	上海市	1484	1142		
淄博电业局	山东省淄博市	1894	19962		
淮阴供电局	江苏省淮阴市	4274	7910		
烟台电业局	山东省烟台市	1363	9572		
淮北供电局	安徽省淮北市	697	4037	3115	1840
潍坊电业局	山东省潍坊市	1035	8816		
淮南市供电局	安徽省淮南市	1615	6917	5314	3194
山东寿光供电公司	山东省潍坊市	450	1194	5331	447
蚌埠市供电局	安徽省蚌埠市	1471	2973	2907	1427
省电力局	浙江省	1048	5039	295899	49373
章丘县供电局	山东省济南市	449	1534	7056	882
连云港供电局	江苏省连云港市	1536	4032		
省电力局	安徽省合肥市	1787	3707	18620	2855
江西南昌供电局	江西南昌市	1438	6334	2830	719
铜陵供电局	安徽省铜陵市	632	2662	1894	1044
赣西供电局	江西新余市	1297	6950	5886	1917
上海市中供电公司	上海市	3225	34836	1244	434
福州供电局	福建福州市	1050	5164	5596	2937
福建省电力工业局(福州)	福建福州市	959	1677	1651	216
厦门供电局	福建厦门市	1033	2421	2976	1582
龙岩供电局	福建龙岩地区	677	1461	2337	934
三明供电局	福建三明市	997	4022	3977	2022
泉州市供电局	福建泉州市	808	2874	2334	939
漳州供电局	福建漳州市	601	1392	1392	327
福建南平供电局	福建南平地区	833	2934	20046	17460
莆田市供电局	福建莆田市	510	13454	976	414
南通纺工热电厂	江苏省南通市	421	2248	2202	460

企业名称	所在省市	年末职工数（人）	工业总产值（万元）	销售收入（万元）	利税总额（万元）
石油加工业					
中国石油化工总公司上海高桥石油化工公司	上海市	19552	299450	368342	58337
无锡炼油厂	江苏省无锡市	660	3950	3940	473
南京栖霞化工厂	江苏省南京市	1535	2425	2069	496
中国石化总公司安庆石油化工总厂	安徽省安庆市	13484	149542	197555	19157
中国石油化工总公司九江炼油厂	江西九江市	5497	88793	152937	14554
中国石油化工总公司济南炼油厂	山东省济南市	3725	96796	88728	26167
镇海石油化工总厂	浙江省	9445	242897	186657	36372
中国石油化工总公司齐鲁石油化工公司	山东省淄博市	48001	661427	613346	147571
东营石油化工厂	山东省东营市	261	1269	972	91
山东省垦利县炼油厂	山东省东营市	1012	7561	7104	1822
东明县石油化工厂	山东省菏泽地区	749	7540	7675	1529
青岛石油化工厂	山东省青岛市	2540	45077	45995	7548
炼焦、煤气及煤制品业					
上海焦化总厂	上海市	5408	54078	64977	9429
国营无锡市焦化厂	江苏省无锡市	2159	7617	7180	118
镇江焦化厂	江苏省镇江市	2333	9381	7407	879
淮北市焦化厂	安徽省淮北市	1531	5036	6187	496
铜陵市焦化厂	安徽省铜陵市	1008	4502	5701	443
山东省滕州市焦化厂	山东省枣庄市	759	1683	1276	—52
山东省枣庄市市中区焦化厂	山东省枣庄市	831	2324	1547	219
山东省薛城焦化厂	山东省枣庄市	2089	9398	9174	987
山东省潍坊朱刘店焦化厂	山东省潍坊市	1124	4302	2984	292
山东省济宁市煤炭化学工业公司	山东省济宁市	2655	10289	8796	515
山东省潍坊市临朐焦化厂	山东省潍坊市	1018	2609	2592	165
上海市煤气公司	上海市	12585	73975	60278	—1317
景德镇市焦化煤气厂	江西景德镇	1969	7223	6903	460
青岛煤制气厂	山东省青岛市	1740	1242	1246	—2033
南京市煤气公司	江苏省南京市	3328	7085	5711	—3650
常州市煤气公司	江苏省常州市	1158	2484	2632	—306
马鞍山市煤气公司	安徽省马鞍山	434	1019	703	87
化学工业					
江西油脂化工厂	江西南昌市	1193	11020	6238	1127
国营江西钢丝厂	江西新余市	1809	1406	1454	184
江西合成洗涤剂厂	江西鹰潭市	1019	7872	7423	1018
赣州有色冶金化工厂	江西赣州市	1389	2587	2684	380
国营江西樟脑厂	江西吉安市	720	2186	2336	115
上海致冷剂厂	上海市	493	2485	2780	395

11—1续表 56

企业名称	所在省市	年末职工数（人）	工业总产值（万元）	销售收入（万元）	利税总额（万元）
上海硫酸厂	上海市	3108	19694	15502	1334
山东省临沂化工总厂	山东省临沂地区	741	1876	1470	186
江苏省吴县石灰氮厂	江苏省苏州市	935	3489	3133	588
连云港市红旗化工厂	江苏省连云港市	1251	3032	3031	420
马鞍山市硫酸厂	安徽省马鞍山	959	3147	2627	337
山东淄博制酸厂	山东省淄博市	2949	12001	11280	1587
苏州硫酸厂	江苏省苏州市	1215	7567	7527	1199
上海浦东化工厂	上海市	1699	6050	5484	248
合肥化工厂	安徽省合肥市	5142	14661	14579	155
南京电化厂	江苏省南京市	717	4913	5001	576
芜湖市化工厂	安徽省芜湖市	1347	4966	5167	434
新沂电化厂	江苏省徐州市	812	3583	3210	636
国营昆山化肥厂	江苏省苏州市	1702	10680	10030	208
淮阴电化厂	江苏省淮阴市	1515	9844	8801	1342
无锡县电化厂	江苏省无锡市	1436	3871	3352	447
东南(常州)化工集团	江苏省常州市	4101	18877	20004	1892
盐城市电化厂	江苏省盐城市	2060	6194	6391	921
泰州电化厂	江苏省扬州市	1187	6325	6634	732
镇江化工厂	江苏省镇江市	1318	7691	7728	1539
赣榆县盐化厂	江苏省连云港市	426	1579	1543	279
扬州农药厂	江苏省扬州市	1871	10481	9971	1664
潍坊化工厂	山东省潍坊市	1749	10038	9148	2061
蚌埠市电化厂	安徽省蚌埠市	574	1846	1940	389
山东寿光氯碱厂	山东省潍坊市	386	2564	2275	355
江西电化厂	江西乐平县	1475	2853	2956	182
山东省济宁市电化厂	山东省济宁市	860	8393	7361	2034
山东省邹县第一化工厂	山东省济宁市	632	958	516	33
山东潍坊纯碱厂	山东省潍坊市	4629	42593	47916	6883
江西赣中化工厂	江西新干县	825	1725	1654	233
化学工业部星火化工厂	江西永修县	3416	1985	2313	—39
青岛化工厂	山东省青岛市	3350	21727	20490	3964
青岛胶州市铺集化工厂	山东省青岛市	730	2930	1376	180
国营青岛红旗化工厂	山东省青岛市	1909	5168	5620	421
青岛碱厂	山东省青岛市	3674	27386	20798	2038
江西九江化工厂	江西九江市	3284	9088	8903	1177
东营市化工厂	山东省东营市	422	1340	1240	206
聊城化工厂	山东省聊城地区	775	2743	2625	469
山东省郯城县化工厂	山东省临沂地区	650	3441	3214	569

11－1 续表 57

企业名称	所在省市	年末职工数（人）	工业总产值（万元）	销售收入（万元）	利税总额（万元）
烟台氯碱厂	山东省烟台市	854	3800	2863	633
南昌电化厂	江西南昌市	1058	3235	2632	164
山东省德州石油化工总厂	山东省德州地区	1229	7179	5748	754
杭州电化总厂	浙江省	2303	20873	19972	4615
杭州龙山化工厂	浙江省	1926	9718	10239	1564
福建省福州第二化工厂	福建福州市	4803	31444	29045	4593
厦门电化厂	福建厦门市	1012	4259	4276	442
上海浦江化工厂	上海市	190	1715	1557	－53
环球联碳分子筛有限公司	上海市	114	3155	2291	845
上海勤工化工厂	上海市	780	4338	4293	322
上海京华化工厂	上海市	867	10852	7896	1545
江西赣南化工厂	江西赣州市	1252	2295	1830	139
无棣县化工厂	山东省惠民地区	307	928	908	113
江苏省溧水县化工厂	江苏省南京市	450	1613	1341	285
庐江矾矿	安徽省巢湖地区	2169	878	873	－152
南昌市化工原料厂	江西南昌市	1544	5820	4623	488
国营无锡市红星化工厂	江苏省无锡市	727	2407	2374	166
徐州东方化工厂	江苏省徐州市	1135	4030	4716	95
济南裕兴化工总厂	山东省济南市	3072	12626	12547	843
国营青岛红星化工厂	山东省青岛市	2357	11511	11353	1156
齐鲁乙烯无机化工厂	山东省淄博市	366	1503	1586	489
淄博有机化工厂	山东省淄博市	1234	2662	2582	379
济南市槐荫化工总厂	山东省济南市	587	2179	1602	278
福州第一化工厂	福建福州市	1013	10576	10118	3442
上海比欧西气体工业有限公司	上海市	309	4032	2686	926
江西樟树化工厂	江西樟树市	1118	3482	3568	254
上海桃浦化工厂	上海市	1208	7214	6560	693
青岛市崂山区王哥庄化工厂	山东省青岛市	1783	4889	4946	645
南京油脂化工厂	江苏省南京市	1663	5794	4710	441
江阴农药厂	江苏省无锡市	2200	16014	15450	2058
太仓县华联精细化工厂	江苏省苏州市	122	1207	392	44
上海吴淞化工厂	上海市	3575	24361	20579	3120
江宁县南京乙炔气厂	江苏省南京市	609	1299	1119	238
连云港市锦屏化工厂	江苏省连云港市	1819	6627	7356	811
邗江县化工厂	江苏省扬州市	705	4012	3582	405
太仓化工总厂	江苏省苏州市	2142	8596	7692	849
地方国营涟水化工厂	江苏省淮阴市	1339	3558	3025	301
青岛化纤材料厂	山东省青岛市	700	2356	2475	27

企业名称	所在省市	年末职工数（人）	工业总产值（万元）	销售收入（万元）	利税总额（万元）
国营青岛海洋化工厂	山东省青岛市	1321	4055	3540	304
山东烟台化工总厂	山东省烟台市	970	3970	2899	188
烟台海藻工业公司	山东省烟台市	912	3649	2957	249
山东省招远县化工总厂	山东省烟台市	1225	5443	4774	641
南平化工厂	福建南平地区	1268	3797	3138	444
上海青浦化工厂	上海市	1241	6395	6146	110
江苏省宿迁市化肥厂	江苏省淮阴市	1381	4515	3852	367
淮河化工厂	江苏省淮阴市	1344	4546	4476	455
江宁县南京新蕾化工公司	江苏省南京市	1620	5028	3900	131
江苏省射阳化工总厂	江苏省盐城市	1539	6163	5952	375
无锡县新苑公司	江苏省无锡市	3340	12158	11195	360
淮南皖淮化工厂	安徽省淮南市	2641	6986	7523	－146
国营张家港市化肥厂	江苏省苏州市	1504	6565	5767	335
淮南化工总厂	安徽省淮南市	7116	23574	26684	2699
地方国营江苏省如东县化肥厂	江苏省南通市	2319	3699	3557	164
江西第二化肥厂	江西新余市	2247	8142	7507	1463
吴县化肥厂	江苏省苏州市	1569	4804	4076	144
江西氨厂	江西南昌市	3290	9808	10913	1012
江西省向塘化肥厂	江西南昌县	1176	3200	2494	223
南京六合化工总厂	江苏省南京市	1394	3205	2849	316
海门县化肥厂	江苏省南通市	1092	2886	2643	229
江苏省南通化肥厂	江苏省南通市	848	2282	2014	37
连云港化肥厂	江苏省连云港市	1259	4476	4942	122
上海吴泾化工总厂	上海市	6110	51078	52413	8316
武进化肥厂	江苏省常州市	1894	6082	6108	746
清江化肥厂	江苏省淮阴市	1064	3114	3157	152
章丘县第二化肥厂	山东省济南市	587	2000	1626	－85
济南市平阴县化工总厂	山东省济南市	886	3210	2251	33
山东省邹县氮肥厂	山东省济宁市	1402	4660	4652	357
山东烟台化肥厂	山东省烟台市	816	1996	1360	－80
明水化肥厂	山东省济南市	1282	4576	5212	374
新泰市化肥厂	山东省泰安市	942	2520	2380	47
东明县天然气化工厂	山东省菏泽地区	605	1347	1089	20
桓台县化肥厂	山东省淄博市	643	2110	1794	－128
菏泽市化工总厂	山东省菏泽地区	1239	1363	1472	41
泰安市化肥厂	山东省泰安市	998	2400	2626	－31
山东省宁阳县化肥厂	山东省泰安市	1006	3012	3392	108
莱州市化肥厂	山东省烟台市	870	1827	1743	－260

11—1 续表 59

企业名称	所在省市	年末职工数（人）	工业总产值（万元）	销售收入（万元）	利税总额（万元）
山东省枣庄市化肥厂	山东省枣庄市	656	1015	1039	—66
莱芜市化肥厂	山东省泰安市	874	1463	1804	—28
山东省鲁南化肥厂	山东省枣庄市	3266	14094	12264	2281
莱阳市化肥厂	山东省烟台市	957	3395	3314	103
济南化肥厂	山东省济南市	3267	8240	6496	21
山东省日照市化学公业工司	山东省日照市	566	1821	1736	68
青岛胶南化肥厂	山东省青岛市	1142	3576	3016	136
山东省金乡县化肥厂	山东省济宁市	812	2923	2764	142
济南市商河县化工总厂	山东省济南市	646	820	645	—29
平度化肥厂	山东省青岛市	1130	4322	3790	468
山东楼德化肥厂	山东省泰安市	1247	2600	2641	—157
潍坊硝铵厂	山东省潍坊市	796	3243	3519	252
荣成市化肥厂	山东省威海市	1426	3449	3294	102
潍坊化肥厂	山东省潍坊市	1061	3404	3593	144
东平县化肥厂	山东省泰安市	1034	4285	4154	259
山东潍坊诸城化肥厂	山东省潍坊市	921	2994	2648	89
山东安丘化肥厂	山东省潍坊市	1050	1712	1475	1
茌平化肥厂	山东省聊城地区	624	2335	2295	—49
山东寿光化肥厂	山东省潍坊市	1383	7158	6281	388
莘县化肥厂	山东省聊城地区	355	347	454	—52
山东潍坊昌邑化肥厂	山东省潍坊市	793	1841	2079	100
山东省平邑县化肥厂	山东省临沂地区	614	1435	1450	—25
山东高密化肥厂	山东省潍坊市	947	2146	2115	1
胶州市化肥厂	山东省青岛市	703	793	427	—186
山东省沂源县化肥厂	山东省淄博市	636	1828	1817	—80
山东东风化肥厂	山东省淄博市	1141	3384	3312	180
山东省滕州市化肥厂	山东省枣庄市	1237	3970	3620	23
衢州化学工业公司	浙江省	20126	82022	69383	12597
烟台市桃村化肥厂	山东省烟台市	845	2274	1850	10
山东省昌乐县化肥厂	山东省潍坊市	854	2240	2216	13
山东省海阳化肥厂	山东省烟台市	807	3685	3318	106
淄博化肥厂	山东省淄博市	792	623	664	—482
山东省临朐县化肥厂	山东省潍坊市	897	2128	1920	4
山东龙口化肥厂	山东省烟台市	898	1716	1463	—22
山东省济宁市化肥厂	山东省济宁市	1030	3681	3279	189
文登市化工总厂	山东省威海市	965	2842	2644	13
广饶县化肥厂	山东省东营市	1445	5633	4804	599
渤海化肥厂	山东省惠民地区	799	1245	1101	22

11—1 续表 60

企业名称	所在省市	年末职工数（人）	工业总产值（万元）	销售收入（万元）	利税总额（万元）
青州化肥厂	山东省潍坊市	1234	3360	3487	61
山东省临沂市沂蒙化肥厂	山东省临沂地区	793	2332	2192	10
山东省临沭县化肥厂	山东省临沂地区	592	2172	1990	158
山东省郯城县化肥厂	山东省临沂地区	1020	4567	4649	532
山东省德州化肥厂	山东省德州地区	1914	5259	5255	114
聊城鲁西化肥厂	山东省聊城地区	986	3167	3112	80
滨州滨南化肥厂	山东省惠民地区	605	1309	1321	64
山东省博兴县化肥厂	山东省惠民地区	611	1241	1211	—131
禹城化工总厂	山东省德州地区	776	2581	2044	10
滨州市化肥厂	山东省惠民地区	750	1062	870	110
三明化工总厂	福建三明市	9237	28738	27259	2232
南京化学工业集团公司	江苏省南京市	26703	73698	66268	3282
莱西市磷肥厂	山东省青岛市	675	2542	2302	246
山东安丘化工厂	山东省潍坊市	603	1252	1168	55
莱州市化工总厂	山东省烟台市	834	3139	2767	253
南通磷肥厂	江苏省南通市	1290	4198	3937	172
徐州磷肥厂	江苏省徐州市	1400	6678	6327	174
地方国营宿迁磷肥厂	江苏省淮阴市	743	1566	1491	26
清江磷肥厂	江苏省淮阴市	761	1881	1525	
安徽省铜官山化工总厂	安徽省铜陵市	4291	15271	13234	396
扬州磷肥厂	江苏省扬州市	1121	3076	2979	5
江西磷肥厂	江西东乡县	2673	5579	5960	383
山东莱芜硫酸厂	山东省泰安市	1206	3137	3060	44
鲁西化工总厂	山东省聊城地区	667	1327	811	170
江西省宜春地区磷肥厂	江西宜春市	765	1580	1486	17
肥城县磷胺厂	山东省泰安市	620	1100	804	40
江西省鹰潭市磷肥厂	江西鹰潭市	1071	3436	3560	193
浙江新安江化学工业集团公司	浙江省	1488	10764	10984	1608
铜陵磷氨厂	安徽省铜陵市	2883	19906	16215	1656
鲁北化工厂	山东省惠民地区	5005	6108	5096	1156
江阴化肥总厂	江苏省无锡市	1132	2971	3110	—70
山东省梁山县化工总厂	山东省济宁市	378	55	16	—17
宁波农药厂	浙江省	1452	7822	8704	592
兰溪市农药厂	浙江省	1117	12046	10406	1204
中西药厂分厂	上海市	572	6287	4363	1539
湖州市菱湖化学厂	浙江省	1333	10558	10551	1753
国营无锡惠山农药厂	江苏省无锡市	810	5204	5121	417
乐陵农药厂	山东省德州地区	547	2928	3235	367

11—1 续表 61

企业名称	所在省市	年末职工数（人）	工业总产值（万元）	销售收入（万元）	利税总额（万元）
武进县农药厂	江苏省常州市	739	6828	6621	980
江西农药厂	江西南昌市	976	2213	1796	—13
苏州化工农药集团公司	江苏省苏州市	3118	38416	37496	5237
江苏省吴县农药厂	江苏省苏州市	385	4912	4678	504
南通农药厂	江苏省南通市	1748	17479	17457	1965
南通化工厂	江苏省南通市	1028	5820	5994	100
地方国营江苏省如东县农药厂	江苏省南通市	1671	5065	3770	281
连云港市第二农药厂	江苏省连云港市	1099	7368	6307	381
连云港市化工厂	江苏省连云港市	1513	6306	6324	638
合肥农药厂	安徽省合肥市	1119	4709	4279	581
安庆市化工总厂	安徽省安庆市	1403	5506	4590	456
安徽省池州农药厂	安徽省池州地区	797	2924	2684	136
国营青岛农药厂	山东省青岛市	1425	10410	10209	1631
山东魁星化工公司	山东省泰安市	2344	11372	9789	1293
泰安市东都农药厂	山东省泰安市	1045	4244	4371	534
国营青岛第二农药厂	山东省青岛市	804	4400	3788	376
山东农药厂	山东省淄博市	2754	21897	20073	3529
南昌农药厂	江西南昌县	1031	3283	2666	429
杭州农药厂	浙江省	1539	13000	12721	1851
上海第十八制药厂	上海市	319	1359	1362	88
中西药厂	上海市	473	11592	11774	1326
江苏省新沂农药厂	江苏省徐州市	1096	4568	4050	365
上海农药厂	上海市	1993	13705	12426	1269
德州农药厂	山东省德州地区	655	1452	1248	10
上海联合化工厂	上海市	1396	6948	6829	138
启东农药厂	江苏省南通市	628	4234	3151	259
江苏省建湖县农药厂	江苏省盐城市	970	7683	6753	1608
山东省海阳县农药厂	山东省烟台市	850	5522	3928	356
溧阳市化工厂	江苏省常州市	930	4934	3854	383
三明市农药厂	福建三明市	1672	11366	10933	1344
上海染料化工厂	上海市	2693	14158	14882	2803
上海试剂一厂	上海市	2366	31851	27342	5298
上海大丰化工厂	上海市	603	3065	2566	106
上海向阳化工厂	上海市	755	5854	5408	757
上海染料化工七厂	上海市	1377	5406	4812	300
上海滨海化工总厂	上海市	567	2332	2386	300
苏州合成化工厂	江苏省苏州市	743	3645	3365	—342
南京梅山化工总厂	江苏省南京市	640	1641	1478	65

11－1 续表 62

企业名称	所在省市	年末职工数（人）	工业总产值（万元）	销售收入（万元）	利税总额（万元）
南京有机化工厂	江苏省南京市	676	1888	1856	－204
徐州化工厂	江苏省徐州市	1321	6532	5369	221
常州第二化工厂	江苏省常州市	1013	5512	5710	712
国营无锡市溶剂总厂	江苏省无锡市	769	4437	4645	462
丹阳化肥厂	江苏省镇江市	1869	8392	7102	864
合肥东风化工厂	安徽省合肥市	490	2341	1416	22
南通醋酸化工厂	江苏省南通市	1301	12706	12582	1252
泰兴县化工厂	江苏省扬州市	1222	8020	7769	954
泰兴县第四化工厂	江苏省扬州市	664	3115	2820	548
济南化工厂	山东省济南市	3310	15006	15895	2267
济南石油化工二厂	山东省济南市	1695	11423	9164	1405
清江石油化工厂	江苏省淮阴市	2132	11910	11738	1686
蚌埠市八一化工厂	安徽省蚌埠市	645	6013	5530	1404
铜陵市有机化工厂	安徽省铜陵市	899	1722	1207	－387
苏州助剂厂	江苏省苏州市	838	7634	8097	1082
蚌埠市东风化工厂	安徽省蚌埠市	662	2451	3512	389
青岛琴波化工厂	山东省青岛市	642	2229	1722	201
国营青岛化工二厂	山东省青岛市	606	2548	2663	154
淄博市临淄有机化工厂	山东省淄博市	391	2908	2983	434
淄博周村有机化工厂	山东省淄博市	384	2715	2450	264
山东省济宁市第一化工厂	山东省济宁市	1725	8478	7838	356
上海华生化工厂	上海市	335	13677	16041	6711
上海油墨厂	上海市	1352	23833	25728	4309
南京造漆厂	江苏省南京市	1125	13422	13331	1991
上海染料化工一厂	上海市	972	10238	7558	1057
上海振华造漆厂	上海市	1201	17015	15700	2516
上海造漆厂	上海市	962	11496	11643	2119
上海开林造漆厂	上海市	717	9461	9315	1848
上海染料化工十二厂	上海市	540	4200	4798	828
无锡造漆厂	江苏省无锡市	1079	11858	12155	1511
国营南昌造漆厂	江西南昌市	741	4199	3569	381
常州市造漆厂	江苏省常州市	461	8031	8223	1347
前卫化工厂	江西新余市	905	10003	7804	1262
地方国营江苏省如东县化工厂	江苏省南通市	1031	6697	6911	854
芜湖市凤凰造漆厂	安徽省芜湖市	845	8510	7361	1124
山东省梁山油漆厂	山东省济宁市	1102	7052	6452	1318
金华市造漆厂	浙江省	742	9897	9416	1546
苏州造漆厂	江苏省苏州市	789	8301	8510	992

11—1续表63

企业名称	所在省市	年末职工数（人）	工业总产值（万元）	销售收入（万元）	利税总额（万元）
济南油漆厂	山东省济南市	946	6752	6309	850
国营青岛油漆厂	山东省青岛市	2423	23324	23036	2577
安庆市造漆厂	安徽省安庆市	620	3830	2852	548
国营镇江钛白粉总厂	江苏省镇江市	987	5614	5483	1022
杭州油漆厂	浙江省	839	11342	11405	2122
上海染料化工五厂	上海市	1297	9745	8030	1596
上海染料化工十厂	上海市	1115	6248	5126	777
上海染料化工八厂	上海市	1810	23076	22143	5440
苏州染料厂	江苏省苏州市	991	7212	6975	1539
国营泰兴染料化工厂	江苏省扬州市	587	6447	5556	1378
蚌埠市染料化工厂	安徽省蚌埠市	575	3003	2433	26
上海染料化工三厂	上海市	1044	10647	9982	3738
国营青岛染料厂	山东省青岛市	3721	20337	18518	3415
常州染料化工厂	江苏省常州市	1284	6392	6401	1128
国营无锡市染料厂	江苏省无锡市	866	6256	5429	1094
芜湖染料厂	安徽省芜湖市	731	2691	2404	55
徐州染料化工厂	江苏省徐州市	984	4852	4758	774
上海染料化工九厂	上海市	1237	7755	6874	1261
山东省济宁市染料厂	山东省济宁市	981	7538	7063	1627
温州染料化工总厂	浙江省	1157	6069	5565	945
上海试剂四厂	上海市	498	2546	2358	336
上海炭黑厂	上海市	395	2433	2389	419
泰州石油化工总厂	江苏省扬州市	1537	14307	14693	2346
芜湖市日新化工厂	安徽省芜湖市	870	4725	4836	233
蚌埠市江淮化工厂	安徽省蚌埠市	727	2524	2302	—13
青岛炭黑厂	山东省青岛市	824	4298	4045	1013
苏州炭黑厂	江苏省苏州市	614	3007	3467	447
上海助剂厂	上海市	1341	11615	11008	1933
徐州溶剂厂	江苏省徐州市	924	7207	7013	888
无锡化工集团公司	江苏省无锡市	3307	21301	21300	3368
江苏省海安石油化工厂	江苏省南通市	898	2045	2013	—156
淄博增塑剂厂	山东省淄博市	232	14934	16150	2582
青州市化工二厂	山东省潍坊市	563	2763	2725	452
山东滨州化工厂	山东省惠民地区	1816	12771	12348	2291
国营滨州第二化工厂	山东省惠民地区	324	1482	1345	154
上海磁带厂	上海市	663	1179	906	—139
上海皮革化工厂	上海市	601	5794	5856	1602
蚌埠市有机硅化工厂	安徽省蚌埠市	413	277	416	—320

11—1续表64

企业名称	所在省市	年末职工数（人）	工业总产值（万元）	销售收入（万元）	利税总额（万元）
马鞍山市炭黑厂	安徽省马鞍山	342	1333	1366	320
上海溶剂厂	上海市	2859	28984	28980	5020
常州曙光化工厂	江苏省常州市	663	3235	3378	366
国营昆山化工厂	江苏省苏州市	1769	10304	11172	668
上海彭浦化工厂	上海市	925	5989	6211	851
南京树脂厂	江苏省南京市	923	4738	3570	658
景德镇市瓷用原料化学工厂	江西景德镇	818	5580	4985	988
国营庆江化工厂	江西泰和县	1613	4345	4312	518
济南石油化工四厂	山东省济南市	936	1601	1529	—156
黄海海藻工业公司	山东省青岛市	1314	7696	6840	456
国营青岛磷肥厂	山东省青岛市	1055	2554	2640	—209
淄博东风化工厂	山东省淄博市	962	2666	2430	296
杭州炼油厂	浙江省	2038	15056	14812	1994
上海塑料厂	上海市	717	7011	6229	941
上海赛璐珞厂	上海市	824	8613	7272	758
上海天原化工厂	上海市	3527	46934	43133	10055
上海氯碱总厂	上海市	9632	109920	93131	22118
南京复合材料总厂	江苏省南京市	606	3197	2839	197
徐州电化厂	江苏省徐州市	2955	14387	13850	2053
吉化公司苏州安利化工厂	江苏省苏州市	980	4028	4107	278
扬州树脂厂	江苏省扬州市	802	1274	1196	102
镇江市聚氯乙烯树脂厂	江苏省镇江市	1320	4043	3941	513
浙江省嘉兴市化工厂	浙江省	1591	7353	6346	947
上海树脂厂	上海市	1320	8855	7955	876
扬州合成化工总厂	江苏省扬州市	1312	9135	9108	1514
淄博石油化工厂	山东省淄博市	1552	5465	5531	1103
厦门利恒涤纶有限公司	福建厦门市	1015	20532	19438	1242
上海新华树脂厂	上海市	462	7649	7238	1012
上海制笔化工厂	上海市	963	8064	8030	1336
无锡石油化工总厂	江苏省无锡市	1988	15374	15344	1070
常州市合成材料厂	江苏省常州市	657	5140	5012	587
常州合成化工总厂	江苏省常州市	1643	6473	6646	643
山东张店化工厂	山东省淄博市	2170	5290	4496	738
红光化工厂	江苏省淮阴市	604	1252	1264	125
天明化工厂	江苏省淮阴市	690	1803	1883	393
安徽省红星机械厂	安徽省合肥市	1445	1658	1584	270
国营山东鲁光化工厂	山东省临沂地区	1200	2153	2052	57
山东省临沂化工厂	山东省临沂地区	473	2028	1717	303

11—1续表 65

企业名称	所在省市	年末职工数（人）	工业总产值（万元）	销售收入（万元）	利税总额（万元）
招远七六一厂	山东省烟台市	741	2711	2720	239
威海市七一一厂	山东省威海市	462	854	896	173
邹平县八四厂	山东省惠民地区	160	940	824	203
济南四五六厂	山东省济南市	756	2205	2046	246
山东五莲化工厂	山东省潍坊市	830	1922	1363	220
国营永安化工厂	福建三明市	1011	2368	2437	369
福建省烽林机器厂(明溪)	福建三明市	671	558	558	71
上海感光胶片总厂	上海市	2711	11222	11196	331
无锡电影胶片厂	江苏省无锡市	1508	4806	4301	315
厦门福达感光材料有限公司	福建厦门市	3547	15000	13038	—69
上海制皂厂	上海市	2551	43266	39382	6571
上海利华有限公司	上海市	219	19367	20225	5530
南京肥皂厂	江苏省南京市	651	2597	2690	437
安徽省安庆香皂厂	安徽省安庆市	465	3737	2439	271
济南轻工化学总厂	山东省济南市	1974	9694	10066	631
南通油脂厂	江苏省南通市	667	2829	2846	221
淮南肥皂厂	安徽省淮南市	626	4880	3234	614
兰溪市化工总厂	浙江省	1577	10640	10519	1346
杭州东南化工总厂	浙江省	1478	11468	11540	2786
地方国营苏州肥皂厂	江苏省苏州市	373	3190	3181	632
国营青岛肥皂厂	山东省青岛市	1085	9525	8845	1885
烟台第二化工厂	山东省烟台市	869	8159	5091	1245
蚌埠市日用化学总厂	安徽省蚌埠市	496	3521	2558	185
淮阴市光华化学厂	江苏省淮阴市	1141	4793	4688	390
上海合成洗涤剂三厂	上海市	981	10503	10288	1434
上海合成洗涤剂五厂	上海市	338	7096	4796	951
上海合成洗涤剂厂	上海市	1592	32624	32803	4052
徐州合成洗涤剂厂	江苏省徐州市	1849	21702	21520	2374
芜湖市洗涤剂厂	安徽省芜湖市	841	9604	7615	611
合肥日用化工总厂	安徽省合肥市	1626	23003	21036	2725
安庆市合成洗涤剂厂	安徽省安庆市	827	2917	2004	107
潍坊合成洗涤剂厂	山东省潍坊市	594	10168	9816	1225
山东省济宁市合成洗涤剂厂	山东省济宁市	759	10082	8506	786
上海油脂化工厂	上海市	560	5054	1602	—213
上海日用香精厂	上海市	462	15971	12306	3064
上海新华香料厂	上海市	700	6004	5778	357
上海联合香料厂	上海市	595	4116	4311	513
上海香料厂	上海市	442	3561	3898	678

企业名称	所在省市	年末职工数（人）	工业总产值（万元）	销售收入（万元）	利税总额（万元）
南通薄荷厂	江苏省南通市	521	3740	3230	154
上海娜丽丝化妆品有限公司	上海市	126	2383	2389	663
上海露美.庄臣化妆品有限公司	上海市	891	23624	24276	4616
上海霞飞日用化工厂	上海市	680	24036	17235	6005
扬州少女之春日化公司	江苏省扬州市	224	6037	4309	1055
上海庄臣有限公司	上海市	657	28156	28138	3684
上海旁氏有限公司	上海市	154	5237	4757	2182
上海日用化学品二厂	上海市	704	14861	13300	4570
上海家用化学品厂	上海市	516	7086	7080	2204
上海日用化学品四厂	上海市	953	12065	11146	4350
上海牙膏厂	上海市	1586	36203	37392	12583
南京化学厂	江苏省南京市	568	4430	3549	776
苏州市月中桂日用化工厂	江苏省苏州市	676	8324	6331	1477
济南市牙膏厂	山东省济南市	701	3201	3107	224
杭州牙膏厂	浙江省	893	6649	6649	1468
上海火柴厂	上海市	859	1360	1200	－21
南京市火柴厂	江苏省南京市	1054	1477	1373	12
徐州火柴厂	江苏省徐州市	1507	2180	2250	5
国营青岛火柴厂	山东省青岛市	1650	2343	2400	－246
山东省济宁市火柴厂	山东省济宁市	1758	4510	3922	241
蚌埠市火柴厂	安徽省蚌埠市	797	1770	1262	－69
济南火柴厂	山东省济南市	2390	2840	2561	－240
安徽省芜湖火柴厂	安徽省芜湖市	1310	2667	2242	32
安庆市火柴厂	安徽省安庆市	815	1310	986	47
青州火柴厂	山东省潍坊市	1537	2090	2020	－15
福州火柴厂	福建福州市	1338	2047	2121	165
上海明胶厂	上海市	196	1236	1145	56
蚌埠市明胶厂	安徽省蚌埠市	798	2080	1627	－448
国营青岛明胶厂	山东省青岛市	1137	2915	3451	7
医药工业					
上海新亚制药厂第一分厂	上海市	520	4505	4218	591
上海第三制药厂	上海市	2390	13667	13493	1173
国营南京制药厂	江苏省南京市	2221	10166	10153	570
上海第六制药厂	上海市	2165	16279	15313	997
国营武进制药厂	江苏省常州市	511	5573	4673	428
上海第四制药厂	上海市	2368	17029	16600	2194
上海人民制药厂	上海市	411	10007	8132	900
徐州第三制药厂	江苏省徐州市	553	1128	823	59

11—1 续表 67

企业名称	所在省市	年末职工数（人）	工业总产值（万元）	销售收入（万元）	利税总额（万元）
国营无锡市第一制药厂	江苏省无锡市	1149	12646	10537	2627
国营无锡市第二制药厂	江苏省无锡市	923	4990	4957	898
上海第十六制药厂	上海市	290	2197	2120	239
常州市第二制药厂	江苏省常州市	795	4339	3885	302
中华制药厂	上海市	480	5535	4735	1009
常州第三制药厂	江苏省常州市	778	3653	3322	271
国营无锡市第三制药厂	江苏省无锡市	1024	5454	5176	752
常州制药厂	江苏省常州市	1387	8483	7795	54
山东省济宁市抗生素厂	山东省济宁市	3699	22158	20914	3250
淮阴制药厂	江苏省淮阴市	865	5008	5615	224
常州市第四制药厂	江苏省常州市	574	2662	2891	190
江西制药厂	江西南昌市	1892	14282	7810	1241
上海第十二制药厂	上海市	1220	7744	7240	423
盐城制药厂	江苏省盐城市	743	4033	3220	312
上海葡萄糖厂	上海市	778	5607	5069	921
江西国药厂	江西南昌市	2496	12329	10840	2083
苏州第二制药厂	江苏省苏州市	1393	6078	5591	581
镇江市制药厂	江苏省镇江市	634	3636	3243	112
国营昆山制药总厂	江苏省苏州市	1353	12446	11899	274
江西黎明制药厂	江西景德镇	1420	6791	5890	—554
南通第二制药厂	江苏省南通市	756	4750	4617	88
淮南市第三制药厂	安徽省淮南市	538	4809	3317	196
上海第二制药厂	上海市	2215	16040	17135	1074
江西东风制药厂	江西乐平县	2571	11012	7700	966
上海第十五制药厂	上海市	741	6299	4236	3
南通制药厂	江苏省南通市	1025	7856	7817	750
上海淮海制药厂	上海市	702	4676	4538	593
五洲药厂	上海市	1450	11200	10062	283
苏州第四制药厂	江苏省苏州市	799	7169	6997	167
蚌埠市第二制药厂	安徽省蚌埠市	1298	8453	7056	220
江西赣江制药厂	江西吉安市	1620	5589	5249	327
全椒县制药厂	安徽省六安地区	581	3008	2614	183
济南第二制药厂	山东省济南市	1109	4541	4653	191
连云港市制碘厂	江苏省连云港市	1005	4673	4596	464
浙江省温州制药厂	浙江省	1121	8685	8174	253
济南制药厂	山东省济南市	1079	5907	5700	303
杭州华东制药厂	浙江省	1203	8484	7382	1001
安徽省皖北制药厂	安徽省宿县地区	508	2360	1674	320

11—1 续表 68

企业名称	所在省市	年末职工数（人）	工业总产值（万元）	销售收入（万元）	利税总额（万元）
金华制药厂	浙江省	966	5663	6027	1037
淮南市第二制药厂	安徽省淮南市	1248	5846	4339	—492
山东淄川制药厂	山东省淄博市	706	3593	3224	273
山东新华制药厂	山东省淄博市	6419	50758	48458	8370
山东省潍坊制药三厂	山东省潍坊市	612	2920	3078	486
南通生物化学制药厂	江苏省南通市	773	2848	3105	176
椒江市九洲制药厂	浙江省	589	9223	9795	934
新昌制药厂	浙江省	1298	13773	10407	1331
合肥制药厂	安徽省合肥市	1777	12298	10856	598
国营靖江葡萄糖厂	江苏省扬州市	2247	9315	9025	842
国营青岛制药厂	山东省青岛市	1112	6534	5672	536
福州抗菌素厂	福建福州市	2428	10580	10006	1514
三明制药厂	福建三明市	1509	6897	6053	281
上海新亚制药厂	上海市	698	11660	9773	973
泰州制药厂	江苏省扬州市	463	2094	1876	175
上海长征制药厂	上海市	591	3708	4164	861
扬州市扬子江制药厂	江苏省扬州市	1125	6818	6309	540
中美上海施贵宝制药有限公司	上海市	425	17813	30344	7035
淮南市第六制药厂	安徽省淮南市	554	5075	3869	184
国营无锡市第四制药厂	江苏省无锡市	1221	16257	14853	1007
芜湖制药厂	安徽省芜湖市	1561	6128	4385	212
无锡市第七制药厂	江苏省无锡市	586	3953	3363	630
蚌埠市第一制药厂	安徽省蚌埠市	623	3926	2826	71
苏州第一制药厂	江苏省苏州市	840	5309	5085	151
齐鲁制药厂	山东省济南市	1247	13761	9146	1533
济南第三制药厂	山东省济南市	725	5848	5311	457
连云港东风制药厂	江苏省连云港市	820	5079	4618	472
山东沂蒙新华制药厂	山东省淄博市	1208	4754	4646	4
上海延安制药厂	上海市	790	7268	7872	843
山东省济宁市第二制药厂	山东省济宁市	943	4752	3467	186
南京第二制药厂	江苏省南京市	1343	9807	10692	505
山东省临沂制药厂	山东省临沂地区	746	2177	2266	312
扬州制药厂	江苏省扬州市	1707	8780	8561	613
杭州民生药厂	浙江省	2629	19676	18639	1323
金坛县制药厂	江苏省常州市	608	3038	3366	282
仙居制药厂	浙江省	776	6689	5951	689
江西赣南制药厂	江西赣州市	1038	5098	4160	157
无为制药厂	安徽省巢湖地区	323	2051	1391	95

11－1 续表 69

企业名称	所在省市	年末职工数（人）	工业总产值（万元）	销售收入（万元）	利税总额（万元）
安徽朝阳制药厂	安徽省滁县地区	976	2468	1882	－3
连云港制药厂	江苏省连云港市	845	7446	6492	603
信谊药厂	上海市	1344	17142	17799	2162
阜阳制药厂	安徽省阜阳地区	1104	6036	5226	249
安庆制药厂	安徽省安庆市	515	2729	2067	75
福州制药厂	福建福州市	1626	3951	3978	－322
厦门鱼肝油厂	福建厦门市	800	5078	4502	338
上海中药制药三厂	上海市	705	8961	7630	1225
上海中药制药一厂	上海市	934	10023	9794	1601
上海中药制药二厂	上海市	691	8407	7616	1345
南京同仁堂制药厂	江苏省南京市	546	3139	3096	406
无锡中药厂	江苏省无锡市	751	3178	3105	285
苏州市雷允上制药厂	江苏省苏州市	341	3508	3350	548
淮南市第一制药厂	安徽省淮南市	464	2691	1867	－306
安庆市第一制药厂	安徽省安庆市	369	1447	1217	69
安徽省屯溪制药厂	安徽省黄山市	453	2301	1502	23
山东淄博人民制药厂	山东省淄博市	670	2931	2508	354
杭州第二中药厂	浙江省	1510	12654	11004	1059
厦门中药厂	福建厦门市	443	3196	3925	1101
漳州市制药厂	福建漳州市	510	6938	7975	3418
泰县兽药厂	江苏省扬州市	713	3601	3691	261
上海生物化学制药厂	上海市	862	4831	4702	97
卫生部上海生物制品研究所	上海市	1780	13094	11356	4952
化学纤维工业					
上海第十二化学纤维厂	上海市	1441	14030	5670	650
南京化学纤维厂	江苏省南京市	4260	25512	25121	2658
江西化学纤维厂	江西南昌市	5402	17770	22622	1685
九江化学纤维厂	江西九江市	3844	9500	10960	441
潍坊化学纤维厂	山东省潍坊市	4691	17222	16991	3026
山东高密化纤厂	山东省潍坊市	1297	15395	12360	1559
东明县化纤厂	山东省菏泽地区	340	937	684	39
杭州化学纤维厂	浙江省	5356	21110	21914	2770
杭州人造纤维厂	浙江省	1321	7646	7486	242
无锡县帘子线厂	江苏省无锡市	1365	10417	8310	782
济南化学纤维厂	山东省济南市	1634	2847	2688	407
国营吴江辽吴化学纤维厂	江苏省苏州市	1020	5943	5758	781
江苏清江合成纤维厂吴县分厂	江苏省苏州市	655	3367	3499	677
淮阴大众塑料厂	江苏省淮阴市	891	2533	2526	75

11—1 续表 70

企业名称	所在省市	年末职工数（人）	工业总产值（万元）	销售收入（万元）	利税总额（万元）
江苏省清江合成纤维厂	江苏省淮阴市	2173	7440	8019	782
常熟市特种化纤总厂	江苏省苏州市	1207	7402	6700	304
慈溪市锦纶总公司	浙江省	4067	26300	20026	3066
平湖化学纤维总厂	浙江省	1649	6945	7108	758
上海联华合纤有限公司	上海市	512	16720	12938	5474
常州合成纤维厂	江苏省常州市	1194	14625	14092	2710
国营吴江新生化纤厂	江苏省苏州市	542	2892	2882	178
中国石油化工总公司上海石油化工总厂	上海市	61472	519668	739999	148908
盐城化纤厂	江苏省盐城市	916	7523	7535	1406
江阴市化纤厂	江苏省无锡市	1348	8966	10177	1559
镇江市合成纤维厂	江苏省镇江市	1034	6505	5625	440
无锡县涤纶丝厂	江苏省无锡市	806	6643	6315	243
铜陵市化纤厂	安徽省铜陵市	2310	17171	13962	1331
江阴市第二化纤厂	江苏省无锡市	668	8926	9072	1127
莒县涤纶厂	山东省临沂地区	841	6119	5574	1342
苏州化学纤维厂	江苏省苏州市	1513	13017	13499	3713
菏泽市涤沦厂	山东省菏泽地区	647	5838	5250	1545
连云港涤纶厂	江苏省连云港市	1070	11872	12087	3010
江西省化工实验厂	江西南昌市	1121	3536	2834	—59
国营无锡市合成纤维总厂	江苏省无锡市	2390	24750	23902	3818
青岛化学纤维厂	山东省青岛市	1667	8790	8787	1440
启东合成纤维厂	江苏省南通市	1421	5462	4642	607
南通合成纤维厂	江苏省南通市	1634	16653	16666	3368
上海第五化学纤维厂	上海市	2290	16703	7986	933
宜兴市涤纶厂	江苏省无锡市	600	5453	5290	442
淮阴市涤纶长丝厂	江苏省淮阴市	1027	7382	8818	1022
纺织部研究院淄博涤纶厂	山东省淄博市	643	6998	4986	892
江西涤纶厂	江西南昌市	1877	14825	12503	3042
济南合成纤维厂	山东省济南市	1505	6825	5764	861
浙江涤纶厂	浙江省	1579	17630	16460	4291
杭州第二化学纤维厂	浙江省	942	12595	12311	3761
德清化纤厂	浙江省	937	6539	6888	353
绍兴弹力丝厂	浙江省	1066	9679	9475	2170
宁波市化学纤维厂	浙江省	1034	8005	7829	645
湖州市化纤总厂	浙江省	629	5616	5528	1119
浙江华纶化纤厂	浙江省	758	5430	5358	782
厦门华纶化学纤维有限公司	福建厦门市	1934	25474	19079	4020
福建省永安化纤化工厂	福建三明市	5339	33590	32921	6290

11—1 续表 71

企业名称	所在省市	年末职工数（人）	工业总产值（万元）	销售收入（万元）	利税总额（万元）
山东淄博合成纤维厂	山东省淄博市	1821	8914	8079	1040
维尼纶厂	安徽省巢湖地区	4183	15020	15622	2130
江西化纤化工厂	江西乐平县	2133	8337	8584	1630
上海丙纶厂	上海市	758	4326	4777	636
宜兴市合成纤维厂	江苏省无锡市	420	2640	2284	313
常州市帘子线厂	江苏省常州市	888	5437	5064	251
山东济宁化纤厂	山东省济宁市	316	2412	1281	211
莱芜市丙纶厂	山东省泰安市	438	1675	1468	—70
陵县丙纶厂	山东省德州地区	283	620	370	1
烟台地毯材料有限公司	山东省烟台市	139	1404	1078	136
山东高密合成纤维厂	山东省潍坊市	1336	5556	3829	512
武进县第二合成纤维厂	江苏省常州市	743	5160	4964	332
齐鲁丙纶厂	山东省淄博市	295	2851	2434	425
常熟市丙纶厂	江苏省苏州市	995	5343	5791	415
橡胶制品业					
上海正泰厂东海分厂	上海市	716	9553	7150	1545
上海大孚橡胶总厂	上海市	2902	26130	22042	3438
上海轮胎橡胶集团公司	上海市	10046	157265	115188	24779
南京轮胎厂	江苏省南京市	1420	6775	7503	172
徐州橡胶厂	江苏省徐州市	3452	17218	15680	1914
烟台轮胎厂	山东省烟台市	1006	7470	4216	764
国营江西橡胶厂	江西南昌市	2814	14364	10546	1401
肥城橡胶厂	山东省泰安市	1722	14535	10682	1817
安徽轮胎厂	安徽省合肥市	2781	32611	24073	5223
国营青岛第二橡胶厂	山东省青岛市	4573	51645	51205	11362
清江橡胶厂	江苏省淮阴市	1085	5658	5496	805
山东高密橡胶厂	山东省潍坊市	1066	8348	5934	923
江西轮胎厂	江西德安县	1191	7414	3719	291
威海轮胎厂	山东省威海市	2546	29804	26329	5085
荣成市橡胶厂	山东省威海市	2744	36839	28138	5367
曹县橡胶厂	山东省菏泽地区	1005	4581	4084	578
杭州橡胶总厂	浙江省	5411	38554	37942	6847
上海中南橡胶厂	上海市	2535	21293	16837	2744
无锡市第三橡胶厂	江苏省无锡市	2166	13292	13881	2035
平湖橡胶厂	浙江省	1199	7115	6777	937
无锡县第三橡胶厂	江苏省无锡市	479	1835	1596	202
南通橡胶总厂	江苏省南通市	1804	4581	4691	199
盐城市橡胶厂	江苏省盐城市	781	4840	5009	841

11—1 续表 72

企业名称	所在省市	年末职工数（人）	工业总产值（万元）	销售收入（万元）	利税总额（万元）
马鞍山市橡胶厂	安徽省马鞍山	1375	9054	7024	976
国营青岛同泰橡胶厂	山东省青岛市	3375	21702	20841	3274
无锡市飞达橡胶厂	江苏省无锡市	1027	5806	4217	607
上海橡胶厂	上海市	2189	12000	11253	1573
上海胶带总厂	上海市	1791	14879	12045	1938
国营无锡市橡胶厂	江苏省无锡市	1232	8825	8207	1581
无锡县橡胶厂	江苏省无锡市	652	1530	1357	147
徐州淮海橡胶厂	江苏省徐州市	1242	4558	4715	626
泰州橡胶总厂	江苏省扬州市	1501	4404	4104	388
合肥胶带厂	安徽省合肥市	619	3021	1639	200
山东省枣庄市橡胶厂	山东省枣庄市	2135	15276	13744	2688
蚌埠市橡胶厂	安徽省蚌埠市	654	6178	4162	652
烟台橡胶厂	山东省烟台市	975	2449	2026	34
南昌第一橡胶厂	江西南昌县	1321	6464	4188	605
国营青岛第六橡胶厂	山东省青岛市	3471	26879	23822	4594
安徽省淮南橡胶管带厂	安徽省淮南市	732	2620	1784	268
山东省曲阜市橡胶厂	山东省济宁市	804	3161	2810	371
济南橡胶厂	山东省济南市	1231	2542	1697	—177
上海橡胶制品四厂	上海市	1100	8393	7902	1327
上海橡胶制品二厂	上海市	630	1302	1464	200
上海橡胶制品一厂	上海市	940	3503	3091	549
国营无锡市第二橡胶厂	江苏省无锡市	1421	5275	4889	1318
无锡市第四橡胶厂	江苏省无锡市	919	3240	2816	516
南京橡胶厂	江苏省南京市	883	2306	2324	352
青岛密封工业公司	山东省青岛市	1389	1937	1970	312
国营青岛橡胶制品厂	山东省青岛市	889	2663	2527	183
临清市鑫鑫实业公司	山东省聊城地区	512	1234	613	—15
山东省定陶县橡胶厂	山东省菏泽地区	360	1301	1099	102
上海胶鞋七厂	上海市	1128	6111	6191	751
上海大中华橡胶三厂	上海市	1589	5808	5223	691
上海大中华橡胶二厂	上海市	1003	3903	3606	478
上海胶鞋六厂	上海市	2032	9242	8334	993
上海大中华橡胶五厂	上海市	1228	6857	6579	470
上海东风橡胶二厂	上海市	3560	10096	8557	1371
步云胶鞋厂	上海市	1729	6694	5555	147
工贸合营常州市友谊胶鞋厂	江苏省常州市	1029	9495	9422	713
国营青岛第九橡胶厂	山东省青岛市	3628	14468	22100	1536
张家港市振业橡胶总厂	江苏省苏州市	2674	8868	7233	506

11—1 续表 73

企业名称	所在省市	年末职工数（人）	工业总产值（万元）	销售收入（万元）	利税总额（万元）
淄博橡胶厂	山东省淄博市	980	3119	2805	636
清江胶鞋厂	江苏省淮阴市	1215	3864	4167	302
芜湖市跃进橡胶厂	安徽省芜湖市	891	4708	3875	118
常州橡胶厂	江苏省常州市	1357	6692	6005	617
泰安市橡胶总厂	山东省泰安市	1238	3100	2997	32
合肥橡胶厂	安徽省合肥市	1943	6534	5200	306
威海橡胶厂	山东省威海市	1809	5155	4247	457
山东省德州市橡胶厂	山东省德州地区	640	2437	2011	166
温州橡胶工业集团公司	浙江省	2314	7854	7599	505
上海乳胶厂长征分厂	上海市	409	1935	1393	201
上海乳胶厂	上海市	1200	3258	2914	—442
上海永和橡胶总厂	上海市	1275	2809	2940	159
如东县乳胶总厂	江苏省南通市	424	825	356	—15
蚌埠市乳胶厂	安徽省蚌埠市	811	2226	2030	—167
国营青岛乳胶厂	山东省青岛市	1316	2868	2888	113
上海交通轮胎翻修厂	上海市	349	664	817	50
扬州橡胶总厂	江苏省扬州市	1512	6274	5860	434
厦门橡胶厂	福建厦门市	2550	17075	17104	1839
上海塑料薄膜厂	上海市	1086	6922	7347	63
上海化工厂	上海市	2033	23972	22460	3247
南京塑料二厂	江苏省南京市	822	4451	3966	336
无锡市轻工塑料总厂	江苏省无锡市	1425	4346	4507	167
工贸合营无锡市彩印厂	江苏省无锡市	924	6583	6448	367
无锡县塑料制品厂	江苏省无锡市	697	2682	2946	274
常州市勤业塑料厂	江苏省常州市	751	10498	9866	994
浙江省海宁塑料厂	浙江省	698	8974	8398	570
烟台塑料四厂	山东省烟台市	388	5264	4590	327
郓城县塑料厂	山东省菏泽地区	168	1992	1897	56
南通市塑料一厂	江苏省南通市	408	2173	2070	34
苏州塑料四厂	江苏省苏州市	487	3239	3034	93
山东省潍坊塑料总厂	山东省潍坊市	628	3465	3322	133
连云港市塑料厂	江苏省连云港市	770	5087	4959	270
安徽东风塑料厂	安徽省合肥市	545	2774	2533	113
合肥塑料一厂	安徽省合肥市	416	3750	2699	—354
镇江市塑料三厂	江苏省镇江市	341	1911	1464	35
安庆市塑料二厂	安徽省安庆市	351	2312	1783	156
界首市塑料制品总厂	安徽省阜阳地区	387	2803	2729	352
阜阳市塑料总厂	安徽省阜阳地区	269	1598	1310	100

11—1 续表 74

企业名称	所在省市	年末职工数（人）	工业总产值（万元）	销售收入（万元）	利税总额（万元）
山东省泗水县塑料厂	山东省济宁市	502	3731	2500	176
江西塑料制品厂	江西九江市	801	3555	3008	62
莱芜市塑料制品厂	山东省泰安市	324	1609	1847	54
济南市塑料三厂	山东省济南市	1318	9137	9383	690
山东振鲁塑料制品有限公司	山东省淄博市	93	728	726	−70
山东沂源塑料厂	山东省淄博市	145	700	666	40
江西工程塑料厂	江西分宜县	385	862	826	33
淄博塑料一厂	山东省淄博市	631	4011	3761	512
山东省塑料制品试验厂	山东省济宁市	554	7514	8009	968
禹城塑料厂	山东省德州地区	326	1094	907	101
苏州塑料三厂	江苏省苏州市	950	5255	5440	177
杭州塑料厂（包括跃进塑料厂）	浙江省	1109	13589	12094	748
工贸合营常州市光明塑料厂	江苏省常州市	471	5738	5147	315
福州市第三塑料厂	福建福州市	875	3668	3415	103
厦门厦东企业有限公司	福建厦门市	140	1519	1517	35
三明塑料厂	福建三明市	924	13038	13119	1225
上海塑料制品二厂	上海市	949	8913	7258	428
南京塑料三厂	江苏省南京市	565	1158	1279	52
威海市塑料一厂	山东省威海市	381	1379	1301	104
常州市增强塑料厂	江苏省常州市	288	1689	1492	147
济南塑料一厂	山东省济南市	1670	8794	7339	498
扬州塑料厂	江苏省扬州市	469	1982	2195	37
镇江市塑料四厂	江苏省镇江市	399	841	801	31
安徽省合肥塑料厂	安徽省合肥市	1016	2155	2019	−798
常州市东方红塑料厂	江苏省常州市	421	6840	7363	888
青岛塑料二厂	山东省青岛市	769	4386	4738	400
青岛塑料总厂	山东省青岛市	1270	3607	3296	−100
淄博塑料二厂	山东省淄博市	529	4203	3974	183
烟台塑料一厂	山东省烟台市	701	3083	2503	388
上海解放塑料制品厂	上海市	1510	13591	12608	704
上海塑料制品十一厂	上海市	396	2016	1988	78
无锡市集装袋厂	江苏省无锡市	985	3128	3202	−40
工贸合营常州塑料编织总厂	江苏省常州市	1189	8481	8198	534
常州中化勤丰塑料厂	江苏省常州市	527	4988	6360	197
常州市塑料三厂	江苏省常州市	829	3170	2752	257
常州市永红塑料编织袋厂	江苏省常州市	1420	3209	3262	49
上海绳网厂	上海市	1401	4484	4704	311
安徽省屯溪塑料厂	安徽省黄山市	1138	5350	3910	272

11—1续表75

企业名称	所在省市	年末职工数（人）	工业总产值（万元）	销售收入（万元）	利税总额（万元）
安庆市燎原化工厂	安徽省安庆市	1062	6972	4235	715
天长县塑料编织厂	安徽省六安地区	580	6866	5076	1163
济南市塑料五厂	山东省济南市	499	2352	1470	96
淄博塑料五厂	山东省淄博市	372	819	822	116
山东省潍坊塑料四厂	山东省潍坊市	400	1696	1311	47
浙江省普陀塑料总厂	浙江省	876	5425	5416	316
山东省济宁市塑料四厂	山东省济宁市	357	1197	899	43
威海市塑料网丝厂	山东省威海市	531	2508	1967	162
山东省招远县玻璃厂	山东省烟台市	504	990	678	63
齐鲁乙烯塑编厂	山东省淄博市	856	4765	4785	532
山东省枣庄市塑料总厂	山东省枣庄市	569	2560	1545	105
威海市塑料四厂	山东省威海市	1203	4588	4047	442
烟台塑料六厂	山东省烟台市	767	4844	3742	433
荣成市渔网绳索总厂	山东省威海市	477	1733	1669	207
无棣县网具塑料总厂	山东省惠民地区	476	1174	366	38
山东省费县塑料厂	山东省临沂地区	734	2653	1763	207
杭州新丰塑料厂	浙江省	1505	7904	7469	740
齐鲁塑料制品有限公司	山东省淄博市	256	1891	1800	63
福州市第一塑料厂	福建福州市	953	3959	3899	189
上海塑料制品一厂	上海市	950	11093	8327	691
江阴市建筑塑料地板总厂	江苏省无锡市	802	7205	6807	225
南昌塑料八厂	江西南昌市	757	5285	2805	158
徐州塑料厂	江苏省徐州市	1013	10500	10276	1000
中国南通华丰有限公司	江苏省南通市	446	9317	8457	496
江苏省泰兴县塑料厂	江苏省扬州市	452	1441	1278	50
烟台聚氨酯制品厂	山东省烟台市	343	1918	1529	—225
常熟市人造革总厂	江苏省苏州市	1048	7714	6688	438
烟台合成革总厂	山东省烟台市	4000	24226	23446	2619
威海市塑料二厂	山东省威海市	402	2458	2022	124
上海塑料制品七厂	上海市	679	4128	3204	538
上海塑料制品六厂	上海市	661	9643	7759	291
江宁县南京装饰材料厂	江苏省南京市	350	2787	2573	260
兰和塑料化工有限公司	江苏省常州市	347	2093	2181	350
镇江塑料五厂	江苏省镇江市	461	3269	3428	109
济南市塑料四厂	山东省济南市	269	1145	1076	108
山东塑料试验厂	山东省济南市	1228	6697	5032	730
上海胜德塑料厂	上海市	788	3529	3522	304
地方国营苏州塑料一厂	江苏省苏州市	486	3067	3079	252

11－1续表76

企业名称	所在省市	年末职工数（人）	工业总产值（万元）	销售收入（万元）	利税总额（万元）
上海木材供应公司钙塑箱厂	上海市	424	3128	2601	268
无锡市塑料一厂	江苏省无锡市	404	2586	2631	562
工贸合营常州市塑料厂	江苏省常州市	500	3275	3194	243
扬州汽车塑料件制造公司	江苏省扬州市	151	2140	1990	400
济南塑料制品总厂	山东省济南市	1242	1835	1644	－115
青岛塑料五厂	山东省青岛市	834	2941	2411	57
临沂市塑料三厂	山东省临沂地区	232	1836	1412	124
青云胶鞋二厂	上海市	820	1962	1980	126
镇江市塑料二厂	江苏省镇江市	401	869	872	4
山东省潍坊塑料一厂	山东省潍坊市	290	1575	1482	77
福州华侨塑料厂	福建福州市	1370	7670	8360	593
福州市第二塑料厂	福建福州市	1683	8460	8344	911
上海塑料制品十三厂	上海市	445	2492	1813	148
上海塑料制品三厂	上海市	944	4195	3593	269
曙光家具塑料厂	上海市	446	3139	1614	348
宜兴市旅游用品总厂	江苏省无锡市	495	4089	3046	341
山东省枣庄市人民塑料总厂	山东省枣庄市	279	670	748	
上海无线电三十厂	上海市	602	3650	3400	254
无锡市塑料铺地材料厂	江苏省无锡市	519	2068	2153	105
仪征市增强塑料布厂	江苏省扬州市	348	822	1066	－61
山东省安丘县塑料九厂	山东省潍坊市	159	1076	1106	215
山东威海环球渔具实业有限公司	山东省威海市	1165	4388	2485	353
建筑材料及其他非金属矿物制品业					
国营长江化工厂	江西九江市	2867	4866	3958	101
九江玻璃纤维厂	江西九江市	2754	4092	3463	513
嘉定县水泥厂	上海市	981	1858	2724	32
上海浦东水泥厂	上海市	1228	3731	5332	401
上海水泥厂	上海市	2550	9549	12839	1747
吴淞水泥厂	上海市	1112	4346	6160	610
上海金山水泥厂	上海市	1210	5165	6728	554
江宁县南京青龙山水泥厂	江苏省南京市	2002	4127	4165	643
南京长江水泥(集团)公司	江苏省南京市	5145	14596	14980	1590
无锡市水泥厂	江苏省无锡市	1051	4213	4237	619
宜兴水泥厂	江苏省无锡市	1327	3380	2698	298
江苏省国营丁山水泥厂	江苏省无锡市	784	2837	2755	366
江苏省邳县水泥厂	江苏省徐州市	1715	4991	3964	311
江苏省竹篑水泥厂	江苏省常州市	293	3014	3118	289
江苏省镇江水泥厂	江苏省镇江市	1333	4481	4454	713

11—1 续表 77

企业名称	所在省市	年末职工数（人）	工业总产值（万元）	销售收入（万元）	利税总额（万元）
苏州光华水泥厂	江苏省苏州市	873	3012	2968	304
盐城市水泥厂	江苏省盐城市	1209	3414	3325	316
东台市水泥厂	江苏省盐城市	838	1822	1798	125
淮海水泥厂	江苏省徐州市	1895	4733	5503	—2280
江苏省国营湾山水泥厂	江苏省镇江市	1349	5520	5983	637
安徽省白马山水泥厂	安徽省芜湖市	2097	4352	4621	427
马鞍山市建材工业公司	安徽省马鞍山	1926	4188	4380	297
滁县地区水泥厂	安徽省六安地区	935	3700	3342	900
东关水泥厂	安徽省巢湖地区	2458	5741	6615	1565
宁国水泥厂	安徽省宣城地区	3333	21976	21479	4890
山东省滕州市水泥厂	山东省枣庄市	595	1685	1609	227
山东省枣庄市台儿庄区水泥厂	山东省枣庄市	1088	2676	2406	630
青岛水泥厂	山东省青岛市	1000	2733	2765	206
江西水泥厂	江西万年县	2997	12220	13278	1826
萍乡市水泥厂	江西萍乡市	1298	2662	2647	526
胶州市第一水泥厂	山东省青岛市	431	2183	2194	198
山东省长清县水泥厂	山东省济南市	884	2879	2819	717
巢湖水泥厂	安徽省巢湖地区	2555	7858	8124	1409
济南东方红水泥厂	山东省济南市	947	2916	2890	318
江西省庐山水泥厂	江西九江市	1560	3013	3426	35
山东水泥试验厂	山东省济南市	1408	4952	4977	264
济南水泥厂	山东省济南市	1507	6061	6319	1251
青岛胶州水泥厂	山东省青岛市	844	4745	3425	387
莱阳市水泥厂	山东省烟台市	1058	3545	3744	580
淄博水泥厂	山东省淄博市	832	3327	3374	649
莱州市水泥厂	山东省烟台市	841	3147	3373	488
淄博市张店水泥厂	山东省淄博市	984	3376	3295	706
山东省枣庄市水泥厂	山东省枣庄市	590	2602	2385	419
山东省湖田生建水泥厂	山东省淄博市	704	1801	1602	—219
淄博市临淄水泥厂	山东省淄博市	896	4941	5259	1278
博山水泥厂	山东省淄博市	1753	8794	8430	1654
招远县水泥厂	山东省烟台市	774	3483	3592	596
蓬莱县水泥厂	山东省烟台市	790	2772	2652	326
青州水泥厂	山东省潍坊市	950	1958	2167	183
山东省海阳县水泥厂	山东省烟台市	1011	2746	2313	397
山东省德州第二建筑材料厂	山东省德州地区	1334	2772	2483	288
山东省栖霞县水泥厂	山东省烟台市	922	4333	4102	740
长兴水泥厂	浙江省	2086	11664	11436	1617

11—1 续表 78

企业名称	所在省市	年末职工数（人）	工业总产值（万元）	销售收入（万元）	利税总额（万元）
山东平邑水泥厂	山东省临沂地区	477	1541	1726	292
浙江省江山水泥厂	浙江省	1717	8184	8672	1966
山东省梁山水泥厂	山东省济宁市	545	1567	1674	100
金华水泥厂	浙江省	1790	4142	5461	873
山东省鲁西水泥厂	山东省济宁市	1058	3420	3410	856
山东省昌乐县水泥厂	山东省潍坊市	537	2260	2301	312
惠民地区青龙山水泥厂	山东省惠民地区	753	2727	2698	755
山东省德州地区水泥厂	山东省德州地区	508	1804	1909	254
山东省博兴县水泥厂	山东省惠民地区	588	3160	3025	891
潍坊水泥厂	山东省潍坊市	2172	8240	10512	2523
山东潍坊诸城水泥厂	山东省潍坊市	778	2395	2455	400
山东潍坊昌邑水泥厂	山东省潍坊市	524	2196	2318	421
山东安丘水泥厂	山东省潍坊市	445	1520	1635	78
山东省曲阜市水泥厂	山东省济宁市	769	2888	2888	601
福建水泥厂（永安）	福建三明市	2825	19215	19612	7662
福建省顺昌水泥厂	福建南平地区	1349	8833	8254	2468
上海水泥成品厂	上海市	823	1604	1692	—79
山东省电力线路器材厂	山东省泰安市	746	4278	2790	448
蚌埠市水泥制品厂	安徽省蚌埠市	1114	864	771	—164
江西九江水泥船试验厂	江西九江市	767	530	689	—95
桓台县水泥建材总厂	山东省淄博市	1306	6217	5740	1219
上海水泥制管厂	上海市	570	1456	1398	102
上海第二混凝土制品总厂	上海市	1919	7089	7773	—457
上海第一混凝土制品总厂	上海市	2255	7472	8502	—300
第三航务工程局混凝予制厂	上海市	817	3268	3902	246
吴江县新型建筑材料厂	江苏省苏州市	442	2222	2034	145
国营青岛第二石棉制品厂	山东省青岛市	1116	2176	2133	129
济南第一建材厂	山东省济南市	586	1195	1107	46
上海硅酸盐制品厂	上海市	1384	951	1211	102
胶南市建筑材料厂	山东省青岛市	554	455	448	24
上海振苏砖瓦厂	江苏昆山市	1111	110	111	—12
合肥建筑材料三厂	安徽省合肥市	1060	734	586	30
无锡市建筑材料总厂	江苏省无锡市	1130	2028	1915	121
常州建材总厂	江苏省常州市	1328	5917	5722	222
上海墙体装饰材料厂	上海市	804	524	507	—104
大中建筑材料总厂	上海市	982	818	835	—104
合肥建筑材料一厂	安徽省合肥市	2328	1300	1182	—354
芜湖市新型建筑材料厂	安徽省芜湖市	1035	424	368	—163

11—1 续表 79

企业名称	所在省市	年末职工数（人）	工业总产值（万元）	销售收入（万元）	利税总额（万元）
江西建筑材料厂	江西南昌市	897	2959	1038	260
上海杨子江建筑材料厂	上海市	262	85	78	—21
国营常熟砖瓦厂	江苏省苏州市	1283	1719	1975	222
上海大理石厂	上海市	543	962	1145	39
济南花岗石厂	山东省济南市	523	437	294	—201
莱州市大理石矿	山东省烟台市	905	2712	2318	728
上海建筑防水材料厂	上海市	722	6891	7364	1995
上海汇丽化学建材总厂	上海市	1375	9338	8201	1688
苏州油毡厂	江苏省苏州市	491	2917	3062	328
青岛市建材一厂	山东省青岛市	838	2660	2513	254
耀华皮尔金顿玻璃有限公司	上海市	921	22999	27170	5164
上海耀华玻璃厂	上海市	7643	17688	15688	1637
上海平板玻璃厂	上海市	1502	6154	5631	1037
张家港市玻璃厂	江苏省苏州市	1547	4808	4456	215
东海玻璃厂	江苏省连云港市	996	818	947	—326
淄博平板玻璃厂	山东省淄博市	1282	3446	2932	577
泰兴平板玻璃厂	江苏省扬州市	791	1292	1299	62
山东省滕州市平板玻璃厂	山东省枣庄市	1397	4225	3744	360
蚌埠市平板玻璃厂	安徽省蚌埠市	2174	8463	6685	495
青岛建华玻璃厂	山东省青岛市	1592	3765	3022	267
江苏玻璃厂	江苏省淮阴市	2493	7285	7013	799
威海市玻璃厂	山东省威海市	1508	5024	4486	539
山东省德州振华玻璃厂	山东省德州地区	1135	4465	4392	688
杭州玻璃总厂	浙江省	6032	13321	13377	1707
厦门新华玻璃厂	福建厦门市	2974	4088	4127	—35
上海石英玻璃厂	上海市	961	1531	1702	339
上海新沪玻璃厂	上海市	1125	3237	2456	328
上海玻璃仪器一厂	上海市	1040	3040	3102	493
上海培德玻璃厂	上海市	457	1931	2230	395
上海玻璃厂	上海市	2744	9116	9637	2392
上海申光玻璃总厂	上海市	1007	3387	3626	439
南京玻璃厂	江苏省南京市	1574	3344	3185	182
上海玻璃器皿三厂	上海市	930	3301	4183	455
上海第三玻璃厂	上海市	307	1054	1056	249
上海玻璃器皿一厂	上海市	934	1942	2106	122
国营无锡市合众玻璃厂	江苏省无锡市	1302	1612	2110	—193
上海玻璃器皿二厂	上海市	1172	2899	3219	462
工贸合营无锡轻瓶厂	江苏省无锡市	648	132	146	31

11－1续表80

企业名称	所在省市	年末职工数（人）	工业总产值（万元）	销售收入（万元）	利税总额（万元）
徐州淮海玻璃厂	江苏省徐州市	616	1075	1079	28
常州市玻璃总厂	江苏省常州市	555	1540	1720	90
南通玻璃二厂	江苏省南通市	643	859	775	－510
南通玻璃一厂	江苏省南通市	1355	5403	5424	1216
莱州市玻璃厂	山东省烟台市	930	2354	2379	358
山东龙口玻璃厂	山东省烟台市	1039	2562	2110	269
国营南昌玻璃厂	江西南昌市	945	2118	1694	299
扬州玻璃厂	江苏省扬州市	891	3892	3713	467
兴化市玻璃二厂（药用玻璃瓶总厂）	江苏省扬州市	1697	2895	3033	365
烟台中萃包装有限公司	山东省烟台市	751	4911	3978	520
镇江市玻璃厂	江苏省镇江市	641	2809	2604	324
蚌埠市玻璃厂	安徽省蚌埠市	2664	5754	5001	1075
芜湖市光华玻璃二厂	安徽省芜湖市	1042	3431	2820	176
地方国营宿迁玻璃厂	江苏省淮阴市	1022	2340	2494	187
蚌埠市第三玻璃厂	安徽省蚌埠市	510	1053	1078	137
泰兴县玻璃厂	江苏省扬州市	1473	2535	2449	335
来安县玻璃厂	安徽省六安地区	725	2816	1603	458
安庆市玻璃厂	安徽省安庆市	1494	2348	2040	113
山东省胶州市日用玻璃厂	山东省青岛市	500	1672	1080	174
烟台第二玻璃厂	山东省烟台市	846	1742	1742	－9
国营青岛玻璃厂	山东省青岛市	2058	4243	3873	436
山东省药用玻璃总厂	山东省淄博市	1817	5187	4866	1267
连云港市玻璃二厂	江苏省连云港市	60			－36
国营青岛晶华玻璃厂	山东省青岛市	1547	5800	5806	877
山东南定玻璃厂	山东省淄博市	1044	1269	1513	2
山东安丘玻璃厂	山东省潍坊市	1178	5446	5020	748
山东高密柏城玻璃厂	山东省潍坊市	1020	3100	2618	61
兖州县玻璃制品厂	山东省济宁市	650	574	620	12
新泰市玻璃厂	山东省泰安市	474	1487	1345	211
山东省日照市玻璃厂	山东省日照市	821	2635	2536	300
鲁南医药玻璃总厂	山东省临沂地区	1797	3080	2219	242
乳山县玻璃厂	山东省威海市	568	29	211	6
山东德州玻璃厂	山东省德州地区	1394	5500	6056	901
山东省临沂坪上玻璃厂	山东省临沂地区	809	3043	3458	416
山东省临沂市玻璃厂	山东省临沂地区	664	1822	1674	234
荣成市玻璃厂	山东省威海市	1718	5618	3758	582
厦门玻璃厂	福建厦门市	842	2364	2515	272
莆田金匙玻璃制品有限公司	福建莆田市	502	2300	1267	－320

11－1 续表 81

企业名称	所在省市	年末职工数（人）	工业总产值（万元）	销售收入（万元）	利税总额（万元）
上海保温瓶一厂	上海市	1113	4099	3947	211
上海保温瓶瓶胆总厂	上海市	2094	5939	4507	244
南京东方玻璃总厂	江苏省南京市	1662	3324	3091	－56
徐州保温瓶厂(玻离瓶厂)	江苏省徐州市	1886	4226	4346	385
苏州玻璃厂	江苏省苏州市	738	3010	2941	41
芜湖市光华玻璃厂	安徽省芜湖市	3539	4788	5104	－11
国营南昌保温瓶厂	江西南昌市	1791	2008	1564	－301
济南保温瓶厂	山东省济南市	2259	4090	3419	15
山东省滕州市保温瓶厂	山东省枣庄市	1066	2106	1659	333
杭州热水瓶厂	浙江省	2429	5592	5460	843
福州市保温瓶厂	福建福州市	2231	5368	5478	1095
海门县光色玻璃厂	江苏省南通市	338	815	697	109
凤阳县光色玻璃厂	安徽省六安地区	352	1643	484	104
无锡市红光玻璃厂	江苏省无锡市	408	1182	1238	250
淄博市淄川玻璃厂	山东省淄博市	704	1096	975	303
上海太平洋陶瓷有限公司	上海市	524	3475	2667	－954
泰山陶瓷有限公司	上海市	168	3804	4431	264
无锡县生活搪瓷厂	江苏省无锡市	356	1450	1389	129
淮南瓷厂	安徽省淮南市	3925	3138	2196	12
无为县建材陶瓷厂	安徽省巢湖地区	807	1402	957	160
淄博市博山建筑陶瓷厂	山东省淄博市	1129	1439	1525	154
山东潍坊建筑陶瓷厂	山东省潍坊市	1306	1654	1525	257
山东潍坊诸城陶瓷厂	山东省潍坊市	1104	2749	2292	532
新泰市陶瓷厂	山东省泰安市	573	620	420	86
江西省高安县瓷厂	江西高安县	1654	2514	2499	567
江西省九江建筑材料厂	江西九江市	1315	1428	1777	79
山东安丘建筑陶瓷厂	山东省潍坊市	626	1120	803	40
景德镇陶瓷厂	江西景德镇	2632	3667	3650	505
淄博建筑陶瓷厂	山东省淄博市	1795	5435	5129	887
文登市陶瓷厂	山东省威海市	901	2943	1848	386
山东省费县建筑陶瓷厂	山东省临沂地区	620	1360	1176	239
厦门印华地砖厂有限公司	福建厦门市	152	2160	2558	1244
漳州建筑瓷厂	福建漳州市	1073	2413	2159	341
南京电瓷总厂	江苏省南京市	4546	11841	12158	665
苏州电瓷厂	江苏省苏州市	960	3846	3912	799
苏州高频瓷厂	江苏省苏州市	650	671	725	3
福建省闽清电瓷厂	福建福州市	856	3109	3086	320
江苏省高淳陶瓷厂	江苏省南京市	820	2537	2120	426

11－1续表82

企业名称	所在省市	年末职工数（人）	工业总产值（万元）	销售收入（万元）	利税总额（万元）
祁门县瓷厂	安徽省黄山市	1469	1701	825	145
无锡市利民瓷厂	江苏省无锡市	952	1125	1152	62
含山县瓷厂	安徽省巢湖地区	1173	1239	1020	143
江苏省宜兴紫砂工艺二厂	江苏省无锡市	1196	1506	1459	158
江苏省钢山陶瓷厂	江苏省徐州市	1502	1269	1072	－50
扬州瓷厂	江苏省扬州市	821	865	851	113
江阴瓷厂	江苏省无锡市	1059	1679	1615	190
宜兴陶瓷公司	江苏省无锡市	20635	25648	26069	2232
景德镇市红光瓷厂	江西景德镇	3245	3299	2550	349
山东博山陶瓷厂	山东省淄博市	5418	7352	6824	673
景德镇市华风瓷厂	江西景德镇	2072	1793	1593	－72
山东福山陶瓷厂	山东省淄博市	1709	2220	1874	123
景德镇市东风瓷厂	江西景德镇	2964	2932	2474	136
景德镇市艺术瓷厂	江西景德镇	2436	2834	2112	205
山东淄川陶瓷厂	山东省淄博市	1424	1136	958	－39
山东省临沂瓷厂	山东省临沂地区	2126	2454	2496	284
淄博张店陶瓷厂	山东省淄博市	1374	3122	3021	354
山东淄博瓷厂	山东省淄博市	2884	3064	3483	294
景德镇市景兴瓷厂	江西景德镇	1591	1500	1664	142
山东烟台瓷厂	山东省烟台市	1804	1964	1973	79
景德镇市光明瓷厂	江西景德镇	2864	2959	2879	388
景德镇市宇宙瓷厂	江西景德镇	2809	2504	2717	199
景德镇市红旗瓷厂	江西景德镇	2830	2205	2361	171
景德镇市人民瓷厂	江西景德镇	2195	1821	1951	194
景德镇市红星瓷厂	江西景德镇	2274	2331	2193	179
景德镇市为民瓷厂	江西景德镇	2787	2729	2317	137
闽清县第一瓷厂	福建福州市	1450	1358	1258	－1
厦门四季陶瓷有限公司	福建厦门市	1863	1439	859	－407
德化县瓷厂	福建泉州市	1756	1560	1410	106
江苏省江都工业陶瓷厂	江苏省扬州市	630	1050	755	156
山东镁矿	山东省烟台市	1885	3669	4062	628
上海耐火材料厂	上海市	4865	15479	16497	2685
国营无锡市太湖耐火材料厂	江苏省无锡市	1655	4338	4375	789
徐州耐火材料厂	江苏省徐州市	831	2361	2181	232
无锡市苏嘉镁碳砖厂	江苏省无锡市	403	3233	3451	454
上海第二耐火材料厂	上海市	2272	7869	8430	1130
青岛耐火材料厂	山东省青岛市	1755	4625	3741	624

11—1 续表 83

企业名称	所在省市	年末职工数（人）	工业总产值（万元）	销售收入（万元）	利税总额（万元）
山东第二耐火材料厂	山东省淄博市	1698	3424	3976	797
淄博工业陶瓷厂	山东省淄博市	1926	2562	2408	136
山东耐火材料厂	山东省淄博市	2423	4380	4354	923
江西耐火材料厂	江西南昌市	1748	1972	1791	80
上海碳素厂	上海市	2293	10743	12293	2640
徐州电极总厂	江苏省徐州市	631	1892	1849	196
南通碳素厂	江苏省南通市	1968	5538	4810	732
山东省生建八三厂	山东省淄博市	2700	6449	4578	378
上海电碳厂	上海市	554	1332	1322	220
青岛电子材料厂	山东省青岛市	1009	3223	2063	191
山东滨州柔性石墨密封件厂	山东省惠民地区	269	776	629	109
塑料制品业					
上海石棉制品厂	上海市	892	2736	2458	186
南京摩擦材料总厂	江苏省南京市	1681	2475	2726	399
青岛石棉制品总厂	山东省青岛市	1561	2675	2682	117
山东烟台石棉制品总厂	山东省烟台市	873	2147	2299	571
山东梁山石棉制品厂	山东省济宁市	908	1908	1791	240
杭城摩擦材料有限公司	浙江省	1334	5651	5519	764
上海新型建筑材料厂	上海市	1008	1903	910	50
建材二五三厂	江苏省常州市	2378	13882	14608	2217
如皋市玻璃纤维厂	江苏省南通市	1250	1584	1586	242
连云港市玻纤玻钢总厂	江苏省连云港市	195	1083	1105	335
上海砂轮厂	上海市	1320	10756	11220	710
苏州砂轮厂	江苏省苏州市	590	1992	1918	76
合肥砂轮厂	安徽省合肥市	802	981	762	—114
中国第四砂轮厂	山东省淄博市	2704	10741	9817	1070
南京岩棉制品厂	江苏省南京市	737	1678	1732	56
黑色金属冶炼及压延加工业					
潍坊市益都铁厂	山东省潍坊市	1534	6446	6269	207
烟台铁厂	山东省烟台市	1261	6014	6122	316
徐州钢铁厂	江苏省徐州市	6185	32064	30037	1238
济南历城铁厂	山东省济南市	1462	7613	6302	383
张店钢铁厂	山东省淄博市	4119	29704	29396	2505
上海梅山冶金公司	江苏南京市	23475	9539	10692	1242
芜湖钢铁厂	安徽省芜湖市	4450	11576	14895	626
莱芜市铁厂	山东省泰安市	2319	10493	10518	382
威海市冶金公司	山东省威海市	1727	3987	4009	173
上海钢铁研究所	上海市	4637	12478	12469	2209

11—1 续表 84

企业名称	所在省市	年末职工数（人）	工业总产值（万元）	销售收入（万元）	利税总额（万元）
上海第三钢铁厂	上海市	22023	251610	280889	19759
上海宝山钢铁总厂	上海市	31867	852904	840474	237817
上海第五钢铁厂	上海市	23026	178966	198895	13942
武进县钢厂	江苏省常州市	2690	10915	11800	873
宝钢集团常州钢铁厂	江苏省常州市	2818	17057	16433	569
南京第二钢铁厂	江苏省南京市	4265	20521	19662	—478
国营无锡钢厂	江苏省无锡市	8564	48521	52643	4454
淮阴市冶金工业公司	江苏省淮阴市	3736	12689	12863	298
扬州钢铁厂	江苏省扬州市	1829	13542	6544	96
上海第一钢铁厂	上海市	22600	212696	251242	1093
苏州钢铁厂	江苏省苏州市	7762	32849	35770	2613
江苏省张家港市沙洲钢铁(集团)公司	江苏省苏州市	3410	38070	35646	4820
江阴钢厂	江苏省无锡市	2359	21786	23298	426
南京钢铁厂	江苏省南京市	19412	73858	80811	5259
合肥钢铁公司	安徽省合肥市	18841	39704	57114	4699
马鞍山钢铁公司	安徽省马鞍山	66961	273713	301289	55536
淄博钢厂	山东省淄博市	1577	16125	9454	697
潍坊钢厂	山东省潍坊市	2690	14105	10585	1408
南昌钢铁厂	江西南昌市	10735	26642	33252	2497
济南钢铁厂	山东省济南市	31610	166127	171642	25586
嘉兴钢铁股份有限公司	浙江省	1059	7097	6539	440
萍乡钢铁厂	江西萍乡市	11168	19301	26475	—4010
莱芜钢铁总厂	山东省泰安市	28732	84366	86060	11330
杭州钢铁厂	浙江省	17177	92914	89717	12425
湖州钢铁股份有限公司	浙江省	2643	9792	10621	315
国营青岛钢铁总厂	山东省青岛市	8401	71174	72545	1518
三明钢铁厂	福建三明市	14003	65830	71683	11957
上海第十钢铁厂	上海市	6140	53658	49034	5468
上海新沪钢铁厂	上海市	5201	80489	79238	9513
上海矽钢片厂	上海市	3361	34258	32978	3028
上海钢管厂	上海市	3070	35127	41500	3794
上海第八钢铁厂	上海市	2056	26787	30762	3066
无锡县杨市钢铁厂	江苏省无锡市	1580	17889	14091	2181
上海第二钢铁厂	上海市	7054	126733	113276	11549
无锡县三洲钢厂	江苏省无锡市	1201	12894	13027	864
无锡县雪浪初轧厂	江苏省无锡市	1181	18399	4145	327
锡兴钢铁联合公司	江苏省无锡市	3770	32446	28470	1716
无锡市自行车冷轧焊管厂	江苏省无锡市	619	2477	2655	113

11—1 续表 85

企业名称	所在省市	年末职工数（人）	工业总产值（万元）	销售收入（万元）	利税总额（万元）
上海益昌薄板有限公司	上海市	1398	9054	6791	—11401
南京轧钢总厂	江苏省南京市	2773	27131	28264	3298
江宁县南京第三钢铁厂	江苏省南京市	2274	14352	13155	267
国营无锡市第三钢铁厂	江苏省无锡市	1808	27453	15008	1176
常熟市冷轧带钢厂	江苏省苏州市	1925	8635	9126	429
蚌埠市金光钢厂	安徽省蚌埠市	2016	3010	2818	—242
洪都钢厂	江西南昌市	3790	16892	16706	1659
山东烟台钢管厂	山东省烟台市	2152	31043	29562	4495
潍坊钢管厂	山东省潍坊市	798	5310	7291	374
绍兴钢铁厂	浙江省	5004	34604	31817	3825
中国国际钢铁制品有限公司(福州)	福建福州市	899	19921	16805	2410
上海铁合金厂	上海市	4800	47750	52361	7305
南京铁合金厂	江苏省南京市	2506	15175	10056	689
江阴铁合金厂	江苏省无锡市	1165	13882	11940	1525
武进炼铁厂	江苏省常州市	1471	4292	4382	156
江西新余钢铁总厂	江西新余市	46560	146567	171586	15988
山东省枣庄市铁合金联合公司	山东省枣庄市	1435	3257	1917	76
浙江横山铁合金厂	浙江省	2843	16142	9990	2388
有色金属冶炼及压延加工业					
上海冶炼厂	上海市	6070	214658	71378	2090
常州冶炼厂	江苏省常州市	1451	63020	8348	1601
芜湖冶炼厂	安徽省芜湖市	2399	70572	34047	907
中国有色金属工业总公司铜陵有色金属公司	安徽省铜陵市	29819	93543	103528	10796
江西铜业公司贵溪冶炼厂	江西贵溪县	3441	115454	104176	9162
江西有色冶炼加工厂	江西弋阳县	3629	20136	20206	1276
富春江冶炼厂	浙江省	1066	14446	11788	492
徐州市有色金属合金厂	江苏省徐州市	620	4400	4140	285
安徽省池州铅锌冶炼厂	安徽省池州地区	961	3400	2848	280
赣州钴冶炼厂	江西赣州市	2765	13007	13472	1560
淄博钴厂	山东省淄博市	1341	4224	4129	715
赣州有色金属冶炼厂	江西赣州市	1462	4886	3732	—527
徐州铝厂	江苏省徐州市	1615	9344	9222	865
合肥铝厂	安徽省合肥市	2406	7489	8258	996
安徽省濉溪县铝厂	安徽省淮北市	586	3003	3305	—379
山东省平阴铝厂	山东省济南市	1919	14123	15105	160
淄博铝厂	山东省淄博市	1142	8391	7643	1216
山东铝厂	山东省淄博市	19604	96979	86835	18781
兰江冶炼厂	浙江省	3445	62156	25522	1589

企业名称	所在省市	年末职工数（人）	工业总产值（万元）	销售收入（万元）	利税总额（万元）
南平铝厂	福建南平地区	2391	22937	21023	5132
烟台市招远黄金冶炼厂	山东省烟台市	825	12612	12616	306
招远县金翅岭金矿	山东省烟台市	912	9973	10961	766
江西赣州钨钼材料厂	江西赣州市	819	4539	4511	294
上海跃龙有色金属有限公司	上海市	1883	15894	9879	1155
上海第二冶炼厂	上海市	2535	9387	6491	－289
宜兴市稀土分离厂	江苏省无锡市	570	5245	2565	772
常熟市江南稀土材料总厂	江苏省苏州市	621	734	863	－244
九江有色金属冶炼厂	江西九江市	1485	4477	3074	279
江西省寻乌县稀土工业公司	江西寻乌县	602	1511	704	－505
上海有色合金厂	上海市	586	11307	2362	449
南昌硬质合金厂	江西南昌市	1707	8319	7299	278
余姚市冶炼厂	浙江省	439	9247	7505	206
上海有色合金线材厂	上海市	920	11394	6833	1297
上海沪江铜厂	上海市	1054	11001	8122	1305
东风有色合金厂	上海市	971	11295	6829	2245
上海市有色金属总公司铜管总厂	上海市	3852	26299	18964	1672
上海有色金属压延厂	上海市	1272	13086	8055	1190
上海铜带厂	上海市	1501	16753	10414	1657
上海第一铜棒厂	上海市	794	9476	8375	1667
上海有色金属研究所	上海市	1255	1051	1926	133
上海冶炼厂线材二分厂	上海市	460	1776	698	169
上海钟表铜材厂	上海市	339	1795	820	80
上海申川铝型材装潢总厂	上海市	398	2003	1608	163
上海炼锌厂	上海市	484	2820	489	24
上海铝材厂	上海市	2027	16430	4874	90
江苏省仪征有色金属材料厂	江苏省扬州市	591	1977	1824	378
上海新丰有色金属冶炼厂	上海市	604	5302	1696	375
南京铜加工厂	江苏省南京市	703	2776	1086	－115
烟台制锁材料厂	山东省烟台市	359	3181	1207	39
苏州铜材厂	江苏省苏州市	1691	13505	9740	1934
烟台钟表材料厂	山东省烟台市	543	1244	982	27
太仓铜材厂	江苏省苏州市	1009	6169	6136	816
山东烟台铜材厂	山东省烟台市	733	7258	1473	441
南通铜材总厂	江苏省南通市	504	8162	1030	120
潍坊铜丝厂	山东省潍坊市	421	4345	4282	183
扬州市长江有色金属压延厂	江苏省扬州市	574	827	822	72

11－1续表87

企业名称	所在省市	年末职工数（人）	工业总产值（万元）	销售收入（万元）	利税总额（万元）
潍坊铜材厂	山东省潍坊市	703	3591	1494	293
南京钨钼材料厂	江苏省南京市	1062	1256	965	－220
南京钟表材料厂	江苏省南京市	2661	4723	4969	182
国营无锡市冶炼厂	江苏省无锡市	585	2401	1644	－209
苏州铜材有限公司	江苏省苏州市	227	4994	1192	－59
常熟市铝箔厂	江苏省苏州市	534	5034	3492	294
中国有色金属工业总公司镇江铝加工厂	江苏省镇江市	2350	14469	11704	929
厦门东南铝业有限公司	福建厦门市	265	3890	3172	334
金属制品业					
镇江市电器设备厂	江苏省镇江市	1087	6056	5194	404
马鞍山市铸管厂	安徽省马鞍山	2070	3900	4124	205
上海刃具厂	上海市	785	1900	1981	638
上海工具厂	上海市	3849	10085	10006	1405
国营常熟量具刃具厂	江苏省苏州市	676	1693	1590	143
江苏黄桥工贸合营工具厂	江苏省扬州市	1054	1788	2054	107
山东新汶工具厂	山东省泰安市	1060	1739	1628	256
山东省工具厂	山东省济宁市	637	848	717	－29
上海无线电模具厂	上海市	384	500	474	41
上海星火模具总厂	上海市	749	530	482	－41
国营无锡市模具厂	江苏省无锡市	730	813	862	66
国营建西工具厂	安徽省铜陵市	861	740	706	74
上海钢锯总厂	上海市	849	4541	4632	731
上海制钳总厂	上海市	1123	1697	1905	84
上海锻压机床三厂	上海市	623	1697	1517	100
上海市劳动机械厂	上海市	1317	5888	6201	1823
无锡市五金工具集团公司	江苏省无锡市	1336	3439	3586	146
江苏省国营金陵机械厂	江苏省淮阴市	1367	1113	971	174
青岛崂山王戈庄工具厂	山东省青岛市	1100	2531	2001	243
山东莱州市台钳厂	山东省烟台市	1426	2309	2561	137
文登威力工具(集团)有限公司	山东省威海市	1358	3066	2505	362
山东省日照市五金机械厂	山东省日照市	554	1760	1405	221
阳谷工具总厂	山东省聊城地区	716	1766	929	151
萧山市五金工具厂	浙江省	2966	6150	5630	697
泰县台钳厂	江苏省扬州市	802	1506	1520	141
福建工模具厂(三明)	福建三明市	389	114	131	－57
上海太平货柜有限公司	上海市	1006	27465	28008	3538
上海华海集装箱制造有限公司	上海市	396	6292	7647	533
常州华昌国际集装箱有限公司	江苏省常州市	710	8791	6310	－151

11—1 续表 88

企业名称	所在省市	年末职工数（人）	工业总产值（万元）	销售收入（万元）	利税总额（万元）
上海日用化学制罐厂	上海市	884	5909	5741	1050
南京有色线材总厂	江苏省南京市	1052	3458	3148	170
工贸合营无锡市瓶盖总厂	江苏省无锡市	496	7036	7490	1083
武进县容器厂	江苏省常州市	512	1502	1368	89
靖江县钢瓶厂	江苏省扬州市	757	4986	3833	350
镇江市印铁制罐总厂	江苏省镇江市	717	1643	1754	61
漳州铝容器有限公司	福建漳州市	374	14064	15082	907
马鞍山市钢丝绳厂	安徽省马鞍山	895	2654	3034	197
上海镀锌铁丝厂	上海市	1358	9801	9146	286
青岛钢丝绳厂	山东省青岛市	1745	5672	5526	325
上海异型铆钉厂	上海市	666	3448	2898	623
胶州市制钉总厂	山东省青岛市	410	3000	1007	123
上海市南汇金属丝网厂	上海市	568	1681	1541	190
国营青岛制钉厂	山东省青岛市	1724	3505	3546	61
国营无锡振奋螺丝厂	江苏省无锡市	977	2634	2767	100
山东省潍坊拔丝厂	山东省潍坊市	903	3600	3556	121
江阴钢绳厂	江苏省无锡市	2159	15103	16499	1473
荣成市渔业钢丝绳厂	山东省威海市	616	2398	2002	259
南通县钢丝绳厂	江苏省南通市	598	2596	2615	208
靖江县金属制品总厂	江苏省扬州市	1493	4564	4115	114
上海铁丝厂	上海市	578	3647	2924	146
上海钢丝厂	上海市	1457	2308	2517	323
国营无锡市钢丝绳厂	江苏省无锡市	1143	4307	4473	616
南通金属制品实业(集团)公司	江苏省南通市	1178	6635	6002	522
上海金属丝网二厂	上海市	591	1704	1880	1
上海厨房设备金属制品厂	上海市	521	2102	2049	75
兰溪市建筑五金总厂	浙江省	822	6218	5467	1043
上海钢窗厂	上海市	1018	2950	3033	—360
无锡市建筑构件厂	江苏省无锡市	1374	2247	2600	119
无锡市江南建筑门窗总厂	江苏省无锡市	350	1430	1149	142
淄博钢窗厂	山东省淄博市	1125	4083	4018	896
烟台市福山钢窗厂	山东省烟台市	808	2207	1935	220
潍坊长城门窗工业公司	山东省潍坊市	1483	5900	5020	508
上海沪茂装饰材料有限公司	上海市	92	1365	984	52
青岛隐珠车辆厂	山东省青岛市	1750	4651	4530	69
上海振光日用五金电镀总厂	上海市	456	703	714	53
宝山钢管镀锌厂	上海市	816	3138	3370	529
上海第三钢铁厂大同联营厂	上海市	393	2472	3192	440

11—1 续表 89

企业名称	所在省市	年末职工数（人）	工业总产值（万元）	销售收入（万元）	利税总额（万元）
上海搪瓷五厂	上海市	527	3449	3062	518
上海益丰搪瓷总厂	上海市	1208	4141	4385	406
上海华丰搪瓷厂	上海市	1048	4736	5044	847
上海久新搪瓷厂	上海市	1164	3395	3720	323
上海工业搪瓷厂	上海市	502	2426	2265	425
南京搪瓷总厂	江苏省南京市	785	1629	1430	48
无锡市搪瓷厂	江苏省无锡市	1017	3349	3200	638
合肥搪瓷厂	安徽省合肥市	1335	3664	3237	522
国营南昌搪瓷厂	江西南昌市	966	2811	2146	376
福州市搪瓷厂	福建福州市	1121	2927	3467	956
兴利五金制品有限公司	上海市	311	7552	3844	286
上海铝制品二厂	上海市	740	2495	2069	316
上海铝制品一厂	上海市	916	3606	2844	344
无锡市铝制品总厂	江苏省无锡市	855	2322	1913	91
扬州铝制品厂	江苏省扬州市	363	1296	1070	130
江苏省仪征铝制品总厂	江苏省扬州市	1346	3983	3188	575
芜湖市铝制品厂	安徽省芜湖市	659	1930	1579	170
青岛市铝制品总厂	山东省青岛市	1420	3973	2931	61
淄博铝制品总厂	山东省淄博市	466	2244	1482	—45
烟台五金制品公司	山东省烟台市	782	1448	1164	88
山东省泰安市铝制品总厂	山东省泰安市	628	2233	1887	274
新泰市铝制品总厂	山东省泰安市	2030	7881	4425	700
宁波双圆铝制品(集团)公司	浙江省	2107	17066	9465	1392
上海跃进不锈钢制品厂	上海市	738	8672	9587	522
上海精艺不锈钢器皿厂	上海市	724	7677	4273	435
上海长征锁厂	上海市	729	2010	1817	8
上海求精锁厂	上海市	830	3481	2727	211
上海第一锁厂	上海市	1579	4640	4840	325
上海新兴锁厂	上海市	550	1967	2088	90
利用锁厂	上海市	949	3901	3720	189
工贸合营苏州制锁总厂	江苏省苏州市	1016	5774	6043	228
即墨市五金工业公司	山东省青岛市	1943	4519	3305	236
山东烟台造锁总厂	山东省烟台市	2811	10213	9187	770
山东省招远五金造锁总厂	山东省烟台市	1396	4048	3302	330
山东省潍坊市造锁集团公司	山东省潍坊市	2101	3579	3260	301
牟平县造锁总厂	山东省烟台市	1357	3935	3016	256
乳山县造锁总厂	山东省威海市	1515	4732	4006	412
机械工业					

11－1续表90

企 业 名 称	所在省市	年末职工数（人）	工业总产值（万元）	销售收入（万元）	利税总额（万元）
地方国营宝应车辆厂	江苏省扬州市	982	4308	4290	473
泰县钢瓶厂	江苏省扬州市	776	3679	3623	268
济南煤气用具厂	山东省济南市	1205	3824	3001	192
青岛煤气用具厂	山东省青岛市	657	2103	1798	48
阳谷压力容器厂	山东省聊城地区	490	1263	1226	71
上海刀片厂	上海市	900	7657	7334	1796
新中华刀剪厂	上海市	1459	3365	3466	565
上海制伞公司	上海市	950	4166	4535	111
上海打火机厂	上海市	771	1846	2100	36
上海汽灯厂	上海市	647	3445	4032	235
青岛制针厂	山东省青岛市	1055	2278	2138	118
淄博印铁制罐厂	山东省淄博市	449	1392	1906	291
红星缝纫机针厂	上海市	693	1314	1160	308
上海金属品厂	上海市	914	3022	3512	238
上海食品工业印铁厂	上海市	623	4828	1952	423
上海缝纫机针二厂	上海市	524	1278	2124	620
上海缝纫机针一厂	上海市	798	2262	3172	762
中美上海司太立有限公司	上海市	97	1628	1760	289
上海电焊条总厂	上海市	2105	20692	21358	2064
常州市电焊条厂	江苏省常州市	593	2328	2287	55
泰州电焊条厂	江苏省扬州市	897	7723	9850	379
淄博电焊条厂	山东省淄博市	659	5451	4907	264
国营六一四厂	上海市	1647	13918	13743	5908
上海字模一厂	上海市	508	3876	2907	819
山东高密汽门嘴厂	山东省潍坊市	1561	5015	3207	404
南昌手表厂	江西南昌市	2201	2310	1000	68
国营爱民机械厂	江西德安县	1685	567	809	－147
江西电力修造厂	江西南昌市	1010	964	928	－65
江西宜春工程机械厂	江西宜春市	1950	9450	9341	1106
江西手扶拖拉机厂	江西南昌县	1946	11601	10129	2
江西拖拉机制造厂	江西南昌市	5497	14047	11970	326
国营星火机械厂	江西进贤县	1511	1102	1117	8
国营长征机器厂	江西新建县	1126	2441	2438	20
国营南方电动工具厂	江西南昌市	2552	3701	3028	209
国营长林机械厂	江西新余市	3389	3070	2452	－265
国营新民机械厂	江西瑞昌市	1437	1097	1255	4
国营江西第二机床厂	江西永新县	2292	1856	1997	84
国营利群机械厂	江西宜黄县	680	568	648	28

11—1续表 91

企业名称	所在省市	年末职工数（人）	工业总产值（万元）	销售收入（万元）	利税总额（万元）
国营先锋机械厂	江西宜丰县	1473	1601	1905	19
井冈山电子材料厂	江西井冈山市	316	890	1006	190
国营经纬化工厂	江西泰和县	393	473	383	29
国营长青机械厂	江西宜春市	2158	1605	1104	—194
国营人民机械厂	江西瑞昌市	2100	574	892	—733
国营惠民机械厂	江西宜黄县	1270	930	920	—139
国营江西船用阀门厂	江西湖口县	699	1025	892	180
国营永胜机械厂	江西崇仁县	1888	789	638	—400
国营连胜自行车厂	江西弋阳县	2515	11002	12631	821
上海四方锅炉厂	上海市	2451	11401	9386	1303
上海锅炉厂	上海市	5214	33570	32637	3414
无锡太湖锅炉厂南泉分厂	江苏省无锡市	630	2624	2286	181
常州建材机械厂	江苏省常州市	771	3013	3713	224
上海沪江机械厂	上海市	1036	1931	2630	
南通锅炉厂	江苏省南通市	1274	2721	2992	135
靖江县锅炉厂	江苏省扬州市	769	3006	2367	191
上海工业锅炉厂	上海市	1488	9001	10228	1269
南京锅炉厂	江苏省南京市	1304	2159	2235	—79
张家港市船用锅炉厂	江苏省苏州市	914	3585	2686	245
无锡锅炉厂	江苏省无锡市	1898	8898	9500	1173
江苏无锡太湖锅炉厂	江苏省无锡市	499	3276	4205	158
能源部华东列电站基地	江苏省镇江市	662	974	952	54
芜湖锅炉厂	安徽省芜湖市	1019	1754	1495	137
马鞍山市锅炉厂	安徽省马鞍山	650	2042	1697	199
青岛电站辅机厂	山东省青岛市	760	1541	1219	187
青岛锅炉厂	山东省青岛市	642	1418	1200	61
济南锅炉厂	山东省济南市	1835	4144	4203	393
青岛锅炉金属结构件厂	山东省青岛市	1178	3120	3149	254
青岛锅炉辅机厂	山东省青岛市	1334	3166	2855	294
江西锅炉厂	江西南昌市	1051	1804	1469	77
泰安锅炉厂	山东省泰安市	446	1698	1665	304
济南锅炉总厂热水锅炉厂	山东省济南市	609	981	929	7
杭州锅炉厂	浙江省	2491	9053	9706	774
福州锅炉厂	福建福州市	836	2289	2293	310
上海汽油机厂	上海市	720	3671	4024	221
上海汽车发动机厂	上海市	1781	9838	8477	1870
上海柴油机厂	上海市	10631	35925	38896	5188
新中动力机厂	上海市	2052	3461	3860	212

11—1续表92

企业名称	所在省市	年末职工数（人）	工业总产值（万元）	销售收入（万元）	利税总额（万元）
金坛柴油机总厂	江苏省常州市	1273	4517	4311	—252
南京市内燃机厂	江苏省南京市	840	679	506	—322
苏州动力机器厂	江苏省苏州市	953	1861	2105	52
无锡县柴油机厂	江苏省无锡市	1915	16294	13863	164
江苏省铜山柴油机厂	江苏省徐州市	823	3929	4499	1003
扬州柴油机厂	江苏省扬州市	2572	10479	9772	635
无锡柴油机厂	江苏省无锡市	4127	10305	10321	—541
国营如皋市动力机厂	江苏省南通市	1254	5352	4801	100
南通柴油机厂	江苏省南通市	1644	6787	6402	93
常州柴油机厂	江苏省常州市	3917	44240	44578	3365
武进柴油机厂	江苏省常州市	2246	24877	24701	807
盐城江淮动力机集团公司	江苏省盐城市	2429	20249	20060	1114
扬州市动力机厂	江苏省扬州市	2228	7647	7543	41
江苏省丹阳柴油机总厂	江苏省镇江市	1205	3213	3437	14
山东省德州生建机械厂	山东省德州地区	671	994	818	—741
蚌埠市柴油机厂	安徽省蚌埠市	1762	515	1407	—697
安徽省合肥柴油机厂	安徽省合肥市	953	1838	1910	432
宁国县机械工业公司	安徽省宣城地区	1606	11825	11004	808
山东省德州柴油机厂	山东省德州地区	893	1364	1691	107
杭州汽车发动机厂	浙江省	3400	17991	17651	1153
安庆船用柴油机厂	安徽省安庆市	1133	2393	3049	404
浙江新昌柴油机总厂	浙江省	1625	10848	10847	1293
莱阳市柴油机厂	山东省烟台市	449	2710	2041	280
江西发动机总厂	江西萍乡市	2259	10025	11602	801
莱阳动力机械总厂	山东省烟台市	3527	27253	27654	1587
山东省青岛发动机厂	山东省青岛市	646	803	560	62
南昌柴油机厂	江西南昌市	4808	10714	10521	1120
全椒县柴油机厂	安徽省六安地区	4392	28795	24968	3114
九江动力机厂	江西九江市	1540	3525	3568	71
江西水上动力有限公司	江西乐平县	593	753	1563	310
国营吉安地区柴油机厂	江西吉安市	1215	1507	1478	—198
山东滨州柴油机厂	山东省惠民地区	801	1856	1889	5
巢湖柴油机厂	安徽省巢湖地区	982	1829	2155	—90
聊城内燃机厂	山东省聊城地区	754	981	964	—138
潍坊柴油机厂	山东省潍坊市	7492	22783	25444	1423
潍坊华丰机器厂	山东省潍坊市	2832	8690	8610	—213
山东省生建摩托车发动机厂	山东省泰安市	1165	2235	2230	—54
泰安柴油机厂	山东省泰安市	1003	2136	2140	—147

11—1 续表 93

企业名称	所在省市	年末职工数（人）	工业总产值（万元）	销售收入（万元）	利税总额（万元）
山东牟平发动机厂	山东省烟台市	1796	4563	4189	246
芜湖柴油机厂	安徽省芜湖市	897	2203	2113	—86
芜湖汽车发动机厂	安徽省芜湖市	1508	622	860	—867
山东省沂南县内燃机配件厂	山东省临沂地区	569	1300	688	—7
淄博动力机械厂	山东省淄博市	781	1686	1501	—185
阜阳柴油机总厂	安徽省阜阳地区	1140	2092	2120	89
福建机器厂（福州）	福建福州市	2424	2267	2421	45
龙溪机器厂（漳州）	福建漳州市	2256	6154	6267	209
上海电站辅机厂	上海市	4023	19205	17808	2134
上海汽轮机厂	上海市	8479	31002	27034	4423
南京汽轮电机厂	江苏省南京市	5962	15752	15158	1102
青岛捷能动力集团公司	山东省青岛市	3669	8928	7963	2366
杭州汽轮机厂	浙江省	3959	12369	10377	2263
上海内燃机配件总厂	上海市	2202	3603	3853	748
上海轴瓦厂	上海市	798	2504	2570	622
南京油泵油咀厂	江苏省南京市	2813	5128	5339	637
南京内燃机配件厂	江苏省南京市	1100	3136	2837	376
南京活塞环厂	江苏省南京市	1945	4360	3493	732
无锡油泵油嘴集团公司	江苏省无锡市	3883	13506	14390	1750
宜兴机械总厂	江苏省无锡市	911	1763	1879	167
扬州水箱厂	江苏省扬州市	683	3547	3399	261
地方国营南通油泵油咀总厂	江苏省南通市	985	1816	1885	231
安庆活塞环厂	安徽省安庆市	734	2070	1722	534
安徽省岳西县缸套厂	安徽省安庆市	860	2089	1270	253
国营海安机械总厂	江苏省南通市	1038	1840	1930	117
江苏省仪征活塞环厂	江苏省扬州市	1406	4774	4146	767
蚌埠市拖拉机附件厂	安徽省蚌埠市	1505	3643	2588	335
扬州缸套厂	江苏省扬州市	916	1955	1933	196
江都油嘴油泵厂	江苏省扬州市	1137	1921	1803	338
安徽油泵油嘴厂	安徽省巢湖地区	1410	2854	1838	243
山东菏泽油泵油嘴厂	山东省菏泽地区	1424	1500	1015	130
江西油咀油泵厂	江西瑞昌市	1229	1856	1384	144
文登市曲轴厂	山东省威海市	1866	4688	3055	572
山东油泵油嘴厂	山东省烟台市	1713	3054	2919	416
聊城活塞环厂	山东省聊城地区	1123	1760	1464	249
潍坊内燃机配件总厂	山东省潍坊市	1304	2620	2529	198
山东滨州曲轴厂	山东省惠民地区	540	916	710	96
乳山县活塞环厂	山东省威海市	984	1759	1367	241

11—1 续表 94

企业名称	所在省市	年末职工数（人）	工业总产值（万元）	销售收入（万元）	利税总额（万元）
潍坊齿轮箱厂	山东省潍坊市	858	1103	903	72
山东省潍坊市临朐县气缸套厂	山东省潍坊市	1183	2810	2040	261
山东滨州活塞厂	山东省惠民地区	1095	8921	7042	1104
聊城油泵油嘴厂	山东省聊城地区	1994	2790	2681	591
山东龙口市油泵厂	山东省烟台市	1129	2045	1562	316
龙岩地区油嘴油泵厂	福建龙岩地区	925	987	906	136
国营无锡市动力机厂	江苏省无锡市	2138	5425	5573	—106
上海第二机床厂	上海市	1428	3700	3917	438
上海第四机床厂	上海市	770	2770	2463	310
上海仪表机床厂	上海市	972	1002	1122	65
上海重型机床厂	上海市	1646	3206	3481	368
上海机床厂	上海市	6202	11935	16027	1197
上海江宁机床厂	上海市	998	2358	2636	228
上海第三机床厂	上海市	1306	1800	2467	157
上海第十二机床厂	上海市	586	1020	1184	87
上海第一机床厂	上海市	1540	2021	2187	206
南京机床厂	江苏省南京市	4188	6290	6305	727
江苏国营南京第四机床厂	江苏省南京市	1018	3550	3506	167
南京第二机床厂	江苏省南京市	3030	5384	5772	564
江西重型机床厂	江西抚州市	1209	1222	1023	70
安徽省屯溪机床厂	安徽省黄山市	1031	2088	1698	156
江苏省国营无锡建华机床厂	江苏省无锡市	366	2263	2292	393
济南第四机床厂	山东省济南市	1107	1632	1685	187
贵池市机械工业总公司	安徽省池州地区	1374	1342	1303	10
南通机床厂	江苏省南通市	4365	7542	8683	521
盐城市机床厂	江苏省盐城市	1443	2394	2450	191
山东省青岛生建机械厂	山东省青岛市	1030	2822	3090	154
工贸合营江苏泰兴机床厂	江苏省扬州市	1118	1989	2069	118
芜湖重型机床厂	安徽省芜湖市	1776	2107	2044	211
蚌埠市机床厂	安徽省蚌埠市	1603	1424	1358	—280
马鞍山市机床厂	安徽省马鞍山	839	1175	991	71
安徽省皖南机床厂	安徽省黄山市	539	1003	1031	109
苏州机床厂	江苏省苏州市	700	1296	1536	—27
常州机床总厂	江苏省常州市	1866	3859	4254	442
镇江机床(集团)公司	江苏省镇江市	1475	2439	2538	151
江西第四机床厂	江西南昌市	1174	903	1052	75
济南第一机床厂	山东省济南市	6407	16741	15731	1572
无锡机床厂	江苏省无锡市	4066	13553	13811	2104

11—1 续表 95

企业名称	所在省市	年末职工数（人）	工业总产值（万元）	销售收入（万元）	利税总额（万元）
江苏省国营新华机床厂	江苏省苏州市	320	2685	1966	153
江东机床厂	江西南昌市	1661	1802	1733	105
安庆市机床总厂	安徽省安庆市	928	1004	829	92
青岛机床厂	山东省青岛市	822	1031	1348	53
山东省枣庄鲁南机床厂	山东省枣庄市	1369	3187	3636	303
山东省栖霞县机床厂	山东省烟台市	739	1296	674	—1
德州机床厂	山东省德州地区	2315	3838	5117	524
杭州机床厂	浙江省	2421	5624	6123	1154
福州机床厂	福建福州市	1561	2280	2555	405
三明机床厂	福建三明市	752	1310	1355	215
荣成市锻压机床厂	山东省威海市	780	1319	1401	189
上海锻压机床厂	上海市	1548	3030	4292	598
徐州锻压设备制造厂	江苏省徐州市	1725	2722	3217	302
合肥锻压机床总厂	安徽省合肥市	1678	3266	2974	—766
江苏省国营徐州锻压机床厂	江苏省徐州市	543	3379	3795	178
江都机床总厂	江苏省扬州市	868	2236	2627	296
上海第二锻压机床厂	上海市	1226	3130	4025	364
江阴机械厂	江苏省无锡市	727	2884	2913	263
济南第二机床厂	山东省济南市	6315	16916	13526	1100
青岛锻压机械厂	山东省青岛市	2162	4543	4872	462
山东高密机床厂	山东省潍坊市	693	1189	1212	195
乳山县轻工机械厂	山东省威海市	909	1053	949	93
上海冲剪机床厂	上海市	1031	2671	3077	375
厦门锻压机床总厂	福建厦门市	936	2027	2700	—98
苏州铸造机械厂	江苏省苏州市	682	1364	1278	186
青岛铸造机械厂	山东省青岛市	2248	2766	2736	110
南京机床附件厂	江苏省南京市	1346	1267	1342	—106
烟台机床附件厂	山东省烟台市	1710	2492	2394	428
山东省机床附件厂	山东省济宁市	1260	1892	1006	239
蚌埠市江北机械厂	安徽省蚌埠市	1406	3247	3348	510
国营江西电工厂	江西新余市	1529	486	379	—462
上海沪光叉车厂	上海市	532	1566	1847	106
上海电力机械厂	上海市	658	2166	3042	279
上海起重设备厂	上海市	687	2481	3880	203
上海起重运输机械厂	上海市	2715	10452	10585	754
上海三菱电梯有限公司	上海市	1098	24260	22670	3570
中国迅达电梯有限公司 CSEC 上海电梯厂	上海市	1685	27622	24195	2503
徐州起重机总厂	江苏省徐州市	949	1632	1560	48

11—1 续表 96

企业名称	所在省市	年末职工数（人）	工业总产值（万元）	销售收入（万元）	利税总额（万元）
杭州武林机器厂	浙江省	2068	7641	6274	1344
山东光明机器厂	山东省泰安市	1430	4803	5117	48
杭州叉车总厂	浙江省	2066	7444	7292	395
蚌埠市起重机厂	安徽省蚌埠市	832	1850	1816	238
山东省淄博生建机械厂	山东省淄博市	755	2327	1922	—204
靖江叉车总厂	江苏省扬州市	1023	4066	3824	165
徐州工程机械集团公司	江苏省徐州市	9338	37641	38678	2659
苏州讯达电梯有限公司	江苏省苏州市	1065	7818	6375	108
常熟市千斤顶厂	江苏省苏州市	864	7632	7560	659
青州起重机厂	山东省潍坊市	864	2252	2530	159
泰安起重机械厂	山东省泰安市	3314	7059	8016	—1142
南京起重机械厂	江苏省南京市	1733	4998	5449	425
安徽省合肥叉车总厂	安徽省合肥市	3975	12459	12678	1103
苏州起重机械厂	江苏省苏州市	1009	3708	4592	185
厦门叉车总厂	福建厦门市	1148	6362	6574	473
常州工矿电机车厂	江苏省常州市	992	2975	2605	118
冶金工业部钢铁研究总院靖江不锈钢泵阀厂	江苏省扬州市	1112	2534	1944	318
南京工学院机械技术开发公司靖江化工机械厂	江苏省扬州市	543	2203	1671	509
国营无锡市水泵厂	江苏省无锡市	1398	3419	3724	406
上海交通大学南洋靖江化工机泵阀门厂	江苏省扬州市	886	2904	1914	258
高邮市水泵厂	江苏省扬州市	1066	2292	2181	269
上海水泵厂	上海市	2446	9519	8121	1593
江苏省泗洪县油嘴油泵厂	江苏省淮阴市	1190	1725	1300	188
蚌埠市水泵厂	安徽省蚌埠市	1332	2015	2004	128
江西省鹰潭水泵厂	江西鹰潭市	845	1361	1021	167
济南水泵厂	山东省济南市	1042	1767	1443	37
淄博潜水电泵厂	山东省淄博市	1077	6047	5373	839
博山水泵厂	山东省淄博市	2315	7644	7042	1093
淄博真空设备厂	山东省淄博市	807	2347	2308	637
青州水泵厂	山东省潍坊市	1212	4950	4595	822
威海市水泵厂	山东省威海市	567	4328	1589	380
上海鼓风机厂	上海市	2019	6822	5922	1261
上海通惠一开利空调设备有限公司	上海市	376	4884	5517	1469
上海塑料工程设备厂	上海市	294	407	560	75
上海化工机械二厂	上海市	1197	3533	3224	352
无锡县风机厂	江苏省无锡市	592	2215	2358	220
南通风机厂	江苏省南通市	687	1598	1893	216
安徽省风机厂	安徽省巢湖地区	554	853	786	169

11－1 续表 97

企业名称	所在省市	年末职工数（人）	工业总产值（万元）	销售收入（万元）	利税总额（万元）
国营济南风机厂	山东省济南市	825	1276	1332	73
苏州制氧机厂	江苏省苏州市	367	1898	1339	123
蚌埠市压缩机总厂	安徽省蚌埠市	2686	5660	5672	544
上海英格．索兰压缩机有限公司	上海市	129	2764	3199	413
江西制氧机厂	江西九江市	1056	4581	3935	411
国营无锡市压缩机厂	江苏省无锡市	2035	7607	8134	1289
上海压缩机厂	上海市	3233	9611	9709	1534
马鞍山市压缩机厂	安徽省马鞍山	411	1380	1205	161
南京压缩机厂	江苏省南京市	1476	6558	6505	726
常熟市机械总厂	江苏省苏州市	783	2135	2595	79
江西气体压缩机厂	江西赣州市	2136	4414	4386	692
山东省潍坊生建机械厂	山东省潍坊市	1304	7445	8124	688
杭州制氧机厂	浙江省	5687	13705	14724	3265
上海第一冷冻机厂	上海市	1283	6629	8006	833
国营常熟制冷设备厂	江苏省苏州市	1436	8439	8598	408
烟台冷冻机总厂	山东省烟台市	2634	10131	10321	879
上海空调机厂	上海市	881	5012	5316	705
上海冰箱压缩机厂	上海市	2623	17515	16920	5711
南京冷冻机总厂	江苏省南京市	2139	3977	4204	424
上海合众——开利空调设备有限公司	上海市	244	6655	7496	3323
上海冷气机厂	上海市	1253	6582	7188	1135
鲁南机械设备厂	山东省济宁市	690	834	650	57
南京工程机械厂	江苏省南京市	1604	4089	4176	385
宜春风动工具厂	江西宜春市	1344	2906	2849	596
国营青岛前哨机械厂	山东省青岛市	1120	2364	2475	486
上海日立电动工具有限公司	上海市	1549	3966	3646	147
闽东日立电动工具有限公司(福州)	福建福州市	183	3538	3648	620
上海化工机械厂	上海市	1529	3601	3869	676
江苏省减速机厂	江苏省淮阴市	725	1954	1730	230
上海减速机械厂	上海市	953	2152	2376	503
扬州轻工机械总厂	江苏省扬州市	757	1514	1638	161
泰兴县减速机厂	江苏省扬州市	950	3174	3144	590
马鞍山市传动机械厂	安徽省马鞍山	658	1205	1392	161
徐州工程机械桥箱厂	江苏省徐州市	1391	3013	2926	306
上海高压容器厂	上海市	1641	7963	9259	1760
国营无锡市通用机械厂	江苏省无锡市	775	1680	2009	272
无锡市六通拉丝机械厂	江苏省无锡市	390	2560	2500	302

11—1续表98

企业名称	所在省市	年末职工数（人）	工业总产值（万元）	销售收入（万元）	利税总额（万元）
吴县石油机械厂	江苏省苏州市	836	1309	1295	19
南昌通用机械厂	江西南昌市	1419	2670	2402	424
上海浦江轴承厂	上海市	1036	3104	3210	389
上海中国轴承厂	上海市	1438	6414	5457	836
上海滚动轴承厂	上海市	2093	6400	6432	1107
国营青岛钢球厂	山东省青岛市	1661	2181	1657	299
上海微型轴承厂	上海市	2021	7501	5142	1818
苏州轴承厂	江苏省苏州市	1018	3557	3369	841
阜阳轴承厂	安徽省阜阳地区	1132	2416	1391	277
合肥轴承厂	安徽省合肥市	1597	4612	3600	627
无锡江南微型轴承集团公司	江苏省无锡市	2000	4910	4023	676
六安轴承厂	安徽省滁县地区	944	2055	1538	214
常熟市轴承厂	江苏省苏州市	1396	3507	3489	310
国营无锡市轴承厂	江苏省无锡市	1655	6431	5821	689
江西轴承厂	江西宜春市	1738	3100	2897	492
淮阴市清江轴承集团	江苏省淮阴市	1346	2815	2395	195
济南轴承厂	山东省济南市	2330	4232	2850	334
淄博轴承厂	山东省淄博市	1167	2698	2501	50
上海钢球厂	上海市	760	4342	3874	630
山东烟台轴承厂	山东省烟台市	1632	4165	3664	350
徐州回转支承厂	江苏省徐州市	1659	4082	3620	384
淮南轴承厂	安徽省淮南市	1251	1602	1335	141
上海市磕山轴承厂	安徽繁昌县	924	2079	1849	654
上海红星轴承厂	上海市	1104	4253	3329	925
江苏省镇江轴承厂	江苏省镇江市	868	1738	1902	356
山东梁山轴承厂	山东省济宁市	1908	3055	2812	308
山东省德州轴承厂	山东省德州地区	952	1860	1106	206
厦门轴承厂	福建厦门市	821	3019	2548	41
福建省永安轴承厂	福建三明市	1001	1624	1566	175
南安县轴承厂	福建泉州市	1453	3102	2847	105
龙溪轴承厂(漳州)	福建漳州市	1326	3418	3258	753
上海良工阀门厂	上海市	1660	3950	4068	318
上海阀门厂	上海市	1250	3602	3407	956
国营青岛电站阀门厂	山东省青岛市	2056	3552	3740	294
青州阀门厂	山东省潍坊市	1296	2365	2436	230
安徽省屯溪高压阀门厂	安徽省黄山市	818	1318	1330	312
南昌阀门厂	江西南昌市	1289	616	454	—165

11—1续表99

企业名称	所在省市	年末职工数（人）	工业总产值（万元）	销售收入（万元）	利税总额（万元）
青岛即墨阀门厂	山东省青岛市	736	1657	1402	94
苏州市高中压阀门厂	江苏省苏州市	929	2790	2991	241
白湖阀门厂	安徽省巢湖地区	1104	2234	2003	350
上海液压泵厂	上海市	1060	2182	1951	20
徐州液压件厂	江苏省徐州市	1000	1450	1628	215
淮阴机械厂	江苏省淮阴市	1053	2001	2090	160
济南液压泵厂	山东省济南市	505	1069	978	222
青州液压件厂	山东省潍坊市	993	1429	1371	254
德州液压机具厂	山东省德州地区	602	970	901	73
上海气动成套厂	上海市	912	3600	3620	714
济南华能气动元器件公司	山东省济南市	1017	1799	1691	186
上海粉末冶金厂	上海市	655	1180	1039	95
地方国营海安县磁性材料厂	江苏省南通市	809	2274	1902	195
马鞍山市磁性材料总厂	安徽省马鞍山	886	5996	1628	142
青岛粉末冶金厂	山东省青岛市	1097	1637	1453	115
上海标准件三厂	上海市	1148	3257	3118	86
上海标准件五厂	上海市	539	4214	2980	486
上海标准件十厂	上海市	462	1308	1139	85
上海高强度螺拴厂	上海市	425	2114	2096	212
上海螺帽一厂	上海市	400	1402	1243	—109
上海标准件材料一厂	上海市	512	3694	508	144
上海螺钉厂	上海市	716	2614	2918	201
江西紧固件厂	江西南昌市	599	1140	826	—11
山东省滕州市标准件厂	山东省枣庄市	764	1645	1624	48
上海标准件四厂	上海市	657	1716	1477	103
常熟市标准件厂	江苏省苏州市	932	4821	4583	328
靖江县标准件总厂	江苏省扬州市	975	1516	1313	61
上海标准件一厂	上海市	761	2858	2079	239
江阴标准件厂	江苏省无锡市	910	4606	4352	394
中国弹簧厂	上海市	680	1899	2381	438
苏州链条总厂	江苏省苏州市	995	3196	2966	240
蚌埠市皖东机械厂	安徽省蚌埠市	1261	501	444	—270
杭州链条总厂	浙江省	3556	9138	9391	1100
南京高速齿轮箱厂	江苏省南京市	1086	2425	2449	415
徐州齿轮厂	江苏省徐州市	868	1336	1336	70
常州齿轮厂	江苏省常州市	1299	7565	7573	520

11—1 续表 100

企业名称	所在省市	年末职工数（人）	工业总产值（万元）	销售收入（万元）	利税总额（万元）
无为齿轮厂	安徽省巢湖地区	510	1384	1044	183
兴化齿轮厂	江苏省扬州市	711	1209	1270	104
宜春齿轮厂	江西高安县	1174	1955	2197	276
江苏省建湖齿轮厂	江苏省盐城市	819	1249	1122	101
合肥齿轮总厂	安徽省合肥市	1352	2010	1859	125
武进齿轮厂	江苏省常州市	530	1928	2023	89
南昌齿轮厂	江西南昌市	3190	5805	5878	844
泰县精煅齿轮厂	江苏省扬州市	682	3110	2794	745
山东省德州齿轮厂	山东省德州地区	1077	1852	1885	118
福建东方机械厂（福州）	福建福州市	521	610	779	45
三明齿轮厂	福建三明市	528	1131	1348	291
建瓯齿轮厂	福建南平地区	619	1220	1329	124
南京工艺装备制造厂	江苏省南京市	2239	4054	4144	334
山东省济宁市丝杠厂	山东省济宁市	704	1011	1070	163
上海汽车铸造总厂	上海市	1251	2505	2828	—169
上海新华铸钢厂	上海市	924	2400	2627	134
上海铸锻厂	上海市	1204	2628	2417	—81
徐州铸造总厂	江苏省徐州市	1652	3357	3521	
常州铸造总厂	江苏省常州市	1280	4717	4793	194
上海机床铸造一厂	上海市	690	1300	1570	47
上海八一铸钢厂	上海市	883	1945	1786	54
国营无锡市铸造厂	江苏省无锡市	904	2450	2525	35
上海重机铸造厂	上海市	636	968	996	43
上海华丰钢铁厂	上海市	2248	3581	3757	138
苏州铸件厂	江苏省苏州市	562	1197	1226	—22
海门县铸钢厂	江苏省南通市	1001	3491	3642	264
上海汽车锻造总厂	上海市	1360	5817	5949	610
上海正升锻造有限公司	上海市	848	5358	4267	174
常州锻造总厂	江苏省常州市	1173	5244	4747	60
马鞍山市金属耐磨铸锻材料公司	安徽省马鞍山	1498	4758	4079	436
国营景波机械厂	江西景德镇	1272	1647	1108	—206
国营长红机械厂	江西新余市	1704	1612	1377	—214
上海建设—路桥机械设备有限公司	上海市	850	5805	5424	582
上海采矿机械厂	上海市	1023	2280	2706	36
上海冶金矿山机械厂	上海市	2345	6352	8818	1210
无锡煤矿机械厂	江苏省无锡市	1078	4296	4497	505
南京煤矿机械厂	江苏省南京市	1070	1768	1786	37

11—1 续表 101

企业名称	所在省市	年末职工数（人）	工业总产值（万元）	销售收入（万元）	利税总额（万元）
无锡采煤机械厂	江苏省无锡市	717	3945	4033	963
徐州市矿山设备制造厂	江苏省徐州市	1606	3314	2669	159
常州矿山机械厂	江苏省常州市	788	3481	3428	136
山东省济宁市矿山机械厂	山东省济宁市	730	2239	2344	298
江苏省苏南煤矿机械厂	江苏省常州市	725	2859	2769	248
山东省昌乐县矿山机械厂	山东省潍坊市	1211	3215	2308	168
南通市矿山机械厂	江苏省南通市	1059	2406	2354	202
济南重型机械厂	山东省济南市	3019	6988	6950	254
山东煤矿莱芜机械厂	山东省泰安市	1543	2650	2404	129
山东省烟台黄金机械厂	山东省烟台市	424	923	689	36
兖州煤机厂	山东省济宁市	3041	7568	6311	—17
国营张家港市机械厂	江苏省苏州市	915	2802	1678	126
赣州有色冶金机械厂	江西赣州市	2386	2624	2438	146
山东省临沂工程机械厂	山东省临沂地区	835	6707	6685	1379
淄博铸钢厂	山东省淄博市	917	1732	1669	3
山东煤矿泰安机械厂	山东省泰安市	1730	2918	2438	86
镇江煤矿专用设备厂	江苏省镇江市	1002	1161	1261	113
江西采矿机械厂	江西南昌市	1412	1888	1783	164
中国核工业总公司七二O厂	江西新建县	1283	2212	2105	130
淮南煤矿机械厂	安徽省淮南市	6038	15481	15008	1108
江西矿山机械厂	江西萍乡市	1671	1804	1918	89
上海烟草工业机械厂	上海市	1500	5619	2226	1167
上海饮料机械厂	上海市	468	1390	1614	288
江西轻工机械厂	江西九江市	1232	1012	1358	164
无锡粮食机械厂	江苏省无锡市	1163	2406	2650	277
五河县机械厂	安徽省蚌埠市	1116	2033	1941	132
山东裕华机器厂	山东省日照市	1554	1087	923	—111
青岛大华机器厂	山东省青岛市	1397	2409	1209	8
上海第一丝绸机械厂	上海市	561	1068	1200	52
上海沪西纺织机械厂	上海市	503	1302	1252	129
上海第七纺织机械厂	上海市	2315	6266	6108	1039
上海星光织针厂	上海市	891	1150	1181	284
上海沪东纺织机械厂	上海市	998	2182	2140	182
上海纺织机械专件厂	上海市	1820	6381	6106	1316
上海印染机械厂	上海市	2400	9083	7509	929
上海第三纺织机械厂	上海市	1390	4257	2921	240
上海金属针布厂	上海市	562	1363	1244	231

11—1 续表 102

企业名称	所在省市	年末职工数（人）	工业总产值（万元）	销售收入（万元）	利税总额（万元）
上海纺织器材厂	上海市	1155	2804	2505	304
上海纺织机件制造一厂	上海市	1023	2400	1989	241
上海纺织机件二厂	上海市	805	1558	2584	397
上海远东钢丝针布厂	上海市	1067	3747	4178	1071
上海第一纺织机械厂	上海市	2848	9573	12835	2649
无锡市宏源纺织机械制造集团公司	江苏省无锡市	2877	12728	13533	2176
上海纺织机电厂	上海市	1395	4064	3854	530
国营无锡市第二纺织机械厂	江苏省无锡市	756	2525	3132	729
上海第一毛麻纺织机械厂	上海市	588	602	637	52
无锡市纺织器材厂	江苏省无锡市	680	2143	1891	266
中国纺织机械厂	上海市	6193	21464	21573	2859
江阴纺织机械厂	江苏省无锡市	670	1710	1885	258
上海纺织轴承一厂	上海市	1316	2747	2647	319
上海织针一厂	上海市	780	806	812	134
上海第二纺织机械厂	上海市	4797	50903	51241	8031
上海闯新纺织机械厂	上海市	688	801	685	—94
上海第四纺织机械厂	上海市	2264	3483	3571	132
无锡市长城机器厂	江苏省无锡市	721	1365	1677	66
江苏省仪征市纺织机械厂	江苏省扬州市	1404	2031	2993	65
安徽第一纺织机械厂	安徽省合肥市	1083	1565	948	—232
江阴纺织器材厂	江苏省无锡市	862	2138	2445	329
安徽省皖江机械厂	安徽省合肥市	1655	1015	1038	—8
苏州纺织机械厂	江苏省苏州市	1016	2753	3000	260
潍坊纺织机械厂	山东省潍坊市	1262	1958	1818	115
合肥纺织机械厂	安徽省合肥市	2006	792	900	—146
地方国营吴县纺织机械二厂	江苏省苏州市	395	4480	4504	745
蚌埠市第二针织机械厂	安徽省蚌埠市	1100	1145	1232	73
青州市纺织机械厂	山东省潍坊市	743	1022	1012	65
安徽第二纺织机械厂	安徽省六安地区	1684	2222	1683	286
张家港市针织机械总厂	江苏省苏州市	646	1699	2053	238
国营昆山纺织机械厂	江苏省苏州市	1277	3774	4625	521
山东潍坊昌邑纺织机械厂	山东省潍坊市	1141	3402	2650	441
张家港市化工机械厂	江苏省苏州市	832	3306	3408	370
南通棉花机械厂	江苏省南通市	630	2193	2252	284
张家港市江南机械厂	江苏省苏州市	736	4997	2184	97
山东寿光内燃机配件厂	山东省潍坊市	732	638	601	—29
南通纺织机械厂	江苏省南通市	1010	778	762	—10

企业名称	所在省市	年末职工数（人）	工业总产值（万元）	销售收入（万元）	利税总额（万元）
泰州纺织机械厂	江苏省扬州市	1124	1877	2419	—9
江苏省如东县纺织机械厂	江苏省南通市	880	1891	1446	88
山东寿光纺织机械厂	山东省潍坊市	637	574	513	22
地方国营洪泽县纺织机械厂	江苏省淮阴市	813	707	703	—17
金坛县纺织机械厂	江苏省常州市	1046	3611	2490	3
江苏省东台市纺织机械厂	江苏省盐城市	1145	2352	2775	179
山东省济宁市纺织机械厂	山东省济宁市	856	1153	1053	301
江阴胶带厂	江苏省无锡市	317	317	285	—118
国营常熟纺织机械厂	江苏省苏州市	681	1710	1749	121
常州纺织机械厂	江苏省常州市	924	2159	2133	198
盐城市纺织机械厂	江苏省盐城市	703	1877	1901	337
常州纺织器材厂	江苏省常州市	482	1548	1381	212
江阴动力机厂	江苏省无锡市	963	3062	2912	274
常州市第六纺织机械厂	江苏省常州市	475	1001	1028	16
苏州市第三纺织机械厂	江苏省苏州市	629	2135	2057	365
国营青岛纺织机械厂	山东省青岛市	4865	13114	13919	1793
南通第二纺织机械厂	江苏省南通市	719	2504	2759	329
青岛胶南第一纺织机械厂	山东省青岛市	1121	1551	1814	54
青岛胶南第三纺织机械厂	山东省青岛市	424	1517	986	139
青岛纺织器材厂	山东省青岛市	1327	1697	1494	74
青岛第一纺织机械厂	山东省青岛市	738	873	1061	24
青岛第二纺织机械厂	山东省青岛市	753	785	766	11
山东省烟台针织器材厂	山东省烟台市	1083	1241	964	84
常州喷丝板厂	江苏省常州市	188	1066	1071	478
苏州市第二纺织机械厂	江苏省苏州市	749	3218	3500	619
青岛胶南纺织机械厂	山东省青岛市	1147	5221	6070	771
青岛胶南第四纺织机械厂	山东省青岛市	962	7085	4360	399
红旗机器厂(漳州)	福建漳州市	1378	2180	2943	428
上海轻工机械二厂	上海市	831	1671	2107	179
上海造纸机械总厂	上海市	4462	10233	13635	1219
常州轻工机械厂	江苏省常州市	523	1022	1091	140
合肥轻工机械厂	安徽省合肥市	1559	2928	2789	347
芜湖市造纸网厂	安徽省芜湖市	626	1500	1450	388
潍坊造纸机械厂	山东省潍坊市	878	1447	1729	147
山东省济宁市轻工机械厂	山东省济宁市	464	1328	1055	189
山东省第二轻工业机械厂	山东省聊城地区	767	1666	1702	205
上海第一印刷机械厂	上海市	899	4277	4839	547

11—1续表104

企业名称	所在省市	年末职工数（人）	工业总产值（万元）	销售收入（万元）	利税总额（万元）
上海第二印刷机械厂	上海市	399	735	902	86
上海订书机械厂	上海市	670	1270	1430	218
地方国营泰兴仪器厂	江苏省扬州市	1012	2599	2547	341
景德镇市印刷机械总厂	江西景德镇	1037	1216	1408	161
上海申威达印刷机械有限公司	上海市	504	1993	1797	401
上海印刷器材制造厂	上海市	483	1409	1584	379
南通印刷机械厂	江苏省南通市	987	1255	1262	67
上海亚华印刷机械有限公司	上海市	443	3368	3745	924
上海人民机器厂	上海市	1844	3702	3511	581
威海市印刷机械厂	山东省威海市	570	2189	2048	636
山东省菏泽生建机械厂	山东省菏泽地区	660	997	934	—266
上海大隆机器厂	上海市	5702	12801	15962	1326
国营宜春第一机械厂	江西宜春市	1844	4109	2960	332
青岛石油机械厂	山东省青岛市	713	912	730	56
淄博石油机械制造总厂	山东省淄博市	1242	3480	3068	290
广饶县石油机械厂	山东省东营市	432	2237	2320	245
东营市第二石油机械厂	山东省东营市	474	1316	1376	123
山东省临朐县石油机械厂	山东省潍坊市	1409	2981	2026	398
上海化工机械一厂	上海市	1928	5087	5013	310
上海江湾化工机械厂	上海市	590	1972	2249	494
上海化工机械三厂	上海市	702	1815	2072	359
南京第二化工机械厂	江苏省南京市	1589	4246	4593	41
徐州化工机械厂	江苏省徐州市	1262	1471	1642	140
江西化工石油机械厂	江西南昌市	1541	1853	1387	93
国营青岛通用机械厂	山东省青岛市	1079	2331	2539	228
常州化工机械厂	江苏省常州市	1032	2508	3070	287
淮阴化工机械厂	江苏省淮阴市	632	938	910	71
合肥化工机械厂	安徽省合肥市	1428	4406	3703	509
江苏省化工设备制造按装公司	江苏省常州市	525	1632	1458	163
苏州化工机械厂	江苏省苏州市	721	1689	2002	117
山东省德州化工机械厂	山东省德州地区	722	1858	1944	84
三明化工机械厂	福建三明市	1813	4475	4873	513
上海塑料机械厂	上海市	401	1584	1834	123
无锡塑料机械厂	江苏省无锡市	747	2948	2912	233
常州塑料机械厂	江苏省常州市	581	6851	7261	761
泰县第三机械厂	江苏省扬州市	904	4839	4679	232
山东轻工塑料机械厂	山东省泰安市	1032	6823	5618	656

企业名称	所在省市	年末职工数（人）	工业总产值（万元）	销售收入（万元）	利税总额（万元）
上海人造板机器厂	上海市	1111	3651	4204	699
威海市木工机械厂	山东省威海市	1807	7506	6663	887
上海玻璃机械厂	上海市	1698	2878	3000	269
上海新建机器厂	上海市	2685	6205	5284	220
无锡市利农砖瓦机械(集团)公司	江苏省无锡市	1332	1903	2485	157
潍坊第一轻工机械厂	山东省潍坊市	1155	1756	1648	157
江苏省国营龙潭矿山机械厂	江苏省南京市	1372	7342	7366	1060
国营常熟建材机械总厂	江苏省苏州市	749	2004	2006	88
景德镇陶瓷机械厂	江西景德镇	934	1188	1280	160
山东省轻工机械厂	山东省淄博市	1485	2488	2950	166
山东省建筑材料机械厂	山东省淄博市	1030	2050	2772	160
徐州建材机械厂	江苏省徐州市	854	1870	2302	94
江都县冶金机械厂	江苏省扬州市	610	1420	1284	79
山东冶金机械厂	山东省淄博市	1674	2634	3137	230
上海冶金设备总厂	上海市	5697	12273	12885	53
苏州冶金机械厂	江苏省苏州市	2557	4867	4742	254
扬州冶金机械厂	江苏省扬州市	2425	6029	5675	286
上海重型机器厂	上海市	9592	22717	19954	29
常州冶金机械厂	江苏省常州市	3998	11523	9635	100
嘉兴市冶金机械厂	浙江省	3633	6615	6164	331
上海电工机械厂	上海市	1628	2553	3102	338
芜湖电工机械厂	安徽省芜湖市	725	1101	1469	160
上海无线电专用机械厂	上海市	1063	1250	1510	143
苏州净化设备厂	江苏省苏州市	763	4228	4252	643
上海水工机械厂	上海市	1318	2576	2625	396
江湾机械厂	上海市	2123	7300	6542	824
常州皮革机械总厂	江苏省常州市	621	3059	3159	55
常州市能源设备总厂	江苏省常州市	519	2436	2706	571
上海工业缝纫机厂	上海市	2121	15524	14550	788
上海大明铁工厂	上海市	407	1201	1221	163
南京曙光机械厂	江苏省南京市	1123	1256	1186	122
山东省棉麻公司机械配件厂	山东省济南市	446	1816	1615	240
烟台皮革机械厂	山东省烟台市	511	1594	1607	283
上海缝纫机四厂	上海市	2047	8006	8807	1972
扬州电力设备修造厂	江苏省扬州市	806	2152	2308	236
泰兴机床附件厂	江苏省扬州市	941	2081	1845	171
上海星火机械厂	上海市	543	2980	2826	431

11—1 续表 106

企业名称	所在省市	年末职工数（人）	工业总产值（万元）	销售收入（万元）	利税总额（万元）
南通轻工机械厂	江苏省南通市	1051	1270	1261	125
上海拖拉机内燃机公司	上海市	9768	35620	38999	2796
山东省济宁市液压件厂	山东省济宁市	568	1213	973	180
泰安拖拉机厂	山东省泰安市	1545	11704	10895	123
常州拖拉机厂	江苏省常州市	2204	29713	29487	599
山东拖拉机厂	山东省济宁市	5515	19774	17703	508
盐城市拖拉机厂	江苏省盐城市	1272	7221	6299	114
山东昌潍拖拉机厂	山东省潍坊市	5139	49969	50099	1206
无锡县拖拉机厂	江苏省无锡市	1494	5539	5077	10
合肥动力机械总厂	安徽省合肥市	2752	3911	2902	49
六安手扶拖拉机厂	安徽省滁县地区	850	6735	5486	599
青岛拖拉机总厂	山东省青岛市	1171	3646	4199	—675
荣成市拖拉机厂	山东省威海市	1590	14917	14144	231
聊城拖拉机厂	山东省聊城地区	1495	15261	15127	75
淮阴拖拉机集团公司	江苏省淮阴市	4398	10450	10924	117
兴化市拖拉机厂	江苏省扬州市	1061	2468	2389	—314
安徽拖拉机厂	安徽省合肥市	3238	12001	12256	—485
浙江省永康拖拉机厂	浙江省	2119	13386	13556	1039
福建拖拉机厂（福州）	福建福州市	1808	6281	6280	144
南平手扶拖拉机厂	福建南平地区	895	2021	2038	29
上海向明机械厂	上海市	973	2313	1882	183
徐州农业机械厂	江苏省徐州市	1185	2463	2361	113
苏州农业药械厂	江苏省苏州市	1045	4166	4294	230
太仓农机修理制造一厂	江苏省苏州市	823	1780	1763	102
泰州潜水电泵厂	江苏省扬州市	695	2558	2724	232
山东省临沂农业药械厂	山东省临沂地区	910	7014	6827	1239
地方国营泰兴渔业机械厂	江苏省扬州市	690	1906	2651	209
上海第二车辆配件厂	上海市	1008	1793	1874	199
溧阳市齿轮厂	江苏省常州市	643	2684	2354	158
东至县齿轮厂	安徽省池州地区	625	1451	1091	251
山东烟台拖拉机配件厂	山东省烟台市	878	2836	2586	182
山东齿轮厂	山东省潍坊市	1329	3132	3153	300
山东省济宁市齿轮厂	山东省济宁市	728	1530	1650	145
山东省济宁市车轮厂	山东省济宁市	887	3476	3175	—512
梁山县农业机械厂	山东省济宁市	895	2022	1742	120
溧水县农用车制造厂	江苏省南京市	1313	29260	28160	1703
杭州齿轮箱厂	浙江省	4483	11853	12176	1868

11—1 续表 107

企业名称	所在省市	年末职工数（人）	工业总产值（万元）	销售收入（万元）	利税总额（万元）
上海建筑机械制造厂	上海市	2014	6350	8261	1346
合肥矿山机器厂	安徽省合肥市	2103	7631	9534	858
杭州重型机械厂	浙江省	3848	7065	7823	—224
三明重机厂	福建三明市	2423	4354	5421	222
彭浦机器厂	上海市	3662	12447	14132	1729
山东省推土机总厂	山东省济宁市	3979	16648	18517	1429
华东建筑机械厂	上海市	1834	4084	4939	—392
上海城建机械厂	上海市	730	1524	1923	—173
山东省建筑机械厂	山东省济南市	1447	4156	5131	538
山东工程机械厂	山东省潍坊市	1226	6552	6644	709
扬州机械厂	江苏省扬州市	1560	6282	6061	279
江苏省句容工程机械厂	江苏省镇江市	1068	4419	3895	254
江苏建筑机械厂	江苏省南京市	943	1565	1474	75
镇江路面机械制造总厂	江苏省镇江市	2336	4240	4452	—138
厦门工程机械厂	福建厦门市	2148	28137	29567	3690
上海探矿机械厂	上海市	1314	3501	3744	967
江苏省无锡探矿机械厂	江苏省无锡市	862	1394	1607	287
地质矿产部石油钻探机械厂	山东省德州地区	560	1570	1319	411
上海医用光学仪器厂	上海市	512	1061	1054	384
上海医用电子仪器厂	上海市	1260	3425	4195	586
上海手术器械厂	上海市	1211	2952	3032	640
上海卫生材料厂	上海市	523	4025	4770	806
上海医用诊察仪器厂	上海市	639	1955	2051	271
上海医疗设备厂	上海市	599	2485	2784	390
上海医疗器械厂	上海市	1660	4823	8664	1922
上海注射针厂	上海市	670	2060	1691	146
上海医疗器械九厂	上海市	370	1651	1480	257
上海医用仪表厂	上海市	1510	4274	4543	462
上海医用核子仪器厂	上海市	1085	3706	4511	370
上海强生有限公司	上海市	212	2772	3210	679
中国医疗器械公司大新集团公司	江苏省苏州市	1906	7118	6951	560
山东新华医疗器械厂	山东省淄博市	1898	3980	3506	441
山东电影机械厂	山东省济南市	744	1484	1321	148
申贝公司本部	上海市	768	1463	1446	1895
上海施乐复印机有限公司	上海市	632	25095	26607	3235
上海打字机二厂	上海市	870	2586	2725	216
上海打字机厂	上海市	1331	3728	3752	395

11—1 续表 108

企业名称	所在省市	年末职工数（人）	工业总产值（万元）	销售收入（万元）	利税总额（万元）
上海前卫车灯厂	上海市	795	2699	3756	384
上海自行车三厂	上海市	8088	75959	101119	15386
上海自行车飞轮厂	上海市	1346	5008	4527	263
上海自行车二厂	上海市	2051	9808	10428	374
上海自行车钢珠厂	上海市	646	2871	2068	155
山东省五莲钢珠厂	山东省潍坊市	524	1200	971	69
上海自行车零件二厂	上海市	684	1588	1592	—56
上海自行车辐条厂	上海市	660	3492	3602	79
上海自行车鞍座厂	上海市	728	8598	7371	472
上海自行车厂顾村分厂	上海市	1295	4596	3819	651
上海自行车飞轮二厂	上海市	550	1268	1227	154
山东鲁南自行车厂	山东省济宁市	1881	13470	14028	1479
上海自行车链条厂	上海市	1414	6622	6535	565
荣成市自行车配件厂	山东省威海市	635	2395	1102	136
南京市自行车总厂	江苏省南京市	1858	1974	2325	—486
威海市链条厂	山东省威海市	555	1317	1288	69
浙江绍兴自行车总厂	浙江省	1627	19137	18599	1874
南通自行车总厂	江苏省南通市	1743	10239	10378	—7
国营山东前进配件厂	山东省临沂地区	1180	1033	888	—148
江都自行车车把厂	江苏省扬州市	1022	3362	3351	574
海安县自行车辐条厂	江苏省南通市	966	2613	2960	47
合肥自行车厂	安徽省合肥市	2187	14022	14135	432
淮安市自行车厂	江苏省淮阴市	905	765	689	20
桐城县链条厂	安徽省安庆市	787	1501	1233	47
江苏省泰兴自行车脚蹬厂	江苏省扬州市	1024	4013	4220	882
大丰县自行车飞轮总厂	江苏省盐城市	1643	5090	5485	523
合肥自行车二厂	安徽省合肥市	1171	8815	9120	355
上海自行车四厂	上海市	1538	13410	15610	4306
蚌埠市自行车总厂	安徽省蚌埠市	591	125	214	—298
上海自行车厂	上海市	6830	66558	81166	8646
常州金狮自行车工贸集团公司	江苏省常州市	8077	54409	59187	4317
无锡市自行车厂	江苏省无锡市	2972	30577	30055	1398
平度机动脚踏车配件厂	山东省青岛市	990	2147	2136	146
山东淄博自行车厂	山东省淄博市	1757	4003	4165	153
山东烟台自行车厂	山东省烟台市	1742	4800	6866	—440
济南自行车厂	山东省济南市	1675	1771	1382	—681
青岛自行车工业公司	山东省青岛市	3226	19782	22377	—727
江阴鞍座手闸厂	江苏省无锡市	808	4958	4914	136

企业名称	所在省市	年末职工数（人）	工业总产值（万元）	销售收入（万元）	利税总额（万元）
永久自行车苏州股份有限公司	江苏省苏州市	1061	12485	12508	1118
嘉兴市自行车厂	浙江省	1257	11567	12575	1426
杭州自行车总厂	浙江省	2185	15851	15968	1501
无锡市自行车另件厂	江苏省无锡市	1526	2776	2461	120
厦门自行车厂	福建厦门市	1468	6494	7259	255
上海华莘缝纫机零件厂	上海市	957	1408	1488	373
徐州缝纫机厂	江苏省徐州市	997	4026	4089	258
靖江县缝纫机厂	江苏省扬州市	1518	2719	2731	82
上海缝纫机三厂吴江分厂	江苏省苏州市	999	5487	6070	410
芜湖市缝纫机厂	安徽省芜湖市	1110	3532	3184	113
苏州市缝纫机厂	江苏省苏州市	267	202	202	12
国营青岛缝纫机厂	山东省青岛市	2232	5402	4371	258
南京缝纫机总厂	江苏省南京市	2340	1619	2448	—482
山东莱州市工业缝纫机厂	山东省烟台市	950	1108	1096	106
上海协昌缝纫机厂	上海市	5664	27713	29315	3825
上海缝纫机台板一厂	上海市	928	3767	3554	95
上海缝纫机工模具厂	上海市	594	1021	1171	122
上海缝纫机螺丝厂	上海市	732	1424	1679	175
上海缝纫机一厂	上海市	3824	19353	24947	3323
上海缝纫机三厂	上海市	2465	12463	15099	788
福州缝纫机厂	福建福州市	1168	983	1061	—108
上海手表厂	上海市	5738	20562	13234	3898
上海钟表配件三厂	上海市	732	567	756	84
上海第三手表厂	上海市	2198	9795	6387	1647
上海钻石手表厂	上海市	2330	11231	8205	1490
上海钟表元件二厂	上海市	911	1827	1417	172
上海手表二厂	上海市	2568	11767	6008	708
上海表壳一厂	上海市	806	1001	1088	—212
济南钟表厂	山东省济南市	1173	7760	6173	901
上海钟厂	上海市	2666	6864	7909	176
青岛手表厂	山东省青岛市	3885	5483	4404	775
中国钟厂	上海市	1276	4788	4440	203
山东烟台木钟厂	山东省烟台市	2555	10989	10224	663
蚌埠市手表厂	安徽省蚌埠市	505	159	83	—161
上海钟表材料厂	上海市	1079	1916	1672	289
上海秒表厂	上海市	1122	2102	1907	418
工贸合营南京钟厂	江苏省南京市	1252	1565	1290	—72

11—1 续表 110

企业名称	所在省市	年末职工数（人）	工业总产值（万元）	销售收入（万元）	利税总额（万元）
苏州手表总厂	江苏省苏州市	2286	2722	2427	182
苏州市钟表元件厂	江苏省苏州市	775	1029	719	49
威海市钟表工业公司	山东省威海市	2433	6694	5907	320
合肥手表厂	安徽省合肥市	1579	4814	2669	861
山东聊城手表厂	山东省聊城地区	2768	3464	3384	459
上海钟表元件厂	上海市	1857	3390	2980	581
南京手表厂	江苏省南京市	2763	2678	2311	213
扬州手表总厂	江苏省扬州市	1442	2352	2112	575
烟台宝石轴承厂	山东省烟台市	1288	2006	1374	175
烟台北极星手表总厂	山东省烟台市	2189	4055	4538	—142
烟台钟表元件厂	山东省烟台市	769	1680	1289	122
山东烟台闹钟厂	山东省烟台市	1770	6245	5936	747
烟台北极星模具总厂	山东省烟台市	549	839	813	64
上海照相机总厂	上海市	5292	12505	9211	375
常州照相机总厂	江苏省常州市	1143	2792	2630	186
苏州照相机总厂	江苏省苏州市	965	1031	935	—68
青岛照相机总厂	山东省青岛市	1040	1370	1430	—68
江苏省泰州商业机械厂	江苏省扬州市	785	2624	2924	248
山东省临沂市机械厂	山东省临沂地区	585	2232	1832	173
邮电部明水通信机械厂	山东省济南市	849	2426	2400	258
山东省水利机械厂	山东省济南市	540	1199	1202	66
上海格拉曼国际消防装备有限公司	上海市	842	4102	4831	83
山东省临沂生建机械厂	山东省临沂地区	614	1477	1420	3
南京六合煤矿机械厂	江苏省南京市	1161	2913	2915	151
常州市压缩机配件厂	江苏省常州市	560	1366	1041	91
七四一零工厂	安徽省巢湖地区	1900	2376	2239	—6
中国人民解放军7318厂	福建南平地区	1056	1934	1346	181
上海冷铸轧棍厂	上海市	592	1895	2006	138
上海机械刀片厂	上海市	837	2510	2700	350
上海电力修造总厂	上海市	1200	4121	5530	256
安徽电力修造厂	安徽省合肥市	663	814	718	8
江苏冶金机械厂	江苏省南京市	2370	3345	3509	—291
淮南皖淮机械厂	安徽省淮南市	1462	1237	1017	—726
国营新苏机械厂	江苏省无锡市	1306	2952	2759	178
安徽省皖西机械厂	安徽省合肥市	1687	3332	3308	320
安徽省东风机械厂	安徽省合肥市	1539	1509	1511	266
国营山东第一机械厂	山东省日照市	2359	1990	2029	60

企业名称	所在省市	年末职工数（人）	工业总产值（万元）	销售收入（万元）	利税总额（万元）
无锡市船用减震器厂	江苏省无锡市	901	2341	2201	488
荣成市第一造船厂	山东省威海市	762	2545	2883	370
淮南市机床厂	安徽省淮南市	1523	2871	2886	191
国营山东民丰机械厂	山东省临沂地区	1121	491	272	—315
山东机器厂	山东省淄博市	5765	3832	3807	—568
盱眙县永丰机械厂	江苏省淮阴市	1052	1502	1497	30
荣成市黄海造船厂	山东省威海市	1405	4250	3620	386
山东化工厂	山东省济南市	2802	8284	7772	581
国营山东第二机械厂	山东省淄博市	1312	854	842	—73
国营山东工模具厂	山东省临沂地区	1217	1860	1561	—39
国营山东机械修理厂	山东省临沂地区	1069	656	533	—126
福建革新机器厂	福建福州市	1188	1097	1279	139
福建省同安银华机械厂(厦门)	福建厦门市	862	1788	1733	238
国营永安机械厂	福建三明市	2413	3012	3029	—192
国营华龙机械厂	福建龙岩地区	3532	5501	6308	389
交通运输设备制造业					
铁道部四方机车车辆工厂	山东省青岛市	13015	37227	37677	2729
铁道部铜陵机车工厂	安徽省铜陵市	4418	5885	6171	—364
上海铁路局工业公司机车车辆配件厂	上海市	602	1113	1278	81
巢湖铸造厂	安徽省巢湖地区	1455	4532	5509	1585
上海铁路局工业公司装卸机械厂	上海市	651	2002	1556	117
上海重型汽车厂	上海市	2100	9788	13452	1133
合肥江淮汽车制造厂	安徽省合肥市	2995	6882	7618	176
合肥淝河汽车制造厂	安徽省合肥市	2748	6053	6237	277
安徽省淮海机械厂	安徽省合肥市	2065	5295	5208	—176
江西汽车制造厂	江西南昌市	5857	43567	68573	19035
江西富奇汽车厂	江西抚州市	1552	6601	6818	306
济南汽车制造总厂	山东省济南市	19381	75305	83773	
第一汽车制造厂青岛汽车厂	山东省青岛市	2570	8710	10351	424
淄博汽车制造厂	山东省淄博市	955	2815	2539	—114
第二汽车制造厂杭州分厂	浙江省	2055	23032	24108	2129
宁波拖拉机汽车总厂	浙江省	2194	7610	7870	—677
福州汽车厂	福建福州市	939	12508	10602	996
上海第二汽车底盘厂	上海市	1815	5691	6319	957
常州客车制造厂	江苏省常州市	2068	6501	6445	326
扬州客车制造厂	江苏省扬州市	2808	16254	16816	2028
福建客车厂(福州)	福建福州市	1060	1915	1979	37
上海汽车厂	上海市	1507	45506	49903	9798

11—1 续表 112

企业名称	所在省市	年末职工数（人）	工业总产值（万元）	销售收入（万元）	利税总额（万元）
上海大众汽车有限公司	上海市	3493	381367	357548	67552
上海交通汽车修配厂	上海市	1272	1598	1750	20
上海客车厂	上海市	1878	7367	8808	922
上海新华汽车厂	上海市	791	1790	1848	−12
南京东风专用汽车制造总厂	江苏省南京市	1685	15839	16620	704
徐州特种汽车总厂	江苏省徐州市	1003	3424	3671	114
青岛专用汽车制造厂	山东省青岛市	2190	10714	12746	648
江都汽车总厂	江苏省扬州市	799	9071	9234	1014
合肥客车厂	安徽省合肥市	941	3738	4150	172
江苏省张家港市牡丹客车厂	江苏省苏州市	622	2147	2075	100
镇江冷藏汽车厂	江苏省镇江市	436	4811	4556	154
江西车辆开关厂	江西抚州市	838	1051	1040	69
张家港市特种汽车改装厂	江苏省苏州市	589	2010	2150	105
淮阴汽车改装厂	江苏省淮阴市	526	5244	5202	110
利群机械厂	安徽省马鞍山	605	181	228	−214
江苏省仪征汽车制造厂	江苏省扬州市	1691	51242	43042	6642
合肥汽车制造厂	安徽省合肥市	1397	2020	1979	−103
济南客车厂	山东省济南市	2184	4272	3872	139
常熟专用汽车制造厂	江苏省苏州市	545	3370	3855	228
中国人民解放军第七四二七工厂	福建福州市	1329	4709	4577	1002
上海电车厂	上海市	1085	3039	2670	131
上海离合器总厂	上海市	1841	3610	4515	364
江西汽车底盘厂	江西抚州市	1032	3090	3309	516
上海汽车钢圈厂	上海市	720	2106	2319	257
济南汽车配件厂	山东省济南市	2778	7049	6324	403
济南明水汽车配件厂	山东省济南市	1001	2353	2209	373
上海长江仪表厂	上海市	1693	6004	6194	1128
上海汽车电器总厂	上海市	3988	18540	17269	2168
上海延锋汽车内饰件厂	上海市	991	7327	7156	1557
济南汽车改装厂	山东省济南市	767	4550	4744	176
上海汽车配件厂	上海市	970	4108	4003	210
青岛汽车散热器工业公司	山东省青岛市	792	3012	3243	204
上海汽车齿轮厂	上海市	1973	20741	22264	7002
青岛精锻齿轮厂	山东省青岛市	573	1347	1014	119
上海纳铁福传动轴有限公司	上海市	1019	3890	10549	2830
上海新建齿轮厂	上海市	640	1899	1935	380

11—1 续表 113

企业名称	所在省市	年末职工数（人）	工业总产值（万元）	销售收入（万元）	利税总额（万元）
上海汽车底盘厂	上海市	1825	5549	6339	895
上海活塞厂	上海市	1195	3742	3303	808
江西齿轮箱总厂	江西赣州市	1457	1612	1547	298
江苏省金陵汽车制配厂	江苏省南京市	1469	2902	2759	427
芜湖仪表厂	安徽省芜湖市	1002	3129	2965	454
溧阳市汽车配件厂	江苏省常州市	442	1351	1444	230
六安汽车齿轮厂	安徽省滁县地区	1491	1163	1121	47
镇江汽车钢圈厂	江苏省镇江市	647	2966	3109	154
上海小糸车灯有限公司	上海市	599	4229	4007	620
上海易初通用机器有限公司	上海市	1060	8366	14205	2581
上海实业交通电器有限公司	上海市	1287	8082	6352	1406
山东汽车弹簧厂	山东省淄博市	668	2330	2292	207
上海第一汽车附件厂	上海市	1822	5902	5630	842
济南汽车制造总厂德州方向机厂	山东省德州地区	836	1031	904	66
上海汽车电镀厂	上海市	303	1298	1224	152
安徽省江南机械厂	安徽省合肥市	1090	963	851	6
山东省聊城生建汽车配件厂	山东省聊城地区	715	1420	1030	—223
临清专用汽车制造厂	山东省聊城地区	1940	2063	2400	—272
南京汽车变速箱厂	江苏省南京市	532	2156	2036	122
江苏省如东县黄油枪厂	江苏省南通市	923	3109	3313	228
安徽省合肥汽车锻件厂	安徽省合肥市	1163	828	811	130
杭州万向总厂	浙江省	2573	9385	9087	2028
南平汽车配件厂	福建南平地区	1550	3183	2778	750
建阳麻沙汽车修配厂	福建南平地区	875	1044	1075	—146
上海—易初摩托车有限公司	上海市	3097	66072	70446	12990
邮电部南昌鸿雁摩托车厂	江西南昌市	1112	901	862	—264
江西赣江机械厂	江西南昌市	649	2485	2412	540
山东生建摩托车厂	山东省济南市	946	5496	5576	—112
济南轻骑摩托车总厂	山东省济南市	6370	37340	40003	3039
上海渔轮厂	上海市	2949	5046	4346	210
沪东造船厂	上海市	12477	85713	71196	10462
东海船舶修造厂	上海市	3255	8980	13431	—2659
中华造船厂	上海市	5944	19005	19750	364
上海长江轮船总公司吴淞船厂	上海市	524	1389	1591	45
上海船厂	上海市	9323	39490	45183	—8721
求新造船厂	上海市	3754	16375	15251	365
江南造船厂	上海市	13262	92879	45050	5546

11—1 续表 114

企业名称	所在省市	年末职工数（人）	工业总产值（万元）	销售收入（万元）	利税总额（万元）
江苏省新华船舶修造厂	江苏省南京市	1668	2903	3507	—306
江苏省无锡船舶修造厂	江苏省无锡市	1023	3341	3278	63
长江轮船总公司江东船厂	安徽省芜湖市	2095	4750	3353	164
无锡市红旗造船厂	江苏省无锡市	959	1686	1727	36
国营江新造船厂	江西湖口县	1522	1061	1266	—422
南通渔轮厂	江苏省南通市	550	1974	1542	38
靖江县造船厂	江苏省扬州市	1024	2327	2004	72
江苏省镇江市船舶修造厂	江苏省镇江市	1232	4896	4028	48
江阴船厂	江苏省无锡市	847	4780	5630	183
江西造船厂	江西南昌市	1035	1062	751	—72
芜湖江风船厂	安徽省芜湖市	645	902	950	—185
国营江州造船厂	江西瑞昌市	4484	3005	3295	—1117
巢湖船厂	安徽省巢湖地区	568	902	1073	65
国营青岛造船厂	山东省青岛市	1744	1981	1705	24
启东渔轮厂	江苏省南通市	1435	2969	3056	83
青岛海洋渔业公司渔轮修造厂	山东省青岛市	1521	2717	3095	170
国营芜湖造船厂	安徽省芜湖市	4554	2806	11078	—1786
马鞍山市造船厂	安徽省马鞍山	1220	442	374	—226
扬州江阳船舶集团公司	江苏省扬州市	2187	9884	7879	717
蚌埠市船厂	安徽省蚌埠市	616	920	1475	52
福建马尾造船厂(福州)	福建福州市	1970	4654	2746	511
福建上游造船厂(福州)	福建福州市	725	1501	1521	124
福建渔轮修造厂(福州)	福建福州市	1252	2666	2252	351
福建省厦门造船厂	福建厦门市	1114	1995	1481	81
合肥皖安机械厂	安徽省合肥市	1344	2203	2116	143
江淮航空仪表厂	安徽省合肥市	2395	7387	6730	830
南昌飞机制造公司	江西南昌市	21092	37798	32715	992
昌河飞机制造厂	江西景德镇	6266	21801	20567	1773
铁道部济南机车工厂	山东省济南市	6234	6851	6830	—465
上海吉普车修配厂	上海市	1065	3726	3420	488
山东省青州市进口汽车维修中心	山东省潍坊市	139	332	513	71
济南东岳机械厂	山东省济南市	1051	1764	1782	74
济南华达汽修厂	山东省济南市	646	1910	1858	209
合肥汽车修配厂	安徽省合肥市	927	1015	1099	54
永安林业汽车保修厂	福建三明市	933	1282	1834	55
邵武林业汽车保修厂	福建南平地区	963	3791	3327	161
第三航务工程局船舶机械修理厂	上海市	611	961	1976	31
上海外轮修理厂	上海市	1347	3102	3063	454

11—1 续表 115

企业名称	所在省市	年末职工数（人）	工业总产值（万元）	销售收入（万元）	利税总额（万元）
立新船舶修造厂	上海市	2282	7646	5870	388
交通部上海海运管理局荻港修船厂	安徽繁昌县	1702	1514	1846	—169
交通部上海海运管理局立丰修船厂	上海市	1541	5205	5533	362
江苏省海洋渔业公司渔轮修造厂	江苏省苏州市	856	980	1010	—124
中国人民解放军第四八一二工厂	安徽省安庆市	1164	1512	1414	237
北海船厂	山东省青岛市	4228	11330	11555	1917
中国民用航空公司一零二厂	上海市	1308	2705	3192	570
国营芜湖机械厂	安徽省芜湖市	2105	2835	2592	98
交通部上海港口机械制造厂	上海市	3898	14028	20119	1786
国营朝阳机械厂	江西彭泽县	931	1432	1440	188
国营九江船用机械厂	江西瑞昌市	1081	2002	2154	287
连云港市车辆厂	江苏省连云港市	1049	3154	3804	101
合肥车辆制造厂	安徽省合肥市	1265	11129	10566	726
皖南机动车辆厂	安徽省宣城地区	607	14571	14018	782
上海交通装卸机械厂	上海市	1925	3190	3260	205
江苏省仪征市车辆厂	江苏省扬州市	590	1669	1403	110
聊城运输机械厂	山东省聊城地区	890	5880	5004	172
临清机械厂	山东省聊城地区	892	1875	2237	60
安吉机动车辆总厂	浙江省	509	7378	7306	642
龙岩地区拖拉机厂	福建龙岩地区	974	12647	14059	1116
电气机械及器材制造业					
江西三波电机总厂	江西南昌市	1839	2196	2225	199
无锡市电机厂	江苏省无锡市	994	3640	3938	263
苏州纺织器材厂	江苏省苏州市	782	1578	1613	153
江都县线路器材厂	江苏省扬州市	1378	11032	9494	661
上海电机厂	上海市	8655	35005	36054	5148
常州牵引电机厂	江苏省常州市	1054	3338	3348	315
山东省济南生建电机厂	山东省济南市	1045	5115	3753	296
杭州发电设备厂	浙江省	3039	7068	7500	—94
福州发电设备厂	福建福州市	1543	4262	4611	600
南平市电机厂	福建南平地区	1929	3427	3457	659
上海五一电机厂	上海市	1350	5704	5649	798
上海人民电机厂	上海市	1574	8809	9130	1366
上海南洋电机厂	上海市	1935	7228	7840	1565
上海先锋电机厂	上海市	2220	6038	7621	874
苏州电机厂	江苏省苏州市	943	3310	3349	188

11—1 续表 116

企业名称	所在省市	年末职工数（人）	工业总产值（万元）	销售收入（万元）	利税总额（万元）
南通电机厂	江苏省南通市	1220	4278	3732	265
上海跃进电机厂	上海市	2021	9666	7486	609
南京调速电机厂	江苏省南京市	1656	5434	5560	526
江西省宜春电机厂	江西宜春市	646	2012	1771	358
无锡市华达电机厂	江苏省无锡市	1033	4581	4359	261
济南第一电机厂	山东省济南市	1131	1678	1301	—26
上海电器二厂	上海市	468	3449	3547	252
山东潍坊电机厂	山东省潍坊市	402	1533	1406	102
合肥电机厂	安徽省合肥市	1535	2603	2535	—207
威海市电机总厂	山东省威海市	755	1960	2092	69
江西电机厂	江西南昌市	1917	4425	4332	208
荣成市电机厂	山东省威海市	709	3288	3006	371
山东省济宁市电机厂	山东省济宁市	648	2230	1720	166
德州电机厂	山东省德州地区	713	1447	1059	114
淄博电机二厂	山东省淄博市	1277	4097	3946	204
临清电机厂	山东省聊城地区	1370	2839	2555	173
上海革新电机厂	上海市	1793	5882	6759	404
泾县皖南电机厂	安徽省宣城地区	609	4325	4203	331
淄博牵引电机联合公司	山东省淄博市	2801	8005	8162	367
江西抚州电机厂	江西抚州市	993	1409	1207	67
博山电机厂	山东省淄博市	4168	9361	9352	619
清江电机厂	江苏省淮阴市	902	4043	3700	227
闽东电机(集团)公司(福州)	福建福州市	4293	19788	17811	1247
福建建设机器厂(莆田)	福建莆田市	664	956	899	56
上海微型电机厂	上海市	1668	4603	4358	480
国营青岛微电机厂	山东省青岛市	1544	2678	2492	16
南京微分电机厂	江苏省南京市	1974	6357	6021	520
苏州电讯电机厂	江苏省苏州市	819	2299	2202	198
芜湖电机厂	安徽省芜湖市	1067	12501	10389	509
安徽省朝阳微电机厂	安徽省黄山市	773	1801	1353	263
国营青峰机械厂	安徽省阜阳地区	1160	2392	1889	133
常州电机电器总厂	江苏省常州市	1985	6052	6068	133
浙江铁马电机集团公司	浙江省	1250	6697	6524	639
上海电压调整器厂	上海市	885	2608	2637	323
上海变压器厂	上海市	1461	9917	10453	1152
常州变压器厂	江苏省常州市	1672	7262	7340	116
南通市变压器厂	江苏省南通市	526	2414	2503	355

11—1 续表 117

企业名称	所在省市	年末职工数（人）	工业总产值（万元）	销售收入（万元）	利税总额（万元）
连云港变压器厂	江苏省连云港市	672	1330	1897	208
合肥变压器厂	安徽省合肥市	1362	4676	4973	—255
青岛变压器厂	山东省青岛市	805	10046	5611	1374
山东省金乡县变压器厂	山东省济宁市	567	1849	1796	343
山东电力设备厂	山东省济南市	825	1269	1349	156
济南变压器厂	山东省济南市	1289	5251	5634	1026
安庆市变压器总厂	安徽省安庆市	873	2944	2511	123
江西变压器厂	江西新建县	962	3602	3339	191
福州变压器厂	福建福州市	871	6808	7368	783
上海整流器总厂	上海市	1612	5010	4464	564
青岛整流器厂	山东省青岛市	798	1363	1556	80
国集合营无锡市电力电容器厂	江苏省无锡市	511	2393	2251	58
无锡县电容器厂	江苏省无锡市	1081	4348	3258	220
苏州电力电容器厂	江苏省苏州市	681	1424	1660	10
厦门市鼓浪屿无线电器材厂	福建厦门市	346	1390	903	60
徐州煤矿机械厂	江苏省徐州市	2205	5604	4877	620
苏州开关厂	江苏省苏州市	1059	3761	4112	136
上海华通开关厂	上海市	4999	14325	14985	2344
上海电器成套厂	上海市	1703	6660	5424	759
上海矿用电器厂	上海市	584	1493	1523	101
上海电器厂	上海市	1494	3048	3300	406
上海起重电器厂	上海市	1100	2644	2956	404
山东省济宁市开关厂	山东省济宁市	872	1804	1869	72
浙江电工器材厂	浙江省	2015	9329	6858	294
合肥高压开关总厂	安徽省合肥市	1306	1504	1166	—131
烟台开关厂	山东省烟台市	1010	1441	1475	—255
潍坊开关厂	山东省潍坊市	707	1728	1718	116
如皋市高压电器厂	江苏省南通市	875	1549	1656	122
合肥开关厂	安徽省合肥市	1085	2748	2620	226
福州第一开关厂	福建福州市	905	6050	7818	1137
上海第二机床电器厂	上海市	723	2852	2760	599
上海机床电器厂	上海市	1276	4364	4416	979
上海电器陶瓷厂	上海市	520	2741	2614	609
上海电瓷厂	上海市	723	2305	1975	230
上海第三开关厂	上海市	535	1500	1658	232
上海立新电器厂	上海市	1328	2997	3108	370
上海人民电器厂	上海市	1881	8092	8142	1673

11－1 续表 118

企业名称	所在省市	年末职工数（人）	工业总产值（万元）	销售收入（万元）	利税总额（万元）
上海互感器厂	上海市	676	2972	2773	279
国营无锡市机床电器厂	江苏省无锡市	883	2806	2761	459
苏州机床电器厂	江苏省苏州市	926	5441	5026	1040
苏州电器一厂	江苏省苏州市	561	3234	3134	329
上海供用电器材公司	上海市	1425	2239	2132	－488
上海继电器厂	上海市	1537	3401	3237	224
景德镇电瓷电器工业公司	江西景德镇	1471	2002	1650	87
上海电线电缆一厂	上海市	718	7251	6464	434
上海塑胶线厂	上海市	554	8305	8110	857
上海电缆厂	上海市	4933	60346	61419	9564
上海电磁线厂	上海市	645	9617	8451	838
上海铝线厂	上海市	418	13690	10373	1483
国营燎原机械厂（8390厂）	江苏省无锡市	650	1903	1783	－175
常州无线电材料厂	江苏省常州市	1156	10714	10312	1087
上海中国电工厂	上海市	1237	10124	8234	740
苏州电缆厂	江苏省苏州市	559	4443	4765	494
上海电线三厂	上海市	650	7047	5505	748
南昌电缆厂	江西南昌市	1043	6651	4568	589
上海电线五厂	上海市	525	8770	8606	740
南通锦益有限公司	江苏省南通市	1256	4054	4130	66
宝应县宝胜电缆厂	江苏省扬州市	639	6761	6652	1153
江西电线电缆总厂	江西吉安市	1090	5016	3106	848
合肥电缆厂	安徽省合肥市	1519	8923	7702	1127
宜兴市江南电缆厂	江苏省无锡市	368	3836	2803	388
安徽省铜陵市铜申通信电缆厂	安徽省铜陵市	323	1358	1497	216
江西电缆厂	江西吉安市	459	3409	2569	438
上海南洋电线电缆厂	上海市	751	14871	13750	1701
常州市电线电缆厂（常州市有色金属压延厂）	江苏省常州市	665	2060	2135	142
上海通信电缆厂	上海市	357	9770	7202	1289
江阴市电缆厂	江苏省无锡市	776	4195	3779	508
上海电磁线一厂	上海市	740	13617	11404	1050
上海铜材厂	上海市	1162	37969	21129	2693
国营无锡市电缆厂	江苏省无锡市	2190	16000	16302	1025
通沪特种线缆总厂	江苏省南通市	339	883	925	57
连云港电线电缆总厂	江苏省连云港市	757	3442	3273	301
无锡市电工厂	江苏省无锡市	1014	10909	6035	954
溧阳市电缆厂（电线厂）	江苏省常州市	468	5590	5308	709
济南电磁线厂	山东省济南市	647	6192	3504	512

11－1 续表 119

企业名称	所在省市	年末职工数（人）	工业总产值（万元）	销售收入（万元）	利税总额（万元）
青岛电缆厂	山东省青岛市	1255	11488	11345	1999
山东电缆厂	山东省泰安市	1936	19621	18507	3581
新泰市漆包线厂	山东省泰安市	650	1937	925	116
阳谷电缆厂	山东省聊城地区	472	4034	3344	772
杭州电缆厂	浙江省	1495	10200	10125	1167
福州电线厂	福建福州市	1035	10649	9589	1621
南平市电线电缆厂	福建南平地区	1142	7726	8409	2030
上海绝缘材料厂	上海市	639	4303	5060	75
常州绝缘材料总厂	江苏省常州市	865	4972	4629	642
泰州绝缘材料厂	江苏省扬州市	733	2194	2131	85
萍乡电瓷厂	江西萍乡市	1948	1583	1518	16
山东淄博电瓷厂	山东省淄博市	760	2565	2423	445
上海畜电池厂	上海市	777	8685	6336	984
镇江市蓄电池厂	江苏省镇江市	690	4078	3627	532
江南蓄电池厂	江西南昌市	657	2505	2018	288
青岛蓄电池厂	山东省青岛市	905	4955	4315	718
国营淄博蓄电池厂	山东省淄博市	2308	7891	6375	708
上海电池厂	上海市	3588	16699	18380	1230
常州电池厂	江苏省常州市	557	2874	2452	710
扬州荣光电池总厂	江苏省扬州市	1227	5214	5154	339
合肥电池厂	安徽省合肥市	1103	3177	2527	－134
厦门电池总厂	福建厦门市	1591	8722	8719	696
上海合金材料总厂	上海市	1017	3770	3969	285
无锡叶片厂	江苏省无锡市	1124	2933	2714	230
南通市无线电器材厂	江苏省南通市	544	1274	1558	－389
马鞍山市电磁线厂	安徽省马鞍山	561	5356	4031	516
上海江南洗衣机厂	上海市	393	3343	2945	137
上海洗衣机总厂	上海市	1469	21267	20182	1470
上海洗衣机总厂金山联营厂	上海市	385	2456	2990	201
司其乐洗衣机总厂	上海市	905	854	1361	－458
杭州洗衣机总厂	浙江省	1307	13080	12203	793
宁波洗衣机总厂	浙江省	1135	8417	8556	367
合肥洗衣机总厂	安徽省合肥市	1576	22757	24064	4973
青岛红星电器股份有限公司	山东省青岛市	2148	34181	30511	4036
烟台洗衣机总厂	山东省烟台市	503	4090	2292	－1402
无锡市小天鹅电器工业公司	江苏省无锡市	1113	15274	15747	1024
济南洗衣机厂	山东省济南市	1464	5787	5237	－165

11—1 续表 120

企业名称	所在省市	年末职工数（人）	工业总产值（万元）	销售收入（万元）	利税总额（万元）
上海电冰箱厂	上海市	1730	23794	26927	3308
上菱电冰箱总厂	上海市	2631	59254	63084	9692
上海远东冰箱厂	上海市	1142	12558	6447	—2894
常州压缩机厂(国营江苏工模具厂)	江苏省常州市	1078	7397	5321	700
苏州香雪海电器公司(苏州电冰箱厂)	江苏省苏州市	2570	22752	26847	—3649
苏州冷柜厂	江苏省苏州市	446	2870	736	44
杭州医疗器械厂	浙江省	1089	11783	12033	—2593
洪泽电子设备厂	江苏省淮阴市	679	664	681	—111
宁波市凤凰电器制冷工业公司	浙江省	1488	7783	9444	—1420
中国扬子电器公司电冰箱总厂	安徽省六安地区	1225	53223	35302	6322
青岛电冰箱总厂	山东省青岛市	2380	57056	60324	5317
青岛电冰柜总厂	山东省青岛市	1479	20538	16120	1535
合肥电冰箱总厂	安徽省合肥市	1267	38352	38346	4830
景德镇华意电器总公司	江西景德镇	1179	21351	14283	1340
福州电冰箱有限公司	福建福州市	517	1381	1157	—809
泉州市天泉电冰箱有限公司	福建泉州市	527			
漳州通用电器总厂	福建漳州市	642	1594	1246	—273
华生电器总厂(本部)	上海市	2094	12392	11562	—283
华生电器四厂	上海市	783	3313	3008	155
江宁县长江电风扇厂	江苏省南京市	1964	10165	8699	1925
无锡市电扇厂	江苏省无锡市	1879	18478	17849	1374
菊花电器集团公司(无锡)二厂	江苏省无锡市	1158	8713	7704	686
滁州电扇总厂	安徽省六安地区	1570	6650	4610	324
山东金龙电器总厂	山东省烟台市	2018	20937	16274	3164
苏州电扇总厂	江苏省苏州市	2511	44155	43094	4523
吴县防爆电机厂	江苏省苏州市	1033	19959	20469	1735
安徽黄山电器总厂	安徽省合肥市	1501	10027	5902	1231
菊花集团公司第三分厂	江苏省无锡市	968	8386	6819	—354
江苏省吴县家用电机总厂	江苏省苏州市	1362	9595	8136	772
杭州电扇总厂	浙江省	2313	16667	15890	1302
上海汽车空调器厂	上海市	412	1629	5701	666
无锡市家用电器有限公司	江苏省无锡市	1983	10642	10130	330
太仓冷气机厂	江苏省苏州市	728	12632	10186	789
扬州市空调净化设备总厂	江苏省扬州市	1491	3403	3425	385
上海电熨斗总厂	上海市	543	4610	9424	813
上海电热电器厂	上海市	708	3466	3095	129
无锡县湖光电炉厂	江苏省无锡市	215	1107	772	81

11－1续表121

企业名称	所在省市	年末职工数（人）	工业总产值（万元）	销售收入（万元）	利税总额（万元）
莱阳市家用电器总厂	山东省烟台市	671	2152	1774	149
上海吸尘器厂	上海市	787	2648	3410	190
苏州市春花吸尘器总厂	江苏省苏州市	784	6544	6670	262
青岛冷凝器厂	山东省青岛市	495	2177	1834	149
杭州市家用电器工业公司	浙江省	1685	13417	16322	1250
南京灯泡厂	江苏省南京市	1237	1607	1547	25
上海嘉宝照明电器公司	上海市	10068	25224	22600	4320
徐州灯泡厂	江苏省徐州市	1703	2875	2492	192
上海奥斯兰照明有限公司	上海市	691	223	199	－18
上海亚明灯泡厂	上海市	2225	11134	7156	1218
南京特种灯泡厂	江苏省南京市	1217	1668	1697	225
济南灯泡厂	山东省济南市	2038	4020	3882	482
博山灯泡厂	山东省淄博市	1820	2942	2547	223
上海灯泡三厂	上海市	932	2661	2869	323
合肥灯泡总厂	安徽省合肥市	1387	1807	1841	－22
南昌灯泡厂	江西南昌市	1019	1955	1774	186
上海特种灯泡厂	上海市	1028	2486	2442	250
常州荧光灯厂	江苏省常州市	1340	3584	3336	403
济宁市灯泡厂	山东省济宁市	1332	3316	2732	430
福州市灯泡厂	福建福州市	2259	6303	5844	1018
厦门灯泡厂	福建厦门市	1222	1696	1811	14
靖江县灯头厂	江苏省扬州市	1085	2652	2513	252
上海燎原灯具厂	上海市	717	3245	3317	652
上海明光灯具厂	上海市	1085	3266	1458	6
上海沪光灯具总厂	上海市	1168	3011	2513	436
上海汇明电筒厂	上海市	1022	4089	2944	－55
华东电焊机厂	上海市	1096	4322	5018	782
上海电焊机厂	上海市	2021	6406	7552	1236
上海电炉厂	上海市	1053	2307	2484	251
靖江县电力机械厂	江苏省扬州市	585	2313	1014	181
电子及通信设备制造业					
江南材料厂	江西南昌市	1487	1634	1341	75
国营胜利器材厂	江西景德镇	1742	6969	4544	486
国营景光电工厂	江西浮梁县	1963	4476	3489	735
南昌无线电厂	江西南昌市	1188	949	355	－229
南昌电容器厂	江西南昌市	359	711	410	29
国营景华无线电器材厂	江西景德镇	1992	4502	2653	513
国营万平无线电器材厂	江西浮梁县	1770	14034	7570	1052

11—1 续表 122

企业名称	所在省市	年末职工数（人）	工业总产值（万元）	销售收入（万元）	利税总额（万元）
南昌玖玖电子总厂	江西南昌市	975	2730	1558	83
南昌广播电视总厂	江西南昌市	2540	11732	9556	290
江西电视机厂	江西吉安市	162	6664	5917	521
国营红声器材厂	江西吉安市	1969	5289	3103	392
邮电部上海通信设备厂	上海市	2493	6101	6071	648
上海铁路通信工厂	上海市	1474	3204	3409	519
国营南京无线电厂(七一四)	江苏省南京市	7356	164537	150850	11415
国营江西无线电厂	江西九江市	2107	4165	3818	396
山东省无线电厂	山东省济南市	1196	2038	1805	169
邮电部杭州通信设备厂	浙江省	2015	8725	8178	1480
上海贝尔电话设备制造公司	上海市	1099	108617	68432	17696
上海电信设备一厂	上海市	599	1466	1776	—430
上海电讯器材厂	上海市	1294	4421	4650	245
邮电部景德镇通信迅设备厂	江西景德镇	1046	3718	3064	537
国营第八三四厂	江西吉安市	2487	4018	3411	262
威海北洋电气(集团)公司	山东省威海市	1719	10970	6948	756
无锡市无线电厂	江苏省无锡市	2877	16223	17080	632
常州无线电总厂	江苏省常州市	3175	26342	23644	1273
镇江市无线电厂	江苏省镇江市	1163	2401	2204	60
国营长江机器制造厂(七二〇)	江苏省南京市	5971	23836	22507	1281
南京大桥机器厂	江苏省南京市	1577	2593	2595	—396
国营新联机械厂(九二四)	江苏省南京市	2846	4478	4761	82
无锡市无线电二厂	江苏省无锡市	1131	7346	7160	117
常州第二电子仪器厂	江苏省常州市	918	1944	1633	163
国营长安机器总厂	安徽省滁县地区	3232	3152	3146	145
国营青岛无线电三厂	山东省青岛市	901	1422	2048	136
苏北电机厂	江苏省扬州市	1922	2378	2720	—924
扬州宝城无线电厂	江苏省扬州市	1315	5418	5407	21
国营安昌机械厂	安徽省铜陵市	604	1131	806	49
国营庆源无线电器材厂	安徽省铜陵市	584	587	453	40
国营永达机械厂	安徽省滁县地区	785	950	875	93
江苏华宁电子集团	江苏省南京市	7112	17994	16654	605
上海电子计算机厂	上海市	1485	14684	14121	624
国营南京有线电厂(七三四)	江苏省南京市	5618	16254	18490	1129
江苏无线电厂	江苏省南京市	985	1208	1224	46
江西电子计算机厂	江西南昌市	752	2358	2976	135
常州电子计算机厂	江苏省常州市	1094	9909	10503	1193
苏州电子计算机厂	江苏省苏州市	550	1896	1762	25

11—1 续表 123

企业名称	所在省市	年末职工数（人）	工业总产值（万元）	销售收入（万元）	利税总额（万元）
安徽省电子计算机厂	安徽省合肥市	580	794	686	66
无锡市电子计算机厂	江苏省无锡市	670	1633	1837	34
苏州电子设备厂	江苏省苏州市	671	1802	1883	227
浪潮电子信息产业集团公司	山东省济南市	1325	24207	22805	2303
烟台计算机公司	山东省烟台市	717	6102	4015	794
潍坊华光电子信息产业集团公司	山东省潍坊市	2513	17500	11664	1203
福建电子计算机厂(福州)	福建福州市	1253	7985	9434	56
黄浦仪器厂	上海市	924	1692	2924	141
中国磁记录设备公司	浙江省	1740	1904	6843	136
上海真空电子器件股份有限公司	上海市	15374	64206	49066	3167
上海永新彩色显像管有限公司	上海市	1878	75833	70043	19993
苏州电真空器件总厂	江苏省苏州市	756	1519	1281	—748
芜湖市电子管厂	安徽省芜湖市	1266	8355	4727	83
国营华东电子管厂(七四一)	江苏省南京市	6194	14576	16708	1133
无锡市电子管厂	江苏省无锡市	2213	10136	10621	—63
无锡市电子管二厂	江苏省无锡市	885	10000	8262	370
南京显像管厂	江苏省南京市	989	6517	5945	61
国营南京电子管厂(七七二)	江苏省南京市	5364	5918	6463	448
国营青岛显像管厂	山东省青岛市	1310	4229	4050	—236
福州福新显象管有限公司	福建福州市	1334	21696	20304	1538
上海无线电十七厂	上海市	1365	2841	2503	187
上海无线电十四厂	上海市	1053	1896	1373	29
上海无线电七厂	上海市	1717	2790	3145	52
上海电子器材厂	上海市	626	1512	1192	191
国营如皋市无线电厂	江苏省南通市	795	3283	2558	639
南通晶体管厂	江苏省南通市	1213	1028	1057	—514
上海无线电十厂	上海市	550	1130	1092	52
扬州晶体管厂	江苏省扬州市	988	1304	963	28
上海无线电二十九厂	上海市	1453	2270	1982	90
合肥晶体管厂	安徽省合肥市	579	739	424	—78
上海海燕电力电子控制设备厂	上海市	938	1377	1108	44
山东安丘半导体总厂	山东省潍坊市	1086	1844	1630	320
上海贝林微电子制造有限公司	上海市	327	2607	2590	—1241
国营青岛电器元件厂	山东省青岛市	900	613	624	52
山东省济宁市硅元件厂	山东省济宁市	389	3149	2285	155
苏州半导体总厂	江苏省苏州市	1861	2856	2608	60
南京半导体器件总厂	江苏省南京市	1673	1448	1304	32
宜兴电子器件厂	江苏省无锡市	988	738	625	30

11—1 续表 124

企业名称	所在省市	年末职工数（人）	工业总产值（万元）	销售收入（万元）	利税总额（万元）
山东潍坊诸城无线电零件厂	山东省潍坊市	695	1232	1142	126
上海无线电十九厂	上海市	924	3698	3065	42
常州半导体厂	江苏省常州市	1439	1362	1216	—26
上海元件五厂	上海市	1396	1645	1493	10
上海堂福电子有限公司	上海市	296	6747	3461	41
江阴晶体管厂	江苏省无锡市	748	2544	2320	119
福建半导体器件厂(福州)	福建福州市	832	989	2970	92
上海永建录音器材厂	上海市	655	1828	1171	86
无锡市晶体管厂	江苏省无锡市	517	1273	1382	48
上海无线电十二厂	上海市	1793	2513	3442	162
上海华美无线电厂	上海市	955	7675	3744	54
上海天和电容器厂	上海市	2079	4898	2525	72
无锡市电容器厂	江苏省无锡市	2319	5803	5370	204
上海无线电三十六厂	上海市	992	2584	3136	2
上海电视调谐器厂	上海市	1730	6142	4087	244
南京广播电视组件厂	江苏省南京市	733	4523	3686	23
无锡市无线电元件二厂	江苏省无锡市	702	1270	1202	93
国营金宁无线电器材厂	江苏省南京市	1903	6339	3733	28
上海普林电路板公司	上海市	227	3821	3243	511
南京无线电元件一厂	江苏省南京市	1243	1403	1491	75
无锡市无线电元件六厂	江苏省无锡市	1422	9704	8641	1154
上海无线电十六厂	上海市	990	2873	2414	134
上海无线电二十七厂	上海市	945	5178	4841	351
南京无线电元件十一厂	江苏省南京市	1091	1332	1296	148
上海无线电二十八厂	上海市	646	2035	1630	99
上海中亚无线电元件厂	上海市	756	1250	1059	17
上海电视配件厂	上海市	1446	10469	11201	908
上海磁性材料厂	上海市	1290	2405	1395	106
无锡市无线电变压器厂	江苏省无锡市	678	4793	4403	232
上海无线电八厂	上海市	1706	4626	5202	220
无锡县无线电二厂	江苏省无锡市	856	2886	2479	558
上海风雷广播器材厂	上海市	889	3291	2239	164
无锡市晶石电子总厂	江苏省无锡市	668	4135	3224	162
上海无线电一厂嘉定陶瓷分厂	上海市	151	3710	400	20
上海无线电九厂	上海市	1937	3805	3756	146
常熟市无线电元件厂	江苏省苏州市	838	4596	5127	199
南京电声器材厂	江苏省南京市	1764	3998	3809	169
常熟市电视机元件厂	江苏省苏州市	667	7312	6905	636

11—1 续表 125

企业名称	所在省市	年末职工数（人）	工业总产值（万元）	销售收入（万元）	利税总额（万元）
南京无线电元件四厂	江苏省南京市	916	1278	1123	65
国营南通电子材料厂	江苏省南通市	333	817	1021	92
上海复旦电容器厂	上海市	1582	3916	3051	102
南通市电容器厂	江苏省南通市	1287	9237	5134	1046
上海电子元件二十一厂	上海市	637	1683	1412	221
南通电极箔厂	江苏省南通市	149	2037	1732	202
上海无线电六厂	上海市	1907	5502	3702	407
江苏省电子元器件工业公司江海电容器厂	江苏省南通市	850	5336	5145	928
上海无线电一厂	上海市	2066	4824	3546	284
盐城市接插件总厂	江苏省盐城市	594	1123	940	202
上海飞乐股份有限公司	上海市	2536	6470	5426	246
镇江市接插件总厂	江苏省镇江市	2543	5666	4363	708
南京无线电七厂	江苏省南京市	1452	11752	11696	778
济南无线电八厂	山东省济南市	451	143	185	—119
南京电容器厂	江苏省南京市	743	1162	989	5
芜湖市无线电三厂	安徽省芜湖市	584	1809	1102	36
上海星际无线电厂	上海市	878	3231	2580	86
青岛电子元件三厂	山东省青岛市	921	2309	2093	194
上海金陵无线电厂	上海市	1733	16344	13388	592
铜陵市无线电元件厂	安徽省铜陵市	813	1635	725	120
上海神明电机有限公司	上海市	1275	10785	10284	2352
国营青岛电子元件一厂	山东省青岛市	1559	7164	5929	381
常州钟陵电子有限公司(无线电元件一厂)	江苏省常州市	575	2625	2673	439
山东省枣庄市磁性材料厂	山东省枣庄市	461	990	702	127
常州继电器总厂	江苏省常州市	192	1150	2299	—15
淮安市无线电元件厂	江苏省淮阴市	1373	3519	2382	504
武进电讯配件厂	江苏省常州市	723	3752	2896	264
烟台市招远县电子材料厂	山东省烟台市	746	4612	3236	199
苏州电阻厂	江苏省苏州市	557	980	842	143
镇江市广播电视配件厂	江苏省镇江市	1318	3314	3498	—63
苏州电视机组件厂	江苏省苏州市	1196	5565	5688	514
扬州无线电元件三厂	江苏省扬州市	721	1932	1655	201
苏州精达电子电器公司	江苏省苏州市	862	4991	3202	453
铜陵市薄膜电容总厂	安徽省铜陵市	879	6008	3684	817
上海无线电二十厂	上海市	1301	9040	8716	708
潍坊无线电八厂	山东省潍坊市	751	3165	2118	158
武进县电子元件厂	江苏省常州市	1026	3385	2340	—24

11—1 续表 126

企业名称	所在省市	年末职工数（人）	工业总产值（万元）	销售收入（万元）	利税总额（万元）
青州无线电变压器厂	山东省潍坊市	680	1293	1238	86
苏州胜利无线电厂	江苏省苏州市	1097	6659	6316	276
南京无线电元件三厂	江苏省南京市	2007	898	886	—464
常州市无线电元件二厂	江苏省常州市	592	745	674	—30
常州市无线电元件六厂	江苏省常州市	596	2484	2080	424
苏州六菱电子有限公司	江苏省苏州市	541	1800	1624	216
潍坊录音机公司	山东省潍坊市	1212	3559	3268	79
德州无线电三厂	山东省德州地区	552	4045	4310	524
国营八O七二厂	山东省临沂地区	448	566	514	38
福建日立电视配件有限公司	福建福州市	598	3357	3316	392
厦门市电容器厂	福建厦门市	761	3759	2658	696
厦门达真磁记录有限公司	福建厦门市	627	2604	1723	293
厦门永红电子公司	福建厦门市	113	955	786	165
三明无线电元件厂	福建三明市	789	1722	1505	237
闽芗电子总厂(漳州)	福建漳州市	472	1741	1402	143
上海无线电十八厂	上海市	4212	89504	78502	5024
安庆市无线电厂	安徽省安庆市	858	10631	7580	349
南通电视机厂	江苏省南通市	1855	22617	29348	276
马鞍山市无线电厂	安徽省马鞍山	854	7636	5874	—339
上海无线电四厂	上海市	5777	100398	87055	5711
滁州电视机厂	安徽省六安地区	1412	20152	13466	1423
南京电视机厂	江苏省南京市	1743	26740	30265	1603
无锡市电视机厂	江苏省无锡市	2365	54239	62495	2778
苏州电视机厂	江苏省苏州市	2043	58875	73355	4420
上海电视一厂昆山分厂	江苏省苏州市	456	11334	6656	360
淄博电视机厂	山东省淄博市	1133	6850	7110	470
山东电视机厂	山东省济南市	1133	16236	12812	953
杭州电视机厂	浙江省	3886	62662	50018	3490
国营青岛电视机厂	山东省青岛市	2695	54842	59000	6254
上海无线电三十二厂	上海市	794	3645	2574	137
上海电视一厂	上海市	3805	143757	125119	12806
常州电视机厂	江苏省常州市	1152	17699	17162	540
合肥无线电二厂	安徽省合肥市	2339	39192	34152	1810
上海电视十一厂	上海市	1104	15498	13099	683
徐州市电视机厂	江苏省徐州市	923	8040	7833	123
福建日立电视机有限公司(福州)	福建福州市	1455	78707	73976	3460
福建电视机厂(福州)	福建福州市	849	9515	8353	163

企业名称	所在省市	年末职工数（人）	工业总产值（万元）	销售收入（万元）	利税总额（万元）
厦门华侨电子企业有限公司	福建厦门市	3121	85879	53075	4280
厦门厦新电子有限公司	福建厦门市	405	7576	5363	271
上海录音器材厂	上海市	2000	6460	6625	353
上海无线电三厂	上海市	2712	2893	5434	－684
上海无线电二厂	上海市	3085	11368	10848	592
上海无线电三十五厂	上海市	1375	3143	3039	349
上海一0一厂	上海市	2515	2387	1700	307
南通无线电厂	江苏省南通市	1659	4359	4501	46
南通无线电仪器厂	江苏省南通市	1277	1657	1918	－949
无锡市无线电五厂	江苏省无锡市	1564	6937	6309	252
合肥无线电四厂	安徽省合肥市	843	3627	3128	42
潍坊无线电厂	山东省潍坊市	1013	2274	1884	－62
苏州江南无线电厂	江苏省苏州市	988	314	299	－967
徐州天宝集团	江苏省徐州市	1341	7946	7596	1211
盐城燕舞电器集团公司	江苏省盐城市	4250	32794	30059	2129
徐州无线电三厂	江苏省徐州市	731	2878	2587	168
南京东方无线电厂	江苏省南京市	1455	14860	14276	482
仪器仪表及其他计量器具制造业					
上海福克斯波罗有限公司	上海市	437	6260	9173	4173
上海远东仪表厂	上海市	547	1695	1558	367
上海自动化仪表九厂	上海市	1065	2900	2955	574
大华仪表厂	上海市	1245	3561	4058	606
宜兴市自动化仪表厂	江苏省无锡市	578	2070	1800	124
合肥仪表总厂	安徽省合肥市	1056	2005	1954	412
上海调节器厂	上海市	939	4080	4104	894

11－1 续表 128

企业名称	所在省市	年末职工数（人）	工业总产值（万元）	销售收入（万元）	利税总额（万元）
济南仪表厂	山东省济南市	1112	1518	952	34
上海自动化仪表四厂	上海市	842	2242	2406	597
上海自动化仪表三厂	上海市	1091	4003	4162	1060
常州热工仪表总厂	江苏省常州市	724	1363	1313	109
上海自动化仪表一厂	上海市	1506	3680	4269	906
上海自动化仪表公司系统成套分公司	上海市	701	1266	5293	290
南京电表厂	江苏省南京市	1076	2080	2086	157
上海电度表厂	上海市	873	4863	4063	508
上海第五电表厂	上海市	707	2387	2280	98
菏泽仪表厂	山东省菏泽地区	1242	2769	2600	175
上海电表厂	上海市	2659	3208	4020	363
苏州仪表总厂	江苏省苏州市	1092	3632	3521	190
国营昌明无线电器材厂	江西景德镇	1276	1947	1089	－28
青岛电度表厂	山东省青岛市	1325	4289	4244	3
上海第二电表厂	上海市	783	2296	2216	513
杭州仪表厂	浙江省	1630	7671	7385	462
国营江南光学仪器厂	江苏省南京市	3059	3543	3813	－36
上海第二光学仪器厂	上海市	709	486	555	7
上海光学仪器厂	上海市	3261	3931	3681	154
上海第三分析仪器厂	上海市	656	2476	2368	485
上海分析仪器厂	上海市	1266	4602	4876	533
苏州第一光学仪器厂	江苏省苏州市	784	1255	1454	179
江西光学仪器总厂	江西上饶市	3446	5119	3088	－78
山东光学仪器厂	山东省泰安市	868	811	703	17
上海导航仪器厂	上海市	834	1733	1619	202
上海航海仪器厂	上海市	1502	3848	3793	521

企业名称	所在省市	年末职工数（人）	工业总产值（万元）	销售收入（万元）	利税总额（万元）
国营安庆船用电器厂	安徽省安庆市	767	1184	1067	180
国营九江仪表厂	江西九江市	2875	5580	5553	542
江西航海仪器厂	江西瑞昌市	854	1070	1005	74
国营浔阳电子仪器厂	江西德安县	751	954	911	76
国营南京分析仪器厂	江苏省南京市	1304	2540	2527	81
上海申克试验机有限公司	上海市	688	867	1515	−66
无锡市建筑材料仪器机械厂	江苏省无锡市	1206	2147	2256	270
济南试验机厂	山东省济南市	1860	2904	2519	316
山东莱州市试验机厂	山东省烟台市	1048	1428	1680	92
上海天平仪器厂	上海市	856	2050	1997	504
泰州春兰制冷设备总公司	江苏省扬州市	2136	26496	27432	6416
华东电子仪器厂	上海市	639	1415	1461	297
青岛空调器厂	山东省青岛市	1007	5449	5021	192
苏州试验仪器厂	江苏省苏州市	836	1218	1260	142
上海地质仪器厂	上海市	766	755	830	151
上海石油仪器厂	上海市	696	1351	1456	180
南京电影机械厂	江苏省南京市	2206	3819	3604	288
上海仪表铸锻厂	上海市	671	932	798	14
上海合金厂	上海市	1307	8989	9016	1427
苏州晶体元件厂	江苏省苏州市	514	879	801	152
苏州仪表元件厂	江苏省苏州市	700	2442	1851	265
上海仪表钢模厂	上海市	489	570	612	15
南京仪表机械厂	江苏省南京市	936	833	1158	44
常州市第二纺织机械厂	江苏省常州市	822	1571	1949	348
合肥无线电一厂	安徽省合肥市	803	1721	1419	14

企业名称	所在省市	年末职工数（人）	工业总产值（万元）	销售收入（万元）	利税总额（万元）
南京无线电仪器厂	江苏省南京市	1016	1210	1156	100
南京电讯仪器厂	江苏省南京市	927	1527	1605	238
上海无线电仪器厂	上海市	990	1174	1145	76
扬州无线电二厂	江苏省扬州市	674	1891	1493	148
上海无线电二十一厂	上海市	1668	3911	3789	389
上海无线电二十六厂	上海市	1134	1600	1586	171
国营光华无线电仪器厂	安徽省滁县地区	918	766	739	69
常州电子仪器厂	江苏省常州市	919	2205	1917	81
上海量具刃具厂	上海市	1550	3732	3466	887
无锡市量具刃具厂	江苏省无锡市	905	2401	2504	202
靖江县量具有限公司	江苏省扬州市	502	768	643	—95
安徽量具刃具厂	安徽省巢湖地区	490	270	230	—70
国营江西工具厂	江西万载县	1191	1670	1174	76
威海市量具厂	山东省威海市	999	1792	1704	215
南京市衡器制造公司	江苏省南京市	1428	2188	2224	—541
常州托利多电子衡器有限公司	江苏省常州市	191	3476	3355	1174
山东省滕州市鲁南衡器厂	山东省枣庄市	480	1997	1895	191
济南衡器厂	山东省济南市	618	2601	2754	716
无锡市电度表厂	江苏省无锡市	891	4224	4012	317
其他工业					
宁国县耐磨材料总厂	安徽省宣城地区	1350	5306	4364	1152
中国新型建筑材料公司泰兴壁纸厂	江苏省扬州市	486	5561	5144	1253
三星拉链厂	上海市	744	1767	1961	235
南京快速热水器总厂	江苏省南京市	1167	9920	9400	1944
吴泾冷库	上海市	328	2142	1748	933

十二、各市国民经济基本情况

12－1 各 市 国 民

指标名称	单位	上海市		南京市		无锡市	
		全市	#市区	全市	#市区	全市	#市区
一、人口和土地面积							
年末总人口	万人	1287.20	786.18	506.44	252.17	421.22	93.73
#非农业人口	万人	869.88	752.82	239.26	211.57	148.05	83.84
年平均人口	万人	1285.28	784.83	504.13	250.96	419.47	93.26
年末社会劳动者人数	万人	774.33	438.69	287.77	152.63	245.68	57.26
土地面积	平方公里	6341	750	6516	947	4650	397
二、农　业							
农业总产值(现行价格)	万元	736510	46935	313882	58949	291907	22373
种植业产值	万元	305045	19624	151554	26239	132696	5684
林业产值	万元	3934	394	4282	678	3490	256
牧业产值	万元	333806	22933	120686	24881	87813	11468
副业产值	万元	4008		11726	2352	36503	100
渔业产值	万元	89717	3984	25634	4799	31405	4865
农业总产值(90年不变价)	万元	750436	47276	289528	51170	275794	20341
乡村劳动力	万人	246.38	15.95	135.83	20.22	167.84	5.43
年末实有耕地面积	万亩	481	32	325	38	279	6
粮食产量(包括大豆)	万吨	247.34	13.50	143.20	11.84	138.65	0.71
油料产量	吨	199857	10154	104761	5646	43657	181
棉花产量	吨	16167	765	3536	1016	131	
蔬菜产量	万吨	169.15	17.32	80.40	37.65	50.28	10.15
水果产量	吨	86913	5849	7022	2134	19042	8598
猪肉产量	吨	229776	22422	101836	17442	86723	9447
牛羊肉产量	吨	2807	8	2315	116	2959	109
牛奶产量	吨	255480	22377	29457	27658	20010	8922
禽蛋产量	吨	174666	13400	59098	11683	23731	3628
水产品产量	吨	290695	8918	50273	9247	56676	11435
三、工　业							
企业单位数(乡及乡以上)	个	13468	6655	3873	1932	4260	995
全民所有制工业	个	4517	3091	573	358	459	229
集体所有制工业	个	7206	3066	3200	1502	3717	712
其他经济类型工业	个	1745	498	100	72	84	54
#“三资企业”	个	431	251	47	36	42	14
工业总产值(90年不变价)	万元	19750103	12816601	3616334	2956947	5555037	1789775
#村及村以下办工业	万元	1510554	142520	232354	74814	1710541	229556
工业总产值(现行价格)	万元	19471764	12699231	3600166	2973302	5419430	1745687
#城镇合营和个体工业	万元	2537	2537	5628	4988	6607	5249
乡办工业总产值	万元	2270329	167319	296686	100563	1690513	124539
村及村以下办工业	万元	1508017	137446	228448	73556	1755121	237525
“三资企业”	万元	1577032	765546	116893	105475	99413	40219
乡及乡以上工业总产值(当年价格)	万元	17961210	12559248	3366090	2894758	3657702	1502913

经　济　基　本　情　况

徐州市		常州市		苏州市		南通市		连云港市	
全　市	#市　区	全　市	#市　区	全　市	#市　区	全　市	#市　区	全　市	#市　区
820.17	91.85	326.87	67.65	564.27	85.05	778.84	57.89	346.21	53.06
144.48	81.86	82.80	54.15	142.19	71.43	155.67	37.79	61.57	36.42
813.65	91.26	325.86	67.20	562.64	84.74	777.42	57.70	343.24	52.60
419.35	63.48	187.38	45.09	345.28	52.03	485.41	40.39	175.59	32.44
11258	172	4375	187	8488	178	8001	224	6327	830
702620	12347	277840	13574	586831	20942	711199	20619	366888	33271
430862	7099	141806	6283	298524	9120	386934	10508	217473	13915
13479	214	2247	12	4698	28	4819	123	4319	304
216088	4184	84569	4613	115081	7324	197350	3428	69513	4114
22855		25531	534	65697	1074	47072	3143	30830	292
19336	850	23687	2132	102831	3396	75024	3417	44753	14646
653321	9474	264251	13265	567724	19854	725659	20667	378459	34795
330.48	5.78	135.74	8.33	255.26	8.36	408.48	14.68	136.40	8.90
927	5	306	11	538	11	707	16	398	20
411.83	2.03	138.39	5.26	274.92	4.65	289.01	8.24	208.94	10.33
63189		53931	722	140690	1443	187492	5097	126933	353
79566		1956		42202		109996	291	28572	3339
93.63	9.93	51.76	8.37	68.42	10.31	120.62	8.17	65.41	7.04
131555	2880	9659	272	47844	749	37930	981	32140	9527
166354	1560	73346	3603	102841	8100	155635	2859	75181	3429
29533	120	4630	108	4149	81	11614	235	4532	99
12725	5865	2557	2359	18403	9851	6091	3218	3914	638
176944	4107	23615	1120	31162	744	104767	1992	46145	2746
41150	1700	37396	3864	188758	8982	202786	9859	99807	31006
2615	494	3676	701	5407	860	6073	677	1854	693
363	148	298	137	560	193	495	129	305	129
2246	340	3290	488	4615	623	5486	484	1526	547
6	6	88	76	232	44	92	64	23	17
5	5	49	38	120	21	55	30	15	10
1664679	860947	3170749	1397529	7007894	1411958	2670243	830230	578443	334679
361647	30785	688694	105559	1722171	120203	321010	34745	67435	6194
1695033	886030	3026231	1365608	6598757	1317786	2577421	842749	550032	312567
7980	800	8920	6556	7085	2368	3398	85	3782	51
166682	13323	912747	150653	2118534	81837	789958	87025	66960	17585
369680	30292	673812	103327	1686640	118380	314808	33751	66771	6078
6757	6757	68807	52404	151940	34463	183938	159423	20804	16712
1317373	854938	2343499	1255725	4905032	1197038	2259215	808913	479479	306438

12—1 续表 1

指标名称	单位	淮阴市		盐城市		扬州市	
		全市	#市区	全市	#市区	全市	#市区
一、人口和土地面积							
年末总人口	万人	1004.21	44.29	777.33	136.59	929.26	44.00
#非农业人口	万人	115.07	24.67	120.80	31.40	145.50	31.88
年平均人口	万人	996.39	43.83	774.63	135.84	926.79	43.72
年末社会劳动者人数	万人	482.60	26.59	355.88	63.01	514.56	31.00
土地面积	平方公里	19548	347	14983	1728	12431	148
二、农业							
农业总产值(现行价格)	万元	797554	16778	855216	141314	666159	14865
种植业产值	万元	453295	10097	488551	72611	345457	7203
林业产值	万元	16677	204	8978	973	9191	63
牧业产值	万元	229013	5337	252167	51349	230775	5499
副业产值	万元	44530	385	34324	7204	37920	894
渔业产值	万元	54039	755	71196	9177	42816	1206
农业总产值(90年不变价)	万元	830129	17236	902614	142264	682150	15172
乡村劳动力	万人	412.09	10.50	286.51	44.08	420.30	6.93
年末实有耕地面积	万亩	1252	23	981	134	870	8
粮食产量(包括大豆)	万吨	517.15	11.24	405.42	67.85	394.10	3.77
油料产量	吨	138801	418	125997	12906	107385	627
棉花产量	吨	48132		205308	25982	32632	
蔬菜产量	万吨	145.96	9.60	110.75	13.19	126.71	12.26
水果产量	吨	61034	453	91920	8390	15830	216
猪肉产量	吨	246358	6177	196137	42423	251690	5728
牛羊肉产量	吨	15664	140	15891	1847	7404	7
牛奶产量	吨	1773	1556	2000	370	2775	1264
禽蛋产量	吨	121067	1869	222026	58474	145492	2763
水产品产量	吨	137546	2391	184258	21249	101817	2645
三、工业							
企业单位数(乡及乡以上)	个	3988	332	3593	667	6209	425
全民所有制工业	个	567	90	400	87	588	98
集体所有制工业	个	3420	241	3182	577	5547	311
其他经济类型工业	个	1	1	11	3	74	16
#"三资企业"	个	1	1	9	3	34	11
工业总产值(90年不变价)	万元	1357205	316609	1614959	538836	3709683	553892
#村及村以下办工业	万元	334826	8442	344712	124165	698742	41126
工业总产值(现行价格)	万元	1313164	300038	1585270	523065	3576151	573873
#城镇合营和个体工业	万元	13571	235	5802	219	5293	1093
乡办工业总产值	万元	125901	6365	334051	76000	830783	34375
村及村以下办工业	万元	332762	8521	341767	122510	687873	40485
"三资企业"	万元	272	272	11693	1073	77827	30169
乡及乡以上工业总产值(当年价格)	万元	966831	291282	1237701	400336	2882985	532295

镇江市		杭州市		宁波市		温州市		嘉兴市	
全市	#市区	全市	#市区	全市	#市区	全市	#市区	全市	#市区
259.05	45.81	578.73	134.97	514.16	109.45	672.58	56.60	318.30	74.15
73.12	37.32	171.25	111.20	104.55	56.16	99.66	40.52	58.92	21.43
258.59	45.56	576.76	134.43	512.46	109.00	669.78	56.40	317.24	73.88
157.73	29.74	382.29	96.03	332.38	72.86	353.63	38.32	216.12	51.03
3843	215	16596	430	9365	1033	11784	187	3915	968
239176	9352	463578	36769	458624	74573	399322	19796	371714	88715
114550	3412	254834	16844	259766	42954	142525	6682	220406	51980
3305	48	37763	175	17433	1223	10854	77	1332	125
77881	4118	117344	16018	84246	16900	72300	4758	121159	28611
27557	258	29555	362	33661	3361	115979	6411	8386	1635
15883	1516	24082	3370	63518	10135	57664	1868	20431	6364
234048	9130	424405	33330	460159	69166	409348	19581	362082	88243
109.93	4.45	255.39	16.16	256.36	34.66	287.70	10.02	172.40	35.07
241	7	303	15	352	60	273	8	335	86
113.89	1.43	194.97	8.34	205.63	39.72	174.85	6.11	221.20	62.89
47742	786	58071	879	91870	14501	18861	600	116262	21485
5081		7462	1	38410	993	2		7519	2
44.78	5.70	113.17	22.94	135.36	14.84	81.76	5.66	71.84	11.93
5833	673	77175	806	177628	23101	103798	8695	6960	1648
74192	3609	126841	11344	65650	11440	81442	3316	88850	30025
4165	35	1822	162	1509	134	1648	4	3141	628
2758	2506	50285	27578	11356	7959	35343	6514	4323	3493
28941	1753	26182	6808	45988	11950	23739	937	16222	2740
29742	3230	50230	7969	198304	45936	188287	6778	44684	15178
3750	489	6234	1411	7966	1961	8305	3127	3455	798
381	154	933	382	613	218	332	118	330	104
3333	323	5219	990	7184	1648	7920	2968	3075	674
36	12	82	39	169	95	53	41	50	20
33	9	73	31	118	72	41	35	29	7
1737418	572618	4571271	2048830	3714390	1320802	1289117	472712	2034036	530415
454580	33834	887580	169848	880170	131245	295468	53262	434528	91537
1673061	560256	4382859	1986612	3562582	1294486	1233678	434072	1916412	498884
2661	1878	7946	5469	29795	6028	71103	27561	13671	544
439151	38796	829424	51810	980077	134774	261947	22768	575917	74867
444948	33168	843138	166677	836811	125340	293341	52659	406653	87337
41136	22808	124312	60303	111436	73886	16916	14499	35757	5615
1225452	525210	3531775	1814466	2695976	1163118	869234	353852	1496088	411003

12—1 续表 2

指标名称	单位	湖州市		绍兴市		金华市	
		全市	#市区	全市	#市区	全市	#市区
一、人口和土地面积							
年末总人口	万人	246.76	102.80	415.31	28.10	427.52	29.31
#非农业人口	万人	43.95	21.90	53.65	18.14	49.28	14.72
年平均人口	万人	246.02	102.53	413.99	27.95	426.21	29.16
年末社会劳动者人数	万人	150.51	64.56	256.34	18.15	250.42	20.25
土地面积	平方公里	5737	1521	7901	101	10918	301
二、农　业							
农业总产值(现行价格)	万元	291612	136616	318869	9209	361126	19762
种植业产值	万元	131867	60683	186342	5387	188224	11428
林业产值	万元	25372	4588	10448	44	16436	174
牧业产值	万元	84588	39570	77627	1953	86832	5632
副业产值	万元	16780	10822	27163	15	60169	1630
渔业产值	万元	33005	20953	17289	1810	9465	898
农业总产值(90年不变价)	万元	279814	131046	327910	9100	359329	18364
乡村劳动力	万人	122.25	50.83	213.63	6.42	213.77	9.26
年末实有耕地面积	万亩	205	79	267	6	266	13
粮食产量(包括大豆)	万吨	135.53	59.62	190.08	5.66	187.89	8.07
油料产量	吨	67050	23035	34383	846	18540	1003
棉花产量	吨			8529		5852	109
蔬菜产量	万吨	27.09	11.46	79.72	3.20	67.36	6.15
水果产量	吨	6552	1049	44412	49	151576	7402
猪肉产量	吨	57643	19573	101842	2702	111530	7352
牛羊肉产量	吨	1647	1056	1153	5	3448	116
牛奶产量	吨	1815	344	909	720	13034	6112
禽蛋产量	吨	11083	4250	13038	1006	18865	1141
水产品产量	吨	76372	47043	33339	3232	22585	1234
三、工　业							
企业单位数(乡及乡以上)	个	2186	898	4023	298	4018	343
全民所有制工业	个	266	102	313	64	463	83
集体所有制工业	个	1893	783	3671	228	3532	256
其他经济类型工业	个	27	13	39	6	23	4
#"三资企业"	个	24	12	30	5	8	3
工业总产值(90年不变价)	万元	1149198	639529	2511641	410925	1359830	199952
#村及村以下办工业	万元	173164	74480	801413	58933	455828	13256
工业总产值(现行价格)	万元	1119602	636041	2153509	373745	1317744	185482
#城镇合营和个体工业	万元	2118	1394	31872	9658	2711	323
乡办工业总产值	万元	369676	208593	673702	26291	235500	9247
村及村以下办工业	万元	161391	75587	660316	47613	444175	11755
"三资企业"	万元	27427	18120	15477	4110	8424	884
乡及乡以上工业总产值(当年价格)	万元	956093	559060	1461321	316474	870858	173404

衢州市		舟山市		合肥市		芜湖市		蚌埠市	
全市	#市区	全市	#市区	全市	#市区	全市	#市区	全市	#市区
231.61	22.92	41.73	41.73	386.10	102.36	204.20	56.60	302.37	69.13
29.32	11.44	7.78	7.78	101	75	61	43	65	46
231.17	22.79	41.57	41.57	383.49	101.28	203.10	56.30	299.29	68.63
131.08	15.43	25.98	25.98	208.01	66.82	115.11	35.95	138.99	38.72
8836	240	274	274	7266	458	3317	230	5832	445
200839	14952			220865	22800	105818	8391	146531	10882
119261	11135			127875	11669	60303	4966	93586	6058
16416	91			4333	173	5433	52	3135	170
52064	3163			71908	6819	27436	2363	28245	2667
9528	282			8080	2406	5814	396	10055	300
3570	281			8669	1733	6832	614	11510	1687
227224	15650			214796	18047	97178	7701	152893	11854
110.54	6.93			140.97	13.74	81.60	7.80	102.11	11.89
151	11			410	19	143	10	453	26.0
109.38	6.78			128	5	58	4	101	6
29712	1981			109048	5216	35622	3386	39708	1148
2473	11			8499	45	2736		6473	9
42.08	4.50			32.8	12.32	30	5.9	50.99	8.07
336012	50689			5722	303	2103	16	4549	821
70404	4216			75740	4332	24323	2538	28509	2448
579	84			1500	49	414	24	10186	280
1846	693			6205	6205	1966	1964	3976	3950
9968	702			31125	3648	14197	730	12330	1306
8502	746			20395	4186	14620	1476	22274	4324
1802	245	367	367	1935	787	1555	655	1211	612
241	60	37	37	331	219	242	161	255	138
1547	182	298	298	1595	559	1306	488	950	470
14	3	32	32	9	9	7	6	6	4
9	2	1	1	7	7	5	5	5	4
511415	195177	219965	219965	1054251	879944	657075	505311	571282	455934
85322	4655	69200	69200	92747	35754	72537	11477	77184	10908
480278	185538	210979	210979	1013995	837721	622042	470054	562553	421402
4548	285	2551	2551	18528	12154	3260	597	1325	562
73066	5011	33752	33752	63120	23218	52235	6239	34882	11610
78618	4530	64490	64490	98668	38036	71938	10871	83896	11996
6093	1336	539	539	16836	16836	2769	2769	3408	2484
397112	180723	143938	143938	896799	787531	546844	458586	477332	408844

12—1续表3

指标名称	单位	淮南市		马鞍山市		淮北市	
		全市	#市区	全市	#市区	全市	#市区
一.人口和土地面积							
年末总人口	万人	183.24	122.74	106.89	43.28	164.11	57.78
#非农业人口	万人	77	72	39	32	45	38
年平均人口	万人	181.28	121.40	105.91	42.67	162.77	57.18
年末社会劳动者人数	万人	101.99	71.49	62.77	29.95	87.23	40.27
土地面积	平方公里	2121	1091	1684	285	2725	294
二.农业							
农业总产值(现行价格)	万元	52677	23408	53454	10125	79563	10803
种植业产值	万元	28351	12080	31299	6095	60954	7542
林业产值	万元	855	281	564	295	1475	306
牧业产值	万元	14764	7661	11876	2566	15786	2317
副业产值	万元	4173	1632	2451	668	371	161
渔业产值	万元	4534	1754	7264	501	976	477
工业总产值(90年不变价)	万元	50554	22521	50885	7522	83379	11652
乡村劳动力	万人	51.92	24.87	36.17	6.63	52.58	9.27
年末实有耕地面积	万亩	151	64	74	9	210	13
粮食产量(包括大豆)	万吨	32	11	33	3	54	5
油料产量	吨	6166	2854	24012	2816	20402	507
棉花产量	吨	166	54	2665	28	24458	1108
蔬菜产量	万吨	192	16.5	12.11	4.65	14.69	6.89
水果产量	吨	2798	639	1366	190	12872	9676
猪肉产量	吨	9721	5552	14113	2617	13444	1443
牛羊肉产量	吨	4939	1894	588	208	5113	528
牛奶产量	吨	6898	6872	207	165	231	227
禽蛋产量	吨	5058	2520	4322	1140	8210	1840
水产品产量	吨	11400	4244	12878	996	3393	1588
三.工业							
企业单位数(乡及乡以上)	个	924	711	693	344	404	197
全民所有制工业	个	162	134	110	73	76	43
集体所有制工业	个	760	575	583	271	328	154
其他经济类型工业	个	2	2				
#"三资企业"	个						
工业总产值(90年不变价)	万元	469139	433484	575567	459436	332050	273650
#村及村以下办工业	万元	35272	24704	58840	7387	52211	25785
工业总产值(现行价格)	万元	509605	471124	579108	456602	351516	286770
#城镇合营和个体工业	万元	342	332	485	197	155	
乡办工业总产值	万元	16380	11965	45284	9422	18016	9978
村及村以下办工业	万元	37128	26004	62596	7859	51573	24566
"三资企业"	万元						
乡及乡以上工业总产值(当年价格)	万元	465590	441343	516027	448547	299788	262204

铜陵市		安庆市		黄山市		福州市		厦门市	
全市	#市区	全市	#市区	全市	#市区	全市	#市区	全市	#市区
61.37	26.97	573.37	48.60	142.79	38.05	541.11	130.79	113.45	61.38
27	23	63	25	22	10	125.93	89.12	44.32	39.81
60.98	26.75	570.20	48.10	142.11	37.80	538.21	130.02	112.66	60.85
36.11	18.02	284.10	35.88	86.69	22.45	261.67	79.72	71.19	43.26
1113	227	15368	541	9807	2354	11968	1043	1516	555
19413	4129	303004	13968	119431	32531	462868	59711	106407	47316
11250	2340	165623	8126	57827	16295	170037	21780	45907	16806
601	85	11616	145	21869	5252	26727	1324	868	159
3912	952	81582	3198	28432	6869	107310	27824	23294	9942
2227	406	25229	1060	9665	3306	26117	293	1412	183
1423	346	18954	1439	1638	809	132677	8490	34926	20226
20275	4180	308589	14307	110369	29449	439259	53517	117815	52651
17.90	2.10	247.91	10.37	74.73	15.51	178.91	21.63	36.48	24.34
37	9	413	18	81	23	227	15	51	17
10	1	146	6	34	11	126.60	7.07	22.63	6.49
8421	822	83038	4638	19157	5076	24363	60	23620	4654
1953	215	43599	2722	26	2				
5.9	1.6	21.26	12.59	28.06	13.10	93.96	21.86	23.26	10.49
657	83	5456	1241	10826	961	135250	38492	18534	8692
5638	1348	105555	4040	33480	8109	97680	24513	29739	10936
36	14	694	27	306	85	2849	198	335	173
248	180	2134	2129	37	33	28796	17319	451	356
1599	415	43004	2242	4638	1645	48040	13347	8257	5587
3976	859	43669	3575	3698	1897	464113	10326	70671	50666
445	216	2197	490	1111	398	2854	1341	996	831
97	72	333	112	187	84	505	254	195	162
346	142	1860	376	919	312	2059	878	373	298
2	2	4	2	5	2	290	209	428	371
		4	2	2	2	266	188	378	326
312390	272702	711271	381375	149459	67687	1708694	1183814	1094408	1021819
16704	2757	153880	9458	19341	5055	332965	125845	25174	13304
320231	279645	744312	412555	142399	63483	1689120	1095544	1030668	955089
331	319	6971	226	2119	581	11850	6257	13113	9996
12699	77	62922	6728	20919	5818	132687	59980	3540	982
17413	2759	157021	9651	20064	5182	332098	123916	25010	12197
		2310	410	4330	2935	428411	334648	545538	516627
302487	276567	580320	402678	120216	57720	1345172	965371	992545	932896

12—1续表4

指标名称	单位	莆田市		三明市		泉州市	
		全市	#市区	全市	#市区	全市	#市区
一、人口和土地面积							
年末总人口	万人	273.96	31.06	248.01	23.80	591.71	49.24
#非农业人口	万人	20.51	9.41	51.92	16.38	64.82	19.03
年平均人口	万人	272.10	30.78	246.47	23.61	587.02	48.89
年末社会劳动者人数	万人	124.57	19.09	115.50	14.92	266.15	29.34
土地面积	平方公里	3781	139	22959	1178	10865	530
二、农业							
农业总产值(现行价格)	万元	204282	28710	344005	15010	349128	23263
种植业产值	万元	90199	9506	159432	6599	152637	11837
林业产值	万元	10386	122	71584	3455	13839	382
牧业产值	万元	51914	6513	74867	3801	93245	6145
副业产值	万元	14958	4067	30208	829	17658	261
渔业产值	万元	36825	8502	7914	326	71749	4638
农业总产值(90年不变价)	万元	230585	29531	349654	16443	331900	18663
乡村劳动力	万人	107.44	10.62	79.70	2.82	224.84	14.32
年末实有耕地面积	万亩	97	7	251	10	227	12
粮食产量(包括大豆)	万吨	56.39	5.25	129.90	3.57	110.32	7.18
油料产量	吨	15883	948	7568	171	36478	1892
棉花产量	吨						
蔬菜产量	万吨	21.64	6.61	79.30	4.20	43.01	2.85
水果产量	吨	88697	6958	118097	19040	152508	9087
猪肉产量	吨	54881	5290	93387	5185	103587	5998
牛羊肉产量	吨	1402	44	654	11	3205	112
牛奶产量	吨	14722	6416	851	503	2204	321
禽蛋产量	吨	18179	2287	12916	975	17134	1868
水产品产量	吨	95019	8815	15818	170	257920	8529
三、工业							
企业单位数(乡及乡以上)	个	482	144	2098	362	1758	411
全民所有制工业	个	83	35	364	88	379	87
集体所有制工业	个	336	79	1669	252	1097	258
其他经济类型工业	个	63	30	65	22	282	66
#"三资企业"	个	55	25	54	20	276	64
工业总产值(90年不变价)	万元	372447	124285	891973	278936	838075	211001
#村及村以下办工业	万元	135994	16074	166826	10443	383769	35855
工业总产值(现行价格)	万元	402970	143849	880731	274344	861040	210894
#城镇合营和个体工业	万元	13218	7458	17793	1683	107869	39545
乡办工业总产值	万元	93992	5404	128664	13318	47603	16338
村及村以下办工业	万元	135456	17768	162600	11253	394196	35433
"三资企业"	万元	123290	40920	23857	11043	108582	43191
乡及乡以上工业总产值(当年价格)	万元	254296	118623	700338	261408	358975	135916

漳州市		南昌市		景德镇市		萍乡市	
全市	#市区	全市	#市区	全市	#市区	全市	#市区
420.91	34.48	375.42	137.12	132.88	36.25	141.24	141.24
61.12	18.42	140.00	110.48	44.44	28.52	43.25	43.25
418.81	34.29	374.00	136.26	132.16	36.01	140.47	140.47
198.62	18.63	204.30	88.62	66.35	22.23	76.51	76.51
12607	265	7402.00	617.00	5248.00	408.00	2765.00	2765.00
404612	18928	249765.00	28669.00	67116.00	7266.00	53763.00	53763.00
231345	12752	134347.00	11440.00	40678.00	3888.00	27403.00	27403.00
11762	346	4527.00	774.00	3473.00	364.00	3647.00	3647.00
75237	4471	73766.00	11271.00	15485.00	1873.00	15799.00	15799.00
16406	108	15627.00	2658.00	5649.00	939.00	5106.00	5106.00
69862	1251	21498.00	2526.00	1831.00	202.00	1808.00	1808.00
457761	20557	261761.00	29807.00	74745.00	7132.00	59785.00	59785.00
161.36	7.36	114.98	12.32	38.20	3.29	51.85	51.85
257	9	322.34	18.42	96.33	7.70	58.56	58.56
146.06	3.63	174.17	8.23	44.75	3.03	36.90	36.90
29044	1690	19626.00	277.00	18088.00	1031.00	4334.00	4334.00
		1568.00		3169.00	10.00		
52.84	6.09	60.15	17.47	31.62	14.88	15.74	15.74
375363	34083	16096.00	925.00	2320.00	111.00	4594.00	4594.00
98074	4202	97937.00	11612.00	26884.00	2375.00	31671.00	31671.00
1421	42	1140.00	62.00	78.00	12.00	494.00	494.00
1699	944	14293.00	12136.00	600.00	600.00	120.00	120.00
12908	624	28274.00	5864.00	5844.00	680.00	2349.00	2349.00
193765	2525	59461.00	6896.00	5556.00	577.00	4216.00	4216.00
1724	365	2381.00	1318.00	687.00	307.00	643.00	643.00
468	85	579.00	273.00	188.00	96.00	112.00	112.00
1084	223	1788.00	1037.00	494.00	208.00	531.00	531.00
172	57	14.00	8.00	5.00	3.00		
153	56	14.00	8.00	3.00	1.00		
602367	223095	1117968.00	852712.00	298013.00	185286.00	243344.00	243344.00
118505	11890	155535.00	85917.00	28822.00	6943.00	74463.00	74463.00
616452	214554	1088671.00	840601.00	287490.00	178536.00	251213.00	251213.00
19012	4700	1246.00	543.00	1515.00	1277.00	293.00	293.00
39779	7322	49563.00	13112.00	11381.00	1116.00	36855.00	36855.00
125131	11739	150736.00	84824.00	29143.00	6780.00	76180.00	76180.00
104236	45790	5026.00	3043.00	1319.00	106.00		
472309	198115	936689.00	755234.00	256832.00	170479.00	174740.00	174740.00

12—1 续表 5

指标名称	单位	九江市		新余市		鹰潭市	
		全市	#市区	全市	#市区	全市	#市区
一、人口和土地面积							
年末总人口	万人	409.81	43.13	97.78	68.35	97.20	13.72
#非农业人口	万人	72.72	29.71	23.80	18.15	21.02	8.30
年平均人口	万人	407.52	42.76	97.28	67.97	96.58	13.58
年末社会劳动者人数	万人	216.86	33.52	49.71	35.96	44.42	6.84
土地面积	平方公里	18823.00	699.00	3164.00	1776.00	3554.00	137.00
二、农业							
农业总产值(现行价格)	万元	267699.00	9124.00	79815.00	54592.00	58066.00	3833.00
种植业产值	万元	150833.00	4702.00	40741.00	31263.00	31633.00	1941.00
林业产值	万元	14487.00	287.00	5665.00	1603.00	4119.00	75.00
牧业产值	万元	60298.00	1943.00	21302.00	16413.00	17096.00	1301.00
副业产值	万元	20687.00	726.00	10196.00	4060.00	3337.00	179.00
渔业产值	万元	21394.00	1466.00	1911.00	1253.00	1881.00	337.00
农业总产值(90年不变价)	万元	308175.00	10561.00	83171.00	55859.00	65663.00	3958.00
乡村劳动力	万人	143.70	5.95	34.35	23.58	32.82	2.53
年末实有耕地面积	万亩	346.28	10.78	97.37	68.83	91.10	4.40
粮食产量(包括大豆)	万吨	120.04	4.04	42.31	29.38	41.21	2.02
油料产量	吨	120411.00	3070.00	12282.00	9443.00	12347.00	487.00
棉花产量	吨	67501.00	1050.00	8379.00	8306.00	7.00	1.00
蔬菜产量	万吨	66.30	6.37	16.31	12.89	10.96	1.95
水果产量	吨	12162.00	529.00	13667.00	11802.00	6168.00	404.00
猪肉产量	吨	102809.00	2810.00	28762.00	20671.00	28693.00	2067.00
牛羊肉产量	吨	809.00	6.00	1368.00	1224.00	522.00	47.00
牛奶产量	吨	2407.00	2336.00	187.00	165.00	177.00	56.00
禽蛋产量	吨	17269.00	939.00	4355.00	3441.00	3540.00	275.00
水产品产量	吨	60708.00	3671.00	5860.00	3860.00	5311.00	935.00
三、工业							
企业单位数(乡及乡以上)	个	2010.00	329.00	421.00	273.00	480.00	125.00
全民所有制工业	个	524.00	133.00	111.00	64.00	128.00	28.00
集体所有制工业	个	1484.00	196.00	308.00	207.00	351.00	97.00
其他经济类型工业	个	2.00		2.00	2.00	1.00	
#"三资企业"	个	2.00		2.00	2.00		
工业总产值(90年不变价)	万元	610959.00	310509.00	311715.00	266738.00	219758.00	37795.00
#村及村以下办工业	万元	75357.00	12972.00	46956.00	31371.00	8614.00	1755.00
工业总产值(现行价格)	万元	656898.00	360040.00	325897.00	279802.00	214787.00	35840.00
#城镇合营和个体工业	万元	2260.00	371.00	727.00	581.00	387.00	231.00
乡办工业总产值	万元	37674.00	3713.00	14641.00	11342.00	5386.00	1248.00
村及村以下办工业	万元	76314.00	12837.00	46362.00	31635.00	8790.00	1841.00
"三资企业"	万元	279.00		3742.00	3742.00		
乡及乡以上工业总产值(当年价格)	万元	578324.00	346832.00	278808.00	247586.00	205610.00	33768.00

济南市		青岛市		淄博市		枣庄市	
全市	#市区	全市	#市区	全市	#市区	全市	#市区
527.43	234.58	670.93	207.22	383.72	247.70	322.47	180.33
198	151	216	147	135	116	76	41
525.52	233.43	668.79	206.50	382.35	246.73	319.75	178.93
276	136	361	121	223	145	167	92
8227	2119	10654	1103	5938	2961	4550	3065
401306	103426	664779	95321	297174	158334	300980	181916
249250.00	60095.00	398650.00	25450.00	186804.00	93837.00	165228.00	93540.00
14722	4219	12875	845	9509	5521	9892	8058
116387.00	32981.00	144909.00	17794.00	81902.00	44125.00	108919.00	67695.00
15117	4294	18461	903	16813	14249	13720	10410
5830.00	1837.00	89884.00	50329.00	2146.00	602.00	3221.00	2213.00
387445	93691	738720	140498	272158	140986	293612	172203
180.09	51.15	253.01	38.09	141.94	78.13	134.12	69.60
517.00	97.00	745.00	39.00	318.00	152.00	288.00	173.00
208	40	318	11	167	87	150	64
26302.00	2069.00	446919.00	7451.00	13012.00	3860.00	63643.00	28844.00
67824	2722	25965		32293	957	18000	11427
146.87	59.19	183.73	37.70	76.04	57.16	79.20	33.16
76656	24631	294349	25717	72308	35971	89801	70118
89460.00	19906.00	124336.00	6486.00	51657.00	27989.00	88600.00	57873.00
22649	2591	13797	126	9663	4834	21500	11549
20730	18433	64173	14917	9200	7979	22886	20641
117953	43693	125338	25582	85579	49661	82200	41075
11099	3017	263371	156537	4651	964	7345	4840
1985	1091	2962	1368	1625	1282	1339	1011
376	266	564	379	228	170	205	110
1596	813	2329	929	1389	1104	1132	899
13	12	69	60	8	8	2	2
11	10	66	57	7	7	1	1
2550106	1855349	4095066	2284742	2772739	2499270	895867	578269
607194	216375	1235092	286163	687695	581407	279374	155473
2564836	1865030	3986427	2219258	2636020	2368907	923154	602250
341	341	3704	3704	3792	3781	954	746
223396	66506	525114	132666	276662	225978	203312	151802
604615	215236	1235092	286163	645753	539147	290061	160997
17074	17050	70566	56196	5202	5202	646	646
1959880	1649453	2747631	1929391	1986475	1825849	632139	440507

12—1 续表 6

指 标 名 称	单 位	东营市		烟台市		潍坊市	
		全市	#市区	全市	#市区	全市	#市区
一、人口和土地面积							
年末总人口	万人	158.52	62.20	628.47	81.56	862.92	114.36
#非农业人口	万人	42	31	143	46	97	46
年平均人口	万人	157.73	61.73	627.02	81.03	858.37	113.75
年末社会劳动者人数	万人	82	33	329	47	447	65
土地面积	平方公里	7418	1998	13507	835	17302	1472
二、农 业							
农业总产值(现行价格)	万元	157859	51483	794488	65447	1003721	82589
种植业产值	万元	104910.00	28651.00	396526.00	23262.00	682207.00	55512.00
林业产值	万元	2211	760	12006	757	17125	1048
牧业产值	万元	26716.00	10714.00	144722.00	9681.00	246527.00	19367.00
副业产值	万元	5031	1317	27187	1183	27603	2980
渔业产值	万元	18991.00	10041.00	214047.00	30564.00	30259.00	3682.00
农业总产值(90年不变价)	万元	167375	53833	764200	60505	950732	78762
乡村劳动力	万人	52.56	10.74	263.64	18.02	358.89	35.02
年末实有耕地面积	万亩	267.00	77.00	707.00	29.00	1142.00	118.00
粮食产量(包括大豆)	万吨	82	23	291	12	521	56
油料产量	吨	5340.00	984.00	384102.00	8601.00	144661.00	10062.00
棉花产量	吨	49804	12210	16		112630	10978
蔬菜产量	万吨	33.47	7.56	89.82	11.71	243.39	12.20
水果产量	吨	5569	2316	512354	24672	270224	10239
猪肉产量	吨	15000.00	5000.00	107872.00	4006.00	196739.00	14379.00
牛羊肉产量	吨	20000	6300	8150	159	20371	2654
牛奶产量	吨	2400	1600	47085	8584	42460	7261
禽蛋产量	吨	23900	12900	111560	10164	140016	12607
水产品产量	吨	40218	18047	543925	55812	65491	5048
三、工 业							
企业单位数(乡及乡以上)	个	482	158	2503	521	2758	519
全民所有制工业	个	105	35	524	161	451	136
集体所有制工业	个	371	122	1912	308	2300	378
其他经济类型工业	个	6	1	67	52	7	5
#"三资企业"	个			57	46	3	3
工业总产值(90年不变价)	万元	1101060	981192	3018097	698662	2788357	781289
#村及村以下办工业	万元	48235	8235	1108659	99431	910644	152553
工业总产值(现行价格)	万元	1122578	993796	2972686	691357	2744471	752053
#城镇合营和个体工业	万元					1561	1357
乡办工业总产值	万元	25297	2336	450123	37910	444034	53163
村及村以下办工业	万元	49325	8119	1099593	97190	914627	150457
"三资企业"	万元			56387	46202	7573	7573
乡及乡以上工业总产值(当年价格)	万元	1073253	985677	1873093	594167	1828283	600239

济宁市		泰山市		威海市		日照市	
全市	#市区	全市	#市区	全市	#市区	全市	#市区
744.21	88.65	650.12	143.44	106.08	106.08	238.60	26.52
122	28	138	36	19	19	52	13
735.64	87.65	646.03	142.71	105.60	105.60	238.03	26.13
358	51	306	71	57	57	123	16
10685	905	9938	2089	1915	1915	5436	408
699475	76520	500811	106870	133786	133786	498096	44608
436472.00	44139.00	282400.00	59377.00	56765.00	56765.00	161560.00	12197.00
17184	1425	16784	4500	6773	6773	7348	531
206063.00	25012.00	182065.00	37597.00	24460.00	24460.00	58391.00	3991.00
24588	4023	15443	4810	2953	2953	10929	1390
15168.00	1921.00	4119.00	586.00	42835.00	42835.00	259868.00	26499.00
694975	83793	489763	107472	149351	149351	634145	41104
303.69	32.53	255.11	55.57	47.04	47.04	104.57	6.79
824.00	79.00	594.00	119.00	98.00	98.00	274.00	13.00
381	44	262	65	46	46	124	6
109799.00	10336.00	124566.00	20003.00	102507.00	102507.00	259411.00	9855.00
141045	4200	17000	752				
116.03	40.79	110.04	23.63	16.98	16.98	35.67	1.01
62299	5589	151554	62988	39924	39924	236035	20312
156090.00	19293.00	183518.00	33360.00	26581.00	26581.00	48106.00	1696.00
38126	3022	23896	4430	2462	2462	2262	96
4600	1400	9700	5100	816	816	58067	344
166976	24202	115000	27700	15406	15406	42383	5987
43746	5220	9397	1490	135273	135273	766119	82120
1988	423	1603	326	296	296	1230	243
419	103	266	80	67	67	239	46
1560	317	1336	245	223	223	975	191
9	3	1	1	6	6	16	6
8	2	1	1	6	6	16	6
1448566	468293	1378419	305132	171158	171158	1527123	393823
375739	69871	456053	107915	72590	72590	324430	44236
1441624	446894	1405312	305174	168963	168963	1440137	364388
3769	1244	3453	2597			700	700
207049	57780	211921	48732	26190	26190	451269	94013
382543	71220	453831	107432	71183	71183	320908	44236
		699	699	1574	1574	20522	6651
1055312	374430	948028	195145	97780	97780	1118453	319452

指标名称	单位	上海市 全市	上海市 #市区	南京市 全市	南京市 #市区	无锡市 全市	无锡市 #市区
按轻重工业分							
轻工业	万元	8915828	5943354	879291	677883	1838423	870105
重工业	万元	9045382	6615894	2486799	2216875	1819279	632808
按经济类型分							
全民所有制工业	万元	12631256	10456270	2413484	2265796	1236551	969403
集体所有制工业	万元	2520471	1092727	740781	432616	2140841	328876
其他经济类型工业	万元	2809483	1010251	211825	196346	280310	204634
全民所有制财务指标							
产品销售收入	万元	12630963	10254480	2309303	2186083	1185528	940397
#产品销售税金	万元	1053346	879585	199446	193857	60934	47221
资源税	万元						
盈利企业利润总额	万元	843978	654725	104595	99514	48076	38288
亏损企业亏损总额	万元	74843	67767	29052	27184	6357	4557
已交利、税、费	万元	370175	261078	42875	41643	15266	12191
固定资产原值年末数	万元	7977929	6555567	2045463	1978736	682717	533778
固定资产净值年末数	万元	5649993	4713051	1489649	1444832	471626	359238
定额流动资金年平均余额	万元	3477099	2993643	672371	642248	329151	279579
定额流动资金占用年末数	万元	3651162	3142880	706534	674997	356698	301695
#成品资金	万元	629392	509975	142463	133019	86359	69897
可比产品总成本	万元	6450741	5079612	8811116	8478027	639802	506370
可比产品按上年实际单位成本计算总成本	万元	5995056	4717689	8309938	7982934	648600	509833
工业总产值(90年不变价)	万元	12466859	10308374	2317523	2177107	1263994	992496
工业总产值(现行价格)	万元	12343075	10247323	2359225	2227701	1221842	960836
工业净产值(现行价格)	万元	3214209	2649841	567341	535606	295742	234472
全部职工年平均人数	万人	215	178	48	43	29	21
集体所有制财务指标							
产品销售收入	万元	2385784	1083710	633469	392455	1835271	313633
#产品销售税金	万元	103275	45749	35987	24063	89221	13778
盈利企业利润总额	万元	152617	63966	21719	12740	48461	10266
亏损企业亏损总额	万元	32829	15339	14739	11235	29996	3124
固定资产原值年末数	万元	830520	276455	280002	168333	722741	131733
固定资产净值年末数	万元	545641	174297	193088	116270	530275	91988
定额流动资金年平均余额	万元	706750	327859	206212	133695	560615	93672
定额流动资金占用年末数	万元	788685	379718	214711	139315	561298	96803
工业总产值(90年不变价)	万元	2470138	1053016	748273	438595	2214429	328898
工业总产值(现行价格)	万元	2393816	1020618	702068	411442	2099389	326084
工业净产值(现行价格)	万元	633182	291827	182759	115984	437133	76634
全部职工年平均人数	万人	98.87	41.20	37.31	21.80	61.26	11.57
其他经济类型财务指标							
产品销售收入	万元	2605129	1016261	182507	170655	287868	214914
#产品销售税金	万元	106155	46801	5825	5030	13019	10940

经 济 基 本 情 况

徐州市		常州市		苏州市		南通市		连云港市	
全市	#市区	全市	#市区	全市	#市区	全市	#市区	全市	#市区
584205	300873	1129077	629177	3168794	736286	1447657	470783	284332	173323
733168	554065	1214422	626548	1736238	460752	811558	338130	195147	133115
902155	705594	830752	677620	1140918	553987	703819	398703	296362	205806
408392	142518	1230390	313583	3345496	486658	1338684	224374	160772	82538
6826	6826	282357	264522	418618	156393	216712	185836	22345	18094
729351	576935	713612	586621	1086100	561885	603590	354199	255168	178222
61155	52226	26887	23286	63020	39964	27778	16303	13151	11242
628	628							5	1
17774	13373	25093	20633	40250	20937	23887	15490	9321	6151
22142	19121	5574	3705	8312	6540	14689	8761	10781	8624
8794	7528	9455	8079	11649	7091	8116	5712	2400	1600
821834	721291	432388	371538	607304	355469	391051	246209	227805	182322
575552	499547	300927	256935	435082	249383	278099	170097	169795	135775
217845	167204	192762	165999	271729	154542	193836	117569	84376	59703
228584	171075	203871	174802	278756	155243	196266	116902	82595	56980
67273	49347	51037	41783	86757	49795	63118	35908	34840	23341
548204	437738	400478	312501	567155	294091	384194	235696	181438	116038
530496	417056	392040	304331	564043	290461	379385	227492	180133	115522
822036	646498	828814	683152	1175636	585379	737188	415287	289888	202317
869281	692074	799821	662765	1126227	550099	677537	389822	272859	192047
250223	215345	155396	130596	261132	146193	146238	86151	56314	42950
34	27	17	13	26	14	19	10	12	8
294831	133870	996164	288762	2502915	451867	1163075	206882	111053	64125
14806	6896	46715	13248	115537	24539	61330	12062	6421	3619
9076	3582	21568	6333	78750	12989	30561	6422	3773	1758
5488	2156	18374	6257	24295	7315	17551	4134	2036	1214
168721	66333	402194	122428	1011137	167947	475097	94561	65750	39012
123415	46271	284353	84906	771459	129043	334934	65216	47121	27861
138643	65050	290877	81335	728438	131783	406616	64778	45810	29039
143120	64989	276665	79137	766688	131643	397686	66251	45038	27074
400328	157052	1218336	315542	3524319	518928	1382918	235921	152351	87369
378503	137804	1124999	301045	3273988	483351	1304527	217289	145979	80059
87429	37536	220873	65176	638781	113380	313728	54411	29663	16483
23.10	8.67	36.84	9.33	78.75	12.31	65.81	8.83	8.51	4.08
6334	6334	285324	269721	337756	153159	201619	178570	15771	13840
227	227	13610	13089	13735	7573	8216	7635	365	324

12—2 续表 1

指标名称	单位	淮阴市		盐城市		扬州市	
		全市	#市区	全市	#市区	全市	#市区
按轻重工业分							
轻工业	万元	649133	174717	835987	238450	1677843	235854
重工业	万元	317698	116565	401714	161886	1205142	296441
按经济类型分							
全民所有制工业	万元	599885	234249	550855	249465	1276257	353984
集体所有制工业	万元	366674	56761	675153	149798	1500227	141896
其他经济类型工业	万元	272	272	11693	1073	106501	36415
全民所有制财务指标							
产品销售收入	万元	538505	213209	480899	227940	1074434	259538
#产品销售税金	万元	52037	25735	13936	6536	65048	10863
资源税	万元			6	6	7	7
盈利企业利润总额	万元	14372	3020	18183	10807	58801	8660
亏损企业亏损总额	万元	11284	3961	5167	1981	13041	3085
已交利、税、费	万元	4095	896	4274	2417	5629	2363
固定资产原值年末数	万元	326172	144792	270802	153905	862392	310606
固定资产净值年末数	万元	236184	104177	202095	114076	683247	232139
定额流动资金年平均余额	万元	152168	53416	117331	50227	253105	76877
定额流动资金占用年末数	万元	161918	56028	122974	54994	271911	84132
#成品资金	万元	47805	16739	41929	14705	62536	16027
可比产品总成本	万元	374947	150414	339825	149834	717799	168050
可比产品按上年实际单位成本计算总成本	万元	381821	148839	338105	150302	704730	164539
工业总产值(90年不变价)	万元	594838	239074	523939	251432	1293887	323757
工业总产值(现行价格)	万元	579864	230893	521745	245284	1240070	342570
工业净产值(现行价格)	万元	147324	58678	99557	52283	306667	91800
全部职工年平均人数	万人	20	6	14	6	27	9
集体所有制财务指标							
产品销售收入	万元	260229	49479	489970	118813	1280128	131468
#产品销售税金	万元	15812	2578	22694	4971	57346	5900
盈利企业利润总额	万元	7120	1734	13717	3679	45881	2879
亏损企业亏损总额	万元	4898	773	4068	865	12306	680
固定资产原值年末数	万元	150433	30647	223963	44812	478455	56183
固定资产净值年末数	万元	112495	23226	163053	32136	343939	42153
定额流动资金年平均余额	万元	96682	17447	186948	43150	443500	40469
定额流动资金占用年末数	万元	102547	18623	194386	45807	468505	44100
工业总产值(90年不变价)	万元	356653	60637	669551	154943	1505060	143335
工业总产值(现行价格)	万元	331980	52857	646744	145408	1438659	138247
工业净产值(现行价格)	万元	78723	13413	136835	33956	370667	32021
全部职工年平均人数	万人	22.50	2.86	32.10	7.30	66.41	5.78
其他经济类型财务指标							
产品销售收入	万元			10405	1064	97887	32832
#产品销售税金	万元			173	52	3703	711

镇江市		杭州市		宁波市		温州市		嘉兴市	
全市	#市区	全市	#市区	全市	#市区	全市	#市区	全市	#市区
586841	192216	2206051	1140393	1558355	542330	524247	209094	1072463	293158
638611	332994	1325724	674073	1137621	620788	344987	144758	423625	117845
502064	354090	1782932	1237493	932894	686483	203640	130083	502677	216596
675851	141910	1604616	496874	1595114	377442	640110	201314	945656	181983
47537	29210	144227	80099	167968	99193	25484	22455	47755	12424
365218	241082	1595788	1126380	784533	544235	176636	114128	473848	202149
17586	11492	136139	108931	67214	58056	9044	5484	22244	10288
11540	7970	82697	54401	43723	32589	7455	4214	19931	8098
4062	3476	16574	10038	5778	3523	7608	5078	5988	1704
4195	2338	30805	21223	7969	4674	1202	587	6004	2715
354118	292755	816893	539464	544804	422328	121055	74170	247143	128470
239569	196863	555366	360309	405551	315192	91355	57252	175130	87728
121837	90404	497032	350838	175175	116151	56433	39455	131907	68649
123267	91118	512632	358332	183429	122491	57645	39389	131808	65704
33951	24246	152055	105698	49382	29853	21738	15112	45301	21641
293645	224305	971503	663846	419176	268267	113319	63892	291404	114483
283953	216076	960921	657454	408308	258323	114158	65029	296163	118060
490749	347378	1748249	1217553	875359	643243	194873	130981	513993	213855
483331	347936	1686896	1181553	898596	672105	184673	119975	484780	203502
102126	70500	435344	316003	215045	165712	44912	28598	102916	47853
13	9	38	25	16	10	7	5	12	5
509945	119323	1302161	477688	1246762	322121	605310	191968	793640	150563
27380	6242	57645	18157	62730	17201	36711	11444	42046	7741
11283	1338	62936	27267	81328	19042	24447	5227	34435	5391
4725	1533	12709	1861	7356	2619	3627	1355	10806	2408
199448	50332	522523	151388	459615	128158	147152	38845	302994	61234
140308	34516	362052	107457	334315	94867	111640	26969	201423	39921
153194	37569	435529	166955	448400	111670	152956	61070	242420	58045
157851	39535	450225	175268	500016	120375	163671	66074	254396	59114
648594	143604	1668869	518439	1650337	390518	673995	222472	995429	194718
609239	133844	1586301	495396	1549910	364644	637054	201180	936450	180769
145924	30656	333832	116744	383768	95213	186353	56856	198036	38980
25.84	5.18	49.69	13.10	52.52	13.25	31.98	11.56	33.36	6.64
42170	26719	134608	86183	150226	92606	23207	20700	40062	11014
1590	998	4083	3182	4863	2891	1395	1287	1007	378

12－2续表2

指标名称	单位	湖州市		绍兴市		金华市	
		全市	#市区	全市	#市区	全市	#市区
按轻重工业分							
轻工业	万元	655822	406674	1057278	225097	518381	121590
重工业	万元	300271	152386	404043	91377	352477	51814
按经济类型分							
全民所有制工业	万元	376779	209913	424571	191999	402327	122634
集体所有制工业	万元	550960	330892	1009511	116970	453757	49886
其他经济类型工业	万元	28354	18255	27239	7505	14774	884
全民所有制财务指标							
产品销售收入	万元	363200	218342	402288	191684	340517	109628
#产品销售税金	万元	13075	7769	21783	13086	18491	5824
资源税	万元						
盈利企业利润总额	万元	14828	9062	26114	13020	14647	3331
亏损企业亏损总额	万元	3999	548	4230	1378	6157	2227
已交利、税、费	万元	4428	3108	5620	2434	5134	876
固定资产原值年末数	万元	192123	81838	198192	95004	205644	77063
固定资产净值年末数	万元	139115	58592	150168	71567	150600	56583
定额流动资金年平均余额	万元	146380	75681	114093	51837	95789	30007
定额流动资金占用年末数	万元	156500	79777	119455	54666	94596	30837
#成品资金	万元	27059	16456	40966	17800	34601	12404
可比产品总成本	万元	233131	122745	221434	102768	217614	55411
可比产品按上年实际单位成本计算总成本	万元	238824	124495	223363	101606	220187	57509
工业总产值(90年不变价)	万元	361279	207548	418416	184932	406132	121888
工业总产值(现行价格)	万元	353713	203232	410912	84750	382959	114203
工业净产值(现行价格)	万元	69759	41216	106367	50106	78559	22422
全部职工年平均人数	万人	10	5	10	4	10	3
集体所有制财务指标							
产品销售收入	万元	423667	252085	852484	106502	351503	42768
#产品销售税金	万元	20537	11233	43457	5302	17650	1595
盈利企业利润总额	万元	17892	10067	46480	5129	16243	1434
亏损企业亏损总额	万元	4857	2341	5841	683	3556	426
固定资产原值年末数	万元	170336	94432	332271	28091	139343	17364
固定资产净值年末数	万元	111524	61294	244002	20754	100710	11725
定额流动资金年平均余额	万元	211792	119244	260928	27555	125178	15504
定额流动资金占用年末数	万元	228504	130384	275426	29258	132909	16517
工业总产值(90年不变价)	万元	555364	325148	1185780	131582	435672	46240
工业总产值(现行价格)	万元	542223	325765	984965	113193	436958	45383
工业净产值(现行价格)	万元	108073	60640	220648	23909	102503	10170
全部职工年平均人数	万人	20.34	10.62	33.48	3.67	17.72	1.57
其他经济类型财务指标							
产品销售收入	万元	26748	17379	22603	7118	8213	578
产品销售税金	万元	529	362	749	242	157	8

衢州市		舟山市		合肥市		芜湖市		蚌埠市	
全市	#市区	全市	#市区	全市	#市区	全市	#市区	全市	#市区
163152	55849	64113	64113	485110	428515	298944	261771	343766	301961
233960	124874	79825	79825	411689	359016	247900	196815	133566	106883
238243	138220	71557	71557	684024	642619	396205	370047	336511	304329
150748	40789	68092	68092	194628	126765	147216	85590	137364	102031
8121	1714	4289	4289	18147	18147	3423	2949	3457	2484
199483	110141	21848	21848	675840	638731	351275	328156	316977	288411
13482	7218	1261	1261	78315	76841	55806	55065	66834	64861
14949	8216	1343	1343	17110	15943	6208	5599	7347	6488
4166	1639	452	452	19342	16794	19140	18085	28338	27075
5447	2944	343	343	6104	5809	1195	1089	1414	1229
182862	107634	15964	15964	432825	410632	189896	174219	186681	165768
115758	63016	11808	11808	303811	287960	128259	117803	129182	114559
60040	31090	8776	8776	253971	243089	124608	116983	141192	131868
62787	33110	9127	9127	259528	248221	123718	115661	145845	135509
17112	8310	1369	1369	79737	74810	31117	27785	40897	37152
143632	78963	12849	12849	456644	423996	247022	227648	207620	185713
140419	76294	13284	13284	463066	431519	236437	217204	206943	183480
224991	128682	24835	24835	705197	662084	404547	380849	347057	317911
216778	124743	21934	21934	661441	620764	380287	357377	323151	294906
68126	41532	7685	7685	167116	160540	84218	80188	89152	82893
6	3	1	1	20	18	10	9	10	9
131761	36112	64880	64880	152685	105460	117342	69051	119259	91643
6397	1392	3640	3640	10117	8343	5157	2976	5600	4513
4639	1238	4025	4025	7824	5058	3318	1885	4609	3184
2497	315	3681	3681	1942	998	4028	3021	5223	4915
73080	17826	21316	21316	73447	46382	62354	35242	54116	42420
52045	13243	16534	16534	51266	31456	40874	22931	35938	27402
46761	12237	22310	22310	43511	31730	38794	25415	38027	34396
48041	11757	23414	23414	47920	35329	38686	24376	39174	35058
158314	44740	77585	77585	185176	121158	148875	89464	145336	112674
146552	39816	67773	67773	178688	114366	137903	79389	133485	100281
34184	8366	18381	18381	42356	28462	31560	18440	28066	20781
7.35	1.34	1.78	1.78	11	6	11	6	8	6
7016	1462	4131	4131	13658	13658	1645	1371	2167	1278
224	101	272	272	724	724	62	62	142	62

12—2 续表 3

指标名称	单位	淮南市		马鞍山市		淮北市	
		全市	#市区	全市	#市区	全市	#市区
按轻重工业分							
轻工业	万元	144785	132646	84020	55483	91501	67032
重工业	万元	320805	308697	432007	393064	208287	195172
按经济类型分							
全民所有制工业	万元	371028	353959	394090	376723	243552	223971
集体所有制工业	万元	91753	84575	121937	71824	56236	38233
其他经济类型工业	万元	2809	2809				
全民所有制财务指标							
产品销售收入	万元	267144	249938	387496	373064	233959	212982
#产品销售税金	万元	15812	15219	44037	43494	16336	13426
资源税	万元	500	500			1504	1504
盈利企业利润总额	万元	3775	3383	19368	18951	6704	4263
亏损企业亏损总额	万元	37345	36691	4175	3633	27955	27095
已交利、税、费	万元	805	677	13545	13373	—6816	—7024
固定资产原值年末数	万元	415879	402582	397137	389946	422254	412130
固定资产净值年末数	万元	289452	279257	264129	260111	329692	322368
定额流动资金年平均余额	万元	80301	75751	95958	91724	60879	53027
定额流动资金占用年末数	万元	73880	70083	111311	107200	56487	49039
#成品资金	万元	26122	24748	22139	19420	25216	22232
可比产品总成本	万元	224265	212572	268964	256916	219250	206695
可比产品按上年实际单位成本计算总成本	万元	219819	208146	235724	224147	195350	181920
工业总产值(90年不变价)	万元	252595	236602	375455	359151	188652	174714
工业总产值(现行价格)	万元	277970	261137	373482	357908	199409	180271
工业净产值(现行价格)	万元	61507	57346	113678	111154	43179	35213
全部职工年平均人数	万人	17	17	10	10	15	15
集体所有制财务指标							
产品销售收入	万元	52750	48224	100988	65405	33234	17951
#产品销售税金	万元	2519	2334	4791	3712	1952	1133
盈利企业利润总额	万元	1832	1559	6214	3658	2139	1467
亏损企业亏损总额	万元	1593	1393	1062	910	808	643
固定资产原值年末数	万元	32190	26899	45609	32157	21799	14260
固定资产净值年末数	万元	22467	18525	31904	22929	17070	11275
定额流动资金年平均余额	万元	13135	11992	26563	19478	9790	6612
定额流动资金占用年末数	万元	14148	12900	26725	18835	12067	7807
工业总产值(90年不变价)	万元	66667	60704	118560	72923	38863	22011
工业总产值(现行价格)	万元	62972	56844	120344	70554	40468	22974
工业净产值(现行价格)	万元	14807	13345	27369	18085	11357	6701
全部职工年平均人数	万人	5	4	6	4	3	1
其他经济类型财务指标							
产品销售收入	万元	2650	2650				
#产品销售税金	万元	32	32				

铜陵市		安庆市		黄山市		福州市		厦门市	
全市	#市区	全市	#市区	全市	#市区	全市	#市区	全市	#市区
54986	44639	270835	150384	73940	36425	770272	579631	710036	656106
247501	231928	309485	252294	46276	21295	574900	385740	282509	276790
255010	247226	415120	349884	72017	38747	662201	464668	343754	328478
46950	28814	162890	52384	43869	16038	246261	158240	77898	64404
527	527	2310	410	4330	2935	436710	342463	570893	540014
216911	212744	394113	335866	66830	35070	520332	431313	323913	309672
7630	7449	29966	27935	4277	2160	38640	30964	43916	42778
		3							
17602	17451	10700	7956	2875	1223	32281	26504	13255	12540
5948	5532	4209	2896	1875	1151	6342	4395	8228	8001
4002	3933	2991	2297	1124	423	14075	11622	3834	3722
224737	219613	250963	214159	56016	32412	369834	308240	245713	234337
166447	162402	174690	148189	38068	22215	267313	223398	197103	187806
74855	72361	94923	78453	25371	14101	189133	160563	122717	118213
77350	74919	94296	76407	26112	14332	195593	164992	124273	119471
26951	25719	32380	23867	8889	5233	59918	49110	37191	35315
143815	140769	318109	270578	49203	23331	285267	222202	209519	201354
143925	140911	282153	235746	49583	22898	277497	217397	207032	199060
224386	219264	375417	311855	72749	37112	555743	466625	343704	330483
277561	255750	407680	345609	66386	35124	538120	446266	333254	318954
65717	60431	66730	54963	17942	9561	144348	117979	98278	94556
8	7	9	7	4	2	17	13	7	6
38017	25580	133457	44229	40221	12875	207644	134791	67208	57678
2182	1694	6923	3230	2992	858	11348	6964	3391	2930
2967	1762	5272	1186	1466	481	9310	6201	3451	3174
763	535	2147	1156	1622	269	1887	1490	627	580
30749	22313	67535	25505	21928	7626	78725	48730	28836	25588
22604	16402	47314	16802	15890	5487	49015	27959	15696	13541
14832	11759	39020	17345	13874	4466	59994	45485	19759	18393
14953	11183	45208	18374	14064	5217	64530	48820	21790	20374
46116	29796	156950	50768	42318	16110	246094	164349	77346	68237
44493	27142	154705	48510	41665	14691	239944	157509	72527	62499
13740	9381	37797	13285	12156	4150	64297	40294	21797	19466
4	2	12	4	3	1	15.65	9.13	3.01	2.96
456	456	2228	351	4018	2804	328952	249392	439259	417064
12	12	47	16	502	444	9185	7366	20567	20306

12—2 续表 4

指标名称	单位	莆田市		三明市		泉州市	
		全市	#市区	全市	#市区	全市	#市区
按轻重工业分							
轻工业	万元	211792	94510	252993	74765	261904	107333
重工业	万元	42504	24113	447345	186643	97071	28583
按经济类型分							
全民所有制工业	万元	83280	57725	500024	218473	148937	58591
集体所有制工业	万元	39705	12005	173844	31365	95681	33130
其他经济类型工业	万元	131311	48893	26470	11570	114357	44195
全民所有制财务指标							
产品销售收入	万元	79099	54867	496321	215616	144493	13488
#产品销售税金	万元	5071	3660	44863	19961	12809	1126
资源税	万元			41		7	
盈利企业利润总额	万元	15656	14986	32764	7586	8135	2276
亏损企业亏损总额	万元	1525	664	1551	355	2386	1769
已交利、税、费	万元	1389	1008	11800	3109	1727	422
固定资产原值年末数	万元	47726	28209	413906	159723	119593	41290
固定资产净值年末数	万元	32408	20325	282761	107026	89400	29803
定额流动资金年平均余额	万元	21082	13173	232666	62465	46201	21401
定额流动资金占用年末数	万元	18433	11040	134723	63801	45619	20764
#成品资金	万元	6556	3926	30379	14387	14698	6364
可比产品总成本	万元	41040	28738	338692	164295	89277	33559
可比产品按上年实际单位成本计算总成本	万元	38903	27241	331604	160856	79253	31286
工业总产值(90年不变价)	万元	66528	42905	484441	214692	136272	58269
工业总产值(现行价格)	万元	83138	57686	437326	212141	140496	55568
工业净产值(现行价格)	万元	32043	24501	149801	56944	47416	19061
全部职工年平均人数	万人	3	2	13	5	6	2
集体所有制财务指标							
产品销售收入	万元	32939	9605	142812	30315	88893	30675
#产品销售税金	万元	1858	392	9319	1653	5400	2272
盈利企业利润总额	万元	1600	473	5989	989	4535	1313
亏损企业亏损总额	万元	256	148	2187	507	695	157
固定资产原值年末数	万元	13641	4917	94306	15181	38003	10357
固定资产净值年末数	万元	8875	3287	65093	9919	24712	6523
定额流动资金年平均余额	万元	9605	2982	31546	8433	21137	8956
定额流动资金占用年末数	万元	9610	3684	35779	9126	22663	9844
工业总产值(90年不变价)	万元	36660	11042	174266	32685	91519	33437
工业总产值(现行价格)	万元	37749	11302	166554	30593	93845	32852
工业净产值(现行价格)	万元	10580	2972	45644	9028	32088	10745
全部职工年平均人数	万人	2.98	0.76	7.61	1.41	8.46	2.07
其他经济类型财务指标							
产品销售收入	万元	102329	37885	22580	9846	98071	37117
#产品销售税金	万元	885	343	888	434	2111	1058

漳州市		南昌市		景德镇市		萍乡市	
全市	#市区	全市	#市区	全市	#市区	全市	#市区
353376	154471	452073.00	351166.00	120647.00	80765.00	46695.00	46695.00
118933	43644	484616.00	404068.00	136185.00	89714.00	128045.00	128045.00
267696	119028	731772.00	606041.00	206201.00	139082.00	105387.00	105387.00
97600	33101	199891.00	146150.00	48909.00	30888.00	69353.00	69353.00
107013	45986	5026.00	3043.00	1722.00	509.00		
249711	113250	691507.00	580654.00	183438.00	122066.00	113261.00	113261.00
21680	9598	60208.00	54622.00	12595.00	6966.00	6863.00	6863.00
				47.00		107.00	107.00
19226	10784	41901.00	37482.00	10155.00	5211.00	1885.00	1885.00
3167	1276	11825.00	10427.00	7530.00	1754.00	17220.00	17220.00
5259	2989	13608.00	12725.00	2263.00	1965.00	581.00	581.00
150177	63292	493305.00	426129.00	202573.00	119651.00	121715.00	121715.00
106877	42798	320212.00	272643.00	136608.00	82593.00	83390.00	83390.00
72622	38483	284491.00	242422.00	75147.00	54346.00	36573.00	36573.00
69675	36009	305121.00	259596.00	80305.00	58649.00	37592.00	37592.00
24284	13155	79995.00	64356.00	27930.00	20245.00	11029.00	11029.00
161603	71863	349384.00	277263.00	130991.00	86952.00	103915.00	103915.00
157672	70857	341875.00	266076.00	132530.00	85756.00	105589.00	105589.00
252287	121603	739001.00	602850.00	210696.00	139431.00	95624.00	95624.00
251277	117360	724610.00	600565.00	203669.00	136837.00	105142.00	105142.00
73503	36933	194562.00	164774.00	64043.00	44808.00	19207.00	19207.00
8	4	25.91	21.03	10.69	6.50	8.11	8.11
76671	28132	158941.00	113825.00	35833.00	24529.00	59501.00	59501.00
4097	1555	7926.00	5540.00	2088.00	1300.00	4058.00	4058.00
2626	828	5562.00	3584.00	1237.00	902.00	1587.00	1587.00
517	159	3409.00	2666.00	1031.00	454.00	1760.00	1760.00
30182	7368	71670.00	51033.00	24093.00	15805.00	35805.00	35805.00
21115	4679	45442.00	32832.00	15689.00	9995.00	30781.00	30781.00
17785	6440	62379.00	46601.00	15307.00	10569.00	23823.00	23823.00
18905	7167	66915.00	49989.00	17176.00	11477.00	24968.00	24968.00
86140	30854	202592.00	147766.00	43680.00	29549.00	69267.00	69267.00
83588	28975	191241.00	138370.00	40097.00	25722.00	66024.00	66024.00
19623	6627	51771.00	37467.00	14540.00	9833.00	20167.00	20167.00
4.71	1.29	14.63	10.36	5.00	3.39	6.01	6.01
80767	37119	6093.00	5176.00	2085.00	393.00		
1705	1287	137.00	98.00	101.00	23.00		0.00

12—2 续表 5

指标名称	单位	九江市		新余市		鹰潭市	
		全市	#市区	全市	#市区	全市	#市区
按轻重工业分							
轻工业	万元	248766.00	106512.00	43006.00	38175.00	36811.00	17789.00
重工业	万元	329558.00	240320.00	235802.00	209411.00	168799.00	15979.00
按经济类型分							
全民所有制工业	万元	482689.00	318493.00	250698.00	224141.00	184689.00	28134.00
集体所有制工业	万元	95356.00	28339.00	24368.00	19703.00	20771.00	5634.00
其他经济类型工业	万元	279.00		3742.00	3742.00	150.00	
全民所有制财务指标							
产品销售收入	万元	457073.00	321060.00	256714.00	232713.00	178344.00	28281.00
#产品销售税金	万元	26943.00	20093.00	26788.00	25046.00	9375.00	843.00
资源税	万元	32.00		10.00	9.00	1.00	
盈利企业利润总额	万元	23756.00	11050.00	3347.00	2874.00	10705.00	1499.00
亏损企业亏损总额	万元	10605.00	5010.00	10920.00	7357.00	867.00	599.00
已交利、税、费	万元	4321.00	2467.00	822.00	679.00	837.00	632.00
固定资产原值年末数	万元	380995.00	200828.00	204783.00	176927.00	139813.00	13921.00
固定资产净值年末数	万元	271116.00	140453.00	129459.00	112371.00	99129.00	9766.00
定额流动资金年平均余额	万元	161378.00	80631.00	75502.00	68935.00	43623.00	9043.00
定额流动资金占用年末数	万元	160383.00	79947.00	75346.00	69071.00	49512.00	9296.00
#成品资金	万元	46610.00	16936.00	11032.00	9225.00	6252.00	2863.00
可比产品总成本	万元	330449.00	236348.00	201952.00	178181.00	145289.00	22906.00
可比产品按上年实际单位成本计算总成本	万元	320561.00	227496.00	190076.00	166639.00	136673.00	22921.00
工业总产值(90年不变价)	万元	427045.00	264234.00	233145.00	211266.00	186379.00	28745.00
工业总产值(现行价格)	万元	472730.00	315525.00	248205.00	223808.00	182387.00	27776.00
工业净产值(现行价格)	万元	103385.00	53604.00	47732.00	45409.00	28013.00	5091.00
全部职工年平均人数	万人	16.56	8.06	8.69	7.69	2.12	1.30
集体所有制财务指标							
产品销售收入	万元	67028.00	18876.00	20329.00	16368.00	17151.00	2947.00
#产品销售税金	万元	2825.00	863.00	828.00	633.00	857.00	220.00
盈利企业利润总额	万元	2252.00	357.00	796.00	627.00	1826.00	941.00
亏损企业亏损总额	万元	832.00	288.00	387.00	323.00	535.00	87.00
固定资产原值年末数	万元	34761.00	9380.00	9103.00	7248.00	13013.00	3511.00
固定资产净值年末数	万元	24118.00	5801.00	6304.00	4953.00	10854.00	3051.00
定额流动资金年平均余额	万元	16997.00	6230.00	4401.00	3624.00	5232.00	1639.00
定额流动资金占用年末数	万元	19344.00	6804.00	5377.00	4454.00	5471.00	1529.00
工业总产值(90年不变价)	万元	88150.00	25815.00	24678.00	19462.00	20602.00	6024.00
工业总产值(现行价格)	万元	87084.00	26029.00	24203.00	19584.00	19906.00	5330.00
工业净产值(现行价格)	万元	21042.00	6649.00	6291.00	4882.00	6354.00	1448.00
全部职工年平均人数	万人	6.46	2.45	1.66	1.30	1.58	0.44
其他经济类型财务指标							
产品销售收入	万元	136.00		3809.00	3809.00	158.00	
#产品销售税金	万元	10.00		111.00	111.00	13.00	0.00

济南市		青岛市		淄博市		枣庄市	
全市	#市区	全市	#市区	全市	#市区	全市	#市区
906562	743998	1647471	1164219	539962	439895	269024	173835
1053318	905455	1100160	765172	1446513	1385954	363115	266672
1313490	1232826	1482301	1236415	1399004	1335212	318059	202019
621555	391816	1193818	635834	581073	484240	312379	236787
24835	24811	71512	57142	6398	6397	1701	1701
1173097	1096269	1387746	1154397	1214920	1152323	240154	163267
113648	110002	121743	112009	140552	137434	19670	11464
57				218	218	554	511
56446	52131	45736	37951	79775	77361	8661	4675
19731	18054	21393	19666	23087	21444	13953	13465
16281	15451	15370	13659	18775	18176	2516	1845
966450	753674	818938	664785	1350780	1296632	347467	278496
696609	529367	563847	445803	1022832	982139	250757	198370
431130	404726	427765	363586	274631	253247	70802	47820
451553	423802	459009	388245	293734	271738	70550	49238
125862	116046	119094	90557	76988	73531	28786	21536
712527	659155	829235	687637	849968	723411	217237	158477
696501	643408	799490	656032	815072	708917	209499	147637
1231043	1156963	1524312	1284440	1453275	1157547	307534	218848
1261981	1185066	1454576	1217844	1382764	1333730	318059	234115
340532	299872	358891	309744	354208	340458	92111	67734
31	28	36	30	29	28	14	11
414711	282008	905055	582662	460949	385914	208766	151654
20087	15149	46369	32173	34118	30563	10560	7720
19914	10612	42951	27911	23956	20373	14289	10962
8029	7394	5444	4146	6893	6059	1814	1563
238261	170656	458142	254877	341907	318150	118017	87275
166830	116872	319376	171888	251850	221422	92189	69777
192595	130229	364166	185963	175663	150479	64399	46938
210723	136652	400412	204531	190925	161903	65043	47850
578721	364137	1185248	623598	577906	487323	307288	236306
565610	347332	1149517	624414	555411	460750	282034	209364
123548	84541	260428	160436	143218	122258	61937	46684
25	17	37	20	20	17	14	12
17956	17927	64887	51186	5818	5818	1267	1267
1152	1152	3949	3825	164	164	111	111

12－2 续表 6

指标名称	单位	东营市		烟台市		潍坊市	
		全市	#市区	全市	#市区	全市	#市区
按轻重工业分							
轻工业	万元	81920	25297	984171	335633	1121564	318926
重工业	万元	991333	960380	888922	258534	706719	281313
按经济类型分							
全民所有制工业	万元	993009	960904	856999	362311	992603	392243
集体所有制工业	万元	79436	24325	940922	169614	824020	199507
其他经济类型工业	万元	808	448	75172	62242	11660	8489
全民所有制财务指标							
产品销售收入	万元	737378	708073	775793	307400	931892	363668
#产品销售税金	万元	88754	86486	45342	20647	70004	16072
资源税	万元	26842	26842			33	21
盈利企业利润总额	万元	31618	30048	46561	16778	37030	13814
亏损企业亏损总额	万元	94232	94015	14454	6996	7826	5555
已交利、税、费	万元	－91154	－90740	12606	6564	8220	1588
固定资产原值年末数	万元	2387010	2366202	666995	261302	642122	221065
固定资产净值年末数	万元	1976755	1960814	510449	195052	514322	161473
定额流动资金年平均余额	万元	261472	256288	240863	113597	248567	112888
定额流动资金占用年末数	万元	156751	151426	263831	123959	264112	116383
#成品资金	万元	29546	28180	82082	34135	88319	33591
可比产品总成本	万元	668609	648406	465838	169187	573295	197016
可比产品按上年实际单位成本计算总成本	万元	586612	566947	461737	166864	568474	195152
工业总产值(90年不变价)	万元	962889	939754	821782	348705	990815	394067
工业总产值(现行价格)	万元	980846	951491	815729	345487	969446	385141
工业净产值(现行价格)	万元	435635	428611	208018	83751	243987	87756
全部职工年平均人数	万人	11	10	22	9	24	9
集体所有制财务指标							
产品销售收入	万元	57110	11091	690062	129341	570033	168812
#产品销售税金	万元	1836	246	32562	7169	21813	6866
盈利企业利润总额	万元	3014	359	48233	6801	30479	5802
亏损企业亏损总额	万元	568	151	5945	4152	2389	566
固定资产原值年末数	万元	28440	7941	458443	94812	330855	92722
固定资产净值年末数	万元	22126	6924	336919	66357	271328	60379
定额流动资金年平均余额	万元	20879	4990	330118	70610	213393	71646
定额流动资金占用年末数	万元	25864	7167	350030	73666	265969	78848
工业总产值(90年不变价)	万元	62859	10147	957355	174210	798336	204065
工业总产值(现行价格)	万元	65338	11188	920138	166625	777839	189144
工业净产值(现行价格)	万元	17380	2068	226905	41276	238399	47488
全部职工年平均人数	万人	2		29	6	27	7
其他经济类型财务指标							
产品销售收入	万元	32		61795	51077	7644	4857
#产品销售税金	万元	2		2779	2355	137	86

漳州市		南昌市		景德镇市		萍乡市	
全市	#市区	全市	#市区	全市	#市区	全市	#市区
572020	223145	297954	105886	74324	74324	666708	191988
483292	151285	650074	89259	23456	23456	451745	127464
637923	223871	617080	117451	56574	56574	359144	86952
413858	148734	330249	76995	39636	39636	738787	225849
3531	1825	699	699	1570	1570	20522	6651
549108	185955	550099	102533	49406	49406	310936	75247
33134	11727	31214	7333	2962	2962	16671	6493
1289		1316	3				
24824	9320	18385	3097	1431	1431	13823	3466
6712	2742	13916	2846	326	326	248	11
6517	3310	11542	1497	447	447	4174	769
649074	111343	562408	74001	36376	36376	187180	44856
499326	78875	407181	55881	28047	28047	148414	36002
169818	62556	128747	38022	14623	14623	97519	29603
178174	65864	133089	37152	16670	16670	102587	31168
64252	27453	37756	11132	5662	5662	32260	8344
387362	111184	369288	65527	28943	28943	187079	41870
370274	106585	406780	66993	29433	29433	189939	43463
634364	232834	572927	108094	50628	50628	367138	95458
623285	218416	603208	111293	51499	51499	339807	84737
128560	54569	153365	23669	10133	10133	80479	26088
20	5	27	4	2	2	8	2
350880	115997	223829	56137	24336	24336	505075	162001
14344	6637	12828	3231	987	987	19366	7595
15603	5812	9824	1350	978	978	42572	10399
1711	1226	2957	1151	524	524	1267	55
173900	73536	183420	42669	16742	16742	277384	98621
136642	57621	144810	33057	12292	12292	211301	75539
117393	38667	96225	25915	11379	11379	229371	79867
142116	39707	106072	26717	12335	12335	247431	86292
397494	150487	309719	76809	35017	35017	784480	242910
395220	113266	308859	74428	33309	33309	730196	225558
80571	34595	74531	16623	7089	7089	160976	52407
15	3	17	3	2	2	17	5
2748	1285			1474	1474	12763	4388
72	61			86	86	532	95

指标名称	单位	上海市 全市	上海市 #市区	南京市 全市	南京市 #市区	无锡市 全市	无锡市 #市区
盈利企业利润总额	万元	281063	118574	6053	5657	13972	9669
亏损企业亏损总额	万元	27166	19011	2017	1788	2684	418
已交利、税、费	万元	42822	11988	554	505	2134	1472
固定资产原值年末数	万元	1015801	391335	107534	100447	113184	79829
固定资产净值年末数	万元	785512	299071	89467	83351	84604	58076
定额流动资金年平均余额	万元	613869	260393	31784	28843	70650	51156
定额流动资金占用年末数	万元	722461	300324	108552	105385	79514	58446
工业总产值(90年不变价)	万元	2832714	1036642	210532	195925	299804	221949
工业总产值(现行价格)	万元	2739034	1003557	203454	188867	279962	204285
工业净产值(现行价格)	万元	695767	317741	32655	29621	76183	59243
全部职工年平均人数	万人	43.44	11.68	3.37	3.01	5.19	3.87
四、交通、邮电、电力							
铁路客运量(发送量)	万人	2594	2594	1226	1226	831	831
铁路货运量(发送量)	万吨	1311	1311	904	904	128	128
公路客运量	万人	598	598	3406	1842	4342	2079
公路货运量	万吨	8888	8888	3164	2046	2179	658
水运客运量	万人	592	592	144	144	91	91
水运货运量	万吨	13485	13485	3445	3102	2305	704
沿海港口货物吞吐量	万吨	14679	14679				
年末邮电局(所)数	处	528	296	200	86	233	123
计费邮电业务总量	万元	128514	110905	26633	24586	14351	9955
年末电话机数	部	925854	790114	195805	175234	155525	102254
#程控电话机数	部	336399	327077				
全年用电量	万千瓦时	2886777	1931058	686667	578011	558572	219340
#工业用电	万千瓦时	2402692	1566555	558153	488900	459410	183994
城乡居民生活用电	万千瓦时	160969	120886	49426	36842	33104	11651
五、固定资产投资							
全民单位基本建设投资	万元	1088957	842372	307389	300870	140752	118535
#非生产性建设	万元	404621	303442	112021	107102	40258	27267
#住宅建设	万元	157431	102202	57803	54950	22574	13935
全民单位更新改造投资	万元	952113	820352	110238	102616	83554	65538
#非生产性建设	万元	224441	191045	10698	10263	1741	712
#住宅建设	万元	122467	102904	3417	3297	314	74
全民单位其他投资	**万元**	39092	2263				
城镇集体固定资产投资	万元	42039	24902	17244	11232	34813	11980
#非生产性建设	万元	8233	3895	2617	1894	9189	2467
#住宅建设	万元	3721	1921	2059	1665	2667	1320
城镇个人固定资产投资	万元	7043	5730	3741	2273	8533	4189
新增固定资产							
全民单位基本建设	万元	959443	862417	182521	177455	88161	67816
全民单位更新改造措施	万元	759339	669880	96281	89619	59006	44333

经 济 基 本 情 况

徐州市		常州市		苏州市		南通市		连云港市	
全市	#市区	全市	#市区	全市	#市区	全市	#市区	全市	#市区
121	121	6418	5531	14167	6097	14430	12825	507	368
257	257	3324	2922	4860	2038	2912	2287	1510	1510
		1278	1270	1221	620	326	215	7	7
1206	1206	117138	111604	133559	52387	231129	213640	18536	17312
1053	1053	83581	78686	104704	36030	183611	169534	14998	13952
346	346	72975	67719	105077	56137	47449	41885	6492	5866
5325	5325	76752	70652	109028	58109	49873	43383	6275	5613
6287	6287	291944	269637	480086	176092	158273	128772	22874	21046
6756	6756	282209	264374	410036	156319	209701	185538	19995	17881
873	873	62561	58884	67923	27259	59303	54305	2808	2368
0.09	0.09	5.39	5.16	6.38	2.42	2.65	1.86	0.45	0.39
809	585	579	579	806	694			149	97
2040	302	136	136	114	95			372	312
2153	1551	7782	3975	7024	4371	4530	3450	2413	2413
2786	853	4454	1204	1046	318	1146	338	2739	2637
		50	11	252	124	531	516		
351	45	1617	271	2662	466	1627	544	223	195
								1213	1213
263	102	193	117	294	85	416	17	116	29
7892	5392	10151	8519	19116	9042	14041	5205	3752	2449
94454	70605	71709	59629	163747	71120	85628	28139	34404	22986
533765	332252	330885	158346	576975	133948	367400	146026	130053	73513
438159	306828	250208	137290	436385	114333	280268	131550	86050	57722
19564	6136	18973	6301	33303	8405	28908	4465	11369	3885
89332	73153	67588	58722	124251	47049	77268	58668	53679	42267
29749	22084	27559	19686	54672	22139	29607	18429	15782	11745
19071	15030	17909	13104	26609	9301	19683	11902	7744	6032
50691	39380	46291	36932	87704	45041	43148	17574	13082	9295
7546	6969	7004	6879	11034	7076	1386	1345	291	291
2222	2077	636	559	1534	264	396	385		
13114	6875	23050	12019	65095	18382	25241	7153	2926	2234
1691	54	3239	1073	9908	2362	4426	930	323	153
696		1345	466	5096	1707	2427	289	93	18
7892	1428	17114	6009	27237	2163	31983	128	3896	2022
64921	51200	36252	28723	75309	44897	50620	35777	48404	35928
39636	27873	32096	26344	75116	38672	38019	14498	8614	6021

12—3续表1

指标名称	单位	淮阴市		盐城市		扬州市	
		全市	#市区	全市	#市区	全市	#市区
盈利企业利润总额	万元			1236	30	8816	2573
亏损企业亏损总额	万元			164	12	729	9
已交利、税、费	万元			109		687	60
固定资产原值年末数	万元			5205	699	41551	13250
固定资产净值年末数	万元			4452	498	34508	11428
定额流动资金年平均余额	万元			3155	239	24515	9669
定额流动资金占用年末数	万元			3024	266	30373	11330
工业总产值(90年不变价)	万元			16068	1212	116251	38805
工业总产值(现行价格)	万元			11693	1073	103369	36270
工业净产值(现行价格)	万元			2751	340	26852	8004
全部职工年平均人数	万人			0.19	0.04	2.48	0.70
四、交通、邮电、电力							
铁路客运量(发送量)	万人						
铁路货运量(发送量)	万吨						
公路客运量	万人	3013	1594	3563	2299	6424	3748
公路货运量	万吨	1723	572	567	175	1779	365
水运客运量	万人	104	9	200	130	564	107
水运货运量	万吨	1938	1119	2350	1146	2394	425
沿海港口货物吞吐量	万吨			44			
年末邮电局(所)数	处	366	15	353	48	414	45
计费邮电业务总量	万元	5842	1636	7009	2498	14632	4451
年末电话机数	部	56727	15756	52419	16007	118610	30778
#程控电话机数	部						
全年用电量	万千瓦时	244622	59643	226909	67606	424512	62436
#工业用电	万千瓦时	148498	51732	141798	46780	284107	53245
城乡居民生活用电	万千瓦时	24785	3402	32377	10007	42238	5047
五、固定资产投资							
全民单位基本建设投资	万元	49125	32617	38412	17588	77428	29202
#非生产性建设	万元	17380	6039	21893	11755	42237	16031
#住宅建设	万元	8534	3056	11693	5651	24408	8920
全民单位更新改造投资	万元	21310	10600	44972	24077	52411	17237
#非生产性建设	万元	343	107	5664	2306	1200	261
#住宅建设	万元	194	107	3043	1464	192	157
全民单位其他投资	万元						
城镇集体固定资产投资	万元	13128	6340	24140	4418	41844	9238
#非生产性建设	万元	1630	411	4011	885	5493	653
#住宅建设	万元	980	215	2040	447	3143	376
城镇个人固定资产投资	万元	11473	2302	15852	3431	30994	332
新增固定资产							
全民单位基本建设	万元	22672	9393	29201	11516	53934	19638
全民单位更新改造措施	万元	22885	13187	39125	19843	39793	17269

镇江市		杭州市		宁波市		温州市		嘉兴市	
全市	#市区	全市	#市区	全市	#市区	全市	#市区	全市	#市区
1564	1006	9846	7019	9932	6476	1170	1053	2233	526
1334	764	1617	535	3968	3503	163	158	409	34
71	22	774	666	949	604	76	75	136	41
21886	12759	57683	31700	67302	43431	8349	7601	15717	3956
16548	8839	46095	24713	54655	35348	6935	6316	13275	3259
10200	6782	36583	22110	48160	30808	5443	4793	8374	2816
11855	7405	41243	24800	53498	34421	5968	5300	9460	3171
51493	31040	140405	77470	196646	122689	28687	25747	45072	12750
47337	29116	143736	79607	167671	98895	25485	22455	47344	12013
9774	5125	33860	22843	39187	23814	7338	6653	7878	2409
0.81	0.45	1.78	1.04	3.46	1.81	0.61	0.53	1.23	0.22
550	359	1062	920	465	293			326	143
304	123	451	261	394	348			52	27
3021	2326	4621	268	8005	1968	10560	2472	3356	782
3059	714	598	141	4143	1645	1212	302	770	422
86	31	642	340	295	91	2108	151	259	74
899	703	764	461	625	290	789	219	1739	970
				3389	3389	492	366		
143	25	544	107	443	142	436	29	170	38
8223	4297	32336	23285	17606	10597	15391	8243	9731	3504
52735	28333	215158	143592	143357	80649	102883	41095	59082	21418
261243	154480	602109	250145	365092	161389	193688	78041	241360	77711
213976	141215	483534	195360	273333	127315	117317	51180	185210	60766
12170	4139	51346	19904	49606	12344	40305	17150	21106	5807
51153	37986	96589	66724	160317	133862	41783	24851	40655	26253
24478	14697	41706	29798	26036	17572	14096	6887	13972	8164
14530	8500	11223	6467	7358	4990	2127	1071	3854	1501
35751	28015	92103	56497	48488	34983	11218	7931	17961	9004
1544	1334	6235	2424	5180	4329	1255	1026	332	301
480	327	2548	509	538	429	12	12	205	194
				12104	7105				
14027	6783	39902	14382	33515	13540	11806	3836	35980	16258
1620	231	7122	1204	3702	1511	1518	410	3742	903
914	205	2514	356	1214	367	235		2734	586
2999	758	2227	58	4407	1000	33046	4839	1826	131
38983	28151	71465	52089	183076	163792	37122	24020	100484	82476
26887	20981	78130	51657	42315	28569	12534	9069	16772	7116

12—3 续表 2

指标名称	单位	湖州市 全市	湖州市 #市区	绍兴市 全市	绍兴市 #市区	金华市 全市	金华市 #市区
盈利企业利润总额	万元	1990	1387	1179	486	267	
亏损企业亏损总额	万元	125	32	402	16	235	97
已交利、税、费	万元	42	20	104	41	43	
固定资产原值年末数	万元	8901	5860	9810	3165	5334	1175
固定资产净值年末数	万元	7687	5161	8182	2685	4585	1011
定额流动资金年平均余额	万元	12500	8539	3642	624	2354	668
定额流动资金占用年末数	万元	15620	11397	3967	610	2779	782
工业总产值(90年不变价)	万元	27796	18238	26369	7015	18042	2734
工业总产值(现行价格)	万元	28351	18254	27237	7503	14774	884
工业净产值(现行价格)	万元	6194	3772	4928	1707	1872	479
全部职工年平均人数	万人	0.37	0.21	0.63	0.14	0.35	0.04
四、交通、邮电、电力							
铁路客运量(发送量)	万人	64	11	446	124	532	256
铁路货运量(发送量)	万吨	243	27	197	81	215	114
公路客运量	万人	3122	1379	4412	916	6811	887
公路货运量	万吨	1523	364	1292	200	2915	309
水运客运量	万人	213	185	99	38	116	
水运货运量	万吨	1581	727	1292	204	50	
沿海港口货物吞吐量	万吨						
年末邮电局(所)数	处	159	63	374	89	365	72
计费邮电业务总量	万元	4597	2511	10415	6107	6151	2019
年末电话机数	部	39379	20508	62027	31204	50583	15899
#程控电话机数	部						
全年用电量	万千瓦时	192423	87552	236011	46225	183678	47307
#工业用电	万千瓦时	147540	67131	185980	39886	136799	34745
城乡居民生活用电	万千瓦时	15525	6027	29725	3062	26660	5848
五、固定资产投资							
全民单位基本建设投资	万元	23115	7833	21361	5773	28641	8292
#非生产性建设	万元	6568	3858	11406	3667	13436	3017
#住宅建设	万元	1904	732	3820	848	4176	1410
全民单位更新改造投资	万元	18368	10386	31617	14662	26901	4882
#非生产性建设	万元	603	364	544	171	843	200
#住宅建设	万元	332	226	182	86	427	19
全民单位其他投资	万元						
城镇集体固定资产投资	万元	8691	4841	21231	4067	15793	830
#非生产性建设	万元	1621	785	2630	713	1927	89
#住宅建设	万元	783	284	984	258	867	71
城镇个人固定资产投资	万元	1010	692	750	127	7462	22
新增固定资产							
全民单位基本建设	万元	13497	9220	14577	3176	19064	4264
全民单位更新改造措施	万元	24534	11496	28027	12128	12246	2785

衢州市		舟山市		合肥市		芜湖市		蚌埠市	
全市	#市区	全市	#市区	全市	#市区	全市	#市区	全市	#市区
435	237	368	368	675	675	151	151	252	222
69	54	89	89	320	320	46	37	101	16
112	68	103	103	30	30	57	57	28	28
4330	982	2050	2050	5329	5329	1897	1695	1084	746
3859	835	1536	1536	4004	4004	1530	1353	801	581
2028	573	1256	1256	2035	2035	1065	866	28	
2089	700	1268	1268	1791	1791	1357	1080	26	
9228	2059	4912	4912	14172	14172	4089	3815	2393	1876
8121	1713	4211	4211	17122	17122	3135	2660	2579	1606
2178	632	1521	1521	3431	3134	486	472	676	439
0.15	0.04	0.21	0.21						
167	97			450	301	237	166	424	369
223	105			136	106	149	60	100	82
2550	630	936	936	1272	1071	896	791	1337	1238
914	110	308	308	541	457	274	126	407	186
27		37	37	63	17	553	553		
3		342	342	107	37	885	714	124	86
		390	390						
173	66	29	29	179	67	79	26	104	19
2881	1268	823	823	10200	9323	3115	2486	3480	2668
27617	13485	7082	7082	65350	59169	22190	17009	27995	21537
				32000	32000	13351	12000	13000	13000
184675	124783	19550	19550	201322	167400	129528	77856	88887	61842
165392	117424	12372	12372	158151	135580	95329	59654	63505	49815
9597	3737	4770	4770	20369	15443	12352	9579	6114	2622
25565	16305	5118	5118	49938	46456	29239	27986	19189	15518
9992	4572	2329	2329	36495	35030	9775	9212	7213	5782
4564	1927	467	467	12520	11722	2260	2051	3975	3231
22230	15895	2806	2806	48699	47625	15204	13454	16870	16001
991	933	46	46	3884	3764	422	290	394	394
679	674	25	25	1494	1413	231	104	50	50
				12112	9828	1933	1825	1012	770
10123	4197	3053	3053	4790	4136	2622	2134	3124	2803
1789	523	470	470	452	365	200	147	333	308
934	261	386	386	363	296	156	120	110	110
933		282	282	2702	232	1101	73	2766	1885
13569	5549	5665	5665	47722	44012	16130	15355	14357	11604
22017	14485	1657	1657	37033	36006	16952	15273	16671	16205

12—3 续表 3

指标名称	单位	淮南市		马鞍山市		淮北市	
		全市	#市区	全市	#市区	全市	#市区
盈利企业利润总额	万元	72	72				
亏损企业亏损总额	万元	162	162				
已交利、税、费	万元	14	14				
固定资产原值年末数	万元	1275	1275				
固定资产净值年末数	万元	1074	1074				
定额流动资金年平均余额	万元	240	240				
定额流动资金占用年末数	万元	103	103				
工业总产值(90年不变价)	万元	1938	1938				
工业总产值(现行价格)	万元	2806	2806				
工业净产值(现行价格)	万元	279	279				
全部职工年平均人数	万人						
四.交通.邮电.电力							
铁路客运量(发送量)	万人	88	54	62	62	87	63
铁路货运量(发送量)	万吨	1010	780	301	301	1465	1289
公路客运量	万人	877	727	467	311	652	652
公路货运量	万吨	501	401	250	224	736	451
水运客运量	万人						
水运货运量	万吨	28	21	94	70	4	4
沿海港口货物吞吐量	万吨						
年末邮电局(所)数	处	63	41	43	18	56	20
计费邮电业务总量	万元	1491	1305	1834	1602	1049	774
年末电话机数	部	22036	20603	20342	17880	13685	11670
#程控电话机数	部	11000	11000	3331	3331		
全年用电量	万千瓦时	202267	185281	190892	169348	111870	91174
#工业用电	万千瓦时	171929	162114	177675	164050	100262	85222
城乡居民生活用电	万千瓦时	17730	15673	4899	2234	2489	1369
五.固定资产投资							
全民单位基本建设投资	万元	119009	116125	48864	48121	35504	33575
#非生产性建设	万元	11090	10932	4952	4448	5496	5162
#住宅建设	万元	4231	4223	2080	1994	2544	2337
全民单位更新改造投资	万元	27543	27148	22745	22334	26108	25074
#非生产性建设	万元	2186	2186	4468	4432	8303	8274
#住宅建设	万元	866	866	1752	1716	2547	2518
全民单位其他投资	万元	3772	3772	7476	7476	2660	2660
城镇集体固定资产投资	万元	2441	2425	2436	2128	2175	1802
#非生产性建设	万元	393	393	462	299	469	399
#住宅建设	万元	55	55	309	239	359	330
城镇个人固定资产投资	万元	86	86	350	244	557	
新增固定资产							
全民单位基本建设	万元	16781	16546	34165	33825	7378	7026
全民单位更新改造措施	万元	22923	22600	16205	15870	26313	25036

铜陵市		安庆市		黄山市		福州市		厦门市	
全市	#市区	全市	#市区	全市	#市区	全市	#市区	全市	#市区
1	1	39	2	418	331	20640	17369	35162	34180
66	66	35	35	44	44	5781	4838	12542	11408
		22	18	222	218	1032	869	1906	1847
874	874	1028	231	1799	1561	137091	92965	197206	188706
850	850	766	188	1493	1309	112156	73763	157004	149660
319	319	533	35	1166	760	83298	65077	110952	107574
249	249	678	139	1442	1029	90593	69395	134018	130013
585	585	2123	422	5167	3662	507020	402276	597113	573043
527	527	2310	410	4330	2935	431915	338045	548604	527614
47	47	399	91	1454	1145	69069	55303	141643	138785
						5.27	3.55	6.25	6.21
63	58			76	33	362	315	126	126
204	141			33	11	194	169	191	191
329	294	1692	1287	991	952	2434	2096	804	232
266	178	1057	445	259	117	471	426	728	533
66	27	278	124	53	53	377	325	189	158
251	157	579	369	27	22	594	516	201	183
						725	63	570	570
34	16	297	21	192	66	631	333	254	235
1215	1095	3246	1431	1744	1081	28600	22293	18322	17619
15429	14492	18512	13647	14429	9187	111261	87301	58993	57316
7459	7459	11039	11039	3293	3293	62491	48811	58146	5708
90287	84523	118806	59615	27438	11166	324963	190264	119056	106656
81818	79513	82882	48151	16388	6308	201365	127226	75200	70700
4018	3232	16626	9392	6280	2412	63065	34369	15350	12580
17763	16718	31180	23425	8826	7775	167328	157998	86025	83823
2586	2508	9161	5338	2592	1858	44305	39908	31077	29913
842	842	4259	2542	829	606	14363	12391	8575	7923
13016	12678	15140	12308	6652	3526	46956	37160	33487	31873
1487	1481	447	443	205	92	3319	1563	1492	1420
771	765	40		89	16	373	302	242	182
1564	1564	2335	475	440	339	2113	278	987	302
1778	1554	4419	2079	1632	682	5050	2367	4932	4586
193	193	600	236	340	224	1068	338	923	916
193	193	335	146	203	120	368	142	672	665
380		3675	97	485	130	18800	12046	6710	3686
27652	26637	18992	13361	3299	2573	90736	85004	70169	68693
8991	8594	13627	11490	4146	2064	35392	26479	30583	28899

12—3续表 4

指标名称	单位	莆田市		三明市		泉州市	
		全市	#市区	全市	#市区	全市	#市区
盈利企业利润总额	万元	6354	2104	1075	582	4250	1597
亏损企业亏损总额	万元	1582	1454	1008	65	2515	1106
已交利、税、费	万元	84	69	85	68	241	87
固定资产原值年末数	万元	43960	17114	21583	5601	62930	25968
固定资产净值年末数	万元	39046	15805	18014	5004	47403	21761
定额流动资金年平均余额	万元	10899	5284	4195	145	17045	9657
定额流动资金占用年末数	万元	12515	6734	3878	211	19096	9601
工业总产值(90年不变价)	万元	116075	40742	29932	12716	113811	43546
工业总产值(现行价格)	万元	121740	43121	26361	11571	114357	44195
工业净产值(现行价格)	万元	17772	5788	4833	2139	23700	9867
全部职工年平均人数	万人	2.55	1.09	0.62	0.19	4.36	1.15
四、交通、邮电、电力							
铁路客运量(发送量)	万人			145	74		
铁路货运量(发送量)	万吨			629	187		
公路客运量	万人	1258	978	2135	301	4155	2240
公路货运量	万吨	82	27	1922	683	1331	302
水运客运量	万人	91		20		19	
水运货运量	万吨	20	1	8		212	8
沿海港口货物吞吐量	万吨	41	15			125	58
年末邮电局(所)数	处	134	4	186	24	338	24
计费邮电业务总量	万元	2951	1946	5909	2204	18631	5515
年末电话机数	部	9982	5631	42230	13611	54808	20843
#程控电话机数	部	6317	4720	4295	738	50158	20301
全年用电量	万千瓦时	39785	13840	357600	134835	173639	37259
#工业用电	万千瓦时	19676	6417	294834	125652	114920	23988
城乡居民生活用电	万千瓦时	9834	1794	21116	4714	41250	7650
五、固定资产投资							
全民单位基本建设投资	万元	13640	6172	37592	17328	91216	6907
#非生产性建设	万元	5296	2998	11083	5198	11999	3629
#住宅建设	万元	1409	910	3746	1819	2916	496
全民单位更新改造投资	万元	8454	2876	34104	19552	13724	4613
#非生产性建设	万元	151	56	1771	919	385	49
#住宅建设	万元	80	33	1282	894	286	10
全民单位其他投资	万元	789	622	1997	107	2584	40
城镇集体固定资产投资	万元	1188	815	4864	1847	10947	971
#非生产性建设	万元	85		1169	462	3105	271
#住宅建设	万元			670	277	2160	189
城镇个人固定资产投资	万元	8991	2831	5737	100	29129	4648
新增固定资产							
全民单位基本建设	万元	6442	2185	33160	22188	28602	7224
全民单位更新改造措施	万元	7500	3680	22889	10368	14211	5218

漳州市		南昌市		景德镇市		萍乡市	
全市	#市区	全市	#市区	全市	#市区	全市	#市区
2154	1354	449.00	409.00	250.00	6.00		
2209	607	517.00	501.00	299.00			
59	15	27.00	27.00	130.00	2.00		
34121	17418	7420.00	6185.00	3209.00	789.00		
30174	15295	6050.00	4941.00	2739.00	678.00		
12462	9995	7581.00	6941.00	1387.00	278.00		
16670	13638	5641.00	4951.00	1730.00	340.00		
107385	48881	4519.00	2483.00	1941.00	484.00		
98368	42051	4604.00	2621.00	1722.00	509.00		
12860	6911	829.00	469.00	514.00	149.00		
2.06	0.59	0.15	0.06	0.14	0.06		
67	24	503.00	427.00	87.00	52.00	96.00	96.00
142	80	224.00	135.00	203.00	130.00	476.00	476.00
2660	1651	2027.00	1061.00	769.00	531.00	707.00	707.00
2543	529	2274.00	1289.00	648.00	336.00	37.00	37.00
60		54.00	44.00				
165	15	300.00	100.00	48.00	2.00		
65							
145	12	172.00	66.00	78.00	15.00	57.00	57.00
6734	3148	10421.00	9094.00	1718.00	1281.00	1101.00	1101.00
40597	18937	71071.00	62365.00	16089.00	10821.00	13681.00	13681.00
19847	16789	29268.00	26580.00	5718.00	5611.00	4648.00	4648.00
104311	37924	224998.00	194055.00	69646.00	29742.00	72271.00	72271.00
40349	22911	155678.00	147043.00	55500.00	23085.00	61895.00	61895.00
15369	8176	20886.00	16319.00	9514.00	5858.00	3103.00	3103.00
24382	11669	38175.00	32484.00	9995.00	7235.00	13660.00	13660.00
9689	3189	19955.00	17348.00	4241.00	3135.00	4842.00	4842.00
2672	910	9374.00	7987.00	1814.00	1290.00	2775.00	2775.00
20926	7152	40262.00	36906.00	18266.00	11497.00	8775.00	8775.00
444	123	2742.00	2138.00	520.00	119.00	920.00	920.00
273	120	506.00	210.00	272.00	6.00	555.00	555.00
3472	1652						
2014	643	4290.00	3774.00	1839.00	1044.00	2497.00	2497.00
353	67	467.00	376.00	199.00	168.00	494.00	494.00
143	67	139.00	111.00	149.00	118.00	206.00	206.00
13938	2516	4649.00	2111.00	665.00	419.00	975.00	975.00
12630	3830	27025.00	22292.00	6690.00	2946.00	4157.00	4157.00
18340	8362	24795.00	21266.00	7851.00	6191.00	6783.00	6783.00

12—3续表5

指标名称	单位	九江市 全市	九江市 #市区	新余市 全市	新余市 #市区	鹰潭市 全市	鹰潭市 #市区
盈利企业利润总额	万元			466.00	466.00	1.00	
亏损企业亏损总额	万元			36.00	36.00		
已交利、税、费	万元						
固定资产原值年末数	万元	2530.00		1893.00	1893.00	18.00	
固定资产净值年末数	万元	2479.00		1544.00	1544.00	12.00	
定额流动资金年平均余额	万元			2063.00	2063.00	27.00	
定额流动资金占用年末数	万元			2088.00	2088.00		
工业总产值(90年不变价)	万元	279.00		3634.00	3634.00	158.00	
工业总产值(现行价格)	万元	279.00		3742.00	3742.00	150.00	
工业净产值(现行价格)	万元	65.00		1242.00	1242.00	42.00	
全部职工年平均人数	万人	0.01		0.02	0.02	0.11	
四、交通、邮电、电力							
铁路客运量(发送量)	万人	204.00	131.00	156.00	87.00	247.00	166.00
铁路货运量(发送量)	万吨	160.00	90.00	293.00	163.00	152.00	63.00
公路客运量	万人	3106.00	178.00	850.00	536.00	785.00	395.00
公路货运量	万吨	1232.00	447.00	660.00	462.00	444.00	34.00
水运客运量	万人	330.00	173.00				
水运货运量	万吨	583.00	311.00				
沿海港口货物吞吐量	万吨						
年末邮电局(所)数	处	220.00	25.00	43.00	26.00		
计费邮电业务总量	万元	4008.00	2357.00	1352.00	1044.00	1336.00	622.00
年末电话机数	部	32502.00	16128.00	10117.00	8089.00	5984.00	1823.00
#程控电话机数	部	9556.00	9556.00	3811.00	3047.00	3106.00	1637.00
全年用电量	万千瓦时	107530.00	65855.00	119003.00	109154.00	56366.00	7483.00
#工业用电	万千瓦时	74678.00	54151.00	111264.00	103619.00	47654.00	4251.00
城乡居民生活用电	万千瓦时	15199.00	5978.00	1504.00	1100.00	5598.00	2084.00
五、固定资产投资							
全民单位基本建设投资	万元	58291.00	47562.00	11276.00	10863.00	16863.00	719.00
#非生产性建设	万元	10378.00	7826.00	3081.00	2737.00	3238.00	675.00
#住宅建设	万元	3469.00	2034.00	1261.00	1038.00	1229.00	292.00
全民单位更新改造投资	万元	16694.00	9493.00	12216.00	10738.00	7686.00	1299.00
#非生产性建设	万元	921.00	428.00	1966.00	1756.00	1426.00	428.00
#住宅建设	万元	274.00	99.00	1737.00	1576.00	365.00	110.00
全民单位其他投资	万元			1068.00	1068.00		
城镇集体固定资产投资	万元	481.00	40.00	696.00	649.00	1300.00	397.00
#非生产性建设	万元	164.00	40.00	355.00	308.00	564.00	245.00
#住宅建设	万元	119.00	20.00	307.00	282.00	171.00	77.00
城镇个人固定资产投资	万元	1524.00	314.00	2272.00	1726.00	360.00	86.00
新增固定资产							
全民单位基本建设	万元	55383.00	46774.00	3865.00	3559.00	2629.00	773.00
全民单位更新改造措施	万元	8976.00	4605.00	9730.00	9345.00	3901.00	846.00

济南市		青岛市		淄博市		枣庄市	
全市	#市区	全市	#市区	全市	#市区	全市	#市区
1209	1209	5528	5140	406	406	90	90
93	64	2824	2727	123	123		
291	291	159	159	11	11		
10921	10457	63822	54551	5955	5955	501	501
8848	8405	55952	48122	5098	5098	406	406
8542	8527	22361	18250	1368	1368	270	270
8400	8383	23364	19257	1639	1639	260	260
23234	23205	63261	47406	9248	9248	1671	671
21317	21293	59946	45575	6248	6248	1701	1701
5536	5529	16953	14398	1843	1843	400	400
		1	1				
673	656	520	412	289	288	147	48
692	567	757	684	1813	1804	841	400
1849	1815	4114	1938	1092	808	1974	1224
4324	4252	6896	5132	2444	2091	1987	1114
		366	366				
45	45	1789	1789			64	62
		3194	3194				
204	110	212	63	117	79	84	56
13053	11511	21044	17272	7274	6378	2784	1961
113870	104784	142928	108702	87701	80226	23352	15809
31673	31673	40737	35271	12446	11662	1600	1600
490170	391146	445074	297798	523553	479557	215919	168160
378697	312176	330173	233089	442257	404948	173968	145616
58345	43346	53435	28125	41627	36489	9794	6455
120808	110802	158467	131606	165868	159829	49224	34449
37045	32075	31763	28124	27952	24793	11592	7740
12794	10982	10029	9022	6940	5857	3632	2920
74465	66833	116873	97500	75388	69387	15901	11182
8537	8182	27519	22649	13951	12482	137	
1353	1121	13164	10353	6707	5920		
4472	3810	5372	5372	11485	11485	9171	8968
13618	9852	34434	27162	32505	29619	12328	8794
1803	1251	3770	2611	3028	2113	385	305
1105	688	2516	1450	2225	1642	177	157
15109	6451	17987	9000	18782	18054	2480	1497
146250	138322	138813	119072	167819	162956	48453	42906
76541	70201	104485	89518	60038	54598	10172	8449

12—3续表6

指标名称	单位	东营市		烟台市		潍坊市	
		全市	#市区	全市	#市区	全市	#市区
盈利企业利润总额	万元	3		2211	1840	161	62
亏损企业亏损总额	万元			1066	940	269	269
已交利、税、费	万元	3		367	181		
固定资产原值年末数	万元	16		52036	43517	4888	4060
固定资产净值年末数	万元	14	14	44072	37008	4340	3622
定额流动资金年平均余额	万元	2		23508	17932	2459	1386
定额流动资金占用年末数	万元	2		30026	23661	2891	1599
工业总产值(90年不变价)	万元	32		71295	58356	8124	4687
工业总产值(现行价格)	万元	32		75172	62243	8160	4989
工业净产值(现行价格)	万元	8		17540	13538	1185	580
全部职工年平均人数	万人			2	1		
四、交通、邮电、电力							
铁路客运量(发送量)	万人	22	22	210	168	380	203
铁路货运量(发送量)	万吨	21	21	480	407	626	101
公路客运量	万人	449	386	3233	1509	2377	1664
公路货运量	万吨	1170	780	2388	899	4149	276
水运客运量	万人			265	107		
水运货运量	万吨	4	4	146	112	60	11
沿海港口货物吞吐量	万吨			1423	833	82	9
年末邮电局(所)数	处	90	40	241	31	285	41
计费邮电业务总量	万元	1800	1255	13674	6256	7301	2722
年末电话机数	部	15496	12866	111295	40335	68309	23411
#程控电话机数	部			40702	27000	20305	18057
全年用电量	万千瓦时	602600	581874	405825	105757	409964	125612
#工业用电	万千瓦时	544700	534133	301351	78172	297203	98120
城乡居民生活用电	万千瓦时	24300	18616	38119	7793	53742	14798
五、固定资产投资							
全民单位基本建设投资	万元	66699	2316	93049	47048	69664	38639
#非生产性建设	万元	25414	1974	26503	11994	18122	7793
#住宅建设	万元	13412	389	9198	4285	8896	4254
全民单位更新改造投资	万元	27459	24561	54023	21660	42689	19136
#非生产性建设	万元	4445	4162	7686	5094	2262	1066
#住宅建设	万元	130	95	2483	886	2210	1006
全民单位其他投资	万元	346178	346178	1168	15	1015	84
城镇集体固定资产投资	万元	9712	6033	37438	6510	31553	10206
#非生产性建设	万元	4837	3724	4612	2467	4587	1380
#住宅建设	万元	2984	2441	1867	200	2785	1050
城镇个人固定资产投资	万元	1181	896	7952	2019	16151	1147
新增固定资产							
全民单位基本建设	万元	76020	73770	54972	30001	43007	11819
全民单位更新改造措施	万元	21173	19253	42206	17321	33188	15377

济宁市		泰安市		威海市		日照市	
全市	#市区	全市	#市区	全市	#市区	全市	#市区
115	108			161	161	753	227
34	17			53	53	299	206
10	10					87	
2408	823			1561	1561	10810	3859
2162	653			1388	1388	9123	3492
1227	368			112	112	5968	2206
1556	445			134	134	7402	2452
4376	2633			1656	1656	21848	8106
3531	1825			1552	1552	20522	6651
649	371			452	452	6036	1640
0						1	
261	39	272	186	12	12		
606	80	1730	97	21	21		
2132	506	2930	1875	559	559	986	155
3646	1414	2640	820	208	208	838	275
0						40	38
132	3	2		19	19	57	16
0				1162	1162	210	114
190	20	194	71	26	26	84	12
5531	1907	4722	2010	804	804	5452	2581
46286	18307	56064	18261	8048	8048	35716	14309
11787	6707	13984	5800	3313	3313	12866	6853
240545	42678	306044	32396	21685	21685	132736	28977
171823	30169	240665	18950	11780	11780	91578	20652
23334	4021	31077	9677	4004	4004	19198	2844
70554	19887	48240	14533	30375	30375	33024	25825
20402	6539	18222	7024	5849	5849	9411	8049
9459	2840	7029	2627	2016	2016	2905	2349
41268	20402	23530	9236	6463	6463	26598	10216
4346	2658	1296	347	1630	1630	1347	1259
2614	1577	848	192	1522	1522	143	55
2082	1827	3921	3077	2023	2023	5235	5235
13222	5455	9681	2471	2241	2241	25532	12609
1651	480	110	33	176	176	1748	1328
791	327	110	33	30	30	873	534
8982	2058	2827	797	230	230	4148	1703
36227	18598	24875	8566	7202	7202	12997	8408
37383	24097	23004	9607	4579	4579	21880	9158

12-4 各市国民

指标名称	单位	上海市 全市	上海市 #市区	南京市 全市	南京市 #市区	无锡市 全市	无锡市 #市区
全民其他固定资产投资	万元	23971	1237				
城镇集体固定资产投资	万元	32230	18650	17035	13270	25014	9265
施工住宅建筑面积	万平方米	1177.91	860.59	313.00	295.00	110.39	66.16
竣工住宅建筑面积	万平方米	380.67	321.35	144.30	135.61	57.62	26.97
六、市政公用事业							
年末实有住宅居住面积	万平方米		5087.90		1543.50		586.00
平均每人居住面积	平米/人		6.71		7.29		6.98
水厂综合生产能力	万吨/日		750.90		333.00		57.40
全年供水总量	万吨		310025		108416		18247
#生活用水量	万吨		156108		21389		5721
生活用水人口	万人		801.30		240.00		104.30
年末公共汽车营运车辆	辆		5745		1170		384
全年公共汽车客运总数	万人次		543613		63750		12176
年末实有出租汽车数	辆		12308		1881		572
煤气供气总量	万立方米		223766		132052		1758
#家庭用量	万立方米		59130		9100		1552
液化石油气供气总量	吨		64584		152424		12293
#家庭用量	吨		49558		46477		12043
建成区园林绿地面积	公顷		3110		4976		1316
建成区道路绿化覆盖面积	公顷		4848		356		1504
七、商　业							
社会商品零售总额	万元	4021512	3025378	882824	675670	642514	287256
消费零售额	万元	3820602	2998269	835134	665413	589045	278092
对居民	万元	3159161	2492306	711110	559134	516116	238347
对社会集团	万元	661441	505963	124024	106279	72929	39745
农业生产资料零售额	万元	200910	27109	47690	10257	53469	9164
城乡集市贸易成交额	万元	250939	197181	163551	122407	139052	65286
商业企业经济效益							
商品销售总额	万元	5531500	4745900	728064	522732	785448	267411
商品流通费	万元	326800	279100	44421	31775	38839	14831
商品经营利润	万元	−59700	−76700	−15154	−10942	12820	5205
流动资金年平均占用额	万元	2111900	1947900	172002	124581	148111	61296
零售商业饮食服务业机构	个	132432	71194	68935	42055	54811	10444
#个　体	个	94186	47590	49560	26284	43732	6540
零售商业饮食服务业人员	人	668713	499471	310697	253762	151243	54544
#个　体	人	130248	64670	78608	42173	60908	8680
八、外贸与外经							
外贸收购总额(实际价格)	万元	2543762		114397	84530	542140	251529
外贸进口总额(海关数)	万美元	1025790		80003		1752	
外贸出口总额(海关数)	万美元	1015110		74361		9257	
利用外资新签协议合同数	个	415	266	173	145	147	32

经济基本情况

徐州市		常州市		苏州市		南通市		连云港市	
全市	#市区	全市	#市区	全市	#市区	全市	#市区	全市	#市区
0									
10226	4974	18596	9869	66668	15924	21763	5791	2863	2251
104.51	81.32	81.55	55.74	144.15	48.66	92.52	46.97	95.79	68.93
55.44	39.81	39.44	23.18	85.32	29.22	49.32	23.01	61.74	43.16
	515.40		338.60		552.50		205.20	345.00	251.30
	6.29		6.97		7.74		5.73	31.17	6.90
	42.00		106.80		54.90		85.90	29.80	24.80
	10643		26066		16140		10602	10643	9550
	4669		3018		7928		2354	2822	2291
	91.40		54.80		67.60		43.60	52.60	39.10
	211		226		315		117		89
	8732		9632		12265		5209	2082	2082
	138		146		576		257	68	68
	474		1655		2212		1350	420	420
	469		1403		1586		1113	269	269
	5939		10556		19985		3643	2296	2296
	5929		9830		17653		3619	2296	2296
	1432		364		493		319	1032	842
	1043		734		624		614	1141	744
550361	248901	487077	211935	961798	266344	666946	113029	261731	118559
458294	236824	436920	206090	839408	252615	574831	109897	218136	112371
420273	209199	397359	182221	725746	217589	528984	93377	194441	97626
38021	27625	39561	23869	113662	35026	45847	16520	23695	14745
92067	12077	50157	5845	122390	13729	92115	3132	43595	6188
112349	26293	118562	51431	245100	43051	158061	38614	49237	15942
528427	199814	620473	208029	1057040	234500	672784	159955	251567	127869
37766	14808	30699	12445	62258	12670	37821	8315	18015	9278
4617	2430	4415	300	13713	3257	8984	2103	−737	−674
178545	60456	128896	57702	232848	60229	173819	34938	96242	46171
72917	13567	48052	10682	74338	10820	85100	7882	33626	7136
61045	10993	39830	8445	60140	7919	71451	6180	27542	4989
166785	53828	114491	41634	193183	52333	178817	30006	91876	30731
82906	16214	62878	13278	84415	11097	98460	9775	44774	8749
90806	48323	279728	147949	708131	176300	330337	108071	69803	43626
						38760		78983	
						31185		43857	
27	18	127	74	428	54	87	21	22	17

12—4续表1

指标名称	单位	淮阴市 全市	淮阴市 #市区	盐城市 全市	盐城市 #市区	扬州市 全市	扬州市 #市区
全民其他固定资产投资	万元						
城镇集体固定资产投资	万元	9010	3850	22439	3889	34910	9086
施工住宅建筑面积	万平方米	46.47	16.83	67.32	26.56	128.07	41.00
竣工住宅建筑面积	万平方米	26.94	9.52	41.99	15.21	73.56	25.31
六、市政公用事业							
年末实有住宅居住面积	万平方米		168.00		212.00		232.30
平均每人居住面积	平米/人		6.80		6.54		7.28
水厂综合生产能力	万吨/日		32.60		25.00		24.50
全年供水总量	万吨		7128		5615		7897
#生活用水量	万吨		2279		1423		2446
生活用水人口	万人		31.70		32.10		32.70
年末公共汽车营运车辆	辆		52		40		73
全年公共汽车客运总数	万人次		1826		705		1671
年末实有出租汽车数	辆		35		94		185
煤气供气总量	万立方米		453				571
#家庭用量	万立方米		227				498
液化石油气供气总量	吨		3200		1440		
#家庭用量	吨		3200		1339		
建成区园林绿地面积	公顷		708		281		656
建成区道路绿化覆盖面积	公顷		732		311		692
七、商　　业							
社会商品零售总额	万元	516016	88545	543538	144681	844157	116467
消费零售额	万元	409157	83679	432393	119649	722508	113669
对居民	万元	380361	76734	408560	110136	633302	95539
对社会集团	万元	28796	6945	23833	9513	89206	18130
农业生产资料零售额	万元	106859	4866	111145	25032	121649	2798
城乡集市贸易成交额	万元	125219	22729	85603	22197	165558	10861
商业企业经济效益							
商品销售总额	万元	467934	73595	687457	170109	839617	97460
商品流通费	万元	32619	4640	38608	8649	55025	5763
商品经营利润	万元	4002	492	7345	2076	6897	918
流动资金年平均占用额	万元	168495	20843	243713	4324	266014	38471
零售商业饮食服务业机构	个	87723	6374	84838	17050	96415	4918
#个　体	个	73154	5207	70947	14879	81350	3613
零售商业饮食服务业人员	人	180343	19217	180018	41583	220777	21775
#个　体	人	97529	7859	104089	24485	106552	5250
八、外贸与外经							
外贸收购总额(实际价格)	万元	90924	37853	166651	54637	246235	61637
外贸进口总额(海关数)	万美元						
外贸出口总额(海关数)	万美元						
利用外资新签协议合同数	个	13	4	42	16	78	31

镇江市		杭州市		宁波市		温州市		嘉兴市	
全市	#市区	全市	#市区	全市	#市区	全市	#市区	全市	#市区
				7112	3644				
10895	5054	38095	16308	27542	9704	11201	3212	21489	3580
71.91	44.78	84.42	36.80	43.77	28.42	11.42	5.84	34.63	12.92
36.99	21.13	45.27	16.77	25.16	13.98	5.55	1.41	22.51	8.62
	277.50		858.20		572.00		408.20		176.50
	7.44		7.91		8.88		8.12		8.65
	50.80		101.80		82.70		21.30		67.40
	16813		33672		16887		6117		9529
	3022		13712		5598		2472		1866
	37.60		125.00		73.50		54.60		27.20
	199		783		244		152		27
	5140		41700		9715		3898		457
	31		1987		294		4200		98
	1433		11783				170		
	1246		411				170		
	1252		20838		12448		5799		25682
	1252		19101		11856		5799		13986
	473		1000		637		209		162
	707		1071		655		195		194
299427	104667	976021	537652	717281	294063	551564	218661	491232	131281
265409	99049	906103	528186	633841	273167	490265	207967	394856	105895
237225	84881	792713	452535	563271	233732	461612	191931	356040	90532
28184	14168	113390	75651	70570	39435	28653	16036	38816	15363
34018	5618	69918	9466	83440	20896	61299	10694	96376	25386
87916	19539	299380	156652	230364	66350	354702	82464	154215	40311
286848	98307	1165761	534986	1025998	521821	717012	180085	819159	230983
21970	7513	71417	30394	58839	24117	29004	10421	47358	13747
2938	696	8402	8718	222	2487	—3765	621	—3478	—775
72993	29702	382575	186488	271829	123080	128064	51148	210064	59693
33965	8569	92532	17739	97446	19970	103339	22633	49968	11040
28887	7508	77924	12397	87021	17180	96838	20935	42931	9180
79442	24925	249509	101701	190955	57366	157622	40474	102257	25812
44765	11827	116963	18768	119895	24024	116272	22846	60402	12478
150311	53989	306852	166830	378154	167483	84716	35179	181510	59899
8509		6530		104731		1633			
7147		13622		84573		9203			
47	15	106	48	190	95	57	23	42	15

12—4 续表 2

指标名称	单位	湖州市 全市	湖州市 #市区	绍兴市 全市	绍兴市 #市区	金华市 全市	金华市 #市区
全民其他固定资产投资	万元						
城镇集体固定资产投资	万元	6763	3282	18235	2666	10560	470
施工住宅建筑面积	万平方米	15.09	5.98	29.19	6.44	62.21	7.82
竣工住宅建筑面积	万平方米	9.56	4.11	16.52	1.91	20.17	3.51
六、市政公用事业							
年末实有住宅居住面积	万平方米		192.00		153.60		114.30
平均每人居住面积	平米/人		9.90		8.68		7.33
水厂综合生产能力	万吨/日		20.60		54.70		14.10
全年供水总量	万吨		5355		10543		3445
#生活用水量	万吨		1434		1224		1650
生活用水人口	万人		22.80		18.80		18.60
年末公共汽车营运车辆	辆		40		45		39
全年公共汽车客运总数	万人次		437		821		763
年末实有出租汽车数	辆		101		95		76
煤气供气总量	万立方米				100		
#家庭用量	万立方米				100		
液化石油气供气总量	吨		4056		2965		2419
#家庭用量	吨		4056		2965		2419
建成区园林绿地面积	公顷		187		62		510
建成区道路绿化覆盖面积	公顷		214		58		150
七、商业							
社会商品零售总额	万元	286537	140831	401109	73254	335686	63083
消费零售额	万元	237219	120973	353504	70178	282220	56473
对居民	万元	214896	108374	316595	58539	258014	48298
对社会集团	万元	22323	12599	36909	11639	24206	8175
农业生产资料零售额	万元	49318	19858	47605	3076	53466	6610
城乡集市贸易成交额	万元	94978	49111	223937	34833	242692	21416
商业企业经济效益							
商品销售总额	万元	479183	26855	628969	129346	481124	140771
商品流通费	万元	27403	12782	34337	5830	33816	7825
商品经营利润	万元	—72	1145	1923	993	—466	920
流动资金年平均占用额	万元	136147	63133	162224	28771	135657	32096
零售商业饮食服务业机构	个	42069	15955	68179	3907	81919	6695
#个体	个	37007	13768	61685	3188	75397	6309
零售商业饮食服务业人员	人	78064	32094	120186	13177	148535	14313
#个体	人	51736	19719	84295	3781	110042	9143
八、外贸与外经							
外贸收购总额(实际价格)	万元	179154	125655	235282	62461	108532	25540
外贸进口总额(海关数)	万美元			47			
外贸出口总额(海关数)	万美元	21		469			
利用外资新签协议合同数	个	27	14	68	5	24	6

衢州市		舟山市		合肥市		芜湖市		蚌埠市	
全市	#市区	全市	#市区	全市	#市区	全市	#市区	全市	#市区
				8990	7274	687	580	1012	770
11533	6282	·2897	2897	3003	2510	3156	2679	2748	2471
40.82	21.99	4.42	4.42	146.34	142.57	20.10	17.30	27.08	23.34
22.55	11.67	2.86	2.86	57.57	53.19	7.10	5.70	9.72	7.47
	84.00	133.00	133.00		574.90		259.50		262.70
	6.83	9.72	9.72		7.50		5.99		5.92
	83.50	7.80	7.80		84.30		81.7		39.80
	25738	1965	1965		16664		16811		10831
	1435	401	401		5745		2835		2499
	14.20	13.80	13.80		84.20		53.90		50.50
	75	9	9		348		182		175
	751	102	102		25148		4550		12273
		4	4		131		18		42
	567	18	18		3231		2010		
	513	18	18		2880		2010		
	1540	825	825		1265		779		5605
	1540	817	817		1265		779		4274
	120	138	138		1671		765		2074
	112	143	143		1694		815		945
175922	43650	65397	65397	362259	271748	168193	100160	197069	109929
141618	37023	54555	54555	327113	258535	151539	94676	162987	103676
129305	32327	50790	50790	294838	230169	138900	86489	148552	91780
12313	4696	3765	3765	32275	28366	12639	8187	14435	11896
34304	6627	10842	10842	35146	13213	16654	5484	34082	6253
51626	10812	28509	28509	132195	86296	77429	39344	68879	26684
300816	77015	53542	53542	393390	268805	312696	240977	329379	235399
20252	4778	3271	3271	32933	15796	19202	11667	30329	13121
−669	440	217	217	−5718	−789	−4661	−1791	−10859	−1045
77612	22250	13404	13404	170619	79391	107193	71769	159013	84341
34660	4401	15977	15977	36539	15634	23242	8341	25875	10810
31166	3971	15343	15343	28859	10457	19735	7014	20733	7670
63803	10360	20409	20409	140562	96447	62243	29913	77795	43125
47845	6028	17133	17133	45749	17426	30826	10735	34643	12042
23676	8693	17040	17040	79703		38746	36933	38500	
		253		5836		2218			
		716		2730		10075			
18	16	2	2	31	30	8	8	5	3

12—4 续表 3

指 标 名 称	单 位	淮南市		马鞍山市		淮北市	
		全 市	#市 区	全 市	#市 区	全 市	#市 区
全民其他固定资产投资	万元	819	819	7879	7879	554	554
城镇集体固定资产投资	万元	2220	2204	3119	2915	2291	1715
施工住宅建筑面积	万平方米	23.62	23.54	35.98	35.03	45.81	43.18
竣工住宅建筑面积	万平方米	12.06	12.06	13.23	12.80	23.84	23.11
六. 市政公用事业							
年末实有住宅居住面积	万平方米		381.15		205.25		213.10
平均每人居住面积	平米/人		5.33		6.52		6.23
水厂综合生产能力	万吨/日		291		263.9		62
全年供水总量	万吨		90856		41646		9344
#生活用水量	万吨		7788		2790		2041
生活用水人口	万人		82.2		39.6		36.0
年末公共汽车营运车辆	辆		201		124		67
全年公共汽车客运总数	万人次		5775		3497		1063
年末实有出租汽车数	辆		5		29		
煤气供气总量	万立方米		6375		4373		1060
#家庭用量	万立方米		3076		2888		940
液化石油气供气总量	吨		1426		1431		200
#家庭用量	吨		1426		1431		200
建成区园林绿地面积	公顷		918		1175		382
建成区道路绿化覆盖面积	公顷		980		1167		417
七. 商业							
社会商品零售总额	万元	150469	128186	114205	80632	99433	69591
消费零售额	万元	137095	121209	106051	77560	89329	65028
对居民	万元	126174	110773	94340	66827	78315	55541
对社会集团	万元	10921	10436	11711	10733	11014	9487
农业生产资料零售额	万元	13374	6977	8154	3072	10104	4563
城乡集市贸易成交额	万元	65160	44770	23795	14577	27225	13354
商业企业经济效益							
商品销售总额	万元	140828	125140	93433	72416	115742	86230
商品流通费	万元	18577	14396	9133	6149	10948	8492
商品经营利润	万元	—9263	—6421	—416	142	—3727	—2904
流动资金年平均占用额	万元	95009	73980	38050	22511	42768	33322
零售商业饮食服务业机构	个	20277	15737	12389	7263	11318	3633
#个体	个	16517	12860	10823	6272	9086	2836
零售商业饮食服务业人员	人	59353	48867	34157	22351	31584	19193
#个体	人	24353	18158	16108	8940	12878	4699
八. 外贸与外经							
外贸收购总额(实际价格)	万元	6852	6694	27146	24945	15787	15537
外贸进口总额(海关数)	万美元						
外贸出口总额(海关数)	万美元						
利用外资新签协议合同数	个	10		6	5		

铜陵市		安庆市		黄山市		福州市		厦门市	
全市	#市区	全市	#市区	全市	#市区	全市	#市区	全市	#市区
534	534	1838	191	320	296	1041	65	959	274
1368	1016	3495	1809	1431	595	3957	2172	3583	3168
21.10	19.70	45.72	30.02	7.09	4.79	56.32	45.17		28.67
14.80	13.70	24.90	15.35	3.59	2.53	27.25	21.33		13.17
	134.30		207.70		75.90		696.00		267.40
	6.25		8.65		6.60		7.81		8.01
	24.6		65.9		9.7		73.50		30.10
	8109		20121		1845		26618		8995
	1419		3477		648		12247		2852
	23.4		30.9		12.10		120.40		38.00
	92		88		25		351		170
	2197		2250		181		15212		5938
	50		14		75		2262		1883
	2554		45				1141		64
	2421		45				1141		64
	223		6528		262		9285		10731
	220		6507		262		8576		7039
	834		204		410		1438		1083
	713		516		386		1092		1245
55561	41951	263639	71954	94079	38955	558176	350858	355491	310908
49770	38612	220350	63967	80508	35166	506952	329641	338543	302708
44683	34857	205173	57306	74046	31590	463661	293452	324217	289703
5087	3755	15177	6661	6462	3576	43291	36189	14326	13005
5791	3339	43289	7987	13571	3789	51224	21217	16948	8200
11876	10136	76501	9543	7251	7251	182690	107414	64848	49132
66600	43191	334748	118917	68392	50545	517885	308971	355388	312508
6498	4345	35265	8843	5387	3243	36668	21078	15097	12896
−1169	−1638	−4709	−623	−1267	−609	389	1069	2868	2669
26589	24878	181708	54203	15089	11725	153723	85707	72299	63808
6987	3868	49825	6844	21518	6570	53954	18328	21374	14466
5614	2905	41232	5373	18660	5389	46341	14988	17901	11499
19900	12851	109893	26189	45929	17841	135882	65959	70448	58529
9129	4092	60655	8069	27898	7447	74478	26815	31826	22455
7706	7692	49655		15981		74543	37016	253505	250495
		614				81286		113537	
		2739				65128		127088	
		5	4	3	1	286	220	316	316

12—4续表4

指标名称	单位	莆田市		三明市		泉州市	
		全市	#市区	全市	#市区	全市	#市区
全民其他固定资产投资	万元	782	622	1365	107	2002	70
城镇集体固定资产投资	万元	1225	731	4553	979	11840	620
施工住宅建筑面积	万平方米	14.95	7.94	48.60	24.99	30.56	16.13
竣工住宅建筑面积	万平方米	7.98	3.89	19.20	9.87	16.02	7.84
六、市政公用事业							
年末实有住宅居住面积	万平方米		68.40		135.70		131.80
平均每人居住面积	平米/人		7.20		7.94		6.94
水厂综合生产能力	万吨/日		4.00		70.40		12.50
全年供水总量	万吨		1546		16284		4304
#生活用水量	万吨		778		1697		900
生活用水人口	万人		20.70		16.00		18.50
年末公共汽车营运车辆	辆		44		79		89
全年公共汽车客运总数	万人次		306		2687		512
年末实有出租汽车数	辆				15		30
煤气供气总量	万立方米				1241		
#家庭用量	万立方米				1236		
液化石油气供气总量	吨		120		1410		2805
#家庭用量	吨		110		1410		2805
建成区园林绿地面积	公顷		192		455		230
建成区道路绿化覆盖面积	公顷		164		477		229
七、商业							
社会商品零售总额	万元	115832	41870	222650	48591	477191	108642
消费零售额	万元	100454	40357	200456	46818	433247	98289
对居民	万元	97144	37783	188262	42416	423092	93952
对社会集团	万元	3310	2574	12194	4402	10155	4337
农业生产资料零售额	万元	15378	1513	22194	1773	43944	10353
城乡集市贸易成交额	万元	58314	21252	122338	24381	128785	36477
商业企业经济效益							
商品销售总额	万元	109108	49416	257661	82212	332276	68386
商品流通费	万元	7686	3748	20627	5714	21173	4234
商品经营利润	万元	−693	190	1634	1366	2238	448
流动资金年平均占用额	万元	27080	11753	78689	20318	86825	14365
零售商业饮食服务业机构	个	14907	3768	38175	5762	63604	7111
#个体	个	12547	3425	34013	5164	55422	5799
零售商业饮食服务业人员	人	30084	9074	66187	11224	142705	18856
#个体	人	19781	5954	49645	6708	103254	8055
八、外贸与外经							
外贸收购总额(实际价格)	万元	25912	3006	27878	5767	50896	23498
外贸进口总额(海关数)	万美元						
外贸出口总额(海关数)	万美元						
利用外资新签协议合同数	个	65	37	40	17	410	82

漳州市		南昌市		景德镇市		萍乡市	
全市	#市区	全市	#市区	全市	#市区	全市	#市区
3081	2137						
2201	1346	3752.00	3464.00	1201.00	1052.00	1983.00	1983.00
13.65	4.91	66.54	52.49	16.98	12.22	20.25	20.25
8.50	1.60	33.64	24.73	7.48	4.10	12.44	12.44
	113.00		722.01		225.30		215.77
	6.14		6.54		7.20		5.07
	30.85		82.00		20.20		12.00
	4521		28105.00		7830.00		2752.00
	882		10938.00		2402.00		1110.00
	18.00		125.44		34.10		27.00
	25		365.00		84.00		94.00
	121		17124.00		2866.00		1643.00
	36		40.00		19.00		10.00
			504.00		1534.00		
			487.00		16.00		
	2372		8134.00		805.00		
	2311		7631.00		805.00		
	457		1397.00		946.00		369.00
	298		1396.00		52.00		404.00
329291	89870	337458.00	235510.00	79238.00	46684.00	85007.00	85007.00
270820	79355	299652.00	224992.00	71885.00	44956.00	78469.00	78469.00
262106	74481	272357.00	201916.00	62816.00	37311.00	73255.00	73255.00
8714	4874	27295.00	23076.00	9069.00	7645.00	5214.00	5214.00
58471	10515	37806.00	10518.00	7353.00	1728.00	6538.00	6538.00
99247	33543	127993.00	91425.00	22717.00	15538.00	31664.00	31664.00
353828	35141	455191.00	294165.00	89793.00	53166.00	78397.00	78397.00
20979	1871	38151.00	18622.00	9598.00	4836.00	7739.00	7739.00
1161	650	−13941.00	−2363.00	−3119.00	−1195.00	−1094.00	−1094.00
94249	5505	248456.00	134354.00	49809.00	24032.00	30683.00	30683.00
46129	6963	36646.00	17871.00	13090.00	6717.00	13128.00	13128.00
39407	6077	30579.00	14482.00	11363.00	5910.00	11344.00	11344.00
84590	14711	136851.00	90975.00	33237.00	20215.00	32680.00	32680.00
56679	7724	67320.00	38165.00	19187.00	11422.00	19872.00	19872.00
42586	22711	40940.00	37318.00	21509.00	20338.00	12212.00	12212.00
		20737.00	20737.00				
		48629.00	48629.00				
120	37	63.00	55.00	12.00	10.00	2.00	2.00

12－4续表5

指标名称	单位	九江市 全市	九江市 #市区	新余市 全市	新余市 #市区	鹰潭市 全市	鹰潭市 #市区
全民其他固定资产投资	万元			665.00	665.00		
城镇集体固定资产投资	万元	384.00	40.00	655.00	617.00	1213.00	189.00
施工住宅建筑面积	万平方米	22.76	11.79	23.28	21.01	20.02	9.82
竣工住宅建筑面积	万平方米	12.81	6.08	9.87	8.28	11.47	5.59
六、市政公用事业							
年末实有住宅居住面积	万平方米		201.00		121.00		53.72
平均每人居住面积	平米/人		7.20		6.69		6.47
水厂综合生产能力	万吨/日		153.00		66.00		9.00
全年供水总量	万吨		5631.00		24117.00		10270.00
#生活用水量	万吨		2109.00		1539.00		3792.00
生活用水人口	万人		27.40		18.00		11.20
年末公共汽车营运车辆	辆		109.00		90.00		59.00
全年公共汽车客运总数	万人次		3619.00		1295.00		731.00
年末实有出租汽车数	辆		153.00		12.00		10.00
煤气供气总量	万立方米				858.00		
#家庭用量	万立方米				712.00		
液化石油气供气总量	吨		3052.00				850.00
#家庭用量	吨		3052.00				850.00
建成区园林绿地面积	公顷		3463.00		384.00		221.00
建成区道路绿化覆盖面积	公顷		1053.00		377.00		243.00
七、商业							
社会商品零售总额	万元	230949.00	81527.00	68547.00	52241.00	54754.00	26440.00
消费零售额	万元	199532.00	78767.00	54879.00	40581.00	47162.00	24114.00
对居民	万元	179327.00	66063.00	49705.00	36862.00	43835.00	22212.00
对社会集团	万元	20205.00	12704.00	5174.00	3719.00	3327.00	1902.00
农业生产资料零售额	万元	31417.00	2760.00	13668.00	11660.00	7592.00	2326.00
城乡集市贸易成交额	万元	101098.00	52283.00	21669.00	17898.00	14884.00	7608.00
商业企业经济效益							
商品销售总额	万元	387874.00	137368.00	98001.00	79145.00	33047.00	14513.00
商品流通费	万元	35793.00	10181.00	8819.00	6901.00	3151.00	1076.00
商品经营利润	万元	－9519.00	－393.00	－1617.00	－1093.00	－372.00	－89.00
流动资金年平均占用额	万元	195538.00	44878.00	40038.00	31104.00	14945.00	6697.00
零售商业饮食服务业机构	个	61180.00	21555.00	8814.00	5962.00	8543.00	2437.00
#个体	个	40503.00	5701.00	7842.00	5266.00	7481.00	2141.00
零售商业饮食服务业人员	人	122055.00	36749.00	20544.00	14726.00	21763.00	7226.00
#个体	人	74307.00	11497.00	12393.00	8396.00	13863.00	3925.00
八、外贸与外经							
外贸收购总额(实际价格)	万元	36825.00	23712.00	11520.00	11520.00	4068.00	1919.00
外贸进口总额(海关数)	万美元	4771.00	4771.00				
外贸出口总额(海关数)	万美元	2173.00	2173.00				
利用外资新签协议合同数	个	5.00	5.00	2.00	2.00	30.00	14.00

济南市		青岛市		淄博市		枣庄市	
全市	#市区	全市	#市区	全市	#市区	全市	#市区
9576	9242	6157	6157	2010	2010	4702	4404
13690	8846	22972	16214	25082	24051	8951	7111
241	225	245	197	88	83	366	361
115	105	126	99	47	43	26	23
	951		913		639		260
	8		7		8		8
	109		62		56		44
	27864		13865		13761		10692
	7776		4990		4216		2169
	139		136		97		47
	606		1372		646		98
	28987		67552		9572		1369
	442		1070		318		25
	703		3439				2622
	703		2351				1385
	15342		17963		12341		200
	14842		16809		12294		200
	2776		2321		8380		248
	3157		2326		3226		1079
657498	472382	853075	498979	438917	354983	250259	149267
597989	453520	760562	485655	379587	314645	213975	129538
529031	393050	683043	426199	325788	266426	197591	117717
68958	60470	77519	59456	53799	48219	16384	11821
59509	18862	92513	13324	59330	40338	36284	19729
172455	94900	235210	88172	147585	121827	81267	41621
722222	519363	1025726	650720	418506	367155	203586	104867
52339	31608	71355	41539	38159	35199	14537	3885
-6503	-2604	-1636	-2416	-3852	-3921	884	-726
304565	183465	439442	297674	164351	152111	79378	37891
63122	29649	89151	30684	60181	43940	39714	21347
53688	24915	76584	25085	51108	36643	36377	20329
200880	131504	233742	123354	174796	143670	103078	52883
85209	39177	116086	42900	83527	62116	76160	44724
109224	97533	360735	166540	97492	90548	33162	18792
2972		186324					
3583		332949					
101	101	142	84	45	42	20	12

12—4续表6

指标名称	单位	东营市 全市	东营市 #市区	烟台市 全市	烟台市 #市区	潍坊市 全市	潍坊市 #市区
全民其他固定资产投资	万元	339640	339640	594	15	84	84
城镇集体固定资产投资	万元	6197	4663	30414	4007	27215	8535
施工住宅建筑面积	万平方米	73	69	111	49	69	31
竣工住宅建筑面积	万平方米	64	60	66	28	43	17
六、市政公用事业							
年末实有住宅居住面积	万平方米		259		281		249
平均每人居住面积	平米/人		8		8		8
水厂综合生产能力	万吨/日		52		27		18
全年供水总量	万吨		18855		6043		4514
#生活用水量	万吨		3897		2277		1774
生活用水人口	万人		49		51		44
年末公共汽车营运车辆	辆		197		152		88
全年公共汽车客运总数	万人次		2142		5726		2016
年末实有出租汽车数	辆		4		306		146
煤气供气总量	万立方米		39443		1463		3621
#家庭用量	万立方米		39443		1093		1205
液化石油气供气总量	吨		9688		6168		4015
#家庭用量	吨		9688		6135		3349
建成区园林绿地面积	公顷		131		1261		712
建成区道路绿化覆盖面积	公顷		141		1369		829
七、商业							
社会商品零售总额	万元	146650	73981	697061	165389	712675	196762
消费零售额	万元	117554	70891	572053	151588	552099	172618
对居民	万元	104102	63905	514775	130828	501729	148220
对社会集团	万元	13452	6986	57278	20760	50370	24398
农业生产资料零售额	万元	29096	3090	125008	13801	160576	24144
城乡集市贸易成交额	万元	31555	14035	217203	41718	197256	49451
商业企业经济效益							
商品销售总额	万元	199113	58467	1127100	531620	875421	298803
商品流通费	万元	14875	4005	82780	29986	69415	22907
商品经营利润	万元	2591	1432	6211	3016	18802	5186
流动资金年平均占用额	万元	67648	18593	368095	17348	329017	108905
零售商业饮食服务业机构	个	24097	10832	97165	11606	127205	18531
#个体	个	22397	9734	85930	9629	113087	16806
零售商业饮食服务业人员	人	63719	36361	226152	44589	337276	61610
#个体	人	42405	19191	119912	15208	203940	11251
八、外贸与外经							
外贸收购总额(实际价格)	万元	16035	5799	250969	74013	242022	76560
外贸进口总额(海关数)	万美元			78535			
外贸出口总额(海关数)	万美元			39965			
利用外资新签协议合同数	个	6	6	243	119	113	16

济宁市		泰安市		威海市		日照市	
全市	#市区	全市	#市区	全市	#市区	全市	#市区
435	203	428	28	2023	2023	6294	6294
8789	3983	5415	2025	1035	1035	20816	8465
111	47	68	33	17	17	47	29
60	22	43	20	9	9	34	18
	174		183		121		86
	7		8		9		9
	55		15		10		6
	11112		3940		2239		1587
	1950		1672		914		581
	29		26		20		11
	45		85		40		37
	781		1149		267		678
	16		360		13		36
	2799		1150				
	1175		690				
	750		1566		718		1823
	750		1350		718		1823
	862		480		336		473
	116		574		401		551
464152	114310	404683	110363	85408	85408	381213	65627
362705	97802	333821	94730	63715	63715	274918	55973
340163	87356	308468	84284	60395	60395	242541	46901
22542	10446	25353	10446	3320	3320	32377	9072
101447	16508	70862	15633	21693	21693	106295	9654
146981	23356	121330	25486	22012	22012	36708	4534
649246	262142	460923	186769	134100	134100	510234	148029
52737	14215	40321	14895	12862	12862	33215	8668
−537	−4	−2058	845	2529	2529	8470	2878
279800	81013	180845	68924	38513	38513	179900	44580
96082	12915	79109	19796	11251	11251	31696	3854
88326	11984	70313	17686	8710	8710	27446	3198
254746	41223	209399	50823	30682	30682	63015	13199
181887	26367	123392	24882	11884	11884	33742	4577
61000	33550	57821	20807	25773	25773	126271	26595
				5563		6527	
				19226		4424	
85	30	15	9	14	14	85	32

12—5 各 市 国 民

指标名称	单位	上海市		南京市		无锡市	
		全市	#市区	全市	#市区	全市	#市区
对外借款	个	50	50			4	2
外商直接投资	个	365	216	173	145	143	30
协议合同外资金额	万美元	90957	81987	11700	10369	12764	7334
对外借款	万美元	45956	45956	689	689	4437	4100
外商直接投资	万美元	45001	36031	11011	9680	8327	3234
实际利用外资金额	万美元	85488	85488	3050	2764	6814	5332
对外借款	万美元	68260	68260	689	689	1704	1704
外商直接投资	万美元	16420	16420	2361	2075	5110	3628
外商其它投资	万美元	808	808				
旅游者人数	人	981804		221300		116380	
旅游外汇收入	外券万元	151453		24090		9194	
九、财政、金融							
地方财政预算内收入	万元	1650861	1377621	209086	186090	196316	104822
#工商税收	万元	1596604	1334777	203485	182426	177287	90370
地方财政预算内支出	万元	774237	652798	114268	87742	67321	34100
#文教卫生事业费支出	万元	206334	160204	27784	18640	21673	8901
城乡居民储蓄年末余额	万元	3282182	2222230	692637	553722	726842	284775
年末银行各项贷款余额	万元	10088163	8827409	1528416	1291488	1003310	577030
#流动资金贷款	万元	7285677	6239746	1133065	929122	816138	462316
固定资产贷款	万元	1784131	1733323	262738	249170	103986	75206
农业贷款	万元	423374	4837	29136	15951	22112	3430
十、劳动工资							
全民单位全部职工							
年末人数	万人	403.50	331.56	105.13	92.82	49.64	33.47
平均人数	万人	399.03	328.07	103.80	91.66	49.20	33.19
工资总额	万元	1391248	1165936	283729	258224	138356	98611
全民工业企业职工							
年末人数	万人	208.99	179.29	47.54	42.90	28.40	21.38
平均人数	万人	207.57	178.34	47.09	42.48	28.08	21.14
工资总额	万元	730373	629864	131869	121586	82439	64710
城镇集体单位全部职工							
年末人数	万人	101.38	73.11	39.29	32.69	25.52	12.75
平均人数	万人	101.20	73.23	38.92	32.39	25.37	12.71
工资总额	万元	285103	206392	82428	70823	60067	29932
城镇集体工业企业职工							
年末人数	万人	55.31	41.19	23.74	20.67	13.87	7.43
平均人数	万人	55.71	41.62	23.61	20.58	13.77	7.40
工资总额	万元	149481	111476	50320	44768	32090	17295
其他经济类型全部职工							
年末人数	万人	12.85	9.91	3.66	3.46	5.37	4.61
平均人数	万人	11.94	9.14	3.41	3.23	5.34	4.57

经济基本情况

徐州市		常州市		苏州市		南通市		连云港市	
全市	#市区	全市	#市区	全市	#市区	全市	#市区	全市	#市区
1	1	22	22	16	4			1	1
26	17	105	52	412	50	87	21	21	16
1978	1734	8826	7374	37553	6430	7018	5502	3173	1028
1281	1281	4678	4678	3027	440			162	162
697	453	4148	2696	34526	5990	7018	5502	3011	866
1225	1082	2384	1745	11862	2141	5009	3401	1136	1103
978	835	443	410	3282	924	1077	152	982	982
247	247	1709	1180	7902	1217	2092	1419	150	119
		232	155	678		1840	1830	4	2
3185	2325	8643	8175	263193		11035		2593	
135	135	1538	1535	11151		1291		766	
103467	70215	117190	70821	197545	76102	124295	48991	38337	27552
96483	67907	103445	60620	177495	67275	106621	40639	28239	18449
98117	41538	55849	25360	84889	31596	76948	21065	42056	20868
32388	9945	16956	6220	27209	7815	30901	6053	13340	5549
555370	213526	462939	201232	985051	226851	779344	119177	190628	99326
816939	449587	711609	407832	1302785	504101	860992	359870	484229	320978
664753	336198	576629	307548	1061051	409208	711009	278666	352212	212050
111677	93541	82187	71260	110095	46843	81255	59906	83366	74448
18181	4659	18470	2215	27793	2715	23389	5259	24848	11986
65.55	43.93	31.82	21.20	53.67	26.13	43.45	17.13	27.55	16.62
64.25	43.18	31.60	21.07	53.16	26.00	42.46	16.62	26.97	16.37
169855	127972	85319	61166	148481	75979	98090	43329	59036	38302
33.75	26.84	17.07	13.33	25.84	14.09	18.88	9.29	11.17	8.41
33.12	26.38	17.05	13.32	25.75	14.13	18.52	9.23	10.99	8.38
94257	82040	48803	39637	77126	43351	44441	24653	23543	18839
23.85	11.93	19.35	9.64	40.28	14.33	41.95	9.14	11.58	6.08
23.31	11.87	19.77	10.15	39.96	14.26	41.36	9.06	11.47	6.01
38397	21524	44519	24662	96780	36616	78975	20470	17814	10600
11.79	7.45	11.74	6.86	25.17	10.38	24.00	5.85	4.72	3.11
11.53	7.45	12.01	7.21	24.97	10.39	23.57	5.83	4.72	3.12
18694	13262	27842	17536	61831	27305	44278	13315	6859	4903
0.19	0.19	4.94	4.89	3.74	2.58	1.58	1.02	0.51	0.43
0.18	0.18	5.00	4.96	3.66	2.54	1.43	0.88	0.44	0.37

12—5续表1

指标名称	单位	淮阴市 全市	淮阴市 #市区	盐城市 全市	盐城市 #市区	扬州市 全市	扬州市 #市区
对外借款	个					4	4
外商直接投资	个	13	4	42	16	74	27
协议合同外资金额	万美元	722	30	3929	374	4437	2543
对外借款	万美元					1220	1220
外商直接投资	万美元	722	30	3929	374	3217	1323
实际利用外资金额	万美元	220	97	1377	863	3454	1710
对外借款	万美元			460	457	694	694
外商直接投资	万美元	220	97	645	170	2350	880
外商其它投资	万美元			272	236	410	136
旅游者人数	人	989		1222		17537	
旅游外汇收入	外券万元	19		46		917	
九、财政、金融							
地方财政预算内收入	万元	62431	25026	57132	19464	110906	20398
#工商税收	万元	66221	24014	51116	16819	106649	18273
地方财政预算内支出	万元	97131	19219	78259	22515	100843	18805
#文教卫生事业费支出	万元	31308	4662	29750	7347	33152	5482
城乡居民储蓄年末余额	万元	278321	49473	464232	109487	710680	96976
年末银行各项贷款余额	万元	700516	173468	713353	212350	1039151	235682
#流动资金贷款	万元	583801	123166	610225	180680	819109	166628
固定资产贷款	万元	63210	34417	47767	18805	160464	49025
农业贷款	万元	37610	7815	36890	4734	16196	461
十、劳动工资							
全民单位全部职工							
年末人数	万人	50.10	12.44	37.46	12.30	56.63	15.91
平均人数	万人	50.39	12.08	36.80	11.89	56.33	15.96
工资总额	万元	101498	28526	76738	27597	129175	41370
全民工业企业职工							
年末人数	万人	19.52	6.57	13.47	5.96	25.82	8.05
平均人数	万人	19.65	6.15	13.06	5.69	25.61	7.99
工资总额	万元	41848	14819	28260	14140	60530	21496
城镇集体单位全部职工							
年末人数	万人	26.48	3.72	29.37	6.00	50.62	7.43
平均人数	万人	25.96	3.69	28.57	5.88	50.02	7.44
工资总额	万元	36337	6561	44583	9637	88724	15467
城镇集体工业企业职工							
年末人数	万人	12.84	2.17	13.83	3.00	27.97	5.08
平均人数	万人	12.51	2.14	13.38	2.95	27.64	5.08
工资总额	万元	17067	3825	20420	4759	49072	10619
其他经济类型全部职工							
年末人数	万人	0.09	0.09	0.26	0.05	1.87	0.29
平均人数	万人	0.09	0.09	0.22	0.05	1.72	0.25

镇江市		杭州市		宁波市		温州市		嘉兴市	
全市	#市区	全市	#市区	全市	#市区	全市	#市区	全市	#市区
		2	2	6	4				
47	15	104	46	184	91	57	23	42	15
2153	1159	5683	3295	18243	14900	1882	1205	949	451
		474	474	783	411				
2153	1159	5209	2821	17460	14489	1882	1205	949	451
1820	1152	3092	1687	5194	3554	766	584	640	353
		583	583	2504	2106				
1553	1036	2129	724	2680	1442	766	584	640	353
267	116	380	380	10	6				
18649		390197		31159		13839		6908	
473		34509		3085		749		281	
56664	26760	267597	158130	177875	86731	99391	34310	106743	35933
52146	24761	227321	127756	160497	78588	98651	34540	92323	30334
41798	18328	123134	62403	106961	58703	93562	24972	46405	15341
12798	4297	35380	14331	29505	12339	30173	7079	15182	4717
281635	89032	904487	451754	605796	246619	415557	172745	399627	101414
515491	295081	1879191	1385317	978646	610533	358221	161599	548268	197567
412272	221522	1594605	1186554	718546	412154	280904	122860	453452	167328
63651	52421	189027	144934	161336	137693	39986	25433	73160	21933
12878	3209	40226	9521	20335	5838	22194	2036	7098	2111
28.09	17.60	84.85	56.68	39.00	22.13	25.27	11.08	23.52	9.44
27.42	17.02	83.92	55.94	38.23	21.64	24.70	10.82	23.15	9.16
67406	44831	227438	157279	103576	62399	56644	25851	62952	25065
12.97	8.82	38.75	25.54	16.35	10.02	7.82	5.09	12.67	5.31
12.80	8.64	38.34	25.21	15.95	9.74	7.51	4.92	12.38	5.09
32239	22840	104779	70510	41108	25793	16831	10850	34602	14187
16.61	6.58	35.76	19.89	33.64	13.84	29.99	13.93	18.00	5.40
16.47	6.55	35.00	19.48	32.73	13.60	26.38	13.39	17.92	5.41
31922	13929	78827	45778	71328	30114	52233	24955	41234	12299
9.29	3.66	21.00	11.92	20.93	8.75	21.47	10.52	10.60	3.04
9.20	3.65	20.50	11.71	20.25	8.60	18.28	10.09	10.53	3.11
17586	7778	45668	27319	42720	18822	36147	18377	23563	6977
0.63	0.49	2.64	2.01	2.80	1.81	0.53	0.44	0.69	0.14
0.59	0.47	2.45	1.85	2.64	1.69	0.48	0.41	0.62	0.12

12－5续表2

指标名称	单位	湖州市		绍兴市		金华市	
		全市	#市区	全市	#市区	全市	#市区
对外借款	个						
外商直接投资	个	27	14	68	5	24	6
协议合同外资金额	万美元	706	462	1805	159	384	43
对外借款	万美元						
外商直接投资	万美元	706	462	1805	159	384	43
实际利用外资金额	万美元	307	160	1213	88	126	15
对外借款	万美元						
外商直接投资	万美元	307	160	1213	88	126	15
外商其它投资	万美元						
旅游者人数	人	1517		6618		623	
旅游外汇收入	外券万元	73		230		21	
九、财政、金融							
地方财政预算内收入	万元	52220	30549	108717	28637	71508	14138
#工商税收	万元	45712	26506	94814	24722	59758	10751
地方财政预算内支出	万元	28328	14783	50104	11587	51068	8844
#文教卫生事业费支出	万元	9161	4538	18005	3545	18885	2896
城乡居民储蓄年末余额	万元	232511	116673	466310	89596	392477	54924
年末银行各项贷款余额	万元	291610	153546	445517	148933	399562	108524
#流动资金贷款	万元	252339	130981	384764	129668	324831	83838
固定资产贷款	万元	25893	17452	38983	13891	48244	17787
农业贷款	万元	6286	1543	7454	825	14101	3510
十、劳动工资							
全民单位全部职工							
年末人数	万人	17.88	8.58	21.69	7.14	24.26	8.34
平均人数	万人	17.86	8.57	21.33	6.98	23.69	8.16
工资总额	万元	45978	23484	55986	19834	56611	20999
全民工业企业职工							
年末人数	万人	9.33	4.18	9.81	3.85	9.71	3.06
平均人数	万人	9.29	4.19	9.60	3.75	9.43	3.00
工资总额	万元	25097	11960	26264	10941	22143	7010
城镇集体单位全部职工							
年末人数	万人	10.32	5.15	19.89	4.73	11.41	2.05
平均人数	万人	10.09	5.05	19.34	4.78	11.03	1.98
工资总额	万元	22080	11892	42193	10483	22588	4084
城镇集体工业企业职工							
年末人数	万人	5.11	2.98	10.65	3.00	6.15	1.17
平均人数	万人	4.95	2.91	10.45	3.08	6.02	1.16
工资总额	万元	11015	6859	22134	6668	12203	2337
其他经济类型全部职工							
年末人数	万人	0.43	0.24	0.33	0.12	0.14	0.03
平均人数	万人	0.33	0.18	0.28	0.10	0.14	0.03

衢州市		舟山市		合肥市		芜湖市		蚌埠市	
全市	#市区	全市	#市区	全市	#市区	全市	#市区	全市	#市区
18	16	2	2	31	30	8	8	3	3
441	370	26	26	851	826	885	885	2870	80
						670	670	4790	
441	370	26	26	31	30	8	8	3	3
159	2			681	656	226	226	244	97
						172	172	147	
159	2			681	656	54	54	97	97
186		31		14371		1511		2520	
		37		856		34		56	
34194	13506	10562	10562	68916	60656	50291	43662	59063	53242
27257	10439	9088	9088	77275	71865	55920	50846	58307	54269
29527	7484	6713	6713	43684	26782	28586	17707	36657	23195
9516	2080	1782	1782	11492	5559	8569	4369	10000	5254
140540	37073	18883	18883	245267	198042	128234	87773	142413	99209
216483	89979	49218	49218	896923	757743	297946	239892	400756	286975
166734	64927	41790	41790	731824	612450	243388	193464	323455	230866
31596	20264	5379	5379	99509	93639	43988	41433	51553	48103
11055	1212	1208	1208	15871	2944	5288	545	17363	890
14.11	6.25	2.57	2.57	46.78	40.46	22.57	18.44	23.83	17.40
13.83	6.10	2.55	2.55	45.93	39.77	22.20	18.13	23.27	16.97
34308	16682	6660	6660	102808	91853	48901	41365	47687	37542
6.79	3.89	1.02	1.02	19.83	18.46	10.62	9.57	10.24	8.72
6.62	3.77	1.01	1.01	19.41	18.07	10.48	9.44	10.11	8.64
17755	10865	2668	2668	45423	43169	22331	20438	19788	17494
6.13	1.89	2.29	2.29	15.74	11.09	12.14	8.71	11.40	8.43
5.86	1.83	2.23	2.23	15.36	10.82	11.95	8.61	11.25	8.34
11814	3974	4638	4638	24551	18937	17875	13258	15520	12301
3.11	1.20	1.22	1.22	8.15	6.30	7.27	5.43	6.49	5.64
2.92	1.18	1.15	1.15	7.92	6.17	7.15	5.39	6.39	5.59
5760	2645	2273	2273	12813	10807	10583	8260	8891	8071
0.14	0.04	0.01	0.01						
0.12	0.04	0.01	0.01						

12—5续表 3

指标名称	单位	淮南市		马鞍山市		淮北市	
		全市	#市区	全市	#市区	全市	#市区
对外借款	个						
外商直接投资	个	10	10	6	5		
协议合同外资金额	万美元	524	524	136	128		
对外借款	万美元						
外商直接投资	万美元	10	10	6	5		
实际利用外资金额	万美元	210	210	85	63		
对外借款	万美元						
外商直接投资	万美元	210	210	85	63		
外商其它投资	万美元						
旅游者人数	人	725		754			
旅游外汇收入	外券万元			33			
九. 财政. 金融							
地方财政预算内收入	万元	19072	17689	58365	54441	10587	10669
#工商税收	万元	20180	19110	38571	35863	14155	11331
地方财政预算内支出	万元	21977	17141	26257	21020	15797	10338
#文教卫生事业费支出	万元	5472	4100	5279	3624	4665	2211
城乡居民储蓄年末余额	万元	136019	121526	94977	74227	105536	78665
年末银行各项贷款余额	万元	382294	346461	213211	188658	156755	106708
#流动资金贷款	万元	179557	152811	140315	118754	115078	76136
固定资产贷款	万元	186428	181316	61007	60332	30952	25492
农业贷款	万元	8703	4849	2599	696	6594	2182
十. 劳动工资							
全民单位全部职工							
年末人数	万人	32.30	30.24	18.31	16.76	24.37	22.10
平均人数	万人	31.53	29.50	17.91	16.41	22.98	20.74
工资总额	万元	87699	84790	50634	47872	71043	67088
全民工业企业职工							
年末人数	万人	19.36	19.35	11.91	11.47	16.71	16.12
平均人数	万人	18.63	18.05	11.53	10.10	15.39	14.82
工资总额	万元	54981	53975	35116	34290	53521	52591
城镇集体单位全部职工							
年末人数	万人	14.12	13.10	7.19	5.83	9.58	8.47
平均人数	万人	13.33	12.32	7.10	5.79	9.30	8.30
工资总额	万元	21360	21359	13379	11560	14039	12614
城镇集体工业企业职工							
年末人数	万人	9.13	8.88	4.61	3.86	4.79	4.38
平均人数	万人	8.71	8.47	4.49	3.78	4.20	3.79
工资总额	万元	14201	13960	8630	7596	5430	4893
其他经济类型全部职工							
年末人数	万人						
平均人数	万人						

铜陵市		安庆市		黄山市		福州市		厦门市	
全市	#市区	全市	#市区	全市	#市区	全市	#市区	全市	#市区
								103	103
		5	4	3	1	286	220	213	213
1000	1000	2267	2145	114	12	29601	22171	57726	57726
600	600							5751	5751
		5	4	3	1	29601	22171	51975	51975
117	117	352	352	213	63	21684	16734	18285	18285
57	57			150		7439	7439	5029	5029
60	60	352	352	63	63	13813	8863	13256	13256
						432	432		
976		395		121364		148135		205102	
44		9		3800		16614		31585	
9353	7129	38421	21990	14647	5604	119982	83846	118363	112530
9259	7330	33599	21573	12278	4852	102054	75206	99693	95281
11552	7802	48169	14891	21389	9496	95044	53929	103518	95168
3097	1835	16939	3965	7485	2929	29559	13339	17276	14291
44069	35768	153915	61813	93152	36385	708545	448051	249358	204014
157695	137892	372129	157300	109861	60870	1303172	1130973	779587	607915
111417	96204	280360	122901	79871	41945	884152	752245	513200	441621
37609	34979	46506	27528	22984	15088	322774	310938	117735	102615
2260	803	36650	884	4219	1488	41526	17024	42039	13662
12.40	11.32	27.10	13.88	10.28	5.39	51.42	37.04	17.95	15.93
12.08	11.02	26.75	13.58	10.11	5.30	50.40	36.25	17.48	15.51
30271	28364	50951	28665	18838	10151	126691	97044	64349	59116
7.78	7.52	9.56	7.14	3.28	1.85	17.37	13.73	7.03	6.54
7.55	7.29	9.44	6.98	6.20	1.84	17.33	13.71	6.85	6.40
20417	20010	20222	16266	5750	3076	42364	35065	25137	23938
5.25	3.94	11.87	5.02	4.03	1.48	22.73	16.61	8.17	7.33
5.07	3.82	11.55	4.97	4.09	1.49	21.79	16.03	7.96	7.14
8288	6466	16484	7920	5842	2238	40059	30167	23917	21933
3.28	2.58	5.27	2.71	2.09	0.80	12.10	10.22	3.12	2.85
3.17	2.49	5.09	2.70	2.16	0.80	11.58	9.95	3.12	2.85
477	397	7000	4234	2892	1182	19830	17357	8506	7901
						4.65	3.14	6.54	5.98
						4.40	2.93	5.88	5.38

12－5续表 4

指标名称	单位	莆田市		三明市		泉州市	
		全市	#市区	全市	#市区	全市	#市区
对外借款	个						
外商直接投资	个	65	37	40	17	410	82
协议合同外资金额	万美元	5427	2893	1081	333	31716	5934
对外借款	万美元						
外商直接投资	万美元	5427	2893	1081	333	31716	5934
实际利用外资金额	万美元	4013	1932	556	210	9262	2667
对外借款	万美元						
外商直接投资	万美元	4013	1932	556	210	9262	2667
外商其它投资	万美元						
旅游者人数	人	33325		3801		236610	
旅游外汇收入	外券万元	1058		399		8568	
九、财政、金融							
地方财政预算内收入	万元	20942	5044	48654	10402	74652	22274
#工商税收	万元	14549	3192	38219	8284	60150	18468
地方财政预算内支出	万元	23212	8245	46317	10762	72360	20391
#文教卫生事业费支出	万元	10563	2670	15454	2550	24668	5702
城乡居民储蓄年末余额	万元	123213	46624	207691	64271	548180	126999
年末银行各项贷款余额	万元	131807	58780	343865	139261	382031	125171
#流动资金贷款	万元	94235	43037	250513	100285	283340	90798
固定资产贷款	万元	19147	7446	70428	34796	59291	26855
农业贷款	万元	11856	3058	12684	1211	18844	1209
十、劳动工资							
全民单位全部职工							
年末人数	万人	9.94	4.85	26.29	9.13	23.40	8.64
平均人数	万人	9.30	4.33	26.10	9.05	22.94	8.70
工资总额	万元	21035	10219	68353	26717	53249	21777
全民工业企业职工							
年末人数	万人	3.47	2.26	13.36	5.44	6.61	2.27
平均人数	万人	3.02	1.83	13.26	5.40	6.32	2.25
工资总额	万元	6662	4326	37290	16518	14146	4871
城镇集体单位全部职工							
年末人数	万人	2.12	1.34	6.38	1.96	10.24	4.36
平均人数	万人	2.13	1.32	6.29	1.93	10.09	4.37
工资总额	万元	4422	2115	12713	4545	20633	9082
城镇集体工业企业职工							
年末人数	万人	0.92	0.71	3.21	1.33	4.86	3.10
平均人数	万人	0.86	0.68	3.17	1.30	4.72	3.08
工资总额	万元	1398	1110	6642	3107	9505	6360
其他经济类型全部职工							
年末人数	万人	2.94	1.01	0.53	0.17	7.67	2.02
平均人数	万人	2.77	0.92	0.50	0.16	7.15	1.95

漳州市		南昌市		景德镇市		萍乡市	
全市	#市区	全市	#市区	全市	#市区	全市	#市区
		5.00	5.00	1.00	1.00		
120	37	58.00	50.00	11.00	9.00	2.00	2.00
10499	2914	2400.00	1703.00	4584.00	4522.00	65.00	65.00
		593.00	593.00	3847.00	3847.00		
10499	2914	1807.00	1110.00	737.00	675.00	65.00	65.00
4631	1392	1624.00	1448.00	483.00	483.00	6.00	6.00
495	495	486.00	486.00	460.00	460.00		
4086	871	1138.00	962.00	23.00	23.00	6.00	6.00
50	26						
28173		21330.00	21330.00	7091.00	7091.00	686.00	686.00
2407		2029.00	2029.00	330.00	330.00	17.00	17.00
57185	22135	108436.00	90591.00	25642.00	17078.00	17981.00	17981.00
41614	16658	95441.00	82021.00	19391.00	12763.00	14296.00	14296.00
53581	17541	70773.00	45320.00	21330.00	13486.00	16826.00	16826.00
18608	4287	14015.00	7830.00	5286.00	3123.00	5754.00	5754.00
183869	68053	421877.00	301263.00	90743.00	56867.00	70241.00	70241.00
319815	121890	982895.00	748672.00	214956.00	140443.00	142093.00	142093.00
212796	90859	799591.00	602048.00	152365.00	99329.00	117152.00	117152.00
44138	24400	123341.00	110967.00	53430.00	38075.00	14792.00	14792.00
51269	1285	42145.00	19594.00	6455.00	1336.00	6300.00	6300.00
26.10	7.53	62.38	54.71	19.08	11.76	13.68	13.68
25.41	7.36	61.25	53.66	18.62	11.50	13.37	13.37
53660	18276	128643.00	116699.00	37167.00	23355.00	29918.00	29918.00
8.77	3.78	24.72	23.41	10.95	6.68	7.80	7.80
8.15	3.57	24.54	23.27	10.66	6.54	7.69	7.69
17966	8510	52184.00	50189.00	22899.00	13401.00	18857.00	18857.00
9.05	3.13	22.01	18.59	7.20	5.66	7.28	7.28
8.79	3.05	21.45	18.08	7.11	5.61	7.10	7.10
14836	6039	33478.00	29248.00	10627.00	8492.00	10272.00	10272.00
3.96	1.70	13.58	12.13	5.06	4.33	4.92	4.92
3.85	1.68	13.24	11.81	4.97	4.30	4.71	4.71
6201	3154	19677.00	18089.00	7391.00	6398.00	6881.00	6881.00
2.11	0.61	0.48	0.37	0.10	0.04		
2.05	0.60	0.36	0.31	0.10	0.04		0.00

12—5续表5

指标名称	单位	九江市		新余市		鹰潭市	
		全市	#市区	全市	#市区	全市	#市区
对外借款	个	3.00	3.00	1.00	1.00		
外商直接投资	个	2.00	2.00	1.00	1.00	30.00	14.00
协议合同外资金额	万美元	161.00	161.00	2175.00	2175.00	3766.00	3112.00
对外借款	万美元	161.00	161.00	2000.00	2000.00		
外商直接投资	万美元			175.00	175.00	3766.00	3112.00
实际利用外资金额	万美元	4396.00	4396.00	1077.00	1077.00	76.00	34.00
对外借款	万美元	4319.00	4319.00	902.00	902.00		
外商直接投资	万美元	77.00	77.00	175.00	175.00	76.00	34.00
外商其它投资	万美元						
旅游者人数	人	8481.00	8457.00	320.00	320.00	2576.00	2576.00
旅游外汇收入	外券万元	218.00	214.00	1.10	1.10	80.00	80.00
九、财政、金融							
地方财政预算内收入	万元	47415.00	22360.00	31614.00	28082.00	11968.00	3456.00
#工商税收	万元	35173.00	18188.00	28742.00	26074.00	8888.00	2510.00
地方财政预算内支出	万元	54467.00	19825.00	16144.00	12157.00	15232.00	6525.00
#文教卫生事业费支出	万元	15347.00	5244.00	4056.00	2995.00	3194.00	1164.00
城乡居民储蓄年末余额	万元	169080.00	73348.00	75689.00	61303.00	54327.00	23765.00
年末银行各项贷款余额	万元	490635.00	200878.00	170585.00	145945.00	296923.00	35795.00
#流动资金贷款	万元	332194.00	124673.00	137092.00	117599.00	112736.00	27192.00
固定资产贷款	万元	88299.00	58164.00	26262.00	23277.00	174100.00	7134.00
农业贷款	万元	56387.00	7952.00	5284.00	3733.00	6037.00	873.00
十、劳动工资							
全民单位全部职工							
年末人数	万人	37.60	15.36	13.67	11.29	9.58	3.44
平均人数	万人	36.92	15.12	13.39	11.06	9.40	3.37
工资总额	万元	66876.00	30935.00	30695.00	25900.00	19620.00	7940.00
全民工业企业职工							
年末人数	万人	14.50	7.35	8.71	7.69	2.41	0.79
平均人数	万人	14.21	7.21	8.54	7.54	2.33	0.75
工资总额	万元	27655.00	14802.00	20812.00	18612.00	5152.00	1505.00
城镇集体单位全部职工							
年末人数	万人	8.19	2.57	1.92	1.46	1.99	0.84
平均人数	万人	7.87	2.54	1.87	1.43	1.89	0.83
工资总额	万元	10652.00	3777.00	3219.00	2464.00	2783.00	1235.00
城镇集体工业企业职工							
年末人数	万人	3.62	1.41	0.98	0.84	0.96	0.41
平均人数	万人	3.44	1.40	0.97	0.83	0.91	0.40
工资总额	万元	4547.00	2124.00	1716.00	1491.00	1146.00	567.00
其他经济类型全部职工							
年末人数	万人	0.06	0.05	0.03	0.03	0.02	
平均人数	万人	0.05	0.04	0.03	0.03	0.02	0.00

济南市		青岛市		淄博市		枣庄市	
全市	#市区	全市	#市区	全市	#市区	全市	#市区
		2	1	1	1	1	1
101.00	101.00	140.00	83.00	44.00	41.00	19.00	11.00
6986	6986	17239	13316	2618	2572	1055	905
		722	673	180	180	486	486
6986	6986	16517	12643	2438	2392	569	419
2345	2345	7895	6183	2507	2461	837	687
		2289	2240	1359	1359	400	400
1835	1835	4647	2994	573	527	377	227
510	510	959	949	575	575	60	60
25629		60876		3133			
2233		19029		183			
157196	134956	291644	243988	94069	84423	33276	22459
131758	87339	241188	202034	76537	68704	29583	20000
106443	76187	163751	123235	73746	60636	39997	30113
27048	9053	29421	16881	19003	14953	13090	8875
640443	470957	824428	478881	555383	440700	183833	113706
1498333	1271404	1879812	1373967	707461	588170	425576	267677
1089953	913207	1296484	904331	512044	419870	304718	206947
202304	186958	256520	215093	139459	123608	68676	24776
58728	27568	96951	43350	23030	14269	23411	13741
72	61	72	54	46	40	24	16
71	61	70	54	45	39	24	16
181185	158885	190423	154518	117363	106350	61883	43930
33	28	36	30	30	27	14	9
32	28	36	30	30	27	14	9
83875	74748	98727	84643	81145	75790	40788	29262
25	21	33	23	16	14	9	6
25	21	32	22	16	14	8	6
46091	32928	70217	52014	30960	27586	14295	10424
16	14	21	15	11	10	5	4
16	14	20	15	11	10	5	4
31110	28033	44930	34288	22303	20613	9094	7450
1	1	1	1				
1	1	1	1				0

12—5续表 6

指标名称	单位	东营市		烟台市		潍坊市	
		全市	#市区	全市	#市区	全市	#市区
对外借款	个			8	3	2	
外商直接投资	个	6.00	6.00	235.00	116.00	111.00	16.00
协议合同外资金额	万美元	444	444	20807	11775	7883	707
对外借款	万美元			1763	636	750	
外商直接投资	万美元	444	444	19044	11139	7133	707
实际利用外资金额	万美元	66	66	7383	3800	3453	298
对外借款	万美元			1242		1260	33
外商直接投资	万美元	66	66	5291	3247	2193	265
外商其它投资	万美元			850	553		
旅游者人数	人	589		19958		8554	
旅游外汇收入	外券万元	35		1634		319	
九、财政、金融							
地方财政预算内收入	万元	30402	21966	113579	46604	119518	44929
#工商税收	万元	27032	20493	101162	42765	100653	37983
地方财政预算内支出	万元	37027	25091	92050	36133	80460	25742
#文教卫生事业费支出	万元	6882	3242	29564	10335	31000	9542
城乡居民储蓄年末余额	万元	195357	109898	1074531	249278	664183	146121
年末银行各项贷款余额	万元	462705	251909	1568228	617034	988758	388046
#流动资金贷款	万元	232458	170679	1092112	446873	776627	310650
固定资产贷款	万元	113122	4904	255451	114352	129089	62002
农业贷款	万元	39714	23098	159278	12972	42760	15394
十、劳动工资							
全民单位全部职工							
年末人数	万人	25	22	50	21	51	19
平均人数	万人	25	21	49	21	49	18
工资总额	万元	77722	70608	117318	55258	110650	46429
全民工业企业职工							
年末人数	万人	19	18	21	8	25	10
平均人数	万人	19	18	21	8	24	9
工资总额	万元	64904	63371	50910	21601	58113	26195
城镇集体单位全部职工							
年末人数	万人	4	2	24	6	20	7
平均人数	万人	4	2	23	6	20	7
工资总额	万元	7312	5057	42644	13334	37636	14643
城镇集体工业企业职工							
年末人数	万人	1		15	4	12	5
平均人数	万人	1		15	4	12	5
工资总额	万元	1548	424	26673	8017	23038	10716
其他经济类型全部职工							
年末人数	万人			3	2		
平均人数	万人			3	2		0

济宁市		泰安市		威海市		日照市	
全市	#市区	全市	#市区	全市	#市区	全市	#市区
3	3					2	1
82.00	27.00	15.00	9.00	14.00	14.00	83.00	31.00
1735	1319	387	252	582	582	5338	1621
1115	1115					1108	554
620	204	387	252	582	582	4230	1067
1341	844	97	65	2920	2920	1159	493
600	600					55	55
741	244	93	61	2920	2920	1008	416
		4	4			96	22
14229		19021		688		16026	
205		434		31		958	
72164	27895	58746	16321	9513	9513	39813	12692
61369	24428	52641	13361	7521	7521	34533	12400
80744	27377	64707	23607	10412	10412	36325	13617
27747	9310	20564	6708	3158	3158	11006	3674
460059	110641	399336	119698	75997	75997	403754	87084
605709	214402	535362	155609	116671	116671	650928	107343
505829	159614	365487	125302	79656	79656	451450	73703
61580	25315	124858	22811	17252	17252	93283	14321
21378	2449	21864	5070	15859	15859	76071	13510
43	12	44	12	5	5	17	5
42	12	43	11	5	5	16	5
110009	30141	116758	25766	10570	10570	34157	10366
20	5	26	4	1	1	7	2
20	5	25	4	1	1	7	2
56818	13198	77968	8843	2880	2880	14715	3592
13	5	14	3	1	1	13	5
13	5	14	3	1	1	12	5
12535	8475	20401	4099	1966	1966	22642	9282
6	3	6	1			9	4
6	3	6	1			8	4
10724	5752	10712	1767	638	638	15707	7612
							0

12—6 各　市　国　民

指标名称	单位	上海市 全市	上海市 #市区	南京市 全市	南京市 #市区	无锡市 全市	无锡市 #市区
工资总额	万元	52101	41243	9097	8701	15647	13601
其他经济工业全部职工							
年末人数	万人	10.74	7.99	3.43	3.23	4.96	4.20
平均人数	万人	10.09	7.46	3.22	3.04	4.93	4.17
工资总额	万元	42425	32168	8411	8015	14399	12376
十一、人民生活							
城市居民人均生活费收入	元		2334		1790		1864
城市居民人均生活费支出	元		2167		1774		1752
#食品支出	元		1234		1046		1015
衣着商品支出	元		241		203		199
日用品支出	元		409		165		184
职工生活费用价格指数	%		110.50		110.10		109.40
消费品零售物价指数	%		109.50		110.30		109.20
十二、教育、科技、文化、卫生							
学校数							
高等学校	个	50	42	28	28	2	2
中等专业学校	个	106	71	44	43	20	14
普通中学	个	705	400	367	159	282	50
农、职业中学	个	76	47	22	14	14	7
技工学校	个	306	306	40	40	24	23
小　学	个	2493	888	1830	464	1688	161
学校学生数							
高等学校	人	116925	107225	72399	72399	6242	6242
中等专业学校	人	60092	44050	31804	31413	14530	10398
普通中学	万人	51.24	26.86	23.63	11.66	21.71	4.71
农、职业中学	人	39666	24987	16300	10836	12527	5135
技工学校	人	46993	46993	10052	10052	8171	7916
小　学	万人	111.38	65.32	40.17	19.78	33.82	7.73
成人高等学校在校学生数	人	54628	54355	32406	31993	3434	3305
自然科学方面的人员	人	886016	796989	159673	148657	60285	43897
#中级职称以上人员	人	271709	254184	70406	67944	19373	16234
电影放映单位数	个	548	355	386	227	240	25
公共图书馆个数	个	31	19	19	13	6	3
公共图书馆藏书	千册	18034	15309	8586	7869	1461	999
卫生机构数	个	7554	5334	1605	1213	1118	645
#医　院	个	463	224	223	112	160	38
#医院床位数	张	63099	43012	18207	13646	13303	6306
社会福利院床位数	张	3330	2369	2377	2134	854	670
卫生技术人员	人	119226	91228	35569	29937	18540	9362
#医　生	人	58928	45159	16051	13600	8970	4651
卫生机构床位数	张	70105	47469	22148	16991	17537	9709

经 济 基 本 情 况

徐州市		常州市		苏州市		南通市		连云港市	
全市	#市区	全市	#市区	全市	#市区	全市	#市区	全市	#市区
471	471	14370	14293	10568	7708	4082	3042	800	693
0.19	0.19	4.25	4.20	3.56	2.40	1.43	0.91	0.44	0.38
0.18	0.18	4.28	4.24	3.47	2.36	1.29	0.77	0.37	0.33
471	471	12560	12483	9962	7108	3756	2808	676	603
	1690		1854		2273		1930		1574
	1557		1705		2187		1817		1445
	904		1046		1119		992		796
	217		210		243		238		214
	142		145		245		214		167
	108.60		108.40		108.40		107.50		109.20
	108.80		108.10		108.70		107.50		109.60
4	4	3	3	9	7	4	4	3	3
15	13	17	16	23	19	13	13	7	7
639	64	219	38	380	44	714	32	266	42
45	12	20	4	35	17	38	4	27	7
11	10	14	14	17	16	5	4	4	4
3408	152	1678	147	2573	169	2431	111	1574	184
12507	12507	5190	5190	16206	13719	5285	5285	3159	3159
11670	9666	15616	14831	11010	9148	11786	11786	4076	4076
30.96	4.06	15.34	3.18	23.02	3.33	28.52	2.44	14.92	2.94
17497	7012	10612	2945	16171	3988	15138	2005	10416	4646
5086	4668	5789	5789	6234	6073	3402	2694	1738	1738
89.90	8.15	26.25	5.09	41.36	6.32	54.18	4.05	34.87	5.89
5094	3066	2708	2367	5174	4042	2020	2020	1022	1022
63187	43419	79157	51992	65541	35437	46856	20371	19984	11183
18687	13693	16844	10986	21663	13480	14799	7821	5081	3335
641	75	190	39	235	28	501	25	253	84
7	1	4	1	7	1	7	1	634	409
1240	747	1242	898	2262	1130	1563	861		
1088	572	880	509	1532	657	1352	314	630	373
228	36	163	27	207	25	345	28	115	29
15059	7747	9538	4207	16348	5107	18822	4066	5684	2600
835	600	630	630	849	450	969	450	180	120
25818	13699	13470	6948	23067	9409	22990	5801	12210	6189
10299	5583	6345	3421	11274	4902	10838	2863	4154	2042
17557	9776	10454	4963	18622	6282	20098	4585	7155	3983

12—6 续表 1

指标名称	单位	淮阴市		盐城市		扬州市	
		全市	#市区	全市	#市区	全市	#市区
工资总额	万元	159	159	421	95	4104	884
其他经济工业全部职工							
年末人数	万人	0.06	0.06	0.24	0.04	1.87	0.28
平均人数	万人	0.06	0.06	0.20	0.04	1.71	0.25
工资总额	万元	90	90	395	70	4093	878
十一、人民生活							
城市居民人均生活费收入	元	40	1570		1539		1861
城市居民人均生活费支出	元		1478		1423		1790
#食品支出	元		829		747		975
衣着商品支出	元		203		207		249
日用品支出	元		136		137		183
职工生活费用价格指数	%		108.00		106.00		109.40
消费品零售物价指数	%		107.80		106.00		109.50
十二、教育、科技、文化、卫生							
学校数							
高等学校	个	2	2	3	3	7	7
中等专业学校	个	14	10	13	11	19	9
普通中学	个	751	33	802	155	920	23
农、职业中学	个	31	2	57	11	49	4
技工学校	个	7	4	5	2	12	9
小　学	个	4753	107	4069	720	4181	77
学校学生数							
高等学校	人	3562	3562	4432	4432	12950	12593
中等专业学校	人	9948	7233	10028	8254	15383	8567
普通中学	万人	45.05	0.41	32.69	6.58	43.40	2.03
农、职业中学	人	21280	1707	18490	4916	22144	2419
技工学校	人	7141	4143	2667	1257	3802	2710
小　学	万人	102.90	4.09	79.12	13.58	70.96	3.37
成人高等学校在校学生数	人	2786	2102	2903	2903	3461	2560
自然科学方面的人员	人	44369	13882	36251	12642	64921	20770
#中级职称以上人员	人	11821	4461	8249	3273	18903	7395
电影放映单位数	个	725	36	667	99	613	12
公共图书馆个数	个	13	1	8	1	11	1
公共图书馆藏书	千册	998	248	904	408	1915	732
卫生机构数	个	1057	170	874	211	1524	292
#医　院	个	327	19	241	35	372	19
#医院床位数	张	12793	2442	12661	2630	18968	2913
社会福利院床位数	张	454	60	197	70	967	330
卫生技术人员	人	18235	3705	18160	4223	26866	4854
#医　生	人	7600	1495	9104	1985	12696	2301
卫生机构床位数	张	13042	2559	13379	2861	20013	3452

镇江市		杭州市		宁波市		温州市		嘉兴市	
全市	#市区	全市	#市区	全市	#市区	全市	#市区	全市	#市区
1463	1226	7641	5995	6948	4653	1447	1193	1581	320
0.61	0.47	1.79	1.20	2.58	1.61	0.48	0.43	0.67	0.13
0.58	0.47	1.61	1.05	2.43	1.50	0.44	0.40	0.59	0.11
1415	1189	5012	3450	6289	4040	1296	1174	1550	299
	1747		2016		2037		2085		2035
	1715		1894		1861		2008		1764
	935		1009		1053		1188		984
	212		277		226		107		257
	183		164		172		195		282
	109.20		107.50		106.80		103.70		108.10
	109.60		106.90		106.40		103.50		108.30
6	5	20	19	4	3	3	3	2	2
11	8	55	49	18	14	12	9	9	7
248	36	469	58	416	71	406	29	196	45
40	15	46	19	52	11	43	10	21	5
5	5	28	20	12	6	9	5	7	2
1585	108	3972	242	2580	329	4290	104	1567	366
9214	8189	39572	38725	4871	4001	4181	4181	1836	1836
5927	4242	23331	19227	9466	7309	5540	3024	4929	3728
12.43	2.05	22.34	5.49	20.54	4.36	30.07	2.99	9.56	2.17
9810	5176	13131	4414	14720	4807	14054	4412	4034	443
2379	2379	5710	4203	2195	1279	2528	1530	1049	261
21.27	3.43	45.31	9.95	41.62	9.10	71.62	5.63	22.64	5.13
2783	2551	14791	13652	3242	3242	1560	1318	918	918
37015	23361	45231	31431	25359	14422	15770	7087	14331	6757
10991	8051	13198	10154	3287	1398	4253	2390	2700	1296
198	23	574	76	541	80	568	17	193	42
5	1	10	3	9	3	11	2	6	1
1050	535	5291	4557	1239	598	1240	608	1165	428
717	386	1789	889	1313	614	950	226	571	186
114	20	441	58	345	45	479	21	171	41
7092	3137	19444	10437	10816	4551	9829	2980	7970	2472
250	250	1080	467	1134	782	734	152	180	120
9958	5060	32169	19630	16556	7295	17488	4740	9375	3150
4688	2551	14858	9494	7626	3538	6615	2108	3972	1314
7706	3572	24966	13968	11731	5294	10202	3300	8320	2714

12—6 续表 2

指标名称	单位	湖州市		绍兴市		金华市	
		全市	#市区	全市	#市区	全市	#市区
工资总额	万元	935	534	782	288	368	91
其他经济工业全部职工							
年末人数	万人	0.40	0.21	0.33	0.12	0.14	0.03
平均人数	万人	0.30	0.15	0.28	0.10	0.14	0.03
工资总额	万元	852	451	782	288	368	91
十一、人民生活							
城市居民人均生活费收入	元		2051		2027		1790
城市居民人均生活费支出	元		2089		1826		1628
#食品支出	元		1183		1052		864
衣着商品支出	元		256		238		202
日用品支出	元		198		198		169
职工生活费用价格指数	%		106.80		104.40		107.60
消费品零售物价指数	%		106.40		104.10		107.40
十二、教育、科技、文化、卫生							
学校数							
高等学校	个	1	1	2	2	1	1
中等专业学校	个	7	6	8	2	10	8
普通中学	个	175	60	366	17	421	29
农、职业中学	个	11	6	45	5	36	4
技工学校	个	8	4	6	4	9	4
小　　学	个	1717	662	2985	66	3574	145
学校学生数							
高等学校	人	921	921	1408	1408	3644	3644
中等专业学校	人	3091	3091	4103	1783	5351	4517
普通中学	万人	7.97	2.75	18.83	1.23	23.80	1.72
农、职业中学	人	3348	1455	9620	1761	15698	2936
技工学校	人	1781	842	1593	1234	3048	1772
小　　学	万人	18.78	7.28	32.15	2.16	34.86	2.01
成人高等学校在校学生数	人	469	382	1047	677	3120	3120
自然科学方面的人员	人	9683	5513	17431	5198	18438	5258
#中级职称以上人员	人	2293	1305	3970	1406	5268	1664
电影放映单位数	个	214	82	358	10	518	11
公共图书馆个数	个	4	1	5	1	9	1
公共图书馆藏书	千册	477	250	915	394	770	215
卫生机构数	个	491	247	896	157	898	157
#医　院	个	159	55	367	12	388	27
#医院床位数	张	7128	3353	7555	1558	7752	1738
社会福利院床位数	张	130	100	300	117		
卫生技术人员	人	7412	3559	10202	2052	13804	2492
#医　生	人	3171	1594	5236	1039	5998	1136
卫生机构床位数	张	7518	3518	7807	1682	8570	2186

衢州市		舟山市		合肥市		芜湖市		蚌埠市	
全市	#市区	全市	#市区	全市	#市区	全市	#市区	全市	#市区
290	95	24	24	677	677	245	219	74	38
0.14	0.04	0.01	0.01						
0.12	0.04	0.01	0.01						
283	95	23	23	448	448	225	199	74	38
					1543		1428		1318
	1907	1818	1818						
	1771	1699	1699		1473		1407		1307
	1012	993	993		899		873		798
	202	210	210		182		149		156
	179	150	150		110		111		114
	105.30	104.60	104.60		110		108		108
	105.50	104.20	104.20		109.5		107.7		108.1
				10	10	5	5	3	3
2.	2	1	1	47	44	7	7	12	8
240	19	27	27	242	60	126	32	223	46
21	3	5	5	47	28	13	6	19	3
3	2	1	1	22	22	7	7	9	9
1935	92	143	143	1886	246	824	130	1471	166
349	349			25454	25454	9554	9554	4906	4906
1514	1514	345	345	23213	21993	4099	4099	5672	4086
11.90	1.28	1.45	1.45	18	5	9	2	12	3
5911	909	1004	1004	14529	7247	5785	3424	13503	4210
946	713	303	303	7686	7686	3871	3871	6097	6097
18.61	1.61	3.82	3.82	40	9	20	5	33	7
525	525			17739	17739	4482	4482	2466	2046
12784	6532	1422	1422	78050	71890	25842	16841	17571	12201
3401	1815	313	313	34693	32686	8960	7032	5799	4548
312	15	31	31	231	67	156	32	285	42
5	1	1	1	6	3	4	1	4	1
325	99	29	29	2469	2296	504	359	279	235
420	70	69	69	728	477	445	298	570	302
222	14	28	28	191	56	121	36	150	33
4087	924	687	687	9756	7035	5913	3955	7530	4202
		58	58	339	250	290	290	399	350
5769	1465	1064	1064	15915	12144	8495	5711	9837	6100
3035	743	522	522	7501	5952	3862	2563	4278	2871
4455	1184	693	693	10342	7546	3219	2493	10803	2640

12—6 续表 3

指标名称	单位	淮南市 全市	淮南市 #市区	马鞍山市 全市	马鞍山市 #市区	淮北市 全市	淮北市 #市区
工资总额	万元			627	627		
其他经济工业全部职工							
年末人数	万人						
平均人数	万人						
工资总额	万元			627	627		
十一.人民生活							
城市居民人均生活费收入	元		1328		1773		1521
城市居民人均生活费支出	元		1263		1633		1472
#食品支出	元		767		911		800
衣着商品支出	元		154		159		229
日用品支出	元		111		199		175
职工生活费用价格指数	%		109		109		107
消费品零售物价指数	%		108.8		108.6		107.3
十二.教育.科技.文化.卫生							
学校数							
高等学校	个	4	4	3	3	1	1
中等专业学校	个	4	4	4	3	2	2
普通中学	个	141	94	74	35	180	80
农、职业中学	个	12	12	14	9	19	9
技工学校	个	12	12	6	6	4	4
小学	个	589	311	371	52	741	169
学校学生数							
高等学校	人	4969	4969	3447	3447	1771	1771
中等专业学校	人	4126	4066	1882	1712	1653	1653
普通中学	万人	9	6	5	2	9	4
农、职业中学	人	3867	3401	3216	1933	5157	1786
技工学校	人	5805	5805	2710	2710	3077	3077
小学	万人	20	13	9	4	21	7
成人高等学校在校学生数	人	1801	1801	2194	2194	2172	2172
自然科学方面的人员	人	9962	8346	19293	17467	18310	17232
#中级职称以上人员	人	7344	6444	8131	7728	5359	5039
电影放映单位数	个	88	67	74	29	113	43
公共图书馆个数	个	3	2	2	1	2	1
公共图书馆藏书	千册	233	223	279	235	161	132
卫生机构数	个	301	234	285	216	261	165
#医院	个	115	84	38	19	101	38
#医院床位数	张	7241	6246	2957	2326	5275	3991
社会福利院床位数	张	120	120	543	252	21	21
卫生技术人员	人	13284	11986	5076	4230	6988	5325
#医生	人	3850	3489	2211	1870	2792	2085
卫生机构床位数	张	7932	6847	3219	2493	5529	4245

铜陵市		安庆市		黄山市		福州市		厦门市	
全市	#市区	全市	#市区	全市	#市区	全市	#市区	全市	#市区
21	21	74	46	301	222	14459	10433	23850	23062
						4.40	2.89	5.74	5.22
						4.15	2.69	5.12	4.63
21	21	74	46	176	97	13785	9760	21467	19719
	1420		1489				1820		2737
	1284		1434				1816		2607
	798		822				1109		1447
	156		149				159		263
	85		143				148		324
	108		108				107.70		103.80
	108.1		106				107.40		102.70
1	1	2	2	1	1	12	12	7	7
3	3	11	7	6	5	43	37	9	9
51	29	468	30	155	40	258	63	41	23
6	1	55	7	15	3	79	41	9	7
10	10	15	13	1	1	62	59	3	3
255	61	4463	145	2880	538	3285	325	351	130
754	754	1678	1678	1132	1132	27548	26296	14088	14088
2222	2222	5822	3758	2530	2210	21913	18523	5267	5267
3	2	23	2	6	2	22.33	5.76	4.18	2.48
1878	1011	18753	3522	4656	1297	18633	10999	4881	3793
3079	3079	3790	3320	650	650	13128	10194	1442	1442
5	2	58	4	12	3	62.04	12.54	12.64	6.11
507	507	2521	1384	346	346	17832	17472	3744	3744
8750	8268	24861	10725	12011	5751	38324	22196	17624	15874
2678	2597	8712	4255	3566	1876	17402	10737	4794	4433
48	28	420	28	239	70	433	90	69	30
2	1	9	1	6	2	16	8	4	3
214	174	420	235	321	105	3268	2809	824	738
170	125	715	204	347	135	1219	868	468	431
31	12	417	21	174	44	199	61	34	20
2178	1760	8711	2348	3060	1304	14148	8307	3726	2763
107	102	1065	112	604	116	1046	632	629	553
3584	3016	11303	3822	4652	2104	24401	15816	5864	4754
1488	1281	4853	1628	2369	1017	10125	6721	2685	2260
2980	2282	10803	2640	4221	1846	16920	10639	4333	3215

12—6 续表 4

指标名称	单位	莆田市		三明市		泉州市	
		全市	#市区	全市	#市区	全市	#市区
工资总额	万元	8193	2936	1123	436	20633	6377
其他经济工业全部职工							
年末人数	万人	2.92	1.00	0.51	0.16	7.57	1.95
平均人数	万人	2.75	0.91	0.49	0.15	7.05	1.88
工资总额	万元	8137	2917	1095	411	20285	6151
十一、人民生活							
城市居民人均生活费收入	元		1295		1889		2209
城市居民人均生活费支出	元		1422		1691		2204
#食品支出	元		883		1018		1189
衣着商品支出	元		77		191		170
日用品支出	元		66		147		188
职工生活费用价格指数	%		105.80		104.00		104.70
消费品零售物价指数	%		106.00		103.40		104.30
十二、教育、科技、文化、卫生							
学校数							
高等学校	个	1	1	3	3	4	4
中等专业学校	个	4	3	8	5	13	9
普通中学	个	72	9	164	19	209	17
农、职业中学	个	21	3	28	5	31	4
技工学校	个	1		3	2	8	3
小学	个	941	79	1660	94	2282	166
学校学生数							
高等学校	人	512	512	1647	1647	4807	4807
中等专业学校	人	2492	1516	6260	3625	8265	5701
普通中学	万人	10.15	1.39	10.30	1.22	17.44	1.74
农、职业中学	人	8582	1500	8451	1949	11823	2332
技工学校	人	1328		3852	1825	1762	680
小学	万人	29.39	3.08	26.08	2.39	65.23	5.39
成人高等学校在校学生数	人	1347	876	6215	4612	2230	1104
自然科学方面的人员	人	13711	5117	26974	11087	22886	8965
#中级职称以上人员	人	3136	1191	6068	3415	6543	2968
电影放映单位数	个	221	28	382	58	335	33
公共图书馆个数	个	2	1	11	1	7	1
公共图书馆藏书	千册	238	141	1050	532	780	334
卫生机构数	个	141	48	685	158	435	126
#医院	个	55	8	176	18	150	22
#医院床位数	张	3824	1410	6320	1428	8875	2502
社会福利院床位数	张	200		1593	110	150	82
卫生技术人员	人	4991	1707	8627	2188	11345	3236
#医生	人	1833	706	3800	995	4482	1335
卫生机构床位数	张	4234	1590	6835	1692	10030	2708

漳州市		南昌市		景德镇市		萍乡市	
全市	#市区	全市	#市区	全市	#市区	全市	#市区
4869	1445	819.00	791.00	266.00	75.00	3.00	3.00
2.03	0.55	0.40	0.29	0.08	0.02		
1.96	0.54	0.30	0.25	0.08	0.02		
4689	1357	688.00	660.00	220.00	29.00		
	1823		1242.35		1251.32		1179.61
	1726		1126.08		1178.55		1191.58
	1083		711.35		668.88		655.24
	152		118.89		135.59		121.00
	159		85.95		212.82		108.17
	103.00		105.60		105.30		105.30
	102.50		105.20		105.50		104.70
2	2	13.00	13.00	2.00	2.00		
7	5	46.00	42.00	4.00	4.00	3.00	3.00
172	16	250.00	124.00	109.00	40.00	105.00	105.00
32	2	22.00	10.00	13.00	5.00	17.00	17.00
3	2	31.00	23.00	1.00	1.00	1.00	1.00
2130	108	1394.00	199.00	1302.00	139.00	745.00	745.00
1800	1800	31083.00	31083.00	2176.00	2176.00	917.00	917.00
3917	2936	21709.00	19730.00	2364.00	2364.00	3137.00	3137.00
12.95	1.27	21.30	9.76	6.38	2.43	8.38	8.38
9870	2554	19394.00	11263.00	3965.00	2414.00	4314.00	4314.00
1518	1366	16551.00	13379.00	1366.00	1366.00	1318.00	1318.00
47.46	3.49	35.62	10.31	15.67	3.24	15.52	15.52
1325	1325	21770.00	21286.00	1769.00	1769.00	745.00	745.00
19269	6893	73516.00	67501.00	16674.00	10431.00	12456.00	12456.00
4687	2155	28510.00	26894.00	4980.00	3727.00	3368.00	3368.00
473	27	305.00	142.00	237.00	31.00	169.00	169.00
9	1	11.00	7.00	3.00	2.00	5.00	5.00
503	146	3456.00	3196.00	446.00	426.00	359.00	359.00
506	169	830.00	583.00	274.00	156.00	148.00	148.00
157	21	162.00	67.00	86.00	22.00	64.00	64.00
6808	1410	14499.00	10347.00	3922.00	2517.00	3905.00	3905.00
886	40	504.00	476.00	1254.00	250.00	3214.00	3214.00
8905	2568	21767.00	16351.00	5498.00	3445.00	5315.00	5315.00
3436	976	9499.00	7411.00	2160.00	1393.00	2179.00	2179.00
7552	2150	16283.00	11430.00	4214.00	2770.00	4155.00	4155.00

12—6 续表 5

指标名称	单位	九江市		新余市		鹰潭市	
		全市	#市区	全市	#市区	全市	#市区
工资总额	万元	103.00	85.00	66.00	66.00	16.00	
其他经济工业全部职工							
年末人数	万人	0.01		0.03	0.03	0.02	
平均人数	万人	0.01		0.03	0.03	0.02	
工资总额	万元	18.00		66.00	66.00	16.00	
十一、人民生活							
城市居民人均生活费收入	元		1217.60		1375.39		1119.71
城市居民人均生活费支出	元		1138.65		1193.23		1045.43
#食品支出	元		685.51		678.98		606.71
衣着商品支出	元		144.69		123.68		119.91
日用品支出	元		75.56		176.04		145.86
职工生活费用价格指数	%		106.30		102.80		105.00
消费品零售物价指数	%		106.00		101.60		104.40
十二、教育、科技、文化、卫生							
学校数							
高等学校	个	5.00	4.00	1.00	1.00		
中等专业学校	个	9.00	6.00	2.00	2.00	2.00	1.00
普通中学	个	385.00	57.00	76.00	49.00	75.00	12.00
农、职业中学	个	51.00	10.00	9.00	8.00	11.00	4.00
技工学校	个	7.00	5.00	4.00	3.00	1.00	
小　学	个	3028.00	145.00	488.00	313.00	817.00	38.00
学校学生数							
高等学校	人	3389.00	3083.00			300.00	300.00
中等专业学校	人	7485.00	5510.00	987.00	987.00	978.00	714.00
普通中学	万人	21.27	2.84	6.77	4.85	4.64	1.01
农、职业中学	人	14997.00	2364.00	4044.00	3693.00	2126.00	626.00
技工学校	人	4988.00	3827.00	2165.00	2016.00	693.00	
小　学	万人	50.78	3.71	12.11	8.63	11.62	1.34
成人高等学校在校学生数	人	1557.00	1557.00	631.00	631.00	497.00	497.00
自然科学方面的人员	人	30517.00	10648.00	11785.00	9649.00	3912.00	2317.00
#中级职称以上人员	人	9656.00	5503.00	3271.00	2755.00	1450.00	1049.00
电影放映单位数	个	479.00	62.00	91.00	53.00	128.00	21.00
公共图书馆个数	个	12.00	2.00	3.00	2.00	4.00	2.00
公共图书馆藏书	千册	1319.00	821.00	141.00	111.00	126.00	69.00
卫生机构数	个	700.00	207.00	118.00	65.00	157.00	42.00
#医　院	个	326.00	44.00	57.00	35.00	58.00	6.00
#医院床位数	张	10347.00	3392.00	2674.00	1940.00	2017.00	621.00
社会福利院床位数	张	331.00	98.00	1560.00	454.00	958.00	481.00
卫生技术人员	人	13557.00	4760.00	3631.00	2743.00	2683.00	966.00
#医　生	人	5771.00	2177.00	1398.00	1088.00	1231.00	444.00
卫生机构床位数	张	13079.00	4845.00	2674.00	1940.00	2046.00	650.00

济南市		青岛市		淄博市		枣庄市	
全市	#市区	全市	#市区	全市	#市区	全市	#市区
2264	2240	3421	2909	907	899	94	94
1	1	1	1				
1	1	1	1				
2084.00	2071.00	2496.00	1984.00	907.00	899.00	94.00	94.00
	1753		1856		1651		1408
	1569		1574		1519		1118
	897		1015		766		617
	205		244		236		162
	182		197		226		148
	107		107		107		106
	107		107		107		106
16	16	7	7	2	2	1	1
40	39	23	17	13	13	11	8
405	159	441	98	325	198	194	110
54	36	80	30	51	44	12	9
25	25	33	28	31	29	7	5
3344	545	2417	386	2401	1207	1311	763
37874	37874	15491	15491	3114	3114	1000	1000
27152	26654	14618	10200	8377	8377	6870	2087
23	10	30	9	20	13	14	9
21719	14786	34421	15619	19184	15503	7926	6135
8888	8888	5803	4551	11631	10432	5011	3648
47	21	61	18	32	20	33	19
18752	14610	9148	6648	13348	13348	4000	3552
126370	106770	117775	80111	66056	57434	28000	21624
38820	35711	34097	26847	16770	15526	7126	5721
485	119	827	144	492	297	557	292
7	2	7	2	9	6	7	6
4450	4229	1822	1172	1147	1036	590	390
1233	928	1579	1059	819	683	423	313
177	95	235	79	194	157	117	84
17538	13933	16796	9998	12670	10715	7904	5397
786	786	576	540	115	115	70	70
30815	25302	27772	19196	15832	13732	10204	7298
14786	12386	13227	9483	7146	6202	4020	2803
18439	14789	23727	15949	13333	11378	8569	5890

12—6 续表 6

指标名称	单位	东营市 全市	东营市 #市区	烟台市 全市	烟台市 #市区	潍坊市 全市	潍坊市 #市区
工资总额	万元	7		5894	4505	576	464
其他经济工业全部职工							
年末人数	万人			3	2		
平均人数	万人			2	2		
工资总额	万元			5675.00	4312.00	378.00	266.00
十一、人民生活							
城市居民人均生活费收入	元		1976		1951		1595
城市居民人均生活费支出	元		1599		1787		1400
#食品支出	元		757		886		705
衣着商品支出	元		335		307		240
日用品支出	元		278		274		175
职工生活费用价格指数	%		107		106		108
消费品零售物价指数	%		108		106		108
十二、教育、科技、文化、卫生							
学校数							
高等学校	个	2	2	4	3	4	3
中等专业学校	个	8	8	21	15	23	13
普通中学	个	185	98	499	48	745	86
农、职业中学	个	13	9	42	7	66	13
技工学校	个	15	13	28	16	26	19
小　　学	个	1150	371	4107	276	6162	640
学校学生数							
高等学校	人	6740	6740	8610	6917	4762	4316
中等专业学校	人	4837	4837	16527	10833	15773	11940
普通中学	万人	11	6	29	4	41	6
农、职业中学	人	7015	4432	33360	8173	35143	7224
技工学校	人	10566	9757	8418	3767	13243	6927
小　　学	万人	15	6	50	6	71	10
成人高等学校在校学生数	人	3295	3295	7484	4912	8124	4114
自然科学方面的人员	人	46398	39799	83688	31572	78865	23359
#中级职称以上人员	人	4106	3772	19128	8858	15543	7771
电影放映单位数	个	267	25	1298	110	1323	128
公共图书馆个数	个	3		11	2	12	3
公共图书馆藏书	千册	138		1403	482	1300	40
卫生机构数	个	305	205	1106	389	1034	304
#医　院	个	76	23	231	35	298	56
#医院床位数	张	4179	2444	11854	2876	14677	4356
社会福利院床位数	张	140	140	190	190	162	92
卫生技术人员	人	6510	4410	17722	5085	20164	6448
#医　生	人	2501	1638	8197	2355	9246	3120
卫生机构床位数	张	4851	3074	13448	3976	16037	4553

济宁市		泰安市		威海市		日照市	
全市	#市区	全市	#市区	全市	#市区	全市	#市区
343	240	85	51	54	54	657	497
334.00	240.00	85.00	51.00	47.00	47.00	570.00	418.00
	1493		1615		1442		1709
	1285		1407		1327		1592
	708		799		592		690
	191		210		233		336
	165		128		268		197
	106		105		106		106
	106		106		106		106
3	2	5	5				
17	10	16	11	1	1	6	3
481	65	509	111	131	131	199	30
32	6	41	7	6	6	45	4
15	6	19	11	3	3	7	4
4049	377	4283	818	586	586	1490	92
7405	2785	10128	10128	54	54	1502	1392
10226	6178	13068	7914	577	577	3202	958
31	4	31	7	6	6	11	1
15417	6419	20652	4894	2682	2682	12159	1882
7964	2393	8422	2772	1644	1644	2527	782
80	9	60	11	9	9	19	2
18320	6374	9485	3112	673	673	2070	486
24143	4729	59114	19763	7390	7390	25772	8137
6087	1812	14025	5915	1233	1233	5165	1938
813	67	820	249	135	135	500	63
8	1	7	2	1	1	5	1
627	160	517	268	65	65	530	100
827	248	721	215	82	82	385	147
235	33	153	35	27	27	78	12
13693	3726	12393	3807	1289	1289	4329	1169
170	70	175	160			200	100
18646	5178	24859	6406	1890	1890	6021	1578
7683	2308	9429	2974	798	798	2659	601
14250	4031	14868	4998	1301	1301	5107	1439

十三、各地区国民经济基本情况

13-1. 浙江省各地区国民经济基本情况

指 标 名 称	单 位	丽水地区	台州地区
年末总人口	万人	240.72	518.34
#非农业人口	万人	26.44	47.96
土地总面积	平方公里	17298	9411
耕地面积	万公顷	148	242
工农业总产值	万元	411323	177052
工业总产值	万元	240773	131382
#乡办工业产值	万元	34881	243430
村及村以下工业产值	万元	39938	532498
农业总产值	万元	170550	456700
粮食产量	万吨	84.00	190.47
棉花产量	吨	48	4320
油菜籽产量	吨	8289	4629
社会商品零售总额	万元	144618	412430
地方预算内财政收入	万元	22945	76019
地方预算内财政支出	万元	36930	60485
年末职工人数	万人	18.01	34.87
农民人均纯收入	元	725	1039
城乡居民储蓄存款余额	万元	135587	205715

注：本表产值指标均按当年价格计算。

13-2 安徽省各地区国民经济基本情况

指 标 名 称	单 位	阜阳地区	宿县地区	六安地区	滁县地区	宣城地区	巢湖地区	池州地区
年末总人口	万人	1266.31	507.40	622.19	383.55	266.53	425.35	148.25
#非农业人口	万人	93.57	46.14	69.91	73.14	35.74	42.79	14.40
土地总面积	平方公里	18200	10100	18000	13300	12300	9300	8300
耕地面积	万公顷	111	52	45	42	17	29	9
工农业总产值	万元	1341172	640913	536215	1019394	519230	589062	230856
工业总产值	万元	666547	369052	291042	705180	315346	332816	124972
#乡办工业产值	万元	65099	47952	49854	124328	55051	54057	20745
村及村以下工业产值	万元	199825	119355	58653	123617	53563	90409	27104
农业总产值	万元	674625	271861	245173	314214	203884	256246	105884
粮食产量	万吨	330.10	208.24	141.97	218.55	94.11	111.19	49.08
棉花产量	吨	65401	68343	4131	7776	5044	20102	10098
油菜籽产量	吨	43509	30788	86597	96162	63529	144913	30170
社会商品零售总额	万元	365429	231349	214817	242611	167196	191673	76687
地方预算内财政收入	万元	51563	18432	18017	35839	22526	18464	8790
地方预算内财政支出	万元	82676	29960	58149	46959	30921	36659	15447
年末职工人数	万人	43.73	23.73	30.86	30.34	19.51	24.58	10.21
农民人均纯收入	元	327	435	214	457	553	381	500
城乡居民储蓄存款余额	万元	260389	149336	241682	114961	98710	107428	51397

注：本表产值指标均按当年价格计算。

13—3 福建省各地区国民经济基本情况

指 标 名 称	单位	南平地区	宁德地区	龙岩地区
年末总人口	万人	286.64	294.16	269.15
#非农业人口	万人	66.60	38.05	37.25
土地总面积	平方公里	26301	12896	19050
耕地面积	万公顷	22	14	13
工农业总产值	万元	870887	430255	580637
工业总产值	万元	534842	198766	374376
#乡办工业产值	万元	56502	24641	37113
村及村以下工业产值	万元	62239	40573	58910
农业总产值	万元	336045	231489	206291
粮食产量	万吨	165.78	88.66	98.75
棉花产量	吨			
油菜籽产量	吨	2744	4742	2753
社会商品零售总额	万元	214743	166306	148154
地方预算内财政收入	万元	43381	27875	48977
地方预算内财政支出	万元	45244	42851	47835
年末职工人数	万人	36.55	19.17	21.86
农民人均纯收入	元	805	670	716
城乡居民储蓄存款余额	万元	234095	66803	131652

注：本表产值指标均按当年价格计算。

13—4 江西省各地区国民经济基本情况

指标名称	单位	赣州地区	宜春地区	上饶地区	吉安地区	抚州地区
年末总人口	万人	725.72	476.39	595.41	448.08	340.14
#非农业人口	万人	93.52	83.73	80.25	62.30	57.80
土地总面积	平方公里	39380	18670	22791	26333	18817
耕地面积	万公顷	36	36	31	38	26
工农业总产值	万元	919961	111772	16389	648461	584607
工业总产值	万元	464660		465303	324243	
#乡办工业产值	万元	43251	121759	39328	27768	35583
村及村以下工业产值	万元	100450	194239	85140	54253	56071
农业总产值	万元	455301	501670	351086	324218	307337
粮食产量	万吨	233.46	304.09	233.06	216.67	215.35
棉花产量	吨		15668	8920	313	3467
油菜籽产量	吨					
社会商品零售总额	万元	261723	291651	239073	193174	172921
地方预算内财政收入	万元	56356	52480	39420	30223	25853
地方预算内财政支出	万元	66471	64700	53081	49829	40301
年末职工人数	万人	37.30	32.48	35.67	27.91	21.71
农民人均纯收入	元	635	829	664	688	778
城乡居民储蓄存款余额	万元	223642	226404	185929	185873	162660

注：本表产值指标均按当年价格计算。

13-5 山东省各地区国民经济基本情况

指 标 名 称	单 位	滨州地区	德州地区	聊城地区	临沂地区	菏泽地区
年末总人口	万人	351.02	507.58	532.23	1059.15	790.52
#非农业人口	万人	43.55	73.55	65.35	109.08	76.59
土地总面积	平方公里					
耕地面积	万公顷	40	58	56	74	70
工农业总产值	万元	95	175	129	216	149
工业总产值	万元	57	116	75	133	77
#乡办工业产值	万元	5	21	10	23	14
村及村以下工业产值	万元	15	46	20	56	26
农业总产值	万元	38	59	54	83	72
粮食产量	万吨	186.50	287.11	261.15	430.63	328.39
棉花产量	吨	15	20	22	2	30
油菜籽产量	吨		1	4	46	14
社会商品零售总额	万元	2	33	27	46	27
地方预算内财政收入	万元	30314	37398	30639	66096	33315
地方预算内财政支出	万元	45851	56091	46922	76098	63412
年末职工人数	万人	22.00	35.63	32.87	43.76	34.43
农民人均纯收入	元	616	647	673	613	644
城乡居民储蓄存款余额	万元					

注：本表产值指标均按当年价格计算。

十四、各县(市)国民经济基本情况

14-1 上海市各县国民经济基本情况

指标名称	单位	上海县	嘉定县	川沙县	南汇县	奉贤县	松江县
年末总人口	万人	41.82	50.94	61.88	70.09	52.08	50.03
#非农业人口	万人	9.84	14.40	15.30	12.55	8.63	11.81
土地总面积	平方公里	377.78	483.75	445.50	687.66	687.39	605.64
耕地面积	万公顷	2.16	2.96	2.05	3.14	3.22	3.53
工农业总产值	万元	606295	710591	821315	595410	470071	547013
工业总产值	万元	544204	642724	765450	509091	402366	453648
#乡办工业产值	万元	241786	276219	341162	258170	220718	230744
城镇合作经营及个体工业产值	万元	6685	52966	12334	5516	12452	53777
村及村以下工业产值	万元	234080	203007	329811	155172	105646	88493
农业总产值	万元	62091	67367	55865	86319	67705	93365
粮食产量	万吨	14.46	21.12	17.64	27.01	25.97	30.48
棉花产量	吨	348	2329	55	2343	4509	2957
油菜籽产量	吨	6111	7401	9522	25852	26543	19894
猪年末存栏数	万头	29.30	23.80	25.68	24.16	18.97	18.36
全民基本建设投资额	万元	19425	6681	40115	3826	13421	2433
社会商品零售总额	万元	142436	136516	162050	116386	91395	96011
地方预算内财政收入	万元	35651	44845	39212	34904	26684	22176
地方预算内财政支出	万元	16054	22087	14676	14998	13123	13430
年末职工人数	万人	4.86	5.50	6.69	7.50	4.56	5.43
职工工资总额	万元	14050.80	16499.30	19553.20	19442.40	12512.60	15732.40
农民人均纯收入	元	2372.49	2034.76	2265.23	1838.16	1885.68	1771.15
城乡居民储蓄存款年末余额	万元	76967	100813	162884	137422	104385	51796

注：本表产值指标均按当年价格计算。

14—1续表1

指标名称	单位	金山县	青浦县	崇明县
年末总人口	万人	55.36	45.51	73.31
＃非农业人口	万人	14.76	8.20	16.73
土地总面积	平方公里	586.05	675.54	1041.21
耕地面积	万公顷	3.47	3.23	4.57
工农业总产值	万元	383652	446314	400544
工业总产值	万元	321588	374104	328379
＃乡办工业产值	万元	158518	198236	179091
城镇合作经营及个体工业产值	万元	970	1500	
村及村以下工业产值	万元	78089	108993	67096
农业总产值	万元	60064	72210	72165
粮食产量	万吨	27.22	25.30	32.02
棉花产量	吨	833	620	1393
油菜籽产量	吨	38510	16722	37367
猪年末存栏数	万头	26.69	19.28	13.73
全民基本建设投资额	万元	31963	15150	1471
社会商品零售总额	万元	78776	84754	87810
地方预算内财政收入	万元	19888	23344	26536
地方预算内财政支出	万元	11463	13061	13446
年末职工人数	万人	4.74	4.24	5.56
职工工资总额	万元	13249.40	12209.10	15105.40
农民人均纯收入	元	1665.09	1637.14	1464.34
城乡居民储蓄存款年末余额	万元	45786	55488	103694

14-2 江苏省各县（市）国民经济基本情况

指标名称	单位	江宁县	江浦县	六合县	溧水县	高淳县	江阴市
年末总人口	万人	74.76	29.31	67.63	40.07	42.50	111.51
#非农业人口	万人	7.51	4.51	8.13	3.61	3.93	23.75
土地总面积	平方公里	1631.00	737.00	1403.00	1048.00	750.00	980.00
耕地面积	万公顷	83.02	33.61	76.89	46.90	46.50	77.00
工农业总产值	万元	355792	72740	178275	153938	121052	1390982
工业总产值	万元	264956	49071	120112	115148	77577	1302965
#乡办工业产值	万元	100663	16020	26116	27455	25869	488703
城镇合作经营及个体工业产值	万元		55	509	21	55	682
村及村以下工业产值	万元	89089	5865	31808	14728	13402	527622
农业总产值	万元	90836	23669	58163	38790	43475	88017
粮食产量	万吨	42.41	13.42	31.04	21.92	22.57	42.76
棉花产量	吨	144	38	2132	132	74	131
油菜籽产量	吨	26170	7542	12549	23836	29018	7393
猪年末存栏数	万头	24.80	8.58	22.98	9.88	14.66	34.20
全民基本建设投资额	万元	2359	1152	982	1146	880	4602
社会商品零售总额	万元	65126	23273	52742	32560	33453	110965
地方预算内财政收入	万元	9001	2300	4276	3884	3535	33207
地方预算内财政支出	万元	7281	3685	5308	5561	4691	11237
年末职工人数	万人	4.85	2.48	5.12	3.39	3.27	10.92
职工工资总额	万元	9987.00	4510.00	10236.00	6561.00	6212.00	27374.00
农民人均纯收入	元	955.00	675.00	643.00	891.00	884.00	1570.00
城乡居民储蓄存款年末余额	万元	45216	16499	30170	20903	26127	153171

注：本表产值指标均按当年价格计算。

14－2续表1

指 标 名 称	单 位	宜兴县	无锡县	丰 县	沛 县	铜山县	睢宁市
年末总人口	万人	107.48	108.50	89.44	97.61	107.16	172.16
#非农业人口	万人	20.44	20.02	8.33	6.87	14.33	15.18
土地总面积	平方公里	2039.00	1234.00	1580.00	1446.00	1349.00	2865.00
耕地面积	万公顷	112.00	84.00	123.00	131.00	121.00	223.00
工农业总产值	万元	795746	1756549	234291	180487	204003	444055
工业总产值	万元	710443	1660335	129690	88721	110316	268166
#乡办工业产值	万元	377880	699391	21365	15616	19092	57675
城镇合作经营及个体工业产值	万元		676		1606	3523	
村及村以下工业产值	万元	229149	760825	48156	26725	52038	141128
农业总产值	万元	85303	96214	104601	91766	93687	175889
粮食产量	万吨	47.00	48.18	55.30	48.70	55.82	108.48
棉花产量	吨			28	19831	8564	23625
油菜籽产量	吨	20594	15489	25265	4944	6044	6995
猪年末存栏数	万头	35.40	27.45	24.90	28.25	21.66	34.25
全民基本建设投资额	万元	10936	6679	7674	916	966	2464
社会商品零售总额	万元	115186	129107	43355	44027	44456	71373
地方预算内财政收入	万元	18877	39410	4151	3004	5928	12122
地方预算内财政支出	万元	9847	12137	7771	7614	9556	15276
年末职工人数	万人	10.44	8.34	4.86	4.84	5.55	6.46
职工工资总额	万元	23527.00	21025.00	9015.00	8241.00	9973.00	11547.00
农民人均纯收入	元	1255.00	1697.00	729.00	595.00	739.00	873.00
城乡居民储蓄存款年末余额	万元	116592	172304	31235	43926	72169	117328

14－2续表 2

指标名称	单位	邳县	新沂县	武进县	金坛县	溧阳县	常熟市
年末总人口	万人	117.24	144.71	75.99	129.08	54.15	103.67
#非农业人口	万人	7.84	10.07	11.05	11.75	5.85	18.55
土地总面积	平方公里	1767.00	2079.00	1535.00	1677.00	976.00	1094.00
耕地面积	万公顷	152.00	172.00	96.39	134.31	64.72	103.00
工农业总产值	万元	184966	251474	351620	1296517	276752	1232388
工业总产值	万元	95695	116415	286998	1147877	225748	1139318
#乡办工业产值	万元	18321	21290	139867	515547	106680	492030
城镇合作经营及个体工业产值	万元		2051	945	1419		1043
村及村以下工业产值	万元	33353	37988	52788	466225	51472	356687
农业总产值	万元	89271	135059	64622	148640	51004	93070
粮食产量	万吨	66.88	74.62	35.15	72.28	25.70	48.96
棉花产量	吨	10532	16986	1170	86	700	14648
油菜籽产量	吨	11756	8185	31126	10157	11926	16385
猪年末存栏数	万头	29.67	32.50	17.36	49.66	32.32	28.95
全民基本建设投资额	万元	1204	2955	2535	3609	2722	41181
社会商品零售总额	万元	41864	56385	76502	138465	60175	181403
地方预算内财政收入	万元	3672	4375	7376	32913	6080	33704
地方预算内财政支出	万元	7886	8476	7924	16356	6209	13134
年末职工人数	万人	5.42	6.41	6.03	9.20	5.15	12.37
职工工资总额	万元	9053.00	10927.00	12623.00	21046.00	10418.00	32376.00
农民人均纯收入	元	559.00	783.00	1084.00	1449.00	1238.00	1938.00
城乡居民储蓄存款年末余额	万元	32366	44820	67370	146912	47425	195613

14—2 续表 3

指标名称	单位	张家港市	昆山县	太仓县	吴县	吴江县	海安市
年末总人口	万人	84.01	56.84	44.76	113.06	76.88	116.26
#非农业人口	万人	9.59	10.43	8.22	11.87	12.10	12.71
土地总面积	平方公里	772.00	865.00	620.00	1472.00	1093.00	1208.00
耕地面积	万公顷	73.00	85.00	65.00	112.00	89.00	111.00
工农业总产值	万元	1109103	801710	671984	1104773	926902	447929
工业总产值	万元	1030910	724593	599093	968663	818394	325060
#乡办工业产值	万元	416338	312948	261000	387467	166914	142407
城镇合作经营及个体工业产值	万元	3147	133	95	64	235	452
村及村以下工业产值	万元	356569	147202	131941	361639	214222	67815
农业总产值	万元	78193	77117	72891	136110	108508	122869
粮食产量	万吨	29.96	46.67	28.31	65.46	50.91	33.40
棉花产量	吨	15227	18	12309			20198
油菜籽产量	吨	8782	37940	17594	16936	41610	44876
猪年末存栏数	万头	12.53	15.89	14.01	45.14	24.43	13.73
全民基本建设投资额	万元	10859	12192	3771	4897	4302	3343
社会商品零售总额	万元	98614	96677	82121	135513	101126	94015
地方预算内财政收入	万元	22573	12312	12498	22963	17393	14102
地方预算内财政支出	万元	8166	8133	5936	10257	7667	9380
年末职工人数	万人	9.86	6.82	7.06	8.93	9.61	9.19
职工工资总额	万元	21554.00	17528.00	17369.00	21223.00	25476.00	18169.00
农民人均纯收入	元	1779.00	1783.00	1816.00	1407.00	1732.00	1193.00
城乡居民储蓄存款年末余额	万元	145573	86277	92759	155512	82466	141092

14—2 续表 4

指标名称	单位	如皋县	如东县	南通县	海门县	启东县	赣榆县
年末总人口	万人	145.10	98.36	113.04	145.38	102.81	96.77
#非农业人口	万人	22.69	18.74	16.05	23.47	24.22	6.34
土地总面积	平方公里	1492.00	1108.00	1733.00	1297.00	939.00	1400.00
耕地面积	万公顷	122.00	95.00	144.00	130.00	89.00	87.00
工农业总产值	万元	389955	327631	414587	504266	340884	200345
工业总产值	万元	278250	231459	251182	381028	267693	95957
#乡办工业产值	万元	87627	103200	99208	156904	113587	27186
城镇合作经营及个体工业产值	万元	505	221	69	104	1962	637
村及村以下工业产值	万元	59855	17363	20885	56003	59136	31519
农业总产值	万元	111705	96172	163405	123238	73191	104388
粮食产量	万吨	53.98	44.75	69.20	54.35	25.09	53.27
棉花产量	吨	9109	7568	39020	23315	10495	
油菜籽产量	吨	15617	11143	27486	39803	43470	52811
猪年末存栏数	万头	75.15	33.94	70.34	31.65	5.67	32.53
全民基本建设投资额	万元	1852	2824	3374	3847	3360	3596
社会商品零售总额	万元	89925	88506	98450	101680	81341	49403
地方预算内财政收入	万元	10662	8937	10235	18187	13181	4524
地方预算内财政支出	万元	9495	8367	8946	11515	8180	7485
年末职工人数	万人	10.56	8.84	10.45	12.12	8.53	4.61
职工工资总额	万元	19434.00	18246.00	18697.00	22947.00	16813.00	8148.00
农民人均纯收入	元	711.00	692.00	844.00	1049.00	848.00	815.00
城乡居民储蓄存款年末余额	万元	74404	94641	102147	138446	109437	30478

14—2续表5

指标名称	单位	东海县	灌云县	宿迁县	淮安县	淮阴县	灌南县
年末总人口	万人	102.02	94.36	110.62	115.39	77.40	66.17
#非农业人口	万人	6.71	12.10	9.74	13.24	6.74	5.86
土地总面积	平方公里	2248.00	1849.00	1748.00	1560.00	1250.00	1041.00
耕地面积	万公顷	162.00	129.00	117.00	121.00	98.00	78.00
工农业总产值	万元	199956	170781	250876	248513	112664	104977
工业总产值	万元	75761	65747	166708	170012	60040	53836
#乡办工业产值	万元	15762	6427	23559	17276	7260	6895
城镇合作经营及个体工业产值	万元	255	2839	2899	1134	309	182
村及村以下工业产值	万元	16728	12446	63620	81220	16912	15248
农业总产值	万元	124195	105034	84168	78501	52624	51141
粮食产量	万吨	86.94	58.40	56.96	52.46	35.63	34.69
棉花产量	吨	581	24652	6096	1531	969	9625
油菜籽产量	吨	72212	1557	6657	13046	16777	1970
猪年末存栏数	万头	47.77	23.75	29.92	36.61	29.12	21.60
全民基本建设投资额	万元	4947	2869	1425	3433	1401	1298
社会商品零售总额	万元	48745	45024	58341	44068	25855	24071
地方预算内财政收入	万元	2671	3590	4860	3113	2147	2915
地方预算内财政支出	万元	7093	6610	7294	8317	6539	6095
年末职工人数	万人	5.27	6.63	7.44	8.37	4.21	3.64
职工工资总额	万元	9019.00	10888.00	12437.00	14504.00	7417.00	5746.00
农民人均纯收入	元	783.00	727.00	606.00	520.00	628.00	615.00
城乡居民储蓄存款年末余额	万元	33984	26840	27826	27938	11984	11710

14—2 续表 6

指标名称	单位	沭阳县	泗阳县	涟水县	泗洪县	洪泽县	盱眙县
年末总人口	万人	152.85	107.73	96.75	93.51	36.25	69.13
#非农业人口	万人	10.36	7.80	7.18	10.56	6.72	6.94
土地总面积	平方公里	2298.00	1504.00	1668.00	2312.00	2179.00	2334.00
耕地面积	万公顷	203.00	114.00	132.00	157.00	44.00	113.00
工农业总产值	万元	201777	207920	199289	142713	92690	121989
工业总产值	万元	88683	123145	99631	71953	53383	61078
#乡办工业产值	万元	8455	8264	9830	3594	10954	8111
城镇合作经营及个体工业产值	万元	208	3852	3701		626	
村及村以下工业产值	万元	42235	35212	32633	5711	12477	10904
农业总产值	万元	113094	84775	99658	70760	39307	60911
粮食产量	万吨	87.09	45.94	58.72	50.23	23.30	35.50
棉花产量	吨	7949	9350	6631	4373		123
油菜籽产量	吨	14160	11280	18150	12305	6081	24593
猪年末存栏数	万头	46.44	30.91	36.10	26.00	15.39	25.10
全民基本建设投资额	万元	2097	899	1365	879	997	1439
社会商品零售总额	万元	54588	51618	36814	39616	25322	34337
地方预算内财政收入	万元	2565	7266	3545	5572	1667	1856
地方预算内财政支出	万元	9311	7940	8335	8103	4648	6914
年末职工人数	万人	6.55	6.84	5.70	5.53	3.34	4.99
职工工资总额	万元	10972.00	11310.00	9166.00	9324.00	6002.00	8956.00
农民人均纯收入	元	504.00	524.00	648.00	499.00	689.00	679.00
城乡居民储蓄存款年末余额	万元	26735	25101	21221	22231	15302	17330

14－2续表7

指标名称	单位	金湖县	盐城郊区	东台县	响水县	滨海县	阜宁县
年末总人口	万人	34.12	113.42	117.77	53.17	106.36	107.90
＃非农业人口	万人	5.26	11.36	19.75	7.55	10.98	11.75
土地总面积	平方公里	1307.00	1678.00	2267.00	1363.00	1880.00	1443.00
耕地面积	万公顷	52.00	132.19	162.25	66.46	112.31	120.92
工农业总产值	万元	110494	409974	438159	109018	151536	197849
工业总产值	万元	64657	270938	287261	54339	62690	121700
＃乡办工业产值	万元	15338	76000	84969	6281	10864	25204
城镇合作经营及个体工业产值	万元	425		340	486	360	149
村及村以下工业产值	万元	8069	110173	73477	7759	4318	33582
农业总产值	万元	45837	139036	150898	54679	88846	76149
粮食产量	万吨	25.39	67.13	52.97	29.95	47.24	52.48
棉花产量	吨	1485	25982	28990	13261	17896	7748
油菜籽产量	吨	13364	12785	28705	9236	17988	11278
猪年末存栏数	万头	18.09	41.00	53.70	15.88	31.18	33.24
全民基本建设投资额	万元	1275	1699	2595	2022	934	4172
社会商品零售总额	万元	32841	70162	109679	22464	40792	41979
地方预算内财政收入	万元	1899	6527	10068	2946	2839	3854
地方预算内财政支出	万元	4416	7073	9282	5698	8506	8772
年末职工人数	万人	3.81	6.64	10.14	4.29	6.13	6.13
职工工资总额	万元	6914.00	11410.00	18580.00	6941.00	9480.00	9795.00
农民人均纯收入	元	852.00	896.00	1037.00	588.00	683.00	838.00
城乡居民储蓄存款年末余额	万元	21470	52551	97290	17169	27756	34167

14－2 续表 8

指 标 名 称	单 位	射阳县	建湖县	大丰县	泰州县	仪征县	兴化县
年末总人口	万人	100.78	79.87	74.89	25.63	57.77	152.90
＃非农业人口	万人	13.25	12.12	14.00	15.44	11.23	16.40
土地总面积	平方公里	2795.00	1140.00	2367.00	115.00	910.00	2394.00
耕地面积	万公顷	157.27	91.10	137.32	8.00	57.00	191.00
工农业总产值	万元	328732	239527	311286	271272	636449	307477
工业总产值	万元	170601	166601	199013	265229	593872	192718
＃乡办工业产值	万元	32681	39986	58066	25665	30399	55831
城镇合作经营及个体工业产值	万元	3797	171	280	316	917	50
村及村以下工业产值	万元	19907	47903	32311	16769	25645	54355
农业总产值	万元	158131	72926	112273	6043	42577	114759
粮食产量	万吨	70.07	44.02	40.84	3.53	27.90	70.54
棉花产量	吨	63531	9633	38267	53	208	9752
油菜籽产量	吨	12541	12959	20384	2150	6660	25549
猪年末存栏数	万头	24.93	14.47	27.29	1.46	21.07	33.74
全民基本建设投资额	万元	2302	2071	6728	4873	17706	4477
社会商品零售总额	万元	64798	57082	62063	56584	73108	98699
地方预算内财政收入	万元	6472	4172	7317	12214	19895	1641
地方预算内财政支出	万元	8286	7868	7332	6209	10067	10590
年末职工人数	万人	8.03	6.67	7.35	10.42	8.84	9.78
职工工资总额	万元	14259.00	11546.00	13812.00	22911.00	20659.00	16056.00
农民人均纯收入	元	1256.00	734.00	952.00	1137.00	893.00	691.00
城乡居民储蓄存款年末余额	万元	60324	48051	69988	52912	42914	64260

14－2续表9

指 标 名 称	单 位	高邮县	宝应县	靖江县	泰兴县	江都县	邗江县
年末总人口	万人	83.28	90.12	65.02	140.45	107.52	55.91
＃非农业人口	万人	11.06	9.55	8.70	13.60	13.97	3.14
土地总面积	平方公里	1967.00	1456.00	673.00	1434.00	1332.00	825.00
耕地面积	万公顷	106.00	89.00	47.00	113.00	105.00	49.00
工农业总产值	万元	241779	198043	385219	564943	454373	248364
工业总产值	万元	174627	130191	336009	441101	386386	206543
＃乡办工业产值	万元	55954	28676	122414	147513	138789	85357
城镇合作经营及个体工业产值	万元	129		77	2405	144	
村及村以下工业产值	万元	45876	22737	55963	133886	142263	70855
农业总产值	万元	67152	67852	49210	123842	67987	41821
粮食产量	万吨	38.56	43.49	27.06	60.30	47.27	27.55
棉花产量	吨	5740	6626	6191		1855	11
油菜籽产量	吨	15841	12807	1888	12119	9280	4336
猪年末存栏数	万头	27.01	23.06	24.03	53.20	24.13	16.00
全民基本建设投资额	万元	1908	2891	4277	3450	3574	1943
社会商品零售总额	万元	64029	57608	71326	92792	95672	42005
地方预算内财政收入	万元	3885	3616	11574	12826	13112	5082
地方预算内财政支出	万元	9059	7332	6463	10150	9090	4586
年末职工人数	万人	7.18	6.72	9.43	12.01	8.36	4.93
职工工资总额	万元	13545.00	11777.00	17523.00	22863.00	16009.00	9309.00
农民人均纯收入	元	709.00	750.00	931.00	813.00	1003.00	939.00
城乡居民储蓄存款年末余额	万元	43560	42930	63645	88299	104844	40907

14—2 续表 10

指 标 名 称	单 位	泰 县	丹阳县	丹徒县	句容县	扬中县
年末总人口	万人	106.66	80.15	46.54	59.08	27.47
#非农业人口	万人	10.53	17.48	5.16	7.99	5.17
土地总面积	平方公里	1177.00	1043.00	868.00	1385.00	332.00
耕地面积	万公顷	97.00	91.00	54.00	73.00	16.00
工农业总产值	万元	345653	593016	227336	267907	254370
工业总产值	万元	275602	497160	183669	204815	227161
#乡办工业产值	万元	105810	195470	63971	55012	85902
城镇合作经营及个体工业产值	万元	162			143	640
村及村以下工业产值	万元	79039	159105	76793	71432	104450
农业总产值	万元	70051	95856	43667	63092	27209
粮食产量	万吨	44.13	45.06	23.95	31.32	12.13
棉花产量	吨	2196	2404	174	2503	
油菜籽产量	吨	16128	12406	9316	25097	137
猪年末存栏数	万头	30.60	31.55	13.82	14.97	11.28
全民基本建设投资额	万元	3127	5804	3149	1445	2769
社会商品零售总额	万元	75867	76322	41398	44406	32634
地方预算内财政收入	万元	6663	15677	4423	3643	6161
地方预算内财政支出	万元	8492	8310	5073	5384	4703
年末职工人数	万人	7.82	8.50	4.60	4.70	2.86
职工工资总额	万元	13630.00	17662.00	8538.00	8760.00	5845.00
农民人均纯收入	元	893.00	1118.00	986.00	876.00	1503.00
城乡居民储蓄存款年末余额	万元	69433	73964	36942	33753	47944

14-3 浙江省各县（市）国民经济基本情况

指标名称	单位	萧山市	桐庐县	富阳县	临安县	余杭县	建德县
年末总人口	万人	116.36	38.24	59.23	49.72	87.05	48.70
#非农业人口	万人	16.43	5.14	6.92	5.11	14.54	7.96
土地总面积	平方公里	1236.00	1780.00	1808.00	3124.00	1402.00	2364.00
耕地面积	万公顷	88.00	23.00	35.00	30.00	66.00	27.00
工农业总产值	万元	109355	189906	309711	262682	650747	225350
工业总产值	万元	980703	152497	261113	213334	566798	173026
#乡办工业产值	万元	358417	56509	65813	73812	176299	31031
城镇合作经营及个体工业产值	万元	696	148	0	181	0	1436
村及村以下工业产值	万元	274177	35632	103534	78550	150502	28853
农业总产值	万元	112849	37409	48598	49348	83949	52324
粮食产量	万吨	48.74	17.49	26.18	18.50	41.36	20.89
棉花产量	吨	6718	0	0	0	736	7
油菜籽产量	吨	18142	5277	5382	3755	15018	2399
猪年末存栏数	万头	22.87	17.18	21.93	19.78	21.62	19.38
全民基本建设投资额	万元	12067	2126	1859	2342	5690	1661
社会商品零售总额	万元	140675	30935	61127	50060	98093	31771
地方预算内财政收入	万元	41427	6372	10490	9665	27660	10302
地方预算内财政支出	万元	18740	5206	7186	6261	12153	6413
年末职工人数	万人	12.44	3.70	5.42	4.24	10.48	5.43
职工工资总额	万元	30445.00	8390.00	12293.00	9366.00	25325.00	12755.00
农民人均纯收入	元	1457.00	1112.00	1208.00	1393.00	1425.00	919.00
城乡居民储蓄存款年末余额	万元	164159	33517	43242	45869	105836	39778

注：本表产值指标均按当年价格计算。

14—3 续表 1

指标名称	单位	淳安县	余姚市	慈溪市	奉化市	象山县	宁海县
年末总人口	万人	44.46	80.94	96.85	48.02	52.17	56.62
#非农业人口	万人	3.95	11.43	10.79	6.65	6.42	4.73
土地总面积	平方公里	4452.00	1346.00	1154.00	1253.00	1172.00	1880.00
耕地面积	万公顷	19.00	63.00	65.00	35.00	34.00	37.00
工农业总产值	万元	91108	533768	654093	233159	253765	231539
工业总产值	万元	48776	448482	573497	185569	194168	185111
#乡办工业产值	万元	15733	153764	241560	67301	47882	58541
城镇合作经营及个体工业产值	万元	16	3538	0	662	11737	6923
村及村以下工业产值	万元	5213	122131	203222	51098	41609	45144
农业总产值	万元	42332	85286	80596	47590	59597	46428
粮食产量	万吨	16.47	39.96	20.14	22.76	:21.75	18.56
棉花产量	吨	0	8751	23625	5	932	3870
油菜籽产量	吨	4016	20171	22991	7636	3941	3879
猪年末存栏数	万头	20.82	21.03	6.97	9.80	11.64	12.85
全民基本建设投资额	万元	4120	3525	6840	5548	4474	3126
社会商品零售总额	万元	25708	96478	118770	52062	50806	39957
地方预算内财政收入	万元	3551	21448	22008	8652	8684	7827
地方预算内财政支出	万元	4772	10260	11316	5275	6905	6254
年末职工人数	万人	2.95	7.95	7.02	5.15	5.82	4.42
职工工资总额	万元	6280.00	18004.00	15982.00	10732.00	14591.00	9191.00
农民人均纯收入	元	766.00	1537.00	1590.00	1304.00	1102.00	1124.00
城乡居民储蓄存款年末余额	万元	20332	86463	104279	36040	18862	15319

14—3续表2

指标名称	单位	鄞县	瑞安市	鸥海县	洞头县	乐清县	永嘉县
年末总人口	万人	70.11	112.71	52.86	12.45	103.75	81.56
#非农业人口	万人	8.37	15.74	2.58	1.07	8.27	5.12
土地总面积	平方公里	1527.00	1360.00	895.00	100.00	1174.00	2698.00
耕地面积	万公顷	58.00	50.00	25.00	1.00	40.00	36.00
工农业总产值	万元	745823	244500	181992	36051	205347	131858
工业总产值	万元	681269	176925	137164	26287	144774	94161
#乡办工业产值	万元	276255	45896	64723	6466	14189	20891
城镇合作经营及个体工业产值	万元	907	4120	0	701	20214	5515
村及村以下工业产值	万元	248273	37731	50329	10822	78728	30494
农业总产值	万元	64554	67575	44828	9764	60573	37697
粮食产量	万吨	42.74	35.65	18.51	0.50	29.87	20.45
棉花产量	吨	234	2	0	0	0	0
油菜籽产量	吨	13045	5093	2040	207	1173	616
猪年末存栏数	万头	14.35	13.91	10.37	1.18	11.70	13.09
全民基本建设投资额	万元	2942	3157	1908	960	2815	1784
社会商品零售总额	万元	65145	87971	32109	9780	52708	31248
地方预算内财政收入	万元	22525	14801	8183	2134	13846	6811
地方预算内财政支出	万元	9248	12054	7032	2931	10442	8911
年末职工人数	万人	7.30	8.67	2.34	0.91	4.18	3.04
职工工资总额	万元	16187.00	16109.00	5046.00	2065.00	7617.00	5969.00
农民人均纯收入	元	1590.00	1176.00	1666.00	927.00	1363.00	716.00
城乡居民储蓄存款年末余额	万元	98214	55644	32202	5229	63434	22440

14—3 续表 3

指 标 名 称	单 位	平阳县	苍南县	文成县	泰顺县	海宁市	嘉善县
年末总人口	万人	75.86	107.71	36.49	32.59	62.47	36.87
#非农业人口	万人	9.64	12.66	2.19	1.87	6.77	6.33
土地总面积	平方公里	1042.00	1272.00	1294.00	1762.00	684.00	504.00
耕地面积	万公顷	38.00	45.00	15.00	15.00	51.00	51.00
工农业总产值	万元	142124	185966	23822	27479	497145	217663
工业总产值	万元	90347	111587	8391	9970	429039	175930
#乡办工业产值	万元	21330	60082	1278	3695	154243	52459
城镇合作经营及个体工业产值	万元	10047	2415	0	530	1454	114
村及村以下工业产值	万元	12736	15102	3394	1346	121919	28633
农业总产值	万元	51777	74279	15431	17502	68106	41733
粮食产量	万吨	21.80	28.16	7.32	6.50	27.85	33.56
棉花产量	吨	0	0	0	0	627	0
油菜籽产量	吨	3060	3570	327	1573	16200	9286
猪年末存栏数	万头	10.25	9.82	9.20	12.52	21.80	45.31
全民基本建设投资额	万元	2022	2087	1427	772	3015	1316
社会商品零售总额	万元	40609	55559	11549	11370	93621	58634
地方预算内财政收入	万元	6993	10450	831	1031	21038	10302
地方预算内财政支出	万元	8540	9868	4389	4420	7371	5621
年末职工人数	万人	3.98	4.56	1.42	1.24	6.59	4.78
职工工资总额	万元	7958.00	8674.00	2555.00	2333.00	16783.00	11930.00
农民人均纯收入	元	813.00	940.00	567.00	551.00	1593.00	1641.00
城乡居民储蓄存款年末余额	万元	23885	24936	8886	6156	94685	37704

14－3续表4

指　标　名　称	单　位	平湖县	海盐县	桐乡县	德清县	长兴县	安吉县
年末总人口	万人	46.86	35.18	62.77	40.08	60.13	43.75
#非农业人口	万人	6.77	4.94	9.31	5.88	11.07	5.10
土地总面积	平方公里	536.00	503.00	723.00	947.00	1387.00	1882.00
耕地面积	万公顷	51.00	38.00	59.00	32.00	61.00	33.00
工农业总产值	万元	26269	230512	492938	256118	230413	152026
工业总产值	万元	211188	187044	414327	206154	170452	106995
#乡办工业产值	万元	50391	52459	171937	78602	49799	32682
城镇合作经营及个体工业产值	万元	2409	8399	751	238	399	87
村及村以下工业产值	万元	44630	31278	92856	28409	41691	15704
农业总产值	万元	51081	43468	78611	49964	59961	45071
粮食产量	万吨	35.74	26.91	34.26	21.77	36.00	18.14
棉花产量	吨	3888	3002	0	0	0	0
油菜籽产量	吨	34803	21301	13134	8641	27806	7263
猪年末存栏数	万头	37.30	51.17	19.25	16.70	29.28	19.42
全民基本建设投资额	万元	3949	1260	4862	1521	12629	1132
社会商品零售总额	万元	65658	52624	89414	47288	56036	42382
地方预算内财政收入	万元	11300	10075	18095	9215	7250	5206
地方预算内财政支出	万元	5095	5572	7405	4250	5449	3846
年末职工人数	万人	5.22	4.08	6.56	4.36	6.84	3.47
职工工资总额	万元	12635.00	10136.00	16598.00	9980.00	15820.00	7283.00
农民人均纯收入	元	1542.00	1385.00	1525.00	1351.00	1163.00	1007.00
城乡居民储蓄存款年末余额	万元	47348	43403	75073	46028	41547	28263

14—3 续表 5

指 标 名 称	单 位	诸暨市	绍兴县	上虞县	嵊 县	新昌县	兰溪市
年末总人口	万人	102.31	93.80	74.94	73.23	42.91	64.10
#非农业人口	万人	8.29	9.26	7.94	6.14	3.88	8.11
土地总面积	平方公里	2265.00	1687.00	1171.00	685.00	399.00	1310.00
耕地面积	万公顷	69.00	62.00	60.00	46.00	24.00	44.00
工农业总产值	万元	366846	957799	370098	247006	187678	361650
工业总产值	万元	298803	838969	296745	187742	158608	303470
#乡办工业产值	万元	72239	413975	79684	38536	42978	34905
城镇合作经营及个体工业产值	万元	12595	0	3275	3474	160	90
村及村以下工业产值	万元	111311	319249	108851	58027	15265	56582
农业总产值	万元	68043	78830	73353	60364	29070	58180
粮食产量	万吨	49.63	53.00	34.74	33.72	13.34	32.13
棉花产量	吨	45	34	8312	87	51	2371
油菜籽产量	吨	2645	10075	15009	2567	1425	6585
猪年末存栏数	万头	45.63	27.62	19.69	28.31	14.68	22.04
全民基本建设投资额	万元	4101	1555	3571	4396	1965	3967
社会商品零售总额	万元	89719	90953	63743	56568	26872	52726
地方预算内财政收入	万元	11741	35329	14590	10680	7741	14402
地方预算内财政支出	万元	7648	12248	75499	6273	4798	6898
年末职工人数	万人	7.93	5.74	6.54	5.59	4.12	5.77
职工工资总额	万元	17035.00	14247.00	14860.00	12261.00	9955.00	13073.00
农民人均纯收入	元	1216.00	1822.00	1389.00	1151.00	878.00	1008.00
城乡居民储蓄存款年末余额	万元	74942	136694	79002	55121	30955	37698

14—3续表6

指标名称	单位	东阳市	义乌市	金华县	永康县	武义县	浦江县
年末总人口	万人	76.14	62.53	55.31	51.17	32.33	36.52
#非农业人口	万人	5.94	6.29	2.49	4.42	3.65	2.56
土地总面积	平方公里	1739.00	1103.00	1744.00	1043.00	1577.00	900.00
耕地面积	万公顷	41.00	36.00	49.00	28.00	25.00	19.00
工农业总产值	万元	275606	247733	136206	190510	99764	118141
工业总产值	万元	213553	189947	74175	158616	69172	94916
#乡办工业产值	万元	61896	23245	25589	22459	15777	21022
城镇合作经营及个体工业产值	万元	345	1830	0	0	70	32
村及村以下工业产值	万元	97311	113560	26491	80016	14049	40737
农业总产值	万元	62053	57786	62031	31894	30592	23225
粮食产量	万吨	29.75	27.55	33.23	20.05	17.87	14.06
棉花产量	吨	37	59	2329	22	68	855
油菜籽产量	吨	373	200	3766	832	3203	386
猪年末存栏数	万头	28.43	16.08	27.74	16.11	16.78	22.77
全民基本建设投资额	万元	2882	4521	1424	2627	2388	1525
社会商品零售总额	万元	46782	52464	32443	34736	22925	20647
地方预算内财政收入	万元	10128	10743	4663	7656	4552	4113
地方预算内财政支出	万元	6520	7097	5214	5208	4472	3728
年末职工人数	万人	4.66	3.72	2.21	2.83	2.91	2.18
职工工资总额	万元	9606.00	8093.00	4801.00	6300.00	5937.00	4348.00
农民人均纯收入	元	1074.00	1209.00	1028.00	1135.00	773.00	931.00
城乡居民储蓄存款年末余额	万元	79073	81801	34073	55494	21130	20054

14—3续表7

指 标 名 称	单 位	磐安县	江山市	衢县	常山县	开化县	龙游县
年末总人口	万人	20.11	54.56	51.11	30.88	33.36	38.78
#非农业人口	万人	1.10	5.14	1.99	3.03	3.32	4.40
土地总面积	平方公里	1196.00	2018.00	2117.00	1099.00	2233.00	1139.00
耕地面积	万公顷	10.00	35.00	34.00	17.00	20.00	34.00
工农业总产值	万元	44016	153946	83800	66451	75915	100515
工业总产值	万元	28413	105794	32964	40852	45061	70069
#乡办工业产值	万元	11359	20271	12717	6374	9083	19610
城镇合作经营及个体工业产值	万元	21	2988	0	560	365	350
村及村以下工业产值	万元	3674	34614	15880	5918	6381	11295
农业总产值	万元	15603	48152	50836	25599	30854	30446
粮食产量	万吨	5.18	26.80	24.80	12.21	13.86	24.93
棉花产量	吨	2	1301	136	75	17	933
油菜籽产量	吨	257	5202	8475	2651	3443	6871
猪年末存栏数	万头	6.65	28.64	20.65	14.78	18.51	23.14
全民基本建设投资额	万元	1015	1681	2571	1689	814	2505
社会商品零售总额	万元	9880	36908	22685	20911	17670	34098
地方预算内财政收入	万元	1113	7514	2314	2557	3749	4554
地方预算内财政支出	万元	3087	5697	3699	3811	4506	4330
年末职工人数	万人	1.11	3.62	1.22	2.10	2.55	2.71
职工工资总额	万元	2235.00	7626.00	2624.00	4350.00	5263.00	5798.00
农民人均纯收入	元	491.00	938.00	1019.00	712.00	834.00	908.00
城乡居民储蓄存款年末余额	万元	7630	33032	19661	11420	15088	24266

14—3续表8

指 标 名 称	单 位	岱山县	嵊泗县	丽水市	青田县	云和县	龙泉市
年末总人口	万人	22.01	8.52	32.22	48.62	10.91	26.10
＃非农业人口	万人	3.37	2.05	7.07	4.32	1.60	3.36
土地总面积	平方公里	306.00	77.00	1502.00	2484.00	978.00	3059.00
耕地面积	万公顷	4.00	0.00	19.00	18.00	7.00	26.00
工农业总产值	万元	91905	48743	93276	46768	24194	51254
工业总产值	万元	49115	15259	65719	28195	16757	28549
＃乡办工业产值	万元	11868	6351	2901	7151	1320	5062
城镇合作经营及个体工业产值	万元	2718	83	1414	2268	1156	360
村及村以下工业产值	万元	4982	2247	9651	6763	1452	6183
农业总产值	万元	42790	33484	27557	18573	7437	22705
粮食产量	万吨	2.34	0.02	12.82	9.51	3.98	11.48
棉花产量	吨	0	0	10	0	0	0
油菜籽产量	吨	738	0	1861	105	362	425
猪年末存栏数	万头	1.85	0.21	17.30	12.05	4.94	11.34
全民基本建设投资额	万元	1269	1981	1463	1125	111	1588
社会商品零售总额	万元	33636	17814	32054	25695	8047	18401
地方预算内财政收入	万元	3683	1527	4448	2458	799	4014
地方预算内财政支出	万元	3326	3114	4882	4849	2685	4472
年末职工人数	万人	2.81	1.15	4.86	2.01	1.15	2.17
职工工资总额	万元	6538.00	2969.00	10863.00	4067.00	2602.00	4521.00
农民人均纯收入	元	1615.00	2047.00	932.00	515.00	0.00	849.00
城乡居民储蓄存款年末余额	万元	22776	11902	30956	18090	7128	19165

14—3续表 9

指　标　名　称	单　位	庆元县	缙云县	遂昌县	松阳县	景宁县	椒江市
年末总人口	万人	18.56	42.18	22.38	22.51	17.24	41.73
#非农业人口	万人	1.21	2.96	2.74	2.05	1.22	7.78
土地总面积	平方公里	1898.00	1482.00	2539.00	1406.00	1950.00	274.00
耕地面积	万公顷	16.00	19.00	15.00	17.00	10.00	18.00
工农业总产值	万元	31847	55904	50607	37142	20331	242102
工业总产值	万元	12323	35294	30301	15254	8381	210979
#乡办工业产值	万元	2306	10410	2422	2095	1222	33752
城镇合作经营及个体工业产值	万元	0	849	315	0	198	2551
村及村以下工业产值	万元	2851	8061	1734	2063	1186	64490
农业总产值	万元	19524	20610	20306	21888	11950	31123
粮食产量	万吨	7.22	11.65	10.10	1186.00	5.37	15.89
棉花产量	吨	0	38	0	0	0	686
油菜籽产量	吨	8	1088	1681	2716	43	951
猪年末存栏数	万头	7.80	11.10	13.84	14.53	7.83	6.27
全民基本建设投资额	万元	2111	1423	323	1121	721	5118
社会商品零售总额	万元	9921	16509	14252	12424	7315	65397
地方预算内财政收入	万元	1550	2708	2801	2116	750	10562
地方预算内财政支出	万元	3092	4364	3429	3257	3144	6713
年末职工人数	万人	1.24	2.10	2.01	1.50	0.99	4.88
职工工资总额	万元	2516.00	4325.00	4551.00	3062.00	2014.00	11322.00
农民人均纯收入	元	0.00	758.00	0.00	0.00	0.00	0.00
城乡居民储蓄存款年末余额	万元	11028	20241	13586	10478	4915	18883

14—3续表 10

指 标 名 称	单 位	临海市	黄岩市	温岭县	仙居县	天台县	三门县	玉环县
年末总人口	万人	104.54	92.74	108.48	42.35	52.12	38.88	37.50
#非农业人口	万人	9.26	9.82	8.51	2.96	3.22	2.47	3.94
土地总面积	平方公里	2171.00	1262.00	836.00	1992.00	1426.00	1072.00	378.00
耕地面积	万公顷	47.00	42.00	53.00	24.00	25.00	22.00	13.00
工农业总产值	万元	269238	388375	356250	110950	114583	94814	194215
工业总产值	万元	188475	319618	228925	76594	82223	58157	148856
#乡办工业产值	万元	25803	98859	33180	12252	21736	10045	7803
城镇合作经营及个体工业产值	万元	15409	3150	621	7697	2116	5486	20158
村及村以下工业产值	万元	72265	99019	139190	23942	25217	17947	90428
农业总产值	万元	80763	68757	127325	34356	32360	36657	45359
粮食产量	万吨	39.63	35.32	41.38	17.49	16.98	13.72	10.06
棉花产量	吨	479	807	464	18	17	1403	446
油菜籽产量	吨	82	517	304	635	403	799	938
猪年末存栏数	万头	31.11	20.65	24.10	18.61	20.87	10.73	4.43
全民基本建设投资额	万元	2882	4349	3904	2493	2948	1528	1936
社会商品零售总额	万元	70968	82615	89686	20366	36019	16958	30421
地方预算内财政收入	万元	10027	18749	13777	4116	5310	3693	6505
地方预算内财政支出	万元	8680	10380	10495	4927	5172	3937	5862
年末职工人数	万人	6.36	7.90	5.90	2.27	2.95	2.27	2.34
职工工资总额	万元	13939.00	15511.00	12321.00	4902.00	5808.00	4447.00	5256.00
农民人均纯收入	元	971.00	1302.00	1300.00	836.00	0.00	786.00	1039.00
城乡居民储蓄存款年末余额	万元	34386	55321	23648	21492	21961	10160	18705

14—4 安徽省各县国民经济基本情况

指标名称	单位	长丰县	肥西县	肥东县	芜湖县	繁昌县	南陵县
年末总人口	万人	88.25	92.67	102.83	51.35	44.20	51.97
#非农业人口	万人	5.86	8.73	11.52	5.47	7.21	4.79
土地总面积	平方公里	24.00	21.68	22.22	9.67	8.80	12.64
耕地面积	万公顷	9.62	7.19	9.25	3.29	2.23	3.39
工农业总产值	万元	97601	119765	156974	76000	112208	61207
工业总产值	万元	45147	53642	77486	39759	83826	28403
#乡办工业产值	万元	7787	13388	18726	13247	25076	8147
城镇合作经营及个体工业产值	万元	838	1421	4115	1811	96	756
村及村以下工业产值	万元	19094	18573	22965	12849	37716	10502
农业总产值	万元	52454	66123	79488	36241	28382	32804
粮食产量	万吨	37.28	40.03	45.42	20.73	13.88	19.76
棉花产量	吨	3819	2064	2571	261	1931	544
油菜籽产量	吨	13863	23193	42380	13426	12562	5798
猪年末存栏数	万头	29.20	17.77	39.17	13.79	9.13	12.72
全民基本建设投资额	万元	808	1915	759	631	462	160
社会商品零售总额	万元	24020	35631	30860	24005	26858	17170
地方预算内财政收入	万元	2008	2976	3276	2434	3156	1504
地方预算内财政支出	万元	5135	5974	5793	4137	3714	3369
年末职工人数	万人	3.20	3.85	3.93	2.46	3.05	2.06
职工工资总额	万元	4796.40	5635.50	6136.50	3820.40	5111.10	3221.00
农民人均纯收入	元	311.55	432.58	531.92	585.46	654.40	500.24
城乡居民储蓄存款年末余额	万元	10988	14246	22000	11552	17122	11788

注：本表产值指标均按当年价格计算。

14—4续表1

指标名称	单位	怀远县	五河县	固镇县	风台县	当涂县	濉溪县
年末总人口	万人	113.43	61.39	58.42	60.50	63.61	106.33
#非农业人口	万人	9.16	5.59	4.86	5.66	7.71	7.28
土地总面积	平方公里	23.57	15.80	14.50	11.10	13.99	24.31
耕地面积	万公顷	12.97	7.59	7.87	5.75	4.37	13.09
工农业总产值	万元	139061	79577	58162	64651	165836	133504
工业总产值	万元	75688	41426	24037	35382	122507	64744
#乡办工业产值	万元	10310	7514	5448	4415	35862	8038
城镇合作经营及个体工业产值	万元	192	501	70	10	288	155
村及村以下工业产值	万元	43599	18539	9762	11124	54737	27007
农业总产值	万元	63373	38151	34125	29269	43329	68760
粮食产量	万吨	45.77	22.85	26.74	21.11	29.38	49.16
棉花产量	吨	2724	1184	2556	112	2637	23350
油菜籽产量	吨	2760	3879	6926	2023	16015	10769
猪年末存栏数	万头	14.94	12.91	9.64	7.80	15.64	18.25
全民基本建设投资额	万元	674	1157	1840	2884	743	1929
社会商品零售总额	万元	36924	24572	25644	22283	33573	29842
地方预算内财政收入	万元	2489	1678	1654	1406	4013	4440
地方预算内财政支出	万元	5226	4160	4076	4843	5237	5461
年末职工人数	万人	4.04	2.78	2.55	3.08	2.90	3.38
职工工资总额	万元	5656.00	4000.20	3708.30	3972.50	4580.80	5380.50
农民人均纯收入	元	287.74	275.35	328.77	200.74	681.91	549.42
城乡居民储蓄存款年末余额	万元	18956	10904	13344	14492	20712	34086

14—4 续表 2

指标名称	单位	铜陵县	怀宁县	桐城县	枞阳县	潜山县	太湖县
年末总人口	万人	34.40	75.17	76.49	94.22	54.51	54.18
#非农业人口	万人	3.84	5.86	6.09	6.86	3.30	3.35
土地总面积	平方公里	8.86	15.16	16.44	18.13	17.18	20.31
耕地面积	万公顷	1.86	3.62	3.57	4.29	2.39	2.15
工农业总产值	万元	5587	107906	155464	68007	66880	43962
工业总产值	万元	40586	65619	112000	25676	32684	14556
#乡办工业产值	万元	12622	8987	23775	3573	7939	2114
城镇合作经营及个体工业产值	万元	12	2035	3976	285	97	0
村及村以下工业产值	万元	14654	40810	59688	9879	16390	3682
农业总产值	万元	15284	42287	43464	42331	34196	29406
粮食产量	万吨	7.37	24.00	20.87	17.12	19.06	14.33
棉花产量	吨	1738	1661	1100	3625	22	2887
油菜籽产量	吨	7223	7630	10700	10563	4098	4684
猪年末存栏数	万头	9.61	23.75	25.19	25.30	20.92	24.91
全民基本建设投资额	万元	1045	542	850	1307	1102	889
社会商品零售总额	万元	13610	34194	30320	28572	18401	18061
地方预算内财政收入	万元	2224	3181	3584	2092	2108	1708
地方预算内财政支出	万元	3750	4413	5094	5337	3819	3783
年末职工人数	万人	2.39	2.38	3.10	2.84	2.02	1.98
职工工资总额	万元	3729.40	3755.60	4737.20	4186.80	3130.40	3124.50
农民人均纯收入	元	556.34	481.76	405.10	284.42	325.63	284.13
城乡居民储蓄存款年末余额	万元	12347	14229	17873	13114	8410	7970

14—4续表 3

指 标 名 称	单 位	宿松县	望江县	岳西县	歙 县	休宁县	黟 县
年末总人口	万人	74.66	56.07	39.47	50.16	26.95	9.55
#非农业人口	万人	5.67	3.13	2.52	4.15	2.70	1.36
土地总面积	平方公里	23.94	13.56	23.98	26.80	21.35	8.58
耕地面积	万公顷	5.23	3.57	1.54	1.08	1.38	0.55
工农业总产值	万元	78803	69170	30690	66969	45920	18244
工业总产值	万元	33110	35127	13074	33322	20933	7361
#乡办工业产值	万元	4149	3493	2164	6796	4655	930
城镇合作经营及个体工业产值	万元	352	0	0	1118	240	90
村及村以下工业产值	万元	5370	9764	1876	6567	5157	544
农业总产值	万元	45693	34043	17616	33647	24987	10883
粮食产量	万吨	18.74	19.00	7.32	6.49	10.03	3.39
棉花产量	吨	16382	15200	0	13	2	2
油菜籽产量	吨	16018	16174	1872	3760	3822	1745
猪年末存栏数	万头	20.92	20.41	11.26	13.95	10.06	3.34
全民基本建设投资额	万元	1104	671	1290	390	238	68
社会商品零售总额	万元	25418	25507	11212	23071	14435	5665
地方预算内财政收入	万元	2189	2072	732	4316	2439	849
地方预算内财政支出	万元	4198	3609	4084	5207	2976	1494
年末职工人数	万人	3.75	2.22	1.78	2.90	1.76	0.97
职工工资总额	万元	5425.20	3624.00	2865.10	4954.50	2906.00	1535.80
农民人均纯收入	元	279.78	400.19	288.56	388.79	579.39	433.46
城乡居民储蓄存款年末余额	万元	12589	11339	6580	23440	13962	7001

14—4 续表 4

指 标 名 称	单 位	祁门县	阜阳县	亳州市	界首市	阜阳县	临泉县
年末总人口	万人	18.08	24.36	126.80	66.17	132.90	165.37
#非农业人口	万人	3.01	18.45	10.99	6.20	4.07	8.20
土地总面积	平方公里	22.57	0.50	22.26	6.66	17.50	18.18
耕地面积	万公顷	0.83	0.14	13.11	4.20	10.53	11.74
工农业总产值	万元	34665	123284	224358	91434	113994	92963
工业总产值	万元	17300	119460	121277	54149	38438	37020
#乡办工业产值	万元	2321	1606	13780	3984	2990	8781
城镇合作经营及个体工业产值	万元	90	1710	7547	236	120	0
村及村以下工业产值	万元	2614	2772	45345	13014	15602	9271
农业总产值	万元	17365	3824	103081	37285	75556	55943
粮食产量	万吨	3.89	0.47	52.64	13.69	27.26	18.54
棉花产量	吨	7	99	10560	3762	6698	3113
油菜籽产量	吨	2075	0	4293	384	3151	1097
猪年末存栏数	万头	4.65	0.49	27.07	13.63	28.45	28.73
全民基本建设投资额	万元	355	746	3000	336	73	325
社会商品零售总额	万元	11953	58891	46563	19249	32260	27730
地方预算内财政收入	万元	2058	17315	10794	2601	2282	1886
地方预算内财政支出	万元	2680	10267	9071	4215	6561	7846
年末职工人数	万人	1.81	5.80	4.94	2.98	2.71	3.55
职工工资总额	万元	2970.80	9143.70	7117.80	4294.90	4150.40	4921.00
农民人均纯收入	元	548.13	717.42	686.00	393.54	311.81	151.20
城乡居民储蓄存款年末余额	万元	12364	63772	34459	18862	0	19894

14—4续表5

指 标 名 称	单 位	太和县	涡阳县	蒙城县	阜南县	颍上县	利辛县
年末总人口	万人	135.84	122.68	104.12	131.09	132.82	124.16
#非农业人口	万人	6.74	9.09	7.44	6.70	10.12	5.57
土地总面积	平方公里	18.20	21.07	20.91	18.42	18.86	19.50
耕地面积	万公顷	12.26	13.17	12.58	10.38	10.83	11.88
工农业总产值	万元	121400	169210	142800	70297	78438	86047
工业总产值	万元	42352	75925	62459	25078	31647	31795
#乡办工业产值	万元	3756	11047	9720	3364	2581	3490
城镇合作经营及个体工业产值	万元	718	0	300	0	0	0
村及村以下工业产值	万元	14584	32515	23522	9533	17802	15865
农业总产值	万元	79048	93285	80341	45219	46791	54252
粮食产量	万吨	38.03	59.12	52.19	18.30	22.09	27.77
棉花产量	吨	10791	9831	13375	1492	461	5219
油菜籽产量	吨	2722	10140	9861	2811	2244	6806
猪年末存栏数	万头	23.30	26.31	21.20	30.85	19.63	16.12
全民基本建设投资额	万元	534	350	508	374	240	122
社会商品零售总额	万元	29152	38579	30356	28944	30072	23633
地方预算内财政收入	万元	3441	4538	3812	1542	1060	1714
地方预算内财政支出	万元	5542	4827	5170	9201	9068	6109
年末职工人数	万人	3.49	4.04	3.29	3.17	3.31	2.60
职工工资总额	万元	5071.60	6016.10	4936.00	4198.00	5163.40	3937.60
农民人均纯收入	元	337.93	487.32	483.94	171.81	164.96	233.01
城乡居民储蓄存款年末余额	万元	24610	25609	21882	17092	16944	17265

14—4 续表 6

指标名称	单位	砀山县	肖县	宿县	灵璧县	泗县	滁州市
年末总人口	万人	26.39	79.19	111.82	117.62	98.62	73.76
＃非农业人口	万人	15.75	6.28	7.33	7.66	5.03	4.09
土地总面积	平方公里	1.25	11.93	18.61	27.30	20.54	17.87
耕地面积	万公顷	0.60	6.05	9.73	14.12	12.12	9.38
工农业总产值	万元	63099	97336	129263	154545	101454	79253
工业总产值	万元	56975	46411	73646	87287	45868	42902
＃乡办工业产值	万元	2766	6324	9564	13436	10034	5828
城镇合作经营及个体工业产值	万元	930	836	169	4645	82	1000
村及村以下工业产值	万元	8123	17049	35125	29690	15671	13697
农业总产值	万元	6124	50925	55617	67258	55586	36351
粮食产量	万吨	2.93	22.68	41.71	63.03	44.54	33.35
棉花产量	吨	441	11500	17800	15102	11000	12500
油菜籽产量	吨	382	186	350	14103	13710	2057
猪年末存栏数	万头	0.87	13.47	14.75	14.09	13.43	10.53
全民基本建设投资额	万元	1514	370	2079	777	492	335
社会商品零售总额	万元	41942	28180	46906	52930	30923	30468
地方预算内财政收入	万元	3634	2483	3227	3708	2224	1928
地方预算内财政支出	万元	3940	3906	5158	5994	4005	3630
年末职工人数	万人	3.55	3.51	4.09	4.28	3.94	2.56
职工工资总额	万元	4940.90	4956.50	6016.80	6021.40	4173.90	3655.00
农民人均纯收入	元	538.54	521.05	487.08	471.62	406.45	237.77
城乡居民储蓄存款年末余额	万元	55626	28551	34892	0	18430	11837

14—4续表7

指标名称	单位	天长县	宿州市	全椒县	定远县	凤阳县	六安市
年末总人口	万人	40.92	56.06	44.93	40.56	79.73	63.75
#非农业人口	万人	12.86	22.88	5.50	6.59	8.51	7.80
土地总面积	平方公里	13.99	17.70	14.81	15.32	28.91	19.20
耕地面积	万公顷	3.27	6.04	4.77	4.29	10.33	7.25
工农业总产值	万元	117485	182417	101664	143809	136180	102294
工业总产值	万元	87206	130418	60607	107394	64967	59296
#乡办工业产值	万元	14763	26718	15516	22808	16675	13094
城镇合作经营及个体工业产值	万元	3385	1905	3538	2737	1301	7286
村及村以下工业产值	万元	11499	44799	10138	16084	14849	14212
农业总产值	万元	30279	51999	41057	36415	71213	42998
粮食产量	万吨	21.17	40.86	25.08	22.03	57.44	28.27
棉花产量	吨	1841	1107	736	2024	627	916
油菜籽产量	吨	7915	25223	8707	22726	16477	9094
猪年末存栏数	万头	9.39	26.07	19.01	15.77	33.18	12.82
全民基本建设投资额	万元	617	1330	3082	1377	3310	2056
社会商品零售总额	万元	55078	41613	26014	32865	35057	27299
地方预算内财政收入	万元	7341	4311	2519	3310	2485	2372
地方预算内财政支出	万元	6861	5073	4121	5671	5692	5907
年末职工人数	万人	4.35	1.91	2.73	3.42	3.35	3.88
职工工资总额	万元	7075.00	6013.00	4134.00	6147.00	4606.00	5293.00
农民人均纯收入	元	514.98	525.01	494.04	407.98	447.98	406.06
城乡居民储蓄存款年末余额	万元	31393	19319	10624	13715	13003	14162

14－4续表 8

指 标 名 称	单 位	六安县	寿 县	霍邱县	来安县	舒城县	金寨县
年末总人口	万人	57.60	19.41	142.45	117.57	150.98	94.00
＃非农业人口	万人	9.00	14.66	9.13	14.75	11.98	9.21
土地总面积	平方公里	23.35	0.85	34.88	29.86	37.75	20.62
耕地面积	万公顷	5.75	0.16	9.69	12.67	13.61	4.45
工农业总产值	万元	108745	79762	109302	82772	73092	84946
工业总产值	万元	68492	75645	41427	38181	30816	50382
＃乡办工业产值	万元	14754	2434	11057	5752	4308	9464
城镇合作经营及个体工业产值	万元	2035	660	0	1285	318	0
村及村以下工业产值	万元	12036	2609	13069	10585	8514	14723
农业总产值	万元	40253	4117	67875	44591	42276	34564
粮食产量	万吨	23.70	0.62	41.13	36.67	32.88	16.89
棉花产量	吨	525	4	342	1900	1466	410
油菜籽产量	吨	6020	783	32018	22113	12597	12638
猪年末存栏数	万头	14.98	0.98	26.92	27.93	40.49	15.05
全民基本建设投资额	万元	120	123	550	2175	2139	900
社会商品零售总额	万元	24685	31167	38781	34231	37263	35226
地方预算内财政收入	万元	4144	2984	2575	2220	2514	2743
地方预算内财政支出	万元	5887	4592	8678	11188	12983	6967
年末职工人数	万人	4.17	4.68	4.04	5.18	4.60	3.86
职工工资总额	万元	5973.00	6830.10	5639.90	7401.70	6538.40	6143.20
农民人均纯收入	元	432.83	586.06	228.37	175.64	175.25	194.90
城乡居民储蓄存款年末余额	万元	12745	29915	0	16623	14383	15527

14—4续表9

指 标 名 称	单 位	霍山县	宣州市	嘉山县	郎溪县	广德县	宁国县
年末总人口	万人	60.98	36.80	78.57	31.83	49.38	37.47
#非农业人口	万人	5.27	4.91	11.29	4.29	5.04	5.64
土地总面积	平方公里	38.14	20.43	25.33	10.93	21.65	24.47
耕地面积	万公顷	2.27	1.80	5.64	2.53	2.90	1.64
工农业总产值	万元	60873	45468	145861	52442	68479	113309
工业总产值	万元	29989	24602	87740	23100	35111	79989
#乡办工业产值	万元	8514	7809	9803	5431	7314	19597
城镇合作经营及个体工业产值	万元	104	273	2971	422	226	884
村及村以下工业产值	万元	4662	4491	10910	8565	15644	4692
农业总产值	万元	30884	20866	58121	29342	33368	33320
粮食产量	万吨	7.64	6.14	29.79	14.79	17.85	9.44
棉花产量	吨	0	9	4456	64	14	8
油菜籽产量	吨	3235	3213	22288	15310	11135	5036
猪年末存栏数	万头	20.17	9.58	19.75	8.96	11.09	9.12
全民基本建设投资额	万元	1197	690	2981	779	523	655
社会商品零售总额	万元	20868	17281	53220	18534	32034	25117
地方预算内财政收入	万元	2119	1774	5641	2058	3438	4624
地方预算内财政支出	万元	6026	4253	6672	3186	3873	5180
年末职工人数	万人	2.90	2.06	4.47	2.30	2.26	2.63
职工工资总额	万元	4790.50	3374.50	7172.30	3168.60	3909.00	5459.40
农民人均纯收入	元	290.99	312.19	630.65	529.00	564.13	535.01
城乡居民储蓄存款年末余额	万元	80342	84892	25992	10278	14883	17001

14—4 续表 10

指标名称	单位	泾县	绩溪县	旌德县	巢湖市	庐江县	无为县
年末总人口	万人	35.91	18.28	15.09	77.85	115.12	131.59
#非农业人口	万人	5.29	2.72	1.47	12.67	9.64	9.97
土地总面积	平方公里	20.59	11.26	9.05	20.63	23.48	24.13
耕地面积	万公顷	2.12	0.71	1.12	5.12	7.80	8.99
工农业总产值	万元	72505	36095	23369	108639	125445	151312
工业总产值	万元	47397	23031	11808	67179	58738	76021
#乡办工业产值	万元	8639	1794	2474	14132	13297	10304
城镇合作经营及个体工业产值	万元	264	728	206	269	227	1847
村及村以下工业产值	万元	10199	2163	1390	28216	16377	21147
农业总产值	万元	25108	13064	11561	41460	66707	75291
粮食产量	万吨	12.52	3.62	6.10	16.79	32.89	32.37
棉花产量	吨	488	1	13	3274	448	13964
油菜籽产量	吨	4370	2452	2938	21120	25069	44268
猪年末存栏数	万头	9.41	6.14	4.32	14.76	26.25	20.86
全民基本建设投资额	万元	528	131	478	796	3024	746
社会商品零售总额	万元	19533	9163	9595	49178	43514	44797
地方预算内财政收入	万元	3419	1663	858	5878	3211	3791
地方预算内财政支出	万元	3992	2820	1705	8249	7997	7164
年末职工人数	万人	2.62	1.73	1.15	4.09	5.06	5.63
职工工资总额	万元	4341.30	3150.90	1786.10	6191.60	7884.60	8300.40
农民人均纯收入	元	541.32	398.02	426.62	450.00	405.54	287.80
城乡居民储蓄存款年末余额	万元	12914	11253	6389	32959	20607	22402

14－4续表 11

指标名称	单位	含山县	和县	贵池县	东至县	石台县	青阳县
年末总人口	万人	40.75	60.04	57.95	10.75	27.53	52.02
＃非农业人口	万人	5.36	5.15	6.45	1.24	2.59	4.12
土地总面积	平方公里	10.33	14.12	24.25	32.56	15.66	11.81
耕地面积	万公顷	2.24	5.21	3.10	3.41	0.44	1.77
工农业总产值	万元	68135	86618	85823	79187	16220	34772
工业总产值	万元	40643	41322	47415	38269	7292	17142
＃乡办工业产值	万元	7065	8474	9360	4697	2454	4234
城镇合作经营及个体工业产值	万元	525	270	127	0	0	0
村及村以下工业产值	万元	10295	14374	12306	8081	2219	4453
农业总产值	万元	27492	45296	38408	40918	8928	17630
粮食产量	万吨	11.39	17.75	18.06	17.96	2.66	10.40
棉花产量	吨	1412	1004	2661	7398	4	35
油菜籽产量	吨	17264	37192	10838	13876	1650	3806
猪年末存栏数	万头	8.08	14.14	18.26	18.15	4.19	7.27
全民基本建设投资额	万元	619	1801	518	230	435	765
社会商品零售总额	万元	22499	31685	34051	22049	5752	14835
地方预算内财政收入	万元	2374	2308	3362	2399	602	1331
地方预算内财政支出	万元	4385	5624	4987	3852	1873	2544
年末职工人数	万人	2.89	2.79	3.08	2.88	0.95	1.54
职工工资总额	万元	5141.40	4196.70	5383.60	4524.80	1333.90	2397.20
农民人均纯收入	元	404.16	445.03	469.99	551.93	479.69	468.35
城乡居民储蓄存款年末余额	万元	14482	16978	19909	15463	4947	11078

14-5 福建省各县国民经济基本情况

指 标 名 称	单 位	福清市	闽侯县	连江县	罗源县	闽清县	永泰县
年末总人口	万人	107.76	58.61	60.63	23.37	28.55	33.42
#非农业人口	万人	8.45	5.75	4.61	2.48	3.70	2.83
土地总面积	平方公里	1513.00	2129.00	1110.00	1024.00	1478.00	2241.00
耕地面积	万公顷	3.47	2.37	1.47	1.15	1.74	1.46
工农业总产值	万元	231691	146146	131959	47580	64667	47086
工业总产值	万元	142580	95150	49268	21580	39964	19480
#乡办工业产值	万元	17807	24623	6936	1150	5603	1664
城镇合作经营及个体工业产值	万元	263		1938	689	329	655
村及村以下工业产值	万元	34259	41014	31209	4732	12671	3061
农业总产值	万元	89111	50996	82691	26000	24703	27606
粮食产量	万吨	33.42	20.42	13.68	8.31	12.58	11.31
棉花产量	吨						
油菜籽产量	吨	608	1552	945		4	4
猪年末存栏数	万头	26.39	11.12	9.29	4.51	9.11	8.78
全民基本建设投资额	万元	2297	973	1230	868	499	558
社会商品零售总额	万元	46181	36215	32773	10147	15243	11881
地方预算内财政收入	万元	695	5772	4625	4513	3188	2208
地方预算内财政支出	万元	7528	5169	5811	5211	3417	3581
年末职工人数	万人	5.29	2.88	2.61	1.53	2.78	1.73
职工工资总额	万元	10799.00	6445.00	5102.00	3036.00	5268.00	3189.00
农民人均纯收入	元	1178.00	953.00	902.00	754.00	950.00	692.00
城乡居民储蓄存款年末余额	万元	112433	39071	21093	5265	21805	14978

注：本表产值指标均按当年价格计算。

14—5续表 1

指标名称	单位	长乐县	平潭县	同安县	莆田县	仙游县	永安市
年末总人口	万人	64.73	33.26	52.07	152.12	90.78	29.76
＃非农业人口	万人	6.06	2.92	4.51	5.24	5.51	11.37
土地总面积	平方公里	656.00	284.00	932.00	1826.00	1815.00	2938.00
耕地面积	万公顷	1.78	0.69	2.24	3.62	2.35	1.54
工农业总产值	万元	264741	45448	138737	350065	163861	239688
工业总产值	万元	212341	13213	73573	217685	95187	203504
＃乡办工业产值	万元	13347	1577	2559	66668	21919	24529
城镇合作经营及个体工业产值	万元	931	788	2103		5760	2742
村及村以下工业产值	万元	76010	5226	11820	84332	32982	18561
农业总产值	万元	52400	32235	65164	132380	68674	35184
粮食产量	万吨	16.94	2.86	16.14	32.62	19.46	11.14
棉花产量	吨						
油菜籽产量	吨	44		42	326	2044	
猪年末存栏数	万头	8.35	4.26	24.83	50.11	28.66	10.06
全民基本建设投资额	万元	434	2438	2202	4677	1892	3834
社会商品零售总额	万元	35665	19213	44583	44856	38135	38925
地方预算内财政收入	万元	5624	3611	5832	10005	5893	10006
地方预算内财政支出	万元	5246	5152	8349	9680	5663	6051
年末职工人数	万人	3.22	1.97	3.42	7.71	3.98	6.77
职工工资总额	万元	6062.00	3642.00	9004.00	16354.00	8288.00	17657.00
农民人均纯收入	元	1046.00	829.00	1043.00	717.00	803.00	1030.00
城乡居民储蓄存款年末余额	万元	36514	9335	45344	44660	27013	38633

14—5 续表 2

指 标 名 称	单 位	明溪县	清流县	宁化县	大田县	尤溪县	沙县
年末总人口	万人	11.17	13.89	33.00	32.99	38.58	22.50
#非农业人口	万人	1.92	1.88	3.35	3.05	3.55	4.63
土地总面积	平方公里	1691.00	1825.00	2368.00	2288.00	3411.00	1875.00
耕地面积	万公顷	1.19	1.10	2.93	1.50	2.33	1.44
工农业总产值	万元	61052	66747	75118	89110	105861	130299
工业总产值	万元	40177	41184	33623	53817	47042	93056
#乡办工业产值	万元	9787	12296	4711	6741	7846	7350
城镇合作经营及个体工业产值	万元	1745	958	1897	1100	2952	996
村及村以下工业产值	万元	13415	15340	12955	18416	19397	23790
农业总产值	万元	20875	25563	41495	35293	58819	37243
粮食产量	万吨	8.73	8.62	21.73	13.04	19.94	12.21
棉花产量	吨						
油菜籽产量	吨	103	370	1446			
猪年末存栏数	万头	6.21	7.97	20.61	16.72	20.51	8.10
全民基本建设投资额	万元	157	601	274	1878	3710	5662
社会商品零售总额	万元	8806	8192	22036	18921	20748	20620
地方预算内财政收入	万元	2196	2089	2724	3389	3563	3847
地方预算内财政支出	万元	2211	2431	3583	3344	3784	3734
年末职工人数	万人	1.27	1.22	1.80	2.27	1.98	2.58
职工工资总额	万元	2784.00	2561.00	3874.00	4930.00	4089.00	6022.00
农民人均纯收入	元	1079.00	940.00	909.00	896.00	980.00	1087.00
城乡居民储蓄存款年末余额	万元	9718	7075	14340	13241	16234	16058

14—5续表 3

指 标 名 称	单 位	将乐县	泰宁县	建宁县	石狮市	惠安县	晋江县
年末总人口	万人	15.95	12.22	14.16	26.56	116.37	93.41
#非农业人口	万人	2.55	1.58	1.67	7.33	8.35	9.28
土地总面积	平方公里	2243.00	1530.00	1742.00	160.00	928.00	642.00
耕地面积	万公顷	1.40	1.12	1.54	0.54	2.64	2.56
工农业总产值	万元	79385	46498	46841	114317	144153	337601
工业总产值	万元	44489	27435	22061	90038	70542	279853
#乡办工业产值	万元	7970	4613	3125	231	6831	10892
城镇合作经营及个体工业产值	万元	1862	46	1812	11621	688	41661
村及村以下工业产值	万元	12834	9362	7278	70003	35132	191452
农业总产值	万元	34896	19063	24780	24279	73611	57748
粮食产量	万吨	11.78	8.19	10.45	3.49	16.86	16.63
棉花产量	吨						
油菜籽产量	吨	135	96	22			
猪年末存栏数	万头	9.80	7.95	9.48	2.62	24.61	18.30
全民基本建设投资额	万元	556	3613	162	4833	71442	1365
社会商品零售总额	万元	14150	11018	10643	80048	50179	92291
地方预算内财政收入	万元	3239	1830	1776	8925	7222	17080
地方预算内财政支出	万元	3076	2142	2501	7948	7804	13097
年末职工人数	万人	1.86	1.15	1.03	2.64	5.56	4.96
职工工资总额	万元	4001.00	2587.00	1985.00	7139.00	11800.00	11571.00
农民人均纯收入	元	1018.00	924.00	888.00	1210.00	916.00	1214.00
城乡居民储蓄存款年末余额	万元	12305	7830	7748	52005	56469	102385

14—5 续表 4

指 标 名 称	单 位	南安县	安溪县	永春县	德化县	龙海县	云霄县
年末总人口	万人	133.92	92.84	50.86	28.51	83.04	38.31
#非农业人口	万人	8.21	5.14	4.95	2.53	9.49	5.14
土地总面积	平方公里	1985.00	2933.00	1469.00	2220.00	1360.00	1027.00
耕地面积	万公顷	3.06	2.63	1.62	1.28	2.89	1.24
工农业总产值	万元	171561	83885	63078	48778	216043	73816
工业总产值	万元	101053	48810	32638	27202	117258	36598
#乡办工业产值	万元	2760	4577	2026	3949	12039	2209
城镇合作经营及个体工业产值	万元	12341	36	1677	300	375	1250
村及村以下工业产值	万元	31509	11962	7552	11142	50730	7555
农业总产值	万元	70508	35075	30440	21576	98785	37218
粮食产量	万吨	27.65	16.94	13.20	8.37	35.66	12.25
棉花产量	吨						
油菜籽产量	吨	142	11	5		61	341
猪年末存栏数	万头	33.77	30.44	15.31	11.56	33.08	16.17
全民基本建设投资额	万元	1830	913	771	2869	2678	1237
社会商品零售总额	万元	71070	31883	23347	19731	63244	23083
地方预算内财政收入	万元	8612	4473	3172	2894	7804	4809
地方预算内财政支出	万元	9124	5920	4514	3562	5788	4537
年末职工人数	万人	4.76	3.79	2.86	1.73	5.10	3.05
职工工资总额	万元	10161.00	7078.00	5896.00	3633.00	10387.00	4637.00
农民人均纯收入	元	851.00	617.00	827.00	636.00	1005.00	864.00
城乡居民储蓄存款年末余额	万元	114115	43163	38671	14373	40406	5868

14—5 续表 5

指 标 名 称	单 位	漳浦县	诏安县	长泰县	东山县	南靖县	平和县
年末总人口	万人	74.78	53.42	18.01	18.49	33.06	51.53
#非农业人口	万人	5.97	5.62	1.74	5.71	3.63	3.85
土地总面积	平方公里	1948.00	1247.00	897.00	194.00	1951.00	2312.00
耕地面积	万公顷	3.40	1.84	1.24	0.52	2.04	2.38
工农业总产值	万元	152758	84608	51506	69615	89282	72753
工业总产值	万元	56532	37421	25001	38841	44313	32122
#乡办工业产值	万元	1452	3106	3268	3095	3216	2493
城镇合作经营及个体工业产值	万元	1500	3438		6220	762	569
村及村以下工业产值	万元	14189	12038	4280	7972	7493	4708
农业总产值	万元	96226	47187	26505	30774	44969	40631
粮食产量	万吨	27.13	15.58	9.60	1.53	14.74	19.54
棉花产量	吨						
油菜籽产量	吨	52	12	86			42
猪年末存栏数	万头	26.33	20.63	11.09	4.62	12.89	24.79
全民基本建设投资额	万元	2571	2424	397	1105	1353	778
社会商品零售总额	万元	33891	27056	14827	22913	22000	24864
地方预算内财政收入	万元	4751	3740	2518	2601	4653	2743
地方预算内财政支出	万元	5364	5042	2700	3126	3698	3807
年末职工人数	万人	4.19	2.88	1.77	2.12	2.80	3.02
职工工资总额	万元	7345.00	4944.00	3581.00	3887.00	5513.00	5245.00
农民人均纯收入	元	1002.00	811.00	1046.00	1407.00	959.00	667.00
城乡居民储蓄存款年末余额	万元	10707	9686	8362	5978	13785	14518

14—5 续表 6

指标名称	单位	华安县	南平市	邵武市	武夷山市	顺昌县	建阳县
年末总人口	万人	15.79	45.60	29.06	20.14	23.34	32.09
#非农业人口	万人	1.54	19.83	8.81	3.91	6.15	6.71
土地总面积	平方公里	1301.00	2653.00	2837.00	2798.00	1975.00	3383.00
耕地面积	万公顷	0.93	1.87	2.28	2.07	1.32	3.06
工农业总产值	万元	28722	255181	111465	46019	76303	94686
工业总产值	万元	13813	212727	72923	20231	48236	53262
#乡办工业产值	万元	1578	12697	7055	2337	5492	7474
城镇合作经营及个体工业产值	万元	198	1173	1034	657	239	416
村及村以下工业产值	万元	4427	17149	9041	3767	3116	8717
农业总产值	万元	14909	42454	38542	25788	28067	41424
粮食产量	万吨	6.38	14.54	20.25	13.77	10.72	23.97
棉花产量	吨						
油菜籽产量	吨			42	16	4	70
猪年末存栏数	万头	7.46	14.74	14.19	8.50	11.22	13.00
全民基本建设投资额	万元	592	15962	4177	1938	2058	1332
社会商品零售总额	万元	7543	45704	29988	17225	17046	26078
地方预算内财政收入	万元	1432	12295	6619	2378	4310	4329
地方预算内财政支出	万元	1978	9036	4439	3418	3479	4221
年末职工人数	万人	1.06	10.02	4.75	2.32	3.66	4.27
职工工资总额	万元	2086.00	26064.00	10264.00	4312.00	7408.00	8546.00
农民人均纯收入	元	766.00	861.00	857.00	813.00	874.00	825.00
城乡居民储蓄存款年末余额	万元	8518	61375	29508	13983	23740	25244

14—5 续表 7

指 标 名 称	单 位	建瓯县	浦城县	光泽县	松溪县	政和县	宁德市
年末总人口	万人	48.76	38.87	14.30	15.13	19.34	36.97
#非农业人口	万人	8.34	5.92	2.92	2.07	1.94	6.56
土地总面积	平方公里	4238.00	3380.00	2245.00	1043.00	1749.00	1360.00
耕地面积	万公顷	3.36	3.86	1.30	1.09	1.36	1.56
工农业总产值	万元	115072	69105	46711	28804	30541	50742
工业总产值	万元	50894	24874	28387	11997	14311	24762
#乡办工业产值	万元	8368	5150	3749	1487	2690	1846
城镇合作经营及个体工业产值	万元	424	300	146	607	107	755
村及村以下工业产值	万元	8773	3569	4274	2106	1727	5498
农业总产值	万元	64178	44231	18324	16807	16230	25980
粮食产量	万吨	27.45	27.29	11.61	7.81	8.38	9.07
棉花产量	吨						
油菜籽产量	吨		2273	339			7
猪年末存栏数	万头	20.54	20.85	8.98	5.30	6.79	7.32
全民基本建设投资额	万元	1563	2695	881	587	311	2770
社会商品零售总额	万元	28716	18306	12303	8259	11118	25869
地方预算内财政收入	万元	5619	2613	2157	1174	1706	4476
地方预算内财政支出	万元	4662	3897	2222	1969	2577	5581
年末职工人数	万人	3.94	2.92	1.90	1.37	1.40	3.34
职工工资总额	万元	7758.00	5533.00	3761.00	2462.00	2564.00	6619.00
农民人均纯收入	元	858.00	761.00	819.00	689.00	695.00	658.00
城乡居民储蓄存款年末余额	万元	32751	20014	9254	9735	8491	10481

14—5 续表 8

指 标 名 称	单 位	福安市	福鼎县	霞浦县	古田县	屏南县	寿宁县
年末总人口	万人	53.65	50.79	46.66	40.64	16.79	22.59
#非农业人口	万人	8.33	6.59	5.53	5.87	1.49	1.50
土地总面积	平方公里	1740.00	1461.00	1480.00	2371.00	1461.00	1424.00
耕地面积	万公顷	2.19	2.00	1.79	3.01	1.34	1.05
工农业总产值	万元	86908	82865	74173	50583	19865	26648
工业总产值	万元	49158	39627	26466	21034	7301	8832
#乡办工业产值	万元	4888	7014	2843	3035	557	839
城镇合作经营及个体工业产值	万元	6890	628	1048	104	473	797
村及村以下工业产值	万元	10116	8091	5967	3720	2510	1997
农业总产值	万元	37750	43238	47707	29549	12564	17816
粮食产量	万吨	16.05	13.18	13.55	14.55	6.88	7.12
棉花产量	吨						
油菜籽产量	吨	173	3049	1457	3		31
猪年末存栏数	万头	14.01	10.43	9.65	7.80	5.02	8.65
全民基本建设投资额	万元	2732	1079	1052	3670	730	532
社会商品零售总额	万元	33172	29846	28167	23511	6104	7480
地方预算内财政收入	万元	5067	4632	4437	4017	1007	1081
地方预算内财政支出	万元	6579	6260	5008	4874	2230	2431
年末职工人数	万人	3.61	3.55	2.68	2.34	0.87	1.14
职工工资总额	万元	6902.00	6033.00	4434.00	4460.00	1788.00	1981.00
农民人均纯收入	元	730.00	728.00	728.00	767.00	596.00	585.00
城乡居民储蓄存款年末余额	万元	10163	11464	6143	15515	3967	4508

14—5 续表 9

指 标 名 称	单 位	周宁县	柘荣县	龙岩市	漳平市	长汀县	永定县
年末总人口	万人	17.06	9.01	42.12	26.32	44.91	45.07
#非农业人口	万人	1.29	0.89	13.83	3.94	5.56	4.12
土地总面积	平方公里	1046.00	553.00	2678.00	2975.00	3100.00	2223.00
耕地面积	万公顷	0.98	0.54	1.64	1.18	2.05	2.23
工农业总产值	万元	18029	15442	205404	70494	63209	68206
工业总产值	万元	8597	12989	178296	45639	31975	37386
#乡办工业产值	万元	2321	1298	8910	7320	3107	4825
城镇合作经营及个体工业产值	万元	912	1226	310		576	929
村及村以下工业产值	万元	967	1707	13835	5353	8348	11216
农业总产值	万元	9432	2453	27108	24855	31234	30820
粮食产量	万吨	5.01	3.25	11.53	9.03	16.51	14.90
棉花产量	吨						
油菜籽产量	吨		22	15		2628	
猪年末存栏数	万头	4.56	3.40	13.18	8.63	18.29	18.17
全民基本建设投资额	万元	910	846	7599	2005	896	2135
社会商品零售总额	万元	6303	5854	46885	18373	17987	18728
地方预算内财政收入	万元	1068	1001	39806	3536	2492	4361
地方预算内财政支出	万元	2434	1972	10763	4455	4991	5263
年末职工人数	万人	0.85	0.79	8.41	2.13	2.77	2.79
职工工资总额	万元	1671.00	1274.00	20219.00	4989.00	5023.00	6233.00
农民人均纯收入	元	580.00	677.00	831.00	818.00	659.00	751.00
城乡居民储蓄存款年末余额	万元	3495	485	60276	16021	11582	15062

14—5 续表 10

指标名称	单位	上杭县	武平县	连城县
年末总人口	万人	45.44	34.63	30.66
#非农业人口	万人	3.91	2.40	3.49
土地总面积	平方公里	2848.00	2630.00	2596.00
耕地面积	万公顷	2.51	2.14	1.71
工农业总产值	万元	65899	46215	61240
工业总产值	万元	28737	18077	34266
#乡办工业产值	万元	4329	2090	6532
城镇合作经营及个体工业产值	万元	540	6	323
村及村以下工业产值	万元	9793	4172	6193
农业总产值	万元	37162	28138	26974
粮食产量	万吨	18.93	15.34	12.51
棉花产量	吨			
油菜籽产量	吨	88	16	6
猪年末存栏数	万头	24.73	14.60	13.50
全民基本建设投资额	万元	1356	854	552
社会商品零售总额	万元	18483	14164	13534
地方预算内财政收入	万元	2823	2463	2975
地方预算内财政支出	万元	5032	4321	4485
年末职工人数	万人	2.22	1.63	1.91
职工工资总额	万元	4494.00	3479.00	4138.00
农民人均纯收入	元	671.00	646.00	665.00
城乡居民储蓄存款年末余额	万元	10222	8539	9950

14-6 江西省各县（市）国民经济基本情况

指 标 名 称	单 位	南昌县	新建县	安义县	进贤县	乐平县	浮梁县
年末总人口	万人	92.75	58.36	21.47	65.72	70.76	25.87
＃非农业人口	万人	10.68	7.93	2.68	8.23	11.45	4.47
土地总面积	平方公里	1839.00	2338.00	656.00	1952.00	1973.00	2867.00
耕地面积	万公顷	7.21	5.48	1.89	5.68	3.85	2.06
工农业总产值	万元	206776	132241	32796	97353	113283	55521
工业总产值	万元	106501	84685	11797	45087	77167	31787
＃乡办工业产值	万元	19624	5363	1269	10195	4151	6114
城镇合作经营及个体工业产值	万元	0	97	255	351	124	114
村及村以下工业产值	万元	26756	15144	5236	18776	16226	6137
农业总产值	万元	100275	47556	20999	52266	36116	23734
粮食产量	万吨	81.88	36.55	14.36	33.15	27.76	13.96
棉花产量	吨	354	365	54	795	3150	9
全民基本建设投资额	万元	2865	1120	558	1148	1525	1235
社会商品零售总额	万元	36206.00	26493.00	11199.00	28050.00	24516.00	8038.00
地方预算内财政收入	万元	7734	4671	1401	4039	5770	2794
地方预算内财政支出	万元	11328	5840	2660	5625	5688	2156
年末职工人数	万人	2	2	1	2	6	2
职工工资总额	万元	3565	3339	1521	3519	10840	2972
农民人均纯收入	元	771.67	736.72	736.44	679.61	656.89	727.33
城乡居民储蓄存款年末余额	万元	54976.00	25392.00	13519.00	26727.00	26238.00	7638.00

注：本表产值指标均按当年价格计算。

14－6续表1

指 标 名 称	单 位	九江县	瑞昌市	武宁县	修水县	永修县	德安县
年末总人口	万人	30. 74	38. 14	35	70. 73	33. 89	17. 73
＃非农业人口	万人	3. 05	7. 09	3. 44	5. 68	6. 87	4. 17
土地总面积	平方公里	810	1423	3507	4504	2035	927
耕地面积	万公顷	1. 93	1. 90	2. 10	3. 82	2. 83	1. 06
工农业总产值	万元	41892	56539	44842	63651	76824	83576
工业总产值	万元	20891	36398	19650	20873	42842	71552
＃乡办工业产值	万元	4385	3145	4285	4626	2546	342
城镇合作经营及个体工业产值	万元	57	737	67	237	45	2748
村及村以下工业产值	万元	5813	5904	7874	6278	5686	6394
农业总产值	万元	21001	20141	25192	42778	33982	12024
粮食产量	万吨	6. 02	7. 36	14. 08	27	15. 47	7. 12
棉花产量	吨	12533	5762	817	319	7533	2908
油菜籽产量	吨						
猪年末存栏数	万头						
全民基本建设投资额	万元	213	2420	409	472	4178	326
社会商品零售总额	万元	12343	15873	13765	17012	17628	13405
地方预算内财政收入	万元	1858	3243	2387	2911	3768	3902
地方预算内财政支出	万元	2772	3960	2944	4720	4031	3478
年末职工人数	万人	1. 97	3. 62	1. 58	2. 20	3. 98	2. 63
职工工资总额	万元	3383	6502	2515	3375	5692	4805
农民人均纯收入	元	735. 16	652. 49	666. 15	575. 59	816. 20	810. 21
城乡居民储蓄存款年末余额	万元	7515	10211	8733	8545	16186	11604

14—6 续表 2

指标名称	单位	星子县	都昌县	湖口县	彭泽县	分宜县	贵溪县
年末总人口	万人	21.39	61.88	25.02	32.16	29.43	51.62
#非农业人口	万人	2.31	4.39	2.90	3.11	5.65	8.52
土地总面积	平方公里	719	1988	669	1542	1388	2480
耕地面积	万公顷	1.02	3.84	1.69	2.18	1.90	3.57
工农业总产值	万元	25763	59945	37982	64419	71318	193018
工业总产值	万元	11101	22174	20031	31346	46095	160767
#乡办工业产值	万元	1885	3376	3908	3057	3299	2642
城镇合作经营及个体工业产值	万元	157	143	55	49	146	118
村及村以下工业产值	万元	4183	10095	5907	5343	14727	4495
农业总产值	万元	14662	37771	17951	33073	25223	32251
粮食产量	万吨	7.04	20.03	7	4.88	12.93	22.30
棉花产量	吨	1762	8913	5877	20027	73	2
油菜籽产量	吨						
猪年末存栏数	万头						
全民基本建设投资额	万元	353	363	1459	536	413	15029
社会商品零售总额	万元	9725	19419	11464	18788	16306	15774
地方预算内财政收入	万元	1253	2241	1417	2075	3532	6801
地方预算内财政支出	万元	2210	4554	2327	3646	3987	5859
年末职工人数	万人	1.17	1.73	1.41	1.95	2.38	4.06
职工工资总额	万元	1868	2661	2287	2853	4795	8366
农民人均纯收入	元	641.81	670.56	679.59	770.34	749.27	696.87
城乡居民储蓄存款年末余额	万元	4016	9330	6576	13016	14386	20808

14—6 续表 3

指 标 名 称	单 位	余江县	赣州市	赣县	南康县	信丰县	大余县
年末总人口	万人	31. 86	38. 83	49. 26	70. 71	58. 64	25. 92
＃非农业人口	万人	4. 20	22. 42	3. 93	6. 55	4. 91	6. 54
土地总面积	平方公里	937	479	2993	1845	2878	1368
耕地面积	万公顷	2. 21	0. 80	2. 52	3. 11	3. 14	1. 18
工农业总产值	万元	40162	138005	51071	80587	67113	52774
工业总产值	万元	18180	125192	19753	42091	26628	36915
＃乡办工业产值	万元	1496	3292	1451	2216	3074	3590
城镇合作经营及个体工业产值	万元	38	1146		23		107
村及村以下工业产值	万元	2454	5358	5327	6498	9794	6447
农业总产值	万元	21982	12813	31318	38496	40485	15859
粮食产量	万吨	16. 89	4. 95	16. 25	19. 87	21. 61	8. 05
棉花产量	吨	4					
油菜籽产量	吨						
猪年末存栏数	万头						
全民基本建设投资额	万元	1115	6027	869	306	809	918
社会商品零售总额	万元	12540	40923	14715	18991	17354	12590
地方预算内财政收入	万元	1711	15263	2624	14792	2923	2371
地方预算内财政支出	万元	2848	6760	3333	4561	3624	2723
年末职工人数	万人	2. 08	9. 69	1. 57	2. 07	2. 14	2. 81
职工工资总额	万元	3314	19506	2688	3599	3949	5395
农民人均纯收入	元	690	715. 24	610. 90	616. 31	712. 97	679. 59
城乡居民储蓄存款年末余额	万元	9754	53297	11506	15303	14623	11621

14—6 续表 4

指 标 名 称	单 位	上犹县	崇义县	安远县	龙南县	定南县	全南县
年末总人口	万人	26. 24	18. 83	29. 94	26. 59	17. 69	17. 58
#非农业人口	万人	2. 71	2. 99	2. 53	3. 14	1. 94	4. 11
土地总面积	平方公里	1544	2197	2375	1641	1316	1521
耕地面积	万公顷	1. 14	0. 93	1. 39	1. 07	0. 88	0. 93
工农业总产值	万元	29520	41119	32749	29015	21946	37921
工业总产值	万元	12362	24033	12257	13770	11282	22964
#乡办工业产值	万元	1396	3996	2526	1127	2444	3147
城镇合作经营及个体工业产值	万元				129		
村及村以下工业产值	万元	3756	7796	5023	4746	3434	5013
农业总产值	万元	17158	17086	20492	15245	10664	14957
粮食产量	万吨	9. 28	6. 43	10. 65	8. 49	5. 80	6. 70
棉花产量	吨						
油菜籽产量	吨						
猪年末存栏数	万头						
全民基本建设投资额	万元	2179	518	137	778	540	1701
社会商品零售总额	万元	8868	7761	8869	8093	7068	8567
地方预算内财政收入	万元	1407	2151	1583	1442	1234	1778
地方预算内财政支出	万元	1973	2323	2300	1987	1810	2023
年末职工人数	万人	1. 12	1. 22	1. 10	1. 32	0. 97	1. 79
职工工资总额	万元	2046	2224	1845	2341	1613	3257
农民人均纯收入	元	577. 57	657. 95	648. 62	652. 21	622. 94	708. 06
城乡居民储蓄存款年末余额	万元	5810	6815	8438	8466	4370	5207

14—6 续表 5

指标名称	单位	宁都县	于都县	兴国县	瑞金县	会昌县	寻乌县
年末总人口	万人	63.93	74.62	60.46	51.86	37.17	25.55
#非农业人口	万人	6.59	7.10	4.81	4.72	3.44	2.47
土地总面积	平方公里	4053	2893	3214	2448	2722	2311
耕地面积	万公顷	4.45	3.26	3.19	2.42	2.10	1.42
工农业总产值	万元	62695	74236	59566	48178	40667	24784
工业总产值	万元	17345	32213	19181	17967	15669	7579
#乡办工业产值	万元	3196	2927	1691	1464	3031	1257
城镇合作经营及个体工业产值	万元	40					100
村及村以下工业产值	万元	7171	10211	5298	5337	3591	3081
农业总产值	万元	45350	42023	40385	30211	24998	17205
粮食产量	万吨	27.72	19.72	18.54	16	13.79	10.01
棉花产量	吨	5					
油菜籽产量	吨						
猪年末存栏数	万头						
全民基本建设投资额	万元	494	488	356	1395	240	561
社会商品零售总额	万元	19759	20330	19109	19521	13043	8004
地方预算内财政收入	万元	2573	3123	2829	2686	1901	1083
地方预算内财政支出	万元	4270	4789	4254	4241	2742	1899
年末职工人数	万人	1.80	2.69	2.07	1.78	1.20	1.06
职工工资总额	万元	3205	5291	3611	3135	2028	1702
农民人均纯收入	元	612.83	601.35	556.67	638.51	617.10	586.42
城乡居民储蓄存款年末余额	万元	18630	15842	10635	14051	6596	5558

14—6续表6

指标名称	单位	石城县	宜春市	丰城市	高安县	樟树市	奉新县
年末总人口	万人	25.86	84.65	109.17	71.56	50.02	26.27
#非农业人口	万人	2.62	15.50	19.57	10.02	9.30	4.69
土地总面积	平方公里	1582	2532	2845	2439	1287	1642
耕地面积	万公顷	1.59	3.92	8.75	6.82	4.22	2.85
工农业总产值	万元	28014	168995	239199	160562	145129	73771
工业总产值	万元	7458	102406	125453	88894	85311	33996
#乡办工业产值	万元	1426	11355	28098	22614	8753	6489
城镇合作经营及个体工业产值	万元		1003	1209	6	342	330
村及村以下工业产值	万元	2569	29244	49512	28014	23859	9409
农业总产值	万元	20556	66589	11376	71668	59816	39775
粮食产量	万吨	9.60	35.61	71.68	53.67	35.07	25.54
棉花产量	吨	1	4	5376	8404	1049	73
油菜籽产量	吨						
猪年末存栏数	万头						
全民基本建设投资额	万元	1328	6087	8055	5111	3147	1685
社会商品零售总额	万元	8158	47996	60480	49127	38628	15745
地方预算内财政收入	万元	1437	9011	10034	5191	10558	2775
地方预算内财政支出	万元	2311	7653	11523	7421	9030	3845
年末职工人数	万人	0.90	6.59	7	4.50	3.46	1.89
职工工资总额	万元	1513	12524	16075	9046	6454	3073
农民人均纯收入	元	630.08	726.31	834.62	806.39	831.63	926.47
城乡居民储蓄存款年末余额	万元	6874	43033	12558	30710	31672	14004

14－6 续表 7

指 标 名 称	单 位	万载县	上高县	宜丰县	靖安县	铜鼓县	上饶市
年末总人口	万人	43. 40	30. 92	25. 84	12. 59	13. 50	16. 83
＃非农业人口	万人	5. 62	6. 18	6. 36	2. 93	3. 56	13. 66
土地总面积	平方公里	1714	1350	1935	1377	1548	65
耕地面积	万公顷	2. 57	2. 65	2. 49	1. 06	0. 78	0. 12
工农业总产值	万元	84689	95956	73175	36025	40225	68600
工业总产值	万元	48289	46211	41957	20559	22978	65711
＃乡办工业产值	万元	17808	6427	8993	4845	6378	2315
城镇合作经营及个体工业产值	万元	111	178	423	80		533
村及村以下工业产值	万元	14951	15124	10515	6525	7086	3710
农业总产值	万元	36400	49745	31218	15466	17247	2889
粮食产量	万吨	22. 61	26. 26	20. 24	8. 38	5. 03	0. 71
棉花产量	吨	5	705	46	5	1	
油菜籽产量	吨						
猪年末存栏数	万头						
全民基本建设投资额	万元	357	2038	1417	1378	1939	1265
社会商品零售总额	万元	20581	23500	17972	9391	8231	41154
地方预算内财政收入	万元	4493	3277	3242	1792	2301	6587
地方预算内财政支出	万元	4316	4363	3975	2108	2378	3978
年末职工人数	万人	1. 83	2. 59	2. 49	1. 13	1	5. 26
职工工资总额	万元	3267	4192	4403	1874	1872	10581
农民人均纯收入	元	702. 39	921. 33	892. 81	859. 25	800. 96	804. 37
城乡居民储蓄存款年末余额	万元	12710	16557	17063	9034	9063	31132

14—6续表8

指标名称	单位	上饶县	广丰县	玉山县	铅山县	横峰县	弋阳县
年末总人口	万人	77.13	69.53	51.25	38.33	18.07	33.76
#非农业人口	万人	4.51	5.37	4.85	6.30	2.45	5.21
土地总面积	平方公里	2490	1378	1723	2178	655	1592
耕地面积	万公顷	3.11	2.02	2.24	2.23	0.91	2.33
工农业总产值	万元	61322	55322	54709	71873	24753	90803
工业总产值	万元	29927	26589	26095	44590	13634	63282
#乡办工业产值	万元	5199	4659	1946	2620	1323	3265
城镇合作经营及个体工业产值	万元	864	312	383	646		322
村及村以下工业产值	万元	7084	12950	3916	9461	4240	8713
农业总产值	万元	31395	28733	28614	27283	11119	27521
粮食产量	万吨	24.42	18.41	18.03	17.54	7.73	18.53
棉花产量	吨	649	4	545	10	2	6
油菜籽产量	吨						
猪年末存栏数	万头						
全民基本建设投资额	万元	744	667	669	1043	147	321
社会商品零售总额	万元	25236	16297	21994	16074	7100	16621
地方预算内财政收入	万元	2960	3710	2965	3226	1488	4254
地方预算内财政支出	万元	3964	4238	3517	3764	2048	4191
年末职工人数	万人	3.48	1.69	2.04	2.67	1.27	2.90
职工工资总额	万元	5364	2704	3467	4745	1880	4842
农民人均纯收入	元	641.98	598.90	641.32	688.18	645.96	716.66
城乡居民储蓄存款年末余额	万元	14800	12062	14327	13523	14689	12329

14—6 续表 9

指标名称	单位	余干县	波阳县	万年县	德兴市	婺源县	吉安市
年末总人口	万人	77.10	114.60	32.14	28.54	32.32	29.22
#非农业人口	万人	6.40	14.27	4.14	9.19	3.90	15.02
土地总面积	平方公里	2331	4215	1135	2082	2947	509
耕地面积	万公顷	4.73	7.55	2.14	1.48	2.09	1.34
工农业总产值	万元	58061	108111	62042		43948	
工业总产值	万元	17375	34408	34489	91212	17991	98546
#乡办工业产值	万元	2320	3612	2677	5516	3876	1015
城镇合作经营及个体工业产值	万元	642	602	4113	195		1244
村及村以下工业产值	万元	6527	9959	7305	5909	5366	2331
农业总产值	万元	40686	73703	27553	25633	25957	12817
粮食产量	万吨	35.20	50.77	16.65	11.50	13.57	7.77
棉花产量	吨	127	5520	2014	22	21	11
油菜籽产量	吨						
猪年末存栏数	万头						
全民基本建设投资额	万元	3069	377	1266	27042	929	12213
社会商品零售总额	万元	14991	34482	14444	16170	14510	29111
地方预算内财政收入	万元	2122	4088	3272	5968	2636	7947
地方预算内财政支出	万元	5587	7581	3471	4978	2797	4396
年末职工人数	万人	2.64	5.77	1.64	4.42	2.18	6.62
职工工资总额	万元	3923	9034	2966	9400	3023	12224
农民人均纯收入	元	590.40	562.99	753.68	742.38	669.64	827.91
城乡居民储蓄存款年末余额	万元	11047	16278	9671	18889	14253	38064

14—6续表10

指标名称	单位	吉安县	吉水县	峡江县	新干县	永丰县	泰和县
年末总人口	万人	51.39	44.45	15.06	28.06	35.93	46.98
#非农业人口	万人	6.32	4.73	2.28	2.91	3.64	5.22
土地总面积	平方公里	2751	2709	1288	1248	2695	2665
耕地面积	万公顷	5.03	4.41	2.10	2.89	3.49	5
工农业总产值	万元	74020	57325	24933	47204	47682	62463
工业总产值	万元	35233	19182	8396	19069	19979	27813
#乡办工业产值	万元	3275	2873	1107	2219	1551	2399
城镇合作经营及个体工业产值	万元	104	37	51	42	130	120
村及村以下工业产值	万元	11024	5936	1082	4226	2712	7046
农业总产值	万元	38787	38143	16537	28135	27703	34650
粮食产量	万吨	25	27.92	11.53	21.89	19.33	21.43
棉花产量	吨	41	6	6	78	38	
油菜籽产量	吨						
猪年末存栏数	万头						
全民基本建设投资额	万元	367	139	562	265	788	1396
社会商品零售总额	万元	22549	16747	8847	15323	12960	19070
地方预算内财政收入	万元	2486	2193	1364	1638	1801	2533
地方预算内财政支出	万元	4483	4201	2678	3385	3655	4028
年末职工人数	万人	2.58	1.66	0.87	1.40	1.56	2.26
职工工资总额	万元	4924	2917	1540	2364	2680	4007
农民人均纯收入	元	667.12	725.07	843.49	771.74	631.99	676.66
城乡居民储蓄存款年末余额	万元	16565	15691	9238	15402	11552	15865

14－6续表11

指标名称	单位	遂川县	万安县	安福县	永新县	莲花县	宁冈县
年末总人口	万人	48.22	25.77	36.09	42.91	22.08	7.89
#非农业人口	万人	3.65	3.09	6.31	4.37	2.16	1.07
土地总面积	平方公里	3102	2046	2793	2195	1062	609
耕地面积	万公顷	2.66	2.25	3.79	2.78	1.49	0.60
工农业总产值	万元	39098	36274	58592	42802	21288	10150
工业总产值	万元	11660	13013	31936	17354	8590	4431
#乡办工业产值	万元	2869	1412	3707	2158	1639	966
城镇合作经营及个体工业产值	万元	655	26	195	763		126
村及村以下工业产值	万元	2995	2374	6305	4013	3119	736
农业总产值	万元	27438	23261	26656	25448	12698	5719
粮食产量	万吨	16.43	11.50	20.47	18.24	9.32	3.53
棉花产量	吨		2	108	7	16	
油菜籽产量	吨						
猪年末存栏数	万头						
全民基本建设投资额	万元	951	18125	912	1795	137	794
社会商品零售总额	万元	11951	11615	17439	12212	6682	4147
地方预算内财政收入	万元	2001	1303	2630	1603	996	490
地方预算内财政支出	万元	2956	2654	3304	3079	1931	1211
年末职工人数	万人	1.34	1.25	3.08	2.09	1.08	0.72
职工工资总额	万元	2419	2247	5685	3557	1775	1161
农民人均纯收入	元	588.70	722.09	684.53	613.08	594.27	630.97
城乡居民储蓄存款年末余额	万元	10498	10713	15822	12737	5826	3292

14—6续表12

指 标 名 称	单 位	井岗山市	临川市	南城县	黎川县	南丰县	崇仁县
年末总人口	万人	5. 40	87. 46	27. 03	21. 45	24. 51	28. 33
#非农业人口	万人	1. 53	17. 84	4. 80	4. 52	3. 72	4. 65
土地总面积	平方公里	661	2121	1698	1729	1909	1520
耕地面积	万公顷	0. 33	5. 64	1. 91	1. 78	1. 99	2. 27
工农业总产值	万元	16236	189069	45285	36911	41211	40272
工业总产值	万元	10010	108567	17152	15960	16358	17484
#乡办工业产值	万元	578		2276	3225	2084	3961
城镇合作经营及个体工业产值	万元	4		236			
村及村以下工业产值	万元	1323		4929	3835	3554	3535
农业总产值	万元	6226		28133	20951	24853	22788
粮食产量	万吨	2. 31		21. 94	16. 80	18. 09	19. 07
棉花产量	吨			2			1119
油菜籽产量	吨						
猪年末存栏数	万头						
全民基本建设投资额	万元	2538		166	348	249	500
社会商品零售总额	万元	4521		13522	9775	15119	12450
地方预算内财政收入	万元	936		1887	1505	1992	1975
地方预算内财政支出	万元	1870		3041	2654	2988	3394
年末职工人数	万人	1. 40		1. 42	1. 45	1. 23	1. 55
职工工资总额	万元	2091		2384	2181	2085	2417
农民人均纯收入	元	613. 26		859. 37	757. 78	905. 56	789. 98
城乡居民储蓄存款年末余额	万元	4608		18142	9329	16726	9643

14－6 续表 13

指标名称	单位	乐安县	宜黄县	金溪县	资溪县	东乡县	广昌县
年末总人口	万人	31. 58	19. 17	25. 01	9. 92	37. 01	19. 48
#非农业人口	万人	5. 47	2. 83	3. 64	2	5. 47	2. 86
土地总面积	平方公里	2413	1944	1358	1251	1262	1612
耕地面积	万公顷	2. 58	2. 02	2. 50	0. 72	2. 90	1. 45
工农业总产值	万元	44300	33963	36212	19792	76175	21425
工业总产值	万元	16853	14061	11479	10981	40183	8192
#乡办工业产值	万元	2448	1585	2503	1492	2444	1199
城镇合作经营及个体工业产值	万元		60	19	16		111
村及村以下工业产值	万元	4104	4168	2623	2515	6374	2217
农业总产值	万元	27447	19902	24733	8811	35992	13233
粮食产量	万吨	18. 28	15. 86	19. 76	5. 37	21. 82	7. 33
棉花产量	吨	7	2	97	1	1	
油菜籽产量	吨						
猪年末存栏数	万头						
全民基本建设投资额	万元	222	674	627	582	1789	54
社会商品零售总额	万元	14151	10362	10400	6483	15627	9047
地方预算内财政收入	万元	2338	1881	1355	1389	3161	1563
地方预算内财政支出	万元	3558	2778	2907	1641	4062	2151
年末职工人数	万人	2. 24	1. 21	1. 18	0. 82	3. 21	0. 99
职工工资总额	万元	4363	1958	1744	1331	5434	1627
农民人均纯收入	元	681. 84	796. 65	812. 63	711. 22	677. 37	771. 28
城乡居民储蓄存款年末余额	万元	13282	8741	8245	5106	11954	8427

14-7 山东省各县（市）国民经济基本情况

指标名称	单位	章丘县	长清县	平阴县	济阳县	商河县	胶州县
非农业人口	万人	8.75	4.25	3.89	3.55	4.02	15.00
年末社会劳动者人数	万人	45.29	23.14	17.74	25.69	29.40	39.00
土地面积	平方公里	1855	1120	900	1076	1157	1210
农业总产值	万元	87616	55362	39305	53840	64541	81042
年末实有耕地面积	万亩	114.63	61.88	46.11	97.58	100.13	97.00
粮食产量	万吨	50.21	27.09	21.66	32.52	36.05	43.00
油料产量	吨	5567	13999	2826	1787	54	36378
棉花产量	吨	10048	17	1603	22927	30507	17
全部工业总产值	万元	316601	146688	108090	81826	85802	390561
乡办工业总产值	万元	62752	33374	20507	19633	20882	119057
村及村以下办工业总产	万元	186654	88121	43259	35165	36180	194293
全民所有制固定资产投资	万元	8645	2227	3769	675	1909	15196
社会商品零售总额	万元	74018	28884	24838	28404	28972	73544
地方财政预算内收入	万元	8847	3698	4580	1618	1988	8969
地方财政预算内支出	万元	8401	5585	5004	4771	5169	6860
城乡居民储蓄年末余额	万元	75852	35195	22063	17360	12018	58619

14—7 续表 1

指标名称	单位	即墨县	平度市	胶南市	莱西市	醒桓县	高青县
非农业人口	万人	16.00	16.00	13.00	9.00	3.92	2.52
年末社会劳动者人数	万人	53.00	65.00	45.00	38.00	27.49	19.33
土地面积	平方公里	1726	3166	1927	1522	510	830
农业总产值	万元	104327	181436	111017	91636	53306	43487
年末实有耕地面积	万亩	134.00	260.00	107.00	108.00	51.14	66.73
粮食产量	万吨	59.00	109.00	48.00	48.00	39.23	24.92
油料产量	吨	66568	142061	90765	103696	692	2389
棉花产量	吨	848	25100			6915	24028
全部工业总产值	万元	411118	402938	286000	276552	160393	31336
乡办工业总产值	万元	75010	82132	74536	40829	42107	1649
村及村以下办工业总产	万元	235901	219736	127177	171822	80877	6202
全民所有制固定资产投资	万元	7609	7161	7986	8282	3545	1707
社会商品零售总额	万元	76315	89742	55638	58857	38479	14744
地方财政预算内收入	万元	10996	11161	10152	6378	4333	1866
地方财政预算内支出	万元	8967	10543	7112	7034	2664	3806
城乡居民储蓄年末余额	万元	79641	94748	55829	56710	62776	22417

14－7 续表 2

指标名称	单位	沂源县	滕州市	垦利市	利津市	广饶县	龙口县
非农业人口	万人	5.23	35.00	2.35	2.70	3.41	9.00
年末社会劳动者人数	万人	27.60	75.00	8.20	14.20	24.63	31.00
土地面积	平方公里	1636	1485	2178	1666	1138	840
农业总产值	万元	42047	119064	22141	29107	55128	52666
年末实有耕地面积	万亩	48.76	115.00	48.84	61.88	79.03	56.00
粮食产量	万吨	16.19	66.00	10.87	16.37	31.59	31.00
油料产量	吨	6071	34799	1503	2148	705	11545
棉花产量	吨	393	6573	6050	12768	18776	
全部工业总产值	万元	61116	320904	30306	23265	75158	388047
乡办工业总产值	万元	6846	51510	3668	3500	15793	71976
村及村以下办工业总产	万元	19527	129064	7457	7610	26085	178710
全民所有制固定资产投资	万元	6719	19697	1744	1467	742	25461
社会商品零售总额	万元	30711	100992	22977	16016	33676	65598
地方财政预算内收入	万元	3170	10817	2125	2073	4751	11001
地方财政预算内支出	万元	3440	9884	3323	3473	5391	7697
城乡居民储蓄年末余额	万元	29490	70127	15497	12119	38465	153059

14—7续表 3

指 标 名 称	单 位	莱阳县	莱州市	蓬莱市	招远县	栖霞县	海阳县
非农业人口	万人	13.00	20.00	9.00	11.00	4.65	4.90
年末社会劳动者人数	万人	54.00	48.00	24.00	36.00	34.18	38.13
土地面积	平方公里	1734	1816	1202	1380	2018	1882
农业总产值	万元	99815	108643	84955	71611	75682	98963
年末实有耕地面积	万亩	119.00	117.00	68.00	69.00	84.53	93.20
粮食产量	万吨	45.00	42.00	26.00	31.00	33.71	40.38
油料产量	吨	58103	48882	40424	62389	46776	59732
棉花产量	吨		15				
全部工业总产值	万元	235100	361406	254066	333768	186284	195570
乡办工业总产值	万元	39578	72738	65340	54646	24144	34054
村及村以下办工业总产	万元	74352	165447	117029	147893	72927	86812
全民所有制固定资产投资	万元	9418	13259	5223	5767	7229	7261
社会商品零售总额	万元	69078	90668	53742	64173	57656	55135
地方财政预算内收入	万元	8090	14100	6696	7911	6812	6470
地方财政预算内支出	万元	6975	9687	6216	4938	6157	5965
城乡居民储蓄年末余额	万元	78674	138557	95405	102804	78700	60017

14—7 续表 4

指 标 名 称	单 位	牟平县	长岛市	青州市	诸城县	安丘县	寿光县
非农业人口	万人	4.94	1.13	14.00	11.00	6.49	9.26
年末社会劳动者人数	万人	29.63	2.56	43.00	47.00	60.20	47.78
土地面积	平方公里	1737	56	1569	2183	2010	2180
农业总产值	万元	73497	62935	85088	136851	137558	163870
年末实有耕地面积	万亩	71.38	0.46	97.00	160.00	150.62	147.41
粮食产量	万吨	30.90	0.15	49.00	80.00	68.26	68.12
油料产量	吨	47637		237	28622	15768	3213
棉花产量	吨			1953	15087	13602	19000
全部工业总产值	万元	295528	31521	298866	290647	233696	295153
乡办工业总产值	万元	41599	8346	53067	54873	46140	78709
村及村以下办工业总产	万元	150303	8930	112621	96884	100298	82270
全民所有制固定资产投资	万元	8816	1746	8134	4992	5947	19017
社会商品零售总额	万元	61098	14524	69021	80561	66292	73353
地方财政预算内收入	万元	8266	1767	10606	10007	10021	13987
地方财政预算内支出	万元	6914	2407	9345	6968	7101	6747
城乡居民储蓄年末余额	万元	88443	29594	80645	60181	58916	87463

14－7续表5

指 标 名 称	单 位	临朐县	昌乐市	昌邑县	高密县	五莲县	曲阜县
非农业人口	万人	5.06	4.60	5.71	7.20	3.85	6.00
年末社会劳动者人数	万人	41.91	30.50	35.04	35.58	26.19	28.00
土地面积	平方公里	1835	1033	1814	1606	1443	896
农业总产值	万元	72737	69677	84542	105039	65770	61074
年末实有耕地面积	万亩	78.77	86.28	106.17	135.60	62.10	69.00
粮食产量	万吨	34.05	36.71	45.93	57.70	25.62	36.00
油料产量	吨	8451	11838	5467	16582	44141	9769
棉花产量	吨	4	5300	20501	25025	1180	7366
全部工业总产值	万元	148193	139939	260288	227106	98313	111405
乡办工业总产值	万元	24216	27661	40999	49418	15608	14424
村及村以下办工业总产	万元	66701	63656	126421	82121	33198	46335
全民所有制固定资产投资	万元	4200	1705	2756	6611	6223	6036
社会商品零售总额	万元	43166	46979	48223	55300	33018	41395
地方财政预算内收入	万元	5271	4281	8560	8412	3331	5418
地方财政预算内支出	万元	6272	5515	5869	6596	3977	5194
城乡居民储蓄年末余额	万元	45347	33552	68389	47219	29834	38369

14—7 续表 6

指标名称	单位	兖州县	邹县	微山县	鱼台县	金乡县	嘉祥县
非农业人口	万人	13.22	18.87	6.09	3.55	4.49	4.05
年末社会劳动者人数	万人	28.86	26.07	30.62	20.50	30.40	41.00
土地面积	平方公里	661	1387	1677	654	885	1008
农业总产值	万元	61138	85177	49657	57934	67139	71090
年末实有耕地面积	万亩	63.04	100.69	41.63	58.64	87.25	92.61
粮食产量	万吨	39.15	44.66	25.62	29.19	35.49	39.13
油料产量	吨	17096	44213	1314		1404	2154
棉花产量	吨	5585	7006	1829	12878	34285	21106
全部工业总产值	万元	136054	263680	50913	44124	61970	100300
乡办工业总产值	万元	33069	19629	7432	8821	12299	13790
村及村以下办工业总产	万元	33319	50624	18541	11197	20214	57048
全民所有制固定资产投资	万元	4992	36614	9290	2080	3862	2816
社会商品零售总额	万元	57530	60182	26857	24152	35621	28161
地方财政预算内收入	万元	9209	12572	3783	1906	2412	3258
地方财政预算内支出	万元	8812	9558	4959	2343	4044	4854
城乡居民储蓄年末余额	万元	47481	61599	27946	12423	35285	34828

14—7 续表 7

指 标 名 称	单 位	汶上县	泗水市	梁山县	莱芜县	新泰县	宁阳县
非农业人口	万人	4.45	3.40	5.34	27.00	30.00	8.17
年末社会劳动者人数	万人	29.93	28.03	29.36	61.00	72.00	38.67
土地面积	平方公里	877	1092	961	2239	1946	1170
农业总产值	万元	71386	38464	59896	104122	82232	73374
年末实有耕地面积	万亩	84.69	64.64	82.76	90.00	106.00	92.00
粮食产量	万吨	37.56	20.61	30.02	51.00	48.00	41.93
油料产量	吨	2459	19559	1296	12662	44066	34628
棉花产量	吨	27500	37	19253	289		6889
全部工业总产值	万元	83982	59613	75270	369013	333165	90798
乡办工业总产值	万元	16670	9868	13104	69015	50609	19650
村及村以下办工业总产万元	33076	21951	20378	98122	104454	30779	
全民所有制固定资产投资	万元	1287	1661	3754	14025	19990	3019
社会商品零售总额	万元	33829	16093	26022	82967	68741	45043
地方财政预算内收入	万元	2775	2805	4657	12191	13053	5186
地方财政预算内支出	万元	4205	4125	5283	10750	10908	5709
城乡居民储蓄年末余额	万元	30097	17298	36853	78093	77553	28071

14—7续表8

指标名称	单位	肥城县	东平县	文登县	荣成市	乳山县	滨州市
非农业人口	万人	15.19	6.61	13.00	15.00	5.10	14.00
年末社会劳动者人数	万人	44.73	31.78	37.00	40.00	35.10	27.00
土地面积	平方公里	1236	1270	1797	1563	1583	1042
农业总产值	万元	77610	56603	121142	228510	103836	47025
年末实有耕地面积	万亩	94.49	92.33	95.00	93.00	72.46	69.00
粮食产量	万吨	53.57	32.57	43.00	42.00	33.29	23.00
油料产量	吨	5851	7356	91913	92559	65084	538
棉花产量	吨	5114	7687				22922
全部工业总产值	万元	256886	63989	399194	455208	221347	157199
乡办工业总产值	万元	29894	7989	136306	155516	65434	8048
村及村以下办工业总产	万元	80795	33129	102212	117904	56632	169
全民所有制固定资产投资	万元	10405	2905	6383	8964	10246	14319
社会商品零售总额	万元	69498	28071	120911	134340	60335	56748
地方财政预算内收入	万元	10073	2623	9167	12095	6643	7891
地方财政预算内支出	万元	9415	2965	7756	9081	6103	6777
城乡居民储蓄年末余额	万元	70187	25733	106144	129402	71230	60507

14—7续表9

指标名称	单位	惠民县	阳信县	无棣县	沾化县	博兴县	邹平县
非农业人口	万人	4.07	2.30	2.71	2.53	4.28	4.45
年末社会劳动者人数	万人	30.27	18.63	18.60	18.42	25.00	39.30
土地面积	平方公里	1357	793	1982	2215	901	1252
农业总产值	万元	80529	40153	47211	43184	44345	74934
年末实有耕地面积	万亩	110.62	69.34	84.48	82.66	69.26	110.57
粮食产量	万吨	37.73	20.64	20.00	16.00	25.84	43.27
油料产量	吨	1482	33	210	441	440	946
棉花产量	吨	30215	17750	17681	18098	19368	24845
全部工业总产值	万元	74194	34367	47124	45003	89462	125387
乡办工业总产值	万元	10686	3956	3143	1509	5719	13654
村及村以下办工业总产	万元	16308	7660	16531	5240	31359	51686
全民所有制固定资产投资	万元	2516	1227	3721	1119	2770	160
社会商品零售总额	万元	30230	16716	20061	18595	31190	45705
地方财政预算内收入	万元	3234	1487	2416	1624	3734	5515
地方财政预算内支出	万元	3233	3279	3590	3166	3769	5199
城乡居民储蓄年末余额	万元	30771	12407	19252	13285	37619	48177

14—7 续表 10

指 标 名 称	单 位	德州县	乐陵县	陵 县	平原县	夏津县	武城县
非农业人口	万人	20.00	5.00	4.81	4.00	3.12	3.25
年末社会劳动者人数	万人	24.00	28.00	26.37	22.25	24.36	17.84
土地面积	平方公里	313	1172	1420	1105	872	748
农业总产值	万元	18013	58884	89348	65596	47832	44794
年末实有耕地面积	万亩	17.00	102.00	109.35	83.43	83.40	64.74
粮食产量	万吨	9.00	33.00	41.21	35.62	16.02	15.52
油料产量	吨	446	470	272	255	617	376
棉花产量	吨	3940	23531	32500	25604	30600	22622
全部工业总产值	万元	252893	82829	105844	83692	78340	96920
乡办工业总产值	万元	27138	26891	18983	15629	10826	14456
村及村以下办工业总产	万元	32490	33538	43589	35341	31446	56549
全民所有制固定资产投资	万元	76073	583	2726	2554	1957	1030
社会商品零售总额	万元	76505	31639	29052	36543	20565	18338
地方财政预算内收入	万元	11526	2434	2400	1959	1825	1864
地方财政预算内支出	万元	7512	3886	4389	3591	3411	2250
城乡居民储蓄年末余额	万元	86305	32561	38326	39961	28865	29625

14—7 续表 11

指 标 名 称	单 位	齐河县	禹城县	临邑县	宁津县	庆云县	聊城县
非农业人口	万人	5.20	4.66	4.69	3.15	1.89	21.00
年末社会劳动者人数	万人	27.40	20.95	20.69	22.48	13.92	38.00
土地面积	平方公里	1379	990	1007	822	501	1245
农业总产值	万元	62115	73793	54901	47020	27953	87712
年末实有耕地面积	万亩	113.43	93.49	86.42	79.10	44.72	126.00
粮食产量	万吨	38.11	34.78	27.09	27.29	15.50	42.00
油料产量	吨	725	207	55	1629	89	6429
棉花产量	吨	24994	20303	14000	20360	9963	27650
全部工业总产值	万元	84603	125742	101441	105196	45176	188271
乡办工业总产值	万元	14098	23763	23727	22881	10700	16285
村及村以下办工业总产	万元	38281	57735	52433	17699	24552	46308
全民所有制固定资产投资	万元	3712	3714	1785	1966	981	10259
社会商品零售总额	万元	34757	27425	25921	15761	8561	69427
地方财政预算内收入	万元	2722	2912	2339	2070	733	6113
地方财政预算内支出	万元	5270	4449	4097	3568	2205	6688
城乡居民储蓄年末余额	万元	29613	18949	22362	22548	11460	93433

14—7续表12

指标名称	单位	临清县	阳谷县	莘县	茌平县	东阿县	冠县
非农业人口	万人	12.00	5.35	5.20	3.75	3.28	3.77
年末社会劳动者人数	万人	32.00	31.17	41.37	24.12	26.51	32.30
土地面积	平方公里	957	1048	1387	1117	787	1152
农业总产值	万元	65006	65628	83124	60781	47879	75482
年末实有耕地面积	万亩	100.00	102.00	129.00	109.00	73.00	113.00
粮食产量	万吨	25.00	35.50	43.41	31.36	23.93	33.86
油料产量	吨	1713	333	11100	3766	68	11841
棉花产量	吨	36738	21940	33556	24034	17388	28757
全部工业总产值	万元	142013	80642	74043	88806	53747	55988
乡办工业总产值	万元	14535	9344	8809	21142	8459	7527
村及村以下办工业总产	万元	25947	25977	24638	28832	17478	11488
全民所有制固定资产投资	万元	4315	4086	1719	1128	1355	822
社会商品零售总额	万元	33509	38007	27142	21364	24601	25258
地方财政预算内收入	万元	4672	3710	3075	2921	1605	1784
地方财政预算内支出	万元	5397	4220	5105	4417	3029	4264
城乡居民储蓄年末余额	万元	58088	41157	33881	29150	24273	33742

14—7 续表 13

指 标 名 称	单 位	高唐县	临沂县	郯城县	苍山县	莒南县	莒 县
非农业人口	万人	3.33	22.00	4.87	4.08	4.67	4.80
年末社会劳动者人数	万人	21.76	85.00	48.39	60.16	60.52	56.17
土地面积	平方公里	940	1749	1307	1800	1752	1952
农业总产值	万元	54831	106492	72088	99188	83017	93244
年末实有耕地面积	万亩	93.00	133.00	98.88	126.78	109.11	112.86
粮食产量	万吨	25.88	63.00	46.41	48.15	40.25	45.55
油料产量	吨	2455	14141	8136	17452	120547	56727
棉花产量	吨	30400	1314	2543	6693	315	1372
全部工业总产值	万元	62444	520814	105936	96552	97567	89087
乡办工业总产值	万元	9099	110981	16817	15021	13755	14745
村及村以下办工业总产	万元	14659	230520	49240	36514	42606	36682
全民所有制固定资产投资	万元	2490	31784	3929	3603	4119	2929
社会商品零售总额	万元	25835	134017	34037	36086	33477	37906
地方财政预算内收入	万元	1681	17443	4127	3209	3941	4434
地方财政预算内支出	万元	3177	22449	3745	5640	5402	5934
城乡居民储蓄年末余额	万元	31211	119863	24868	27795	40546	39087

14—7 续表 14

指 标 名 称	单 位	沂水县	蒙阴县	平邑县	费 县	沂南县	临沭县
非农业人口	万人	6.60	4.01	4.23	4.24	4.52	3.05
年末社会劳动者人数	万人	51.70	32.13	46.89	49.87	45.46	38.60
土地面积	平方公里	2434	1602	1825	1903	1774	1038
农业总产值	万元	82872	37495	78151	69801	61207	46782
年末实有耕地面积	万亩	121.75	50.86	85.89	91.70	107.09	78.83
粮食产量	万吨	41.62	19.07	30.91	36.59	35.01	24.44
油料产量	吨	41462	23510	37951	39711	39941	61012
棉花产量	吨	2420	509		338	1052	574
全部工业总产值	万元	110382	53104	65250	75290	84095	63798
乡办工业总产值	万元	12620	7385	9889	10300	6754	5961
村及村以下办工业总产	万元	52536	15060	31019	34387	29119	31216
全民所有制固定资产投资	万元	2950	2695	3888	2775	3937	4405
社会商品零售总额	万元	38695	19685	38735	31485	32160	28028
地方财政预算内收入	万元	4021	2357	3180	3099	3659	2950
地方财政预算内支出	万元	5983	3489	5632	4753	4447	4047
城乡居民储蓄年末余额	万元	44999	31712	23156	17297	30296	22236

14—7 续表 15

指标名称	单位	菏泽县	曹县	定陶县	成武县	单县	巨野县
非农业人口	万人	21.00	7.92	4.27	4.27	8.17	5.51
年末社会劳动者人数	万人	52.00	66.11	27.38	26.30	50.95	46.40
土地面积	平方公里	1400	1974	846	988	1662	1308
农业总产值	万元	103325	108736	55642	54315	83378	76500
年末实有耕地面积	万亩	127.00	156.74	76.65	74.82	147.33	114.90
粮食产量	万吨	48.00	42.16	27.43	24.45	38.69	28.55
油料产量	吨	15351	10095	4776	480	25808	4494
棉花产量	吨	25155	60589	26428	31209	29365	52300
全部工业总产值	万元	183198	108549	87358	51108	80439	59889
乡办工业总产值	万元	24028	22406	31097	9819	6968	7693
村及村以下办工业总产	万元	35930	38754	31725	18288	34762	23338
全民所有制固定资产投资	万元	36656	3026	5391	1300	1476	3010
社会商品零售总额	万元	70615	32791	19093	23966	24620	28500
地方财政预算内收入	万元	4916	3862	2586	1718	3591	2692
地方财政预算内支出	万元	10161	7366	4334	3487	6037	4364
城乡居民储蓄年末余额	万元	86742	26999	22886	21957	32603	35944

14—7 续表 16

指 标 名 称	单 位	郓城县	鄄城县	东明县
非农业人口	万人	6.08	4.14	5.00
年末社会劳动者人数	万人	57.72	30.53	33.88
土地面积	平方公里	1643	1032	1289
农业总产值	万元	114423	62432	62090
年末实有耕地面积	万亩	109.75	97.42	103.20
粮食产量	万吨	54.19	33.26	32.08
油料产量	吨	28480	27861	24470
棉花产量	吨	38552	16738	19195
全部工业总产值	万元	90791	57304	51204
乡办工业总产值	万元	17100	10594	7808
村及村以下办工业总产	万元	32790	30852	17051
全民所有制固定资产投资	万元	428	2951	13774
社会商品零售总额	万元	34210	15173	19717
地方财政预算内收入	万元	3721	2127	2449
地方财政预算内支出	万元	6360	4574	5026
城乡居民储蓄年末余额	万元	44191	22155	26065

华东地区统计年鉴
1992
HUADONG DIQU TONGJI NIANJIAN
华东地区统计信息网络编
*
中国统计出版社出版
(北京三里河月坛南街 38 号 100826)
江西宜春资料印刷厂印刷
*
787×1092 毫米 16 开本 27.25 印张 60 万字
1992 年 8 月第 1 版 1992 年 8 月宜春第 1 次印刷
印数:1—3000
ASBA 7—5037—0863—8/c・558
(京)新登字 041 号
定价:24.00